本书系太原科技大学博士基金项目（项目编号 W20182005）资助研究成果。

敲诈勒索罪研究

QIAOZHA LESUO ZUI YANJIU

周 洁◎著

中国政法大学出版社

2020·北京

图书在版编目（ＣＩＰ）数据

敲诈勒索罪研究/周洁著. —北京：中国政法大学出版社,2020.11

ISBN 978-7-5620-9737-2

Ⅰ.①敲…　Ⅱ.①周…　Ⅲ.①敲诈勒索罪－研究－中国

Ⅳ.①D924.354

中国版本图书馆CIP数据核字(2020)第223700号

出版者	中国政法大学出版社
地　址	北京市海淀区西土城路 25 号
邮　箱	fadapress@163.com
网　址	http://www.cuplpress.com (网络实名：中国政法大学出版社)
电　话	010-58908435(第一编辑部) 58908334(邮购部)
承　印	北京九州迅驰传媒文化有限公司
开　本	880mm×1230mm　1/32
印　张	11.25
字　数	262 千字
版　次	2020 年 11 月第 1 版
印　次	2020 年 11 月第 1 次印刷
定　价	56.00 元

代序

　　这本书是周洁的博士论文《敲诈勒索罪研究》经修改而成的。我是她博士论文的指导教师，在她博士论文答辩通过以后，就期待这本书出版面世。一等就是 3 年，问起缘由：一则需要用心修订；二则忙于生养二胎。现在是双喜临门，为她高兴。周洁于 2000 年从中国政法大学本科毕业，后到太原科技大学法学院任教。之后，她一边教书、一边持家、一边攻读硕博。事业和家庭都照顾到了，周洁不易，也显出她的勤奋。

　　当初博士论文选题，周洁和我商量，选中了敲诈勒索罪。说起敲诈勒索罪，真是一言难尽。早在 20 世纪 80 年代末、90 年代初，就有冰棍布条天价索赔案。某冰棍小贩卖出的 1 根冰棍中有布条，被消费者要求退还。之后，该小贩以冰棍中有布条造成商誉损失为由，向厂家索赔 20 万元。再之后该小贩被逮捕、起诉、判处敲诈勒索罪。最后，又被宣告无罪。近一点的，如 2006 年大学生黄静向华硕天价索赔案，在媒体上炒得沸沸扬扬。当事人黄静及周成宇被刑事拘留并被批准逮捕，最后该案以撤案处理。再近一点的，如郭利向假洋品牌"美国施恩婴幼儿奶粉"索赔案。郭利起初成功索赔 40 万元，继而进一步索赔 300 万元，被以敲诈勒索罪判处有期徒刑 5 年。刑满出狱后，郭利申诉，经再审被宣判无罪。该案可谓是一波三折、跌宕起伏。最近大众热议的影视明星吴秀波被女友陈昱霖索财案，警方以涉嫌敲诈勒索罪将其女友拘捕。有罪无罪，人们大多以吃瓜群众心态翘首以待。诚如周洁本人在提及选题动因时所言：敲诈勒索罪是常见多发的自然犯，不论对于法学专家还是普通民众似乎都不存在认识上的困难；但是在司法实务层面，有关敲诈勒索行为的司法评价却在有罪无罪、此罪与彼罪等根本问题上呈现出令人惊异的摇摆与分歧。或许是照顾学者的面子，周洁这话只说了一半。其实，司法实践的分歧，吃瓜群众的摇摆，还在于法学专家也没有从法理上把敲诈勒索罪彻底解释清楚。因此，敲诈勒索罪的选题具有非常重要的学术意义和应用价值。

书中对敲诈勒索罪侵犯的次要法益作了深入剖析，提出了意思决定自由权这一法益的存在，并从敲诈勒索罪的行为构造和被害人的视角，对敲诈勒索罪对相对人意思决定自由权造成侵害的根据做了较为深入的说理。颇有新意。

书中对敲诈勒索罪的复合行为犯的结构从手段行为和目的行为两方面分别做了充分的解析，对二者的内在关联性也给予了足够的关注。在手段行为部分还就当前我国理论和实务界关于敲诈勒索罪手段行为表述上的随意和模糊化，做了必要的梳理和澄清，提出应用"恐吓取财"指称敲诈勒索罪的实行行为，而"暴力"与"胁迫"是恐吓的具体手段表现，勒索是其目的行为。在恐吓部分，书中还论证了"不作为"形式的恐吓的现实表现和成立条件，在敲诈勒索的对象部分对"三角敲诈"问题进行了探索性的研究。这些对于敲诈勒索的思考也许还不太成熟，却具有一定的开创性意义。希望书中这些观点能够起到抛砖引玉的作用。

书中在有因性和关联性敲诈勒索罪部分，针对索债型、消费维权型、上访型敲诈勒索案件，盗窃、侵占后以赃索财案件，编造虚假恐怖信息勒索财物的案件，通过分析大量裁判文书样本，从行为表现、索财意图、裁判结论、裁决理由等方面进行了比较、归纳，并由此得出实务中这几类案件的裁判倾向，也为书中提出最终的分析结论提供了较为扎实的实证根据。

这本书主要从教义法学和体系性解释的视角对敲诈勒索罪的构成要件、罪质界分进行了理论的诠释、比较与辨析，在实证性检讨部分，主要对有因性敲诈勒索行为和关联性敲诈勒索行为从类案分析的视角做了实证考察、归纳与提炼。在理论和实务两方面都做了十分有益的探讨。不过，这本书没有能够实现我的期待，或许是我指导无方，或许是周洁精力有限，或许是敲诈勒索罪的构成要件和司法判例的确很难一时说清楚。虽然这本书面世了，但期待依然在。

阮齐林
2020 年 4 月 29 日星期三

敲诈勒索罪是财产犯罪中一个传统的自然犯，就罪行特征而言，不论对于遵守法律的普通民众还是对于适用法律的司法者似乎都不存在理解和认识上的太大困难。然而，在司法实务层面，有关敲诈勒索行为的司法评价却在罪与非罪、此罪与彼罪等根本问题上呈现出许多令人惊异的疑难与分歧。例如，因为行为手段的相似性，敲诈勒索罪常常与抢劫罪发生边界区分上的不确定，由于取财手段与占有目的行为的延伸与交错，敲诈勒索罪还常常与盗窃、诈骗、侵占、非法拘禁、绑架勒索、寻衅滋事等罪发生行为上的关联以及罪行认定上的疑惑，以致同一案件在侦、诉、审不同环节的认定常常各不相同，定性殊异。而就具体场域而言，实际生活中行为人因追索债务、消费索赔和上访维权而超出行使权利的边界、索取额外公私财物的行为，在认定能否成立敲诈勒索犯罪定性上的争议也很大；近年来频发的盗取他人财物后以赃勒索赎金的行为和捡拾到他人遗忘物或遗失物后借此勒索高额酬金的行为，以及以编造虚假恐怖信息的方式勒索公私财物的行为与敲诈勒索行为的竞合和处断的依据也相当模糊，学界观点错杂交汇，实务中同案异罚的现象也较为普遍。

本书力图从敲诈勒索罪构成要件的学理分析入手，并从刑法罪名体系考察的视角，结合司法实务中有关敲诈勒索犯罪行为类案的分析，以期对本罪的行为结构、违法性本质、与有关犯罪的罪质界分以及实务中的一些疑难和争议问题有所回应。对于敲诈勒索罪的构成要件的诠释主要从教义刑法学的视角，根据有关立法规定、罪质体系解构和学者的诠释，解析该罪各构成要件，并结合司法实务中的疑惑，做尽可能的抽象、延展和明晰。例如，对该罪复合行为的剖析，既强调其手段行为与目的行为的关联性，也从微观层面考查了其手段行为的类型化特质，即"借由暴力或威胁的强制手段实施恐吓"，恐吓取财是该罪与其他财产犯罪的本质区别。而由此也进一步引申出其对相对人"意思决定自由权"这一法益造成侵害的事实，从而得出：敲诈勒索罪保护的客体为公私财产权和相对人的意思决定自由权。在行为部分还结合近年来出现的"挟尸要价""高酬作证"等热点事件，论及了不作为敲诈勒索行为可能存在的空间和成立犯罪的条件；在行为对象的分析中，结合德国相关判例和理论阐述了三角敲诈成立的条件。刑法规定永远面临现实个案的拷问，而教义刑法学就要结合司法实务各种新型和疑难案件对法条作出周延、合理的解释，这是个罪研究必须面对和作出回应的问题。

对于实务中争议较大的案件，主要选取了在追索债务、消费维权和上访领域发生的违法索财案件，结合检索到的相关案件的裁判文书样本就其行为的正当性和入罪考量因素等进行了分析。这既需要运用敲诈勒索罪的构成性分析结论进行具体类案该当性、符合性的判断，也需要结合我国财产犯罪法益的保护立场、当前我国债务关系、诚信体系、消费维权关系、维权机制以及信访体制、上访诉求与基层利益的博弈等社会客观现实因素，分析、阐述刑法介入的必要性和入罪的合理边界。

盗窃后以赃勒赎，占有他人遗忘物、遗失物后索要高额酬金的案件以及编造、散布虚假恐怖信息进行敲诈勒索的案件是近年来社会上较为高发且与敲诈勒索行为存在伴生性和关联性的犯罪行为。这些行为多具有条件与目的的不对等性、前后行为手段和因果的牵连性、依存性，以及对他人意愿的强制性，需要从行为构成性分析以及罪数关联的角度进行解析和说理，从而为司法实务中类似案件的处理提供可行的分析见解。

刑法学属于社会科学，对法条的解读和对个案的释法说理也不存在公式化、科学化的真理检验标准，而只能是一种"相对性真理"（被大多数人接受的合理见解）。[1]这大概也正是教义刑法学的魅力所在，也是其艰难所在吧！

受本人学识所限，书中思虑不周、论证不力之处在所难免，还望读者诸君宽容见谅！

周　洁

2020 年 5 月 1 日于文锦苑家中

---

〔1〕 林东茂：《一个知识论上的刑法学思考》，中国人民大学出版社 2009 年版，第 15 页。

目录

导　言

一、问题由来

敲诈勒索罪是财产类犯罪中较为常见的一个古老罪名，古今中外任何一国的刑法中几乎都有对这一犯罪行为的立法规定。在罪名上，《德国刑法典》和《俄罗斯刑法典》称之为勒索罪，《日本刑法典》称之为恐吓罪，《意大利刑法典》《加拿大刑法典》与我国一样，称为敲诈勒索罪，《法国刑法典》则分别规定了敲诈罪与勒索罪两个罪名，《泰国刑法典》中同时规定有恐吓取财罪与敲诈勒索罪两个罪名。在英美国家的刑法中并无称作"敲诈勒索"的专门罪名，但是对以敲诈勒索方式取得财物的行为也都会作为财产犯罪规制处罚的内容，如英国的《1968年盗窃罪法》和《美国模范刑法典》都将敲诈勒索行为规定在了盗取罪中。"我国古代在西周时期即有对勒索行为规定的罪名，从《唐律》开始称之为'恐喝取财罪'，明清律改为'恐吓取财罪'，民国时期刑法称之为'恐吓罪'。"[1]新中国成立以后，我国《刑法》在初创、修订及数次修正中都规定有敲诈勒索罪，

---

〔1〕　刘树德：《敲诈勒索罪判解研究》，人民法院出版社2005年版，第8页。

并一直采用"敲诈勒索罪"的罪名至今。

毫无疑问,《刑法》分则条文有关个罪罪状的描述是我们认知具体犯罪成立条件的重要依据。德国、法国、意大利、俄罗斯以及美国等国家刑法典中对于敲诈勒索罪的罪状都有较为详尽、细致的描述,[1]相比而言,我国《刑法》第274条对敲诈勒索罪罪状的描述与对抢劫罪、盗窃罪、诈骗罪、抢夺罪等财产犯罪一样都采用了比较简单、粗疏的描述方式,即"敲诈勒索公私财物、数额较大或者多次敲诈勒索的"成立敲诈勒索罪,在罪状中对于"敲诈勒索"的行为方式、行为对象以及主观罪过都没有专门加以明确。这主要是由于敲诈勒索罪与其他抢劫、盗窃等财产犯罪都属于传统的自然犯,基于长期的司法实践认同和评价惯性,立法者和司法者对这些犯罪行为的典型罪状表

---

〔1〕《德国刑法典》在第253条敲诈勒索罪条中规定:为自己或第三人非法获利,非法用暴力或以明显的恶行相威胁,强制他人为一定行为、容忍或不为一定行为,因而使被强制人或他人遭受财产损失的,成立敲诈勒索罪。《法国刑法典》分别在第312-1条和312-10条规定了勒索罪与敲诈罪,前者为使用暴力、威胁使用暴力或者强制的方式,后者为采用威胁要揭露有损他人名誉、声望的事实,或者威胁要将此种事实归咎于某人的方式,以取得他人的签字、以使其承担或放弃承担义务,或泄露某项秘密、交付一笔资金、有价证券或任何财物的行为。《意大利刑法典》第629条规定敲诈勒索罪为,以暴力或威胁的手段强迫某人做或者不做某事,从而为自己或其他人获取不正当利益并使他人遭受损害。《俄罗斯刑法典》第163条规定,以使用暴力或以毁灭或损坏他人财产相威胁,以及以散布侮辱被害人或其亲属的材料或散布可能使被害人或其亲属的权利或合法利益受到严重损害的其他材料相威胁,要求交付其财产或财产权或实施财产性质的其他行为。《美国模范刑法典》第223.4条规定,行为人以下列行为相威胁,蓄意地取得他人财产的,构成勒索方式的盗窃:①对他人施加身体伤害,或者实施其他犯罪行为;或者②告发他人的犯罪行为;或者③揭发他人的秘密,这些秘密可能使其遭受仇恨、蔑视、嘲笑,或者有损其信用或者商业信誉;或者④作为官员执行或者不执行某项职责,或者使官员执行或者不执行某项职责;或者⑤开始或者继续罢工、抵制或者其他聚众性非法行为,而且行为人并非为团体的利益而要求或者取得财产;或者⑥为他人的权利主张或者抗辩作证、提供信息,或者为此拒不作证或者提供信息;或者⑦施加不利于行为人的其他危害。

现有着基本的确认。但是正如对盗窃罪行为手段"秘密性"和"非法占有目的"仍存有争论与分歧一样，对于这些耳熟能详的罪名，其实质上应该涵摄的罪状要素一旦与具体案件遭遇，就必然需要我们通过具体深入解读法条的方式，才能对具体罪名有明确的把握。围绕敲诈勒索罪的构成要件，学者和司法者都在做相关的解读，尽管有一些共识，但仍存在一些分歧和掣肘，这也导致有关敲诈勒索案件在认定和法律适用上的一些疑难和困惑。为了廓清敲诈勒索罪的成立条件和法律适用上的纷争，一方面，需要从学理解释的角度对该罪保护的法益、"敲诈勒索"财物的手段行为和目的行为、行为对象等客观构成要件，以及成立该罪的主观构成要件等，围绕法条进行教义学的解读和阐释。另一方面，敲诈勒索罪作为一种以索取他人财物为目的的犯罪，从行为结构上来看，具有类似于抢劫罪复合行为犯的行为结构特点，从取财方式上看，既具有盗窃、抢夺、抢劫罪违背被害人意愿取得他人财物的特性，同时又有类似于诈骗罪中被害人基于意思瑕疵配合交付财物的特性，这些特异性导致其极易与抢劫、诈骗以及绑架勒索等行为在认定上发生混淆。因此，也需要从刑法学体系解释的视角，通过对敲诈勒索罪与相关犯罪的比较和界分，对该罪的类型化行为特质、行为类属，以及关联、竞合行为等情形进行立体式的解析。

就敲诈勒索罪的实务疑难而言，通过搜索和浏览近年来的敲诈勒索裁判案件，也会看到实务中各种复杂疑难案件的存在，亦需要我们对敲诈勒索罪的构成要件作更精细化的解析，并以此作为分析评价的工具，去解释和评价实务中的疑难案件。例如，行为人在索要债务、消费索赔或上访维权过程中以暴力、威胁等方式索取他人财物的行为，其定性问题在我国实务界一直争议较大。其中不仅对索要债务而限制债务人人身自由的行为，以及超出实际债务合理范畴索要数额较大财物的行为在实务中结论各异，而且笔者通过阅览已经公布的有关案件的裁判文书，甚至发现许多裁判结论与我国现有司法解释持完全不同的立场，这种司法倾向的依据何在？借上访索财行为属于典型的中国本土问题，在该问题上，司法实务部门的立场与我国学界的态度差距也很大，甚至在有的案件上实务与学理所持立场完全对立，其司法定罪的根据是什么？学界反对的理由是否妥当和自洽？这也值得我们深思并尝试进行一些论证和回应。此外，近些年出现的一些新型犯罪行为方式，如盗窃财物（如汽车号牌、汽车轮胎、欠条或者其他财物）后以归还赃物为条件向赃物所有人或占有人勒索财物的以赃勒赎、捡到的他人的遗忘物、遗失物后向他人勒索高额赎金、以向他人通告编造的虚假恐怖信息勒索财物等与敲诈勒索行为具有密切关联的行为，在司法实务中是否竞合处断的争议很大，究竟是一罪，还是数罪？属于牵连犯、法条竞合犯还是想象竞合犯？裁判结论差异较大，理由和根据也说理不详。为了廓清这些疑惑，有必要根据敲诈勒索罪的成立条件以及罪数理论对这些关联行为的定性予以回应。

本书运用比较研究和案例实证研究的方法，通过梳理、比较不同国家和地区刑法中敲诈勒索罪的立法规定、学理和司法观点，对我国敲诈勒索犯罪保护的法益、主客观构成要件逐一进行解析和论述，以期通过学理解释和体系解释的双维视角对该罪的法益立场、成立要件、行为界分与类属进行较为深入的剖析和阐释。通过实证研究的方法，对中国裁判文书网、北大法宝、无讼案例网上能够查询到的近年来一些有因型敲诈勒索行为以及与敲诈勒索相关联的一系列类案样本和裁判结论进行归纳和分析，揭示这些类案的客观行为表现和司法裁判规律，结合司法实践理性深化对有关敲诈勒索犯罪理论的研究和探讨。

在本书的写作过程中，笔者力求在以下几个方面有所突破：一是对敲诈勒索罪的法益，尤其是对次要法益的分析和论证比较深入，将"意思决定自由权"作为该罪保护的法益给予了较为深入的分析和延展。结合敲诈勒索行为侵犯他人意思决定自由权的行为机理和种种表现，对意思决定自由权的权利基础、法律渊源，以及在我国刑法中宣示对精神自由权、意思决定自由权保护的必要性等作了较为深入的阐述。二是对于敲诈勒索罪手段行为与目的行为复合行为结构的关联性给予了充分的强调。将敲诈勒索行为分解为手段行为与目的行为，有利于对恐吓行为与勒索行为分别加以阐释和评价，充分认识作为手段行为的暴力、威胁和作为目的行为的勒索财物行为各自不同的表现与特征，而同时强调关联则旨在强调二者的因果关系，以及相互制约、缺一不可的行为构造。对该罪复合行为结构的分析是认识本罪的行为特点和区分本罪与相关犯罪的一个核心和关键。三是将较少被关注的敲诈勒索行为的相对人或被害人在该罪的构成要件解析中给予介绍，并结合司法实践中的各种被害情形详加解析。例如，书中对有关"敲诈勒索单位"的问题以及被恐吓人与实际财产损失人不一致的"三角敲诈"的情形也进行了分析、评述。四是对敲诈勒索罪的主观构成要件，即该罪的犯罪故意和非法占有目的的理解和具体内涵进行了分析，在故意部分特别明确了该罪也可以基于"间接故意"的心态而实施，关于该罪的目的要素，主要从"非法占有目的的内涵"及其构成性意义的角度得出非法占有目的的内涵不需要"排除他人占有的意图"，仅有以获利为目的的"利用意思"即已足的结论。五是对于索债型、消费索赔型以及上访索财型敲诈勒索行为，通过大量实务案例样本的整理，对这些类型化犯罪行为的现实表现和罪刑关系进行了实证性的研究，呈现了这些行为的各种现实表现，为理论上具体探讨和分析该类犯罪行为提供了较为客观的研究素材。

二、全书内容概览及基本范畴的交代

（一）全书内容概览

书中运用比较研究和实证分析的方法，从敲诈勒索罪的学理解释入手，在梳理、归纳我国有关学者观点，以及分析、比较、借鉴德国、日本、韩国、英美以及我国台湾、澳门和香港地区敲诈勒索犯罪的刑法规定、理论观点和司法判例的基础上，对我国敲诈勒索罪保护的法益、行为特征、行为对象、主观构成要件等进行了分析和阐述；在学理分析之外，还从体系解释的视角，对敲诈勒索罪与抢劫罪、绑架罪以及诈骗罪的界分进行了体系化的梳理和分析，并在此基础上特别对敲诈勒索罪的类型归属做了阐述；本文还运用敲诈勒索罪的相关构成理论，结合从中国裁判文书网、北大法宝和无讼案例网上查阅到的相关案件的裁判结论，在考证实务中大量裁判样本的基础上，对有因型敲诈勒索行为的定性，以及实务中易与敲诈勒索行为发生关联竞合行为的处断等问题进行了分析和阐述。

全文三个部分，共包括六章的内容。

第一部分为学理解释部分，主要对敲诈勒索罪保护的法益、行为结构、行为对象、主观构成要件等展开论述。这一部分共包括三章，即第一、二、三章。

第二部分为体系论解释部分，主要介绍敲诈勒索罪与相关犯罪的界分标准和类属划分，通过体系化的比较分析，深度解读敲诈勒索罪的行为特征和成立条件，同时以廓清敲诈勒索罪与抢劫罪、绑架罪和诈骗罪的关系，避免认定中容易发生的混淆，最终得出本文对敲诈勒索犯罪类属上的认定结论。这部分包括一章，即第四章。

第三部分为实证性研究部分，结合典型案例和有关裁判文书网上有关类案的裁判结论，运用敲诈勒索罪的构成要件理论对有因型敲诈勒索行为的入罪评价标准以及与敲诈勒索行为关联、竞合行为的定性和处断原则等这些实务中的难点，给予了回应和分析。这一部分包括两章，即第五章和第六章。

（二）有关书中犯罪论体系立场与概念范畴的必要交代

在展开书中内容论述之前，本书采用何种犯罪论体系是一个需要交代的问题。我国很长一段时间以来存在着对传统四要件犯罪构成理论坚持与革新的激烈争论，不少学者对我国继受苏联刑法传统的平面四要件犯罪论体系提出了许多批判，甚至受德日刑法犯罪构成体系的影响，在新近出版的一些刑法学术著作和具体犯罪问题的评价中已经开始直接采用德日的三阶层犯罪构成理论或改良后的违法与责任、犯罪主客观要件与犯罪排除要件等双层犯罪论体系。虽然经过前几年集中的学术争论和沉淀之后，近几年关于这一犯罪构成体系的话题逐渐趋于平静，但是经过这些争论之后，犯罪论体系的功能和作用、价值和定位在我国学界和实务界受到了较以往更加明确的重视和认同。

犯罪构成体系，即关于犯罪成立条件的理论，并不是各国刑法典明确规定的内容，而是学理上对判断犯罪成立条件理论与方法论的一种提炼，是指导司法实践中认定犯罪行为性质的重要根据和方法。其旨在实现对有关越界行为的准确定型和定性，避免定罪错误、罚不当罪。俗话说：工欲善其事，必先利其器。认定犯罪事关他人的财产、自由乃至生命，判断犯罪的"工具"确实重要而且应该精准、精良，判断"过程"应当尽可能地符合司法实践逻辑、严谨、合理，尽可能地减少误差。

所以虽然行为就是那个行为，分则条文规定的犯罪也确实就是那个犯罪，但是如何实现法条与案件事实合规则、合逻辑的对接，这是研究和建构简便、可操作、少误差的犯罪论体系的目的所在。相较而言，环环相扣、紧密衔接的三阶层犯罪构成体系的层层筛选犯罪认定机制，确实较平面结构的一次性判断的四要件犯罪体系更为精细和谨慎，位阶关系更明确，判断过程的步骤、逻辑性更强，更易避免客观判断与主观判断、形式判断与实质判断、事实判断与价值判断的混同或位序的颠倒，使得定罪量刑活动能够按照一整套逻辑过程有序推进，前后有序、内在关联，减少误判。然而，不论采用怎样的犯罪构成评价体系，就分则具体犯罪行为构成要件符合性、该当性层面的判断而言，宏观的犯罪构成体系必须依托分则条文对具体犯罪行为的定型性描述，即犯罪论体系的建构和判断首要完成的基础性工作就是构成要件符合性的判断。就该部分而言，三阶层和四要件其实并无太大的分歧，都需要以具体立法规定为据，对具体犯罪的基本构成要件加以分析，对照具体案件事实进行"该当性"比对。因此，即使在赞成引入三阶层犯罪构成体系或者改良我国四阶层构成体系刑法学者的著作中，不论在刑法总论部分采用三阶层还是两阶层的编写体例，在分论部分仍然还是需要从具体犯罪构成要件的层面对各要件一一进行分析介绍。具体犯罪构成要件是犯罪行为定型化的基础，也是定罪必须参照的标准，是任何犯罪评判体系都需要坚守的基本前提，至于违法阻却、责任认定则是构成要件该当性之后考量的问题。为此，书中关于敲诈勒索犯罪构成性分析部分依然是从该罪主、客观构成要件的角度展开分析、评述的。

我国《刑法》第274条规定，敲诈勒索公私财物，数额较大或多次敲诈勒索的行为构成敲诈勒索罪。对于法条中的简明罪状，学界所做的基本阐述，也即学界通说的观点认为："敲诈勒索罪是指以非法占有为目的，以威胁或要挟的方法，强行索取数额较大公私财物的行为。"[1] 从学理探讨的视角，结合该罪取得占有的目的、行为方式、行为对象以及被害人等相关要素，书中将敲诈勒索罪界定为：以非法获利为目的，以加害他人生命、身体、自由、名誉和财产的暴力或威胁相恐吓，向他人索取公私财物或财产性利益的行为。这样界定的理由会在书中逐步展开论证。

---

[1] 参见高铭暄、马克昌主编：《刑法学》，北京大学出版社、高等教育出版社 2016 年版，第 516 页。王作富主编：《刑法分则实务研究》，中国方正出版社 2013年版，第 1018 页。

第一章

敲诈勒索罪侵犯的法益

犯罪客体作为我国传统犯罪构成四大要件之一，一直以来指称的都是犯罪行为侵犯的法益（即保护客体），而不是犯罪行为作用的对象（即行为客体）。"法益是犯罪构成要件形成的出发点和指导思想，是被承认的构成要件构造和解释的基础"。[1]法益还是构建刑法罪名体系的基础，不论在采用三阶层犯罪构成体系的国家和地区，还是在采用四要件构成体系的我国，刑法典在立法体例上均需要对众多的罪名划分章节，安排体例，而犯罪侵犯的法益就是划分刑法各章节以及安排刑法罪名体例的重要依据。对具体犯罪侵犯法益的确认深刻反映着一国刑法视野下对该罪本质的认识和定位。

敲诈勒索罪的行为人以暴力或威胁相恐吓，向他人索取公私财物或财产性利益，其目的旨在取财或获利，因此，其侵犯的法益首先应该是财产权，这也是世界上绝大多数国家，包括我国都将敲诈勒索罪放在财产类犯罪一章中的主要原因。除此以外，敲诈勒索行为是否还侵犯或威胁到其他的法益呢？我国

---

[1]　[德]汉斯·海因里希·耶赛克、托马斯·魏根特：《德国刑法教科书》，徐久生译，中国法制出版社2001年版，第314～315页。

有很多学者倾向于认为敲诈勒索罪不仅侵犯了公私财产所有权，而且还侵犯了他人的人身权等其他权利，[1]且这种学说观点处于较为通说的地位。[2]但是也有学者提出，敲诈勒索罪侵犯的次要法益不应笼统地表述为人身权，而应该更为具体地明确为意思决定自由与行动自由权。如周光权教授和我国台湾地区的甘添贵教授均认为敲诈勒索罪除侵犯个人的财产安全外，兼及个人之意思决定与活动自由。[3]但笔者以为，敲诈勒索罪侵犯的次要法益应为他人的意思决定自由权，后文将详加阐述。

第一节 财产权

关于敲诈勒索罪对财产权的侵犯，涉及对财产权内涵的合理诠释，具体而言就是关于财产权保护的具体内容和范畴。根据对财产权具体保护法益内容的不同认识，理论上存在着本权说、占有权说与中间说等三种不同的学说。笔者以为敲诈勒索侵犯的应为他人对财产的占有权，当然这种占有权是相对的占有而非绝对的占有，为此，应对占有权说做必要的限缩。

一、本权说、占有权说与中间说

（一）本权说

本权说认为，财产权就是保护财产所有权以及其他合法占

---

[1] 参见王作富主编：《刑法分则实务研究》，中国方正出版社 2013 年版，第 1018 页。

[2] 参见高铭暄、马克昌主编：《刑法学》，北京大学出版社、高等教育出版社 2016 年版，第 516 页。中国社会科学院法学研究所法律辞典编委会编的《法律辞典》（法律出版社 2004 年版，第 500 页）中在敲诈勒索罪这一词条下，也指出本罪侵害的客体是公私财物的所有权和公民的人身权。

[3] 参见周光权：《刑法各论讲义》，清华大学出版社 2003 年版，第 131 页。甘添贵：《刑法各论（上）》，三民书局 2014 年版，第 362 页。

有的权利。本权说是日本刑法学理论中的概念，它与我国传统刑法学理论上所说的"所有权说"比较一致，但并不完全相同，如我国传统观点认为，"财产犯罪的客体是公私财产所有权，财产罪多数情况下是对所有权全部权能的侵犯，少数情况下是对所有权部分权能的侵犯，对任何一种权能的侵犯都是对所有权不同程度的侵犯"。[1]所有权说更侧重于对所有权整体的保护，虽然认可一定条件下的"占有"也可以成为财产犯罪保护的法益，但是其根据依然为占有是实现所有权不可或缺的部分，侵犯了占有权也就侵犯了所有权，而不是因为对"占有权"自身独立价值和意义的认可。本权说是日本学界在所有权说基础上发展起来的，因此其内部又可进一步细分为限制的本权说和纯粹的本权说。其中，限制的本权说相当于我国传统刑法理论上的所有权说，限制的本权说仍将他物权和债权排除在财产犯罪保护的法益之外；纯粹的本权说则在限制本权说的基础上进行了一定的扩张，认为财产犯罪保护的法益不仅包括所有权而且包括他物权（如租赁权，质押、留置等担保物权）和债权，即明确刑法中的财产权既保护所有权，也保护基于他物权和债权的占有，但是这些占有只限于民法上有合法依据的占有。因而，纯粹的本权说认为，对于违禁品、赃物、遗忘物的占有并不是财产犯罪保护的法益。随着财产支配形式的变化，我国传统的所有权说也在逐渐扩张，认可一定的合法占有可以成为财产犯罪保护的法益，逐渐走向扩张的本权说。因此，这里介绍的本权说就是在原有所有权说基础上扩张之后的纯粹的本权说。根据纯粹本权说的观点，第三人以非法手段侵夺他人合法占有的成立财产犯罪，第三人以非法手段侵夺他人非法占有的不成立

---

[1] 高铭暄、马克昌主编：《刑法学》，中国法制出版社 2007 年版，第 588 页。

财产犯罪，财物的所有人以非法手段从财物合法占有人处取得占有的，因为没有侵犯所有权，也不成立犯罪。纯粹本权说虽然克服了限制本权说的不足，将对他物权、债权和租赁权等占有形式的保护列入其中，但是其对违禁品占有保护的拒斥以及认为所有权人侵夺他人合法占有的行为不成立犯罪的结论是其遭受批判的重要方面。

（二）占有权说

占有权说认为，财产权保护的法益就是他人对财物事实上的占有，不论这种占有是否有合法的权源基础。[1]占有说是顺应现代社会发展过程中财产价值实现方式的多元化而引申出来的一种权利保护理论。占有权说尽管有过分扩张刑法中财产犯罪保护法益之嫌，但是占有权说的提出和发展促使了学界对本权说的反思和用刑法手段对事实上存在的各种占有关系和占有权益给予保护的必要性和保护界限的讨论。基于与所有权相分离的各种合法占有类型如质押、担保、留置、租赁、信托、物流、仓储等财物流转模式的现实存在，财物占有与所有分离的情形越来越普遍，相比传统的财物所有权支配关系而言，脱离所有人支配的财物占有关系正在使财物本身发挥更大的价值；因此，占有的地位和占有权能对占有人的价值成为与所有权对等存在的重要权益，值得在法律层面给予关注。与此同时，侵财犯罪案件也越来越多地发生在侵犯各种占有权的场合下。占有说的提出就是基于各种占有关系中，对占有人占有本身所具有的应予保护的权益的认可和重视。根据占有权说的观点，任何形式的占有都可以成为财产犯罪保护的法益，包括对合法财物的占有以及对枪支、弹药、核材料、假币、毒品、淫秽物品、

---

〔1〕　参见陈洪兵："财产罪法益上的所有权说批判"，载《金陵法律评论》2008 年第 1 期。

赃物等禁止或限制个人所有和持有的违禁品的占有。其中，对违禁品的占有虽然不具有民法上合法的依据，但是越来越多的学者认为刑法与民法对占有应采取不同的保护立场。刑法不仅旨在维护一定的财产占有秩序和占有结果，而且旨在以规范的形式明确划定刑法禁止的取得占有的不法行为手段。因此，依据占有说，以刑法禁止的手段侵夺这些违禁物品的，同样可以成立相应的犯罪。同时，占有权说认为，合法的占有权甚至可以对抗财物的所有人，财物的所有人不经他人同意擅自取回他人占有的本人财物的，也会构成犯罪。反对占有权说的学者认为，占有权对占有事实的保护过于宽泛，对不具有合法根据的占有以及可以无限制对抗所有权人的占有均给予保护，是本权说以及一般社会通念所无法接受的。

（三）中间说

针对本权说和占有说各自存在的极端化的困境，出现了所谓的中间说。中间说就是在本权说基础上的扩张或者说是在占有权说基础上的限缩。由于本权说和占有说存在的不足，现在只坚持本权说或者占有说的学者已经不多，大多都在原有学说基础上进行了一定的修正。如日本战后随着司法判例立场的变化，学界也开始在原有本权说的基础上，开始主张对他人占有的有条件的保护，出现了平稳占有说、合理占有说以及与本权无对抗关系的占有说等[1]，日本通说支持平稳占有说。平稳占有说认为，为了维护财产秩序，只要不是明显的不法占有，都应对占有本身给予保护。[2]平稳占有说应该是对占有说的一定限缩。我国不少学者也在本权说和占有说修正的基础上理解财

---

〔1〕 参见张明楷：《外国刑法纲要》，清华大学出版社 2007 年版，第 536 ～ 537 页。

〔2〕 参见黎宏：《日本刑法精义》，法律出版社 2008 年版，第 407 页。

产权的本质，如张明楷教授、黎宏教授在本权说的基础上作了一定的修正和扩张，结论已经接近平稳的占有说。张明楷教授提出"财产权首先是保护财产所有权及其它本权，其次是需要通过法定程序恢复应有状态的占有"[1]，黎宏教授认为"财产权保护的法益是本权和未经法定程序不得没收的利益"[2]。周光权教授也明确持平稳占有说的立场，主张："所有权是基于物权而对财物所形成的一种对物的支配关系，占有权指基于对财物事实上的支配、管领而具有的权利。至于占有关系合法形成还是因非法原因形成并非关键，但占有必须是符合一定条件、大体上有理的平稳占有。"[3]胡东飞博士从民法和刑法对财产权法律秩序保护的一致性和协调性的角度分析认为，"财产犯罪保护法益必须具有民法上的权源，或者说在民法上能够确定或还原权属关系的财产，方可成为刑法财产罪的保护对象"；但他同时认为"对于取回自己所有他人占有的财物，以及'黑吃黑'的问题，因为这些财物最终在民法上能够还原为有权属关系的财产，包括违禁品以及无主财物都有真实的权利人，也都不是无主物，因此针对这些财物的占有也是财产犯罪保护的范畴"；他特别指出，"自物权、他物权和债权所产生之占有均属于财产犯罪保护的法益，但是不体现财产权之（绝对）违禁品的占有不是财产罪的法益，财物原所有人以非法手段解除基于公法根据之占有也不属于财产犯罪的法益"[4]。胡东飞博士的观点倾向于扩张的本权说。

但是我国仍有坚决坚持本权说的学者，认为本权说就可以解

---

[1]　张明楷：《刑法学》，法律出版社 2011 年版，第 838 页。

[2]　黎宏："论财产犯罪的保护法益"，载《人民检察》2008 年第 23 期。

[3]　周光权：《刑法各论》，中国人民大学出版社 2011 年版，第 76 ~ 77 页。

[4]　胡东飞："财产犯罪的法益——以刑法与民法之关系为视角"，载赵秉志主编：《刑法论丛》（第 38 卷），法律出版社 2014 年版，第 298 页。

释所有的财产犯罪保护法益的问题，占有说的提出是多余和不周延的。如刘明祥教授认为"只有能够体现所有权关系的占有才是财产权保护的法益，对于法律禁止私人所有、持有的物品，由于不能体现财产所有权关系，因而不能成为财产罪的对象"。[1]有的学者从所有权的维度出发明确否认占有具有独立的法益品格，认为占有只是主体对财物的一种管领、支配的事实状态，占有的对象不能包括利益，打破占有关系的行为如果没有所有权，或者不具有按照所有权那样占有、处分财物的意图，则剥夺占有的行为未必具有违法性。[2]与之针锋相对，也有少数学者坚持彻底的占有说，认为一切占有关系都值得刑法保护，至于是否成立具体的财产犯罪，则可以从违法性的角度予以排除。[3]

二、坚持限缩占有权说的法益保护立场

尽管纯粹的本权说克服了限制的本权说只保护财产所有权的局限，认可对质押、担保等他物权和债权的保护，但是根据本权说的观点，在行为人只侵犯占有的情形下，本权说往往还需要辩解的是这样的行为最终侵犯了所有权，即"这些行为确实侵犯了占有，但不可否认的是，此类行为最终仍然是使所有权受到了侵犯，在侵犯所有权时也当然地侵犯了他人的占有"。[4]但是笔者认为，在行为侵犯了占有的情形下，实质上财物的所有权未必一定会受到侵犯。例如，行为人以勒索的方式取得对他人租赁汽车的占有并逃逸，作为汽车的出租人（即所

---

〔1〕 刘明祥：《财产罪比较研究》，中国政法大学出版社 2001 年版，第 20 页。

〔2〕 参见车浩："占有不是财产犯罪的法益"，载《法律科学》2015 年第 3 期。

〔3〕 参见陈洪兵："论经济的财产损害——破解财产罪法益之争的另一视角"，载陈兴良主编：《刑事法评论》（第 32 卷），北京大学出版社 2013 年版，第 541～542 页。

〔4〕 于志刚、郭旭强："财产罪法益中所有权说与占有说之对抗与选择"，载《法学》2010 年第 8 期。

有权人）并不会承担这样的损失，而是租赁人需要向出租人赔偿汽车的价款。在这种情况下，真正受到侵犯的是占有权，真正遭受损失的也是占有权人，而非所有权人。

刑法规定财产犯罪旨在保护的并不是财产权本身，而是权利背后的利益，正如德国学者所言："（刑法）保护的对象不再是权利，而是法律所针对的利益。概括而言，刑法并不服务于绝对的权利，而是旨在保护作为绝对权之对象的利益。"[1]因此，我们应该看到，刑法规定财产犯罪所欲保护的法益并不是传统上绝对的所有权，而是财物的所有人和占有人因对财物、财产性利益的管领和支配可以获得的利益，所有权说难以克服保护范围的有限性，占有权说可以更为实在地照顾到各种可能的占有权属关系中占有人的占有权益。扩张的本权说对占有权的有限承认既不能准确描述财物占有人失去占有的权利状态，也不足以使各种可能情形下的占有权益得到刑法应有的保护。相比较而言，扩张之后的本权说仍有无法克服的理论缺陷，但是彻底的占有权说又未能考虑到所有权人基于正当权益的自救行为以及国家基于维护财产秩序以及社会管理秩序的需要，对不法占有的没收与查缴行为，为此，需要对占有权说进行必要的限缩。

（一）占有应该作为财产权保护的法益内容

1. 占有本身即具有值得刑法保护的财产权益属性。不论是对财物的占有还是对财产性利益的占有，占有人都具有值得刑法保护的利益，这是有别于所有权人对其所有的财物或财产性利益的一种权益。在质押、留置或租赁等财物占有关系中，一方面，占有本身即对于占有人具有无可替代的独立价值和利益，如质押物对质押权人的担保作用，留置物对留置权人的抵偿作

---

〔1〕［德］乌尔斯·金德霍伊泽尔：《刑法总论教科书》，蔡桂生译，北京大学出版社 2015 年版，第 4 页。

用，租赁物对租赁人具有占有、支配、使用的价值，即使作为
财产权益凭证的欠条本身也具有使占有人通过欠条来追索债务
进而实现债权的利益。正如美国偷盗罪案例所揭示的：偷盗罪
仅仅禁止对他人私有财产的侵害性获得或转移，实际产权并不
是偷盗罪法律保护的对象。[1]另一方面，如果质押权人、留置
权人以及财物的租赁方在占有质押物、留置物和租赁物期间，
财物占有人因受到盗窃、诈骗、敲诈勒索而失去对财物的占有
时：首先，敲诈勒索行为会使得质押权人、留置权人和租赁方
通过占有财物所预期的担保、抵偿、租赁利益无法实现；其次，
质押权人、留置权人和租赁方还需要向财物的出质人、留置物
的所有人以及出租方支付与质押物、留置物以及租赁物同等价
值的赔偿（即使需要赔偿的是扣除担保债权、抵偿债务后的部
分，事实上本人期待的抵偿也无从实现）；最终，真正受到损失
的是财物的占有人而非所有权人。因此，"占有不论是对所有人
本人而言还是对占有人而言都是其实现其他权能的前提"，"占
有虽然是一种事实状态，但同时也是一种值得刑法保护的利益，
这是不可否认的"[2]。占有本身即具有依据法律予以保护的财
产权属价值，这也正是需要对占有加以保护的根据所在。《美国
模范刑法典》在盗窃及相关犯罪一节中也明确，他人的财产
（property of another）包括他人财产所有权和占有权："行为人占
有的财产不应当被视为仅对该财产享有担保权益的他人的财产，
即使债权人基于附条件买卖契约或者其他担保协议对该财产享
有法定所有权。"[3]因此，有些学者所谓"占有不是财产犯罪的
法益"的观点是难以成立的。

---

〔1〕 People v. Sanders, 67 Cal. App. 4th 1403, 1415 (Ct. App. 1998).

〔2〕 张明楷：《刑法学》，法律出版社 2011 年版，第 838 ~ 839 页。

〔3〕 《美国模范刑法典及其评注》，刘仁文等译，法律出版社 2005 年版，第 157 页。

2. 财产性利益可以成为占有的对象。占有的对象不限于财物，而且包括财产性的利益，占有人对财产性利益的占有可以通过对有关债权文书或权利凭证的占有来实现。首先，我国有关的司法解释中有明确的规定，可以用金钱计算数额的财产性利益也是广义财产范畴中的一部分。例如，最高人民法院、最高人民检察院在《关于办理商业贿赂刑事案件适用法律若干问题的意见》第7条中就规定：商业贿赂中的财物，既包括金钱和实物，也包括可以用金钱计算数额的财产性利益，如提供房屋装修、含有金额的会员卡、代币卡（券）、旅游费用等。从法律规范概念的统一性来看，解释中明确提到的获得房屋装修服务、一定金额的会员卡、代金券，以及类似的具有经济价值的股权凭证、信托证明都属于财产性的利益，而且这些财产性利益事实上能够为他人所占有和支配。其次，现实中，我们对许多财产性权益的占有是通过对一定的债权文书或权利凭证的占有来实现的，如对租赁的财物、银行的存款、购买的股票、期货、证券、对他人的债权等。实务中行为人也可以以刑法禁止的侵财手段实现对债权凭证所代表的财产性利益的侵犯，如行为人以暴力、胁迫的方式劫取欠条、逼迫他人写下收条的行为即被定性为抢劫罪或敲诈勒索罪。[1]刑法这样认定的根据，显然不是因为欠条或收条本身的财物价值，

---

〔1〕"戚道云等抢劫案——为消灭债务采用暴力、胁迫手段抢回欠款凭证的行为应如何定性？"，载《刑事审判参考》（总第14辑），法律出版社2001年版。"王某、张某甲敲诈勒索案——抢劫过程中又逼迫被害人写下数额较大的欠条的行为以抢劫罪和敲诈勒索罪数罪并罚"，载北京市人民检察院法律政策研究室编：《刑事疑难案例参阅——侵犯财产罪》，中国检察出版社2015年版，第229页。"祝某华敲诈勒索案——逼迫被害人打欠条情形的敲诈勒索罪的犯罪数额认定问题"，载刘中发主编：《刑事案例诉辩审评——敲诈勒索罪》，中国检察出版社2014年版，第114页。"孙某某暴力胁迫他人写下欠条又向法院起诉要求偿还欠款案，认定孙某某成立敲诈勒索罪"，见李怀胜主编：《刑事典型疑难问题适用指导与参考——侵犯财产罪卷》，中国检察出版社2013年版，第798～799页。

刑法介入保护的也不是欠条和收条本身的物质价值，而是欠条或收条作为债权凭证所负载的财产性的利益。除了欠条等债权凭证，需要支付一定费用的劳务和服务也可以成为敲诈勒索的对象，其本质上保护的也正是劳务与服务所承载的财产性利益。因此，论者认为占有的对象只能是具体的财物，而不包含财产性利益的看法是难以成立的。

3. 侵害占有即侵害了占有人的权益，而不是所有权人的权益。传统的所有权说和本权说都坚持认为，侵犯了占有人的占有权，最终实质上是侵犯了所有权人的所有权，其论证逻辑是："在所有权与占有分离的场合，对财产没有任何权利的第三人从占有人处非法取得了财物，直接受到侵犯的确实是占有权，在这个范围内刑法对于占有应当予以保护，所有权说对此并不否认。但是应当认识到，刑法之所以将这种行为作为犯罪处罚，实质上仍然在于此类行为侵犯了所有权或使所有权处于丧失的严重危险之中。比如，对于特定物，上述行为最终侵犯了所有权，对于种类物，诸如大米、水泥甚至货币之类，占有人可能负有赔偿、返还等义务，实际上侵犯的是占有人可能用于赔偿的自有财物的所有权。"[1]这样的"曲线说理"不仅多余而且是难以成立的。占有人基于所有人认可的方式或者不为刑法所禁止的方式获得占有，这种占有本身就是其实现占有权的前提和基础，一旦这种占有被破坏或侵夺，那么其预期的占有利益即无从实现，如质押物被盗走、租赁的汽车被抢走、为他人运输的物品被骗走，那么这些财物的原占有人将无法主张和实现质押权、租赁权以及运输费用等权益，这就是侵害占有的行为给占有人造成的损害，而不必探究这种侵害对其他法益间接造成

---

〔1〕 于志刚、郭旭强："财产罪法益中所有权说与占有说之对抗与选择"，载《法学》2010 年第 8 期。

的损害。因为不论是对特定物或种类物的占有，只要占有被第三人不法侵害，占有人即无从享受预期的占有利益，同时其也需要承担对财物所有人的赔偿，这即是侵犯占有给占有人造成的损失，不能因为占有人需要用自有的财物或财产性利益来赔偿财物的原所有人，进而认为这种侵害占有的行为实质上是侵害了占有人的所有权，论者在做这样论述的时候，事实上其所说的所有权和占有权具体指称的"对象"已经发生了改变，犯了偷换概念的对象逻辑错误。财产犯罪，不论是针对财产抑或财产性利益，行为人不法取得占有的同时，占有人即因此蒙受了损失，为此，直接遭受损失的是财物的实际占有人，而与其是否具有所有权并无关系。如果无视行为对占有人直接造成的侵害，而去探究侵害行为给占有背后的财物所有人造成的侵害，一则没有必要，二则也没有合理的根据。因为判断一个行为侵害了某一法益，我们就是要探究行为给法益的拥有者的哪些权益造成了直接的损害和威胁，而不是与之相关的、间接的其他利益。

4. 占有既是构成要件也是财产犯罪保护的法益。有论者认为，将占有视为财产犯罪保护的法益，有混淆构成要件与法益之嫌[1]，笔者以为这样的理解是不合理的。首先，虽然在我国《刑法》规定财产犯罪的条文中，没有关于侵害"占有"的明文表述，但是不可否认的是无论夺取型犯罪还是毁坏型犯罪，其取财行为都是破坏了他人对占有物的占有关系，进而侵害到占有人对占有物的可得利益，对占有本身的侵害就是财产犯罪客观行为的构成要素，占有人对占有物的可得利益就是财产犯罪侵犯的法益。其次，破坏占有的程度决定违法性的程度和入罪的必要性，轻微的破坏占有的行为因不具有严重的危害性而

―――――――
〔1〕　车浩："占有不是财产犯罪的法益"，载《法律科学》2015 年第 3 期。

排除其不法，但是并不能因此否认占有能够作为刑法保护的对象。正如盗用他人汽车的行为和盗窃数额不大财物的行为也都侵犯了财产权，只是由于法益侵犯的程度较低没有达到可罚的不法程度，而不构成犯罪，但并不意味着这样的行为没有侵犯他人的法益。"刑法上的违法性是客观的法益侵害或者威胁，这种违法性必然必须达到值得科处刑罚的程度。……具有刑法上的违法性，也就具有了值得科处刑罚的违法性……"[1]，由此可见，我们的违法性判断包含了内在的违法程度的判断。因此，不能以"偷开机动车也侵犯了占有但是不构成刑法上的违法"[2]为由否认占有是刑法保护的对象。刑法对所有权和占有权的保护都坚持统一的必要性原则，只有严重侵犯所有权和占有权的行为才予以入罪，这是一以贯之的。最后，所有人与占有人的同意对侵犯占有行为排除不法的影响不同，不能说明占有不是刑法保护的法益。论者还以第三人侵犯占有的情形下，所有权人的同意可以排除不法，但是占有人的同意不能排除不法为由，否认占有属于刑法保护的法益。[3]笔者认为，这种分析结论在实务层面是并不成立的，即使成立也仅仅局限于所有人未经占有人同意私自取走财物的情形，在第三人夺取占有的情形下，一旦占有被打破，例如从占有人处窃得财物之后，行为即告完成，无论所有人还是占有人的同意都不能改变行为的性质，论者所述盗窃之后由于所有人的同意可以改变占有的不法状态，进而使之前的盗窃行为排除不法，这是不具有现实性的。因为财产犯罪不是民事纠纷，也不都是自诉案件，纠举犯罪、对违法犯罪定罪量刑的公权力是不能任由公民进行私自和解和决断的。客

---

〔1〕 张明楷：《刑法学》，法律出版社 2011 年版，第 117 页。
〔2〕 车浩："占有不是财产犯罪的法益"，载《法律科学》2015 年第 3 期。
〔3〕 车浩："占有不是财产犯罪的法益"，载《法律科学》2015 年第 3 期。

观地讲，在所有与占有分离的状态下，经常发生的侵犯占有的情形大抵会有如下几种情形：一是所有人未经占有人同意，擅自取回或者唆使第三人非法取回他人合法占有的属于本人的财物；二是第三人未经所有人和占有人同意，不法取走占有物。在第一种情形下，所有权人的同意只有在其表明不向占有人索赔的前提下，其同意才能够排除行为的不法。实务中大量的案例都倾向于根据所有人是否索赔来认定所有人有无非法占有的目的，很多学者也支持这样的观点。[1]但笔者以为，这种情形下能够排除不法不是由于所有权说所谓"主观不法的排除"，而是由于所有权人向占有人放弃索赔，最终使得占有人不需要赔偿，而客观上不会使其因此遭受损失。如果所有人在其取走财物或授意第三人取回财物后，又进而向占有人索赔的，占有权因此遭受损害，则行为即构成相应的犯罪。[2]在第二种情形下，第三人的行为一旦既遂，所有人和占有人的同意都应该无法排除不法。刑法是注重行为手段评价的规则，只要在实施行为的当时，行为人不具有实施行为的正当性，那么就可能成立相应的犯罪，除了侵占罪以外，其他任何财产犯罪的被害人都不具有决定对行为人是否追究刑事责任的权利。如果第三人未经所有人同意以敲诈勒索方式取走他人占有的财物的，犯罪即告成立，即使事后所有人出面表示不予追究，都不能使行为人的犯罪行为得以豁免。以上事实表明，无论是否有所有人的参与，

---

〔1〕 在车浩的文中即有对此的概括和介绍，详见车浩："占有不是财产犯罪的法益"，载《法律科学》2015年第3期。

〔2〕 被告人叶某因非法营运，县交通管理所将其合法所有的轿车查扣，存放在某停车场。数日后，叶某等人到该停车场将该价值9.2万元的轿车开走，销赃得款2.5万元。3个月后，叶某向该县交管所申请赔偿，获赔11.65万元。法院最终认定叶某构成盗窃罪。参见"叶文言等盗窃自己的轿车案"，载《刑事审判参考》（总第43辑），法律出版社2006年版。

占有权是否受到侵犯是判断行为是否构成犯罪的重要依据，所有权人并不具有排除不法的天然权利。

（二）限缩占有权说的合理边界

限缩占有说认可财产权是对各种占有关系的保护，但是基于法律规范秩序一致性和刑法规范介入正当性的要求，必须对占有进行一定的限制。限制主要为了解决两方面的问题：一是占有根据不明情形下的占有保护，即对枪支、弹药、假币、毒品、赃物、遗失物等违禁品的占有保护边界问题；二是财物占有人可以对抗财物所有人的占有保护边界问题。为此，学者们提出了有民法权源的占有、需要通过法定程序改变现状的占有、大体上平稳的占有、表面上合理的占有、能够追溯到所有权权属关系的占有、可以与本权相对抗的占有、区分绝对违禁品与相对违禁品的不同占有、区分基于私法根据的占有和基于公法根据的占有等不同的判断占有权边界的标准和学说。笔者以为，能够对抗第三人和所有权人的占有就是财产占有权保护的边界。

1. 可以对抗第三人的占有。根据占有是否有合法的根据，可以将其分为合法占有和不法占有：合法占有是能够对抗任何第三人的占有，即任何第三人非法侵夺该占有的，都将构成相应的犯罪；不法占有，是指对枪支、弹药、爆炸物、毒品、假币、淫秽物品等违禁品的占有。违禁品是国家通过立法明确禁止或限制个人占有的财物。违禁品占有权的保护存在相对性，在相对于国家管制的层面，任何人对违禁品的占有都不能对抗国家的管理行为，包括国家有权机关及其公职人员依照职权的没收和追缴，这一点是其与合法占有的重要区别。但不法占有在相对于国家以外的第三人的层面，第三人对违禁品占有的非法侵夺同样构成对占有人占有权的侵犯，能够成立相应的财产犯罪。在我国出台的一系列司法解释文件中，也都毫无例外地认为盗窃、抢夺、抢劫枪支、弹药、爆炸物、毒品、假币、淫秽物品等违禁品的，除成立专门的犯罪以外，其他成立相应的财产犯罪。做出这样解释的合理性根据何在？

虽然王作富教授认为：违禁品本身也是财物，也有其特殊的价值，属于特殊的财物。[1]言外之意是违禁品也具有值得刑法保护的特殊的价值，但是这样的解释仍然无法回避国家禁止个人持有与刑法保护这种占有之间自相矛盾的问题。笔者更赞同张明楷教授和黎宏教授的观点：违禁品的占有属于需要通过法定程序恢复应有状态的占有，[2]其保护的依据是现实占有人具有未经法定程序不得加以没收的法益。[3]但是赞同他们二位的观点，不等于认为他们对违法品占有权保护的正当性根据能够被占有权说当然地涵摄。即使根据"需要通过法定程序改变现状的占有"的观点，也必须承认：刑法对违禁品占有的这种保护，本质上与对合法占有权益的保护是有本质区别的，对合法占有权的保护旨在保护占有人的占有权益，而对违禁品占有的保护，本质上并不是为了保护违禁品占有人占有违禁品的利益，而是基于对违禁品加以管控，系出于对社会法益的保护。[4]正如有学者所

---

〔1〕　王作富：《刑法分则实务研究（下）》，中国方正出版社 2010 年版，第 1056 页。

〔2〕　张明楷：《刑法学》，法律出版社 2011 年版，第 838 页。

〔3〕　黎宏："财产犯罪的保护法益"，载顾军主编：《侵财犯罪的理论与司法实践》，法律出版社 2008 年版，第 37～38 页。

〔4〕　我国学者刘明祥教授和胡东飞博士曾指出：违禁品不应作为财产罪的对象。采用盗窃等手段夺取这类物品，虽然也可能构成犯罪，但却不宜定为财产罪。惩罚这类犯罪所要保护的也并非是财产所有权。刑法在侵犯财产罪之外还设置了违禁品犯罪，这本身就意味着违禁品的主要属性并非财产性。但同时他们也不得不承认在目前我国立法没有对侵夺其他违禁品行为设定罪名的情况下，以及在难以证明行为人侵夺违禁品时的主观目的，或者存在认识错误的情形下，也只得以相应的财产犯罪论处。详见刘明祥：《财产罪比较研究》，中国政法大学出版社 2001 年版，第 20 页。胡东飞："财产犯罪的法益——以刑法与民法之关系为视角"，载赵秉志主编：《刑法论丛》（第 38 卷），法律出版社 2014 年版，第 300～303 页。

言："对违法占有的保护，主要是出于政策上的考虑。如果因为占有人的财物应当被没收，就不处罚后续的盗窃行为，就会导致随意盗窃这些财物的社会秩序的混乱。"[1]即为了避免枪支弹药、毒品等危险品失控可能危害社会管理秩序、对社会法益造成危害，如果是基于对违禁品特殊管理秩序的需要，对以盗窃、抢夺、敲诈勒索等手段侵夺该违禁品的行为就不宜认定成立财产罪，而应构成与违禁品相关的犯罪。但是，事实上我国刑法目前除了规定有盗窃、抢夺、抢劫枪支、弹药、爆炸物罪之外，其他如毒品、假币、淫秽物品以及用于犯罪的工具和因违法犯罪所得的赃物，立法均未规定专门的犯罪，因此，才需要司法解释以拟制规定的方式做特别的说明。这样的解释立场在其他国家的司法判例中也同样得到了认可。[2]

理论上一般也将赃物列入违禁品探讨的序列，但是赃物与毒品、假币、枪支、弹药等违禁品具有鲜明的区别。前者只是因为前手获得占有的手段不正当而区别于其他普通财物，在不明知的前提下，他人很难知晓其来源的非法性，也很难将其与一般财物相区分，赃物的占有人对赃物的占有具有与普通财物相同的占有和支配利益。而毒品等违禁品则不然，不论前手如何获得占有，本人只要知晓其物质属性是毒品、假币、枪支，即可明知这些是法律禁止或限制个人持有的，从违法性认识的角度，法律完全可以期待他人不去实施侵犯占有这些违禁品的行为。因此，第三人对赃物占有的非法侵犯具有与侵犯普通财物同样应予保护的财产占有权益，直接可以根据对财物占有权的侵犯而认定成立财产犯罪。"为了阻止罪犯可以相互盗窃、欺诈、胁迫而不受惩罚所可能

---

[1] 刘士心：《美国刑法各论原理》，人民出版社2015年版，第198页。
[2] 详见黎宏："财产犯罪的保护法益"，载顾军主编：《侵财犯罪的理论与司法实践》，法律出版社2008年版，第405页。

引起的混乱，可适用有关盗窃罪的法律。"[1]需要区分的是行为人非法取得赃物的主观意图，无论其是否知道侵犯的对象是赃物（违禁品除外），只有行为人基于获得赃物占有利益的目的进行盗窃、抢劫、敲诈的，才成立相应的财产犯罪，如果出于帮助犯罪人逃避处罚的目的，则成立有关的赃物犯罪。

2. 可以对抗所有权人的占有。本权说对于自救行为缺乏限制，认为财物的所有人从占有人处取回财物的行为均不成立财产罪，而占有说又对占有本身给予极端的保护，完全否认自救行为存在的合理性，认为即使是所有人从占有人处取回属于自己的财物，也成立相应的财产罪。经过修正的扩张的本权说和限缩的占有说，使财产权保护的客体演变为对平稳占有和具有合理根据占有的保护，对所有权人的自救行为留有一定的余地。根据修正后的占有说，所有权人从盗窃犯手中夺回自己被盗财物的行为，不成立财产犯罪。[2]根据限缩的占有说，包括符合自救条件的所有人夺回被他人非法占有的财物，以及在占有人不具有对抗所有人的合法抗辩事由的前提下，所有人取回自有财物的行为均不成立财产罪。作为可以对抗所有权人的占有，是对占有人除对抗第三人以外更大的保护，是保障占有人占有权益的更为必要的层面。据此，所有人即使对占有人享有法律保护的债权、出租权，但在债权和租赁期限届满前，均不得以实现债权为名以非法手段取得属于他人合法占有下的财物，也不得以胁迫方式收回出租的财物，否则即可能构成相应的财产犯罪。但在债权和出租期限届满后，如果占有人拒不返还占有物，所有人以窃取或恐吓索取的非法手段实现债权或收回出租

---

[1] People v. Otis, 139 N. E. 562, 562 – 563(N. Y. 1923).

[2] 黎宏："财产犯罪的保护法益"，载顾军主编：《侵财犯罪的理论与司法实践》，法律出版社 2008 年版，第 34 页。

财物的，由于占有人不具有受法律保护的占有利益，故所有人不成立财产犯罪，如果其取回的手段行为违反刑法有关规定的，则只就其手段行为定罪处罚。还有学者指出："如果占有人不具有实质的占有支配权（如无因管理，基于行政管理和维护司法秩序需要对查封、扣押、冻结财产的占有）或者属于没有支付对价的无偿占有（如对遗失物、遗忘物的占有），那么占有人同样不具有可以对抗财物所有权人的占有权，在这种情形下，所有人未经占有人同意将财物窃回、骗回的，也应不成立财产罪。但是所有人必须在取回财物后不向财物的占有人提出索赔，否则，应构成诈骗罪。"[1]这种例外并不具有排除意义，所谓"不向财物占有人提出索赔"的附加条件，即表明仍然需要从本质上判断是否会侵犯占有人的占有权。因此，笔者并不认为这属于占有权保护的例外。

综上，财产犯罪保护的财产权应是具有合法根据的占有以及能够对抗第三人和财物所有人的占有，这种限缩的占有权就是所有财产犯罪应予保护的法益内容，也是敲诈勒索罪所保护的财产权的法益内涵。只要行为人以恐吓的手段取得对他人财物的占有，即侵犯了敲诈勒索罪对占有权法益的保护，具备了该罪的法益侵害性，所有人基于所有权或追索债权的正当根据或者有关国家机关基于社会管理需要剥夺他人占有的行为，可以作为违法排除事由考虑。

第二节　意思决定自由权

学界对敲诈勒索罪侵犯的主要法益，几乎不存在争议，但对

---

〔1〕　胡东飞："财产犯罪的法益——以刑法与民法之关系为视角"，载赵秉志主编：《刑法论丛》（第38卷），法律出版社2014年版，第307～308页。

于其侵犯的次要法益却观点不一。如目前学界的主流观点认为，该罪侵犯的主要法益是财产权，次要法益是他人的人身权等其他权利。[1]但也有学者持不同的看法，如阮齐林、周光权、黎宏教授均认为敲诈勒索罪侵犯的法益不仅仅是财产权，还包括被害人的意思决定自由和行动自由。[2]陈兴良教授也曾分析认为："敲诈勒索罪的被害人是因为精神上受到强制，需要其在交付与否中做出选择，所以在交付上的自决权受到侵犯，敲诈情况下的交付是在丧失了部分意思自由情况下的交付。"[3]曲新久教授在分析敲诈勒索罪的行为对象时曾指出："该罪的行为对象除了各种公私财物外，还包括人的心理。"[4]如果敲诈勒索行为对他人的心理会造成侵害，那么从心理与权利相关的角度，就可以得出行为会对他人的意思决定自由权构成侵犯。我国台湾地区的甘添贵教授和陈子平教授也持类似的观点。[5]日本的西田典之教授和我国台湾地区的林山田教授倾向于认为该罪侵犯的法益为财产权与意思决定自由，劳东燕教授也持同样的观点。[6]

〔1〕　高铭暄、马克昌主编：《刑法学》，北京大学出版社、高等教育出版社2011年版，第521页。王作富主编：《刑法分则实务研究》，中国方正出版社2010年版，第1136页。孙国祥：《刑法学》，科学出版社2008年版，第517页。刘艳红：《刑法学（下）》，北京大学出版社2016年版，第300页。

〔2〕　阮齐林：《中国刑法各罪论》，中国政法大学出版社2016年版，第301页。周光权：《刑法各论》，中国人民大学出版社2011年版，第110页。黎宏：《刑法学各论》，法律出版社2016年版，第308~311页。

〔3〕　陈兴良："论财产犯罪的司法认定——在北京德恒律师事务所的演讲"，载《东方法学》2008年第3期。

〔4〕　曲新久：《刑法学》，中国政法大学出版社2009年版，第435页。

〔5〕　甘添贵：《刑法各论（上）》，三民书局2014年版，第362页。陈子平：《刑法各论（上）》，元照出版公司2015年版，第634页。

〔6〕　[日]西田典之：《日本刑法各论》，王昭武、刘明祥译，法律出版社2013年版，第69~71页。林山田：《刑法各罪论》，北京大学出版社2012版，第349页。陈兴良主编：《刑法各论精释》，人民法院出版社2015年版，第570~602页，该书敲诈勒索罪部分为劳东燕教授所撰写。

德国学者耶塞克和魏根特教授均认为，敲诈勒索罪属于针对意志自由和财产的犯罪。[1]英国学者 Jonathan Herring 在分析敲诈勒索罪可罚性的根据时也认为："敲诈罪可罚性的关键既不仅仅在于威胁行为，也不单单在于向他人索取财物，而是在于两者的结合，即以威胁手段获取经济利益。在这个方面，敲诈罪和诈骗罪相类似，都是通过支配被害人的意志来使其交付财物，只不过诈骗罪是通过欺骗来操纵被害人的意志，而敲诈罪则是运用威胁来操纵被害人的意志。"[2]

综上，关于敲诈勒索罪侵犯的次要法益，存在着人身权说、行动自由说和意思决定自由说等不同的看法。虽然人身权说曾一度是我国的通说，但随着我国与德日等国家以及我国台湾地区刑法学者交流的广泛和深入，以及我国国内学者对财产犯罪研究的深入和细化，近年来我国一些有代表性的学者开始更多地倾向于意思决定自由说，该学说几近达成新的理论共识，笔者也倾向于意思决定自由权说。

一、意思决定自由权之内涵

所谓意思决定自由权，是指行为个体根据自己的内心意志，自由决定意思表示内容的权利。自然人的意思决定自由权，是指自然人享有根据自己的主观意愿做出意思决定的权利，他人不得进行非法干涉或限制。意思决定自由权是行为人实现人身自由权、财产权、名誉权等权益的前提和基础，当行为人没有受到任何外界不当干扰和压制时，其可以根据自己的认识和意愿，自主决定一切行使权利与履行义务的行为，包括对人身自

---

〔1〕〔德〕汉斯·海因里希·耶赛克、托马斯·魏根特：《德国刑法教科书》，徐久生译，中国法制出版社 2001 年版，第 324、450 页。

〔2〕 Jonathan Herring, *Criminal Law*, Palgrave Macmillan, 2011, p. 240.

由的支配、财产的处分等。意思决定自由权与思想自由权、宗教信仰自由权、表达自由权同属于精神自由的范畴。根据法人拟制的观点，法人也应具有其拟制的作为团体的意思决定自由权，同样其意思决定自由权也是其财产处分权的基础，当单位、法人面临他人的压制和恐吓时，也会使其意思决定自由权受到威胁或损害。

"意思决定自由是一个由内而外的表达过程，行为人一般通过提供虚假信息或胁迫的方式，使行为人的自由决意过程受到干扰和限制。因此，法律禁止故意使用欺诈、胁迫及其他非法手段对他人意思自由加以妨碍。"[1]这种民事领域的欺诈和胁迫，如果侵犯的财产权益达到刑事犯罪的程度，即构成诈骗罪与敲诈勒索罪。在敲诈勒索案件中，行为人以加害他人的生命、身体、自由、名誉或财产的暴力或威胁的方式，向他人提出勒索财产的要求，使他人不得不在可能遭受的恶害与财产处分之间做出选择，不论行为人具体采用怎样的行为手段，只要这些恐吓行为可能造成对被恐吓人内心决意的左右和限制，不论被恐吓人最终是否实际交付财物，其意思决定自由权都受到了侵犯。这是所有敲诈勒索犯罪都会侵害和威胁到的法益，不会因为行为人选择的具体恐吓手段的不同而有差异。因此，在敲诈勒索案件中，被害人做出处分其财产的决定并非是自愿的，被害人的意思决定自由权因行为人的暴力、威胁行为而受到压制和侵犯。行为人的敲诈勒索行为不仅直接侵犯了他人的财产权，同时也侵犯了他人的意思决定自由权。

---

〔1〕 马特、袁雪石：《人格权法教程》，中国人民大学出版社 2007 年版，第283 页。

二、敲诈勒索罪侵犯意思决定自由权之构成性辨析

敲诈勒索罪属于复合行为犯，其客观行为由手段行为与目的行为两部分组成，其中手段行为一般表现为行为人通过暴力或威胁的方式发出恐吓，借此给被恐吓人施加心理强制，目的行为则在于借助恐吓手段，勒索取得他人的财物或财产性利益。这两种行为之间具有明确的关联性，前者为实现后者而实施，后者需借助前者而达成。

（一）透过敲诈勒索行为构造的分析

虽然我国《刑法》分则并未具体规定敲诈勒索罪的行为手段，但是结合该罪在司法实务中的各种具体表现，概括起来，行为人可能采用的恐吓方式主要包括如下情形：其一，以对被害人及其相关的第三人的人身立即实施或将要实施一定的人身伤害的方式相威胁；其二，以侵害被害人及其相关人的名誉或商誉的方式相要挟，如以揭露被害人及其相关人的隐私、揭发其违法犯罪行为相要挟，以发布对被害人不利或有损被害人及其相关人名誉或商誉的照片、视频或相关信息的方式相要挟；其三，以毁坏或将要毁坏被害人及其相关人的重大财产、有纪念意义的珍贵财物相威胁；其四，以针对某些公共场所、公共安全设施和交通工具实施恐怖袭击相要挟等。由于实务中敲诈勒索罪行为手段的多样性，有学者甚至认为敲诈勒索行为恐吓手段的多样性使得该罪除了财产权之外，不具有恒定可能被侵犯的其他法益。[1]笔者对此不能认同：虽然不同的敲诈手段会直接侵犯不同的法益，如以暴力性人身伤害或非法拘禁相威胁侵犯的是他人的人身健康权与人身自由权，以揭露他人隐私、

---

〔1〕 向朝阳、周力娜："对敲诈勒索罪客体的再认识"，载《社会科学研究》2003 年第 2 期。

违法犯罪、发布不利于他人名誉与商誉的信息等相威胁侵犯的是公民的人格权、名誉权或者商家的商誉权，以毁坏他人的财物相威胁侵犯的是他人的财产权，以公共安全相要挟侵犯的是公共安全。表面上看，确实因行为人具体采取的恐吓手段方式不同，其侵犯的具体法益也不同，但这些法益属于犯罪行为在侵犯财产法益之外随机侵犯的法益，不是犯罪的次要法益。在这些随机侵犯的法益的背后存在着一个共同且恒定被侵犯的法益，即不论行为人采取怎样的手段进行恐吓勒索，都有一个共同的法益受到了威胁或侵犯，那就是公民的意思决定自由权，这就是敲诈勒索罪在财产权之外侵犯的另一个法益。

我国学界通说的观点一直倾向于认为敲诈勒索罪侵犯的次要法益为人身权，但是这样的观点是不具说服力的。首先，尽管人身权可以涵摄大部分敲诈勒索犯罪行为侵犯的法益，但是其并不能全面涵盖敲诈勒索行为人可能采用的各种行为手段所可能侵犯的法益，如以损害商誉相要挟勒索财物的，以将要实施危害公共安全犯罪相要挟的，以揭露他人隐私和违法犯罪行为相要挟的，或者以损坏他人财物相要挟的。这些敲诈勒索行为在侵害财产权之外，其侵犯的法益用人身权这一范畴是无法涵摄的。其次，虽然意思决定自由属于精神自由，而精神自由权属于人身自由的范畴，[1]但是采用人身自由权的表述过分笼统，不能体现敲诈勒索犯罪取财手段的特异性。采用意思决定自由权的表述可以准确地体现被害人因受到恐吓而使自己自由决定处分自己财物的意思和权利受到限制，以及被迫做出处分

---

[1] 人身自由权包括身体自由权和精神自由权，前者是以身体的动静举止不受非法干预为内容的人格权，后者是以公民意思决定的独立和自由支配自己内在思维为内容的人格权。参见杨立新：《人身权法论》，人民法院出版社2002年版，第645~646页。

自己财产或财产性利益的过程，采用意思决定自由权的表述更能揭示敲诈勒索犯罪的本质。

（二）从敲诈勒索被害人视角的分析

从敲诈勒索罪的发生机理来看，行为人往往通过向被害人发出威胁或当面实施暴力的方式来向其提出索财或取利的要求，被害人最直接的感知是其自身受到了威胁，感受到了不自由。但是这种不自由的强制是多元的，且不同于抢劫罪或绑架罪中的暴力行为和挟持行为给被害人造成的直接的、人身的不自由，而是给被害人造成了一种意思决定上的不自由。例如，许多敲诈勒索案件中的行为人并不当面向被害人发出威胁，而是通过书信、电话、网络或由第三人转达的方式发出威胁，有的往往还会给被害人一定的宽限期，并不要求其立即答复。在这种威胁的面前，被害人甚至可能不知晓行为人是谁，也感受不到其对自己直接的人身上的强制，却可以感受到精神上的被压制和不自由。被害人需要当场或限期答复，需要在交出财物或财产性利益与忍受行为人可能兑现的其他侵害之间进行取舍和做出选择。无论行为人事实上是否会真实兑现其威胁的内容，只要结合敲诈勒索行为的具体情境，这种威胁在客观上足以造成被害人精神上的强制和内心的恐惧，使被害人相信有可能遭受来自行为人所告知的恶害，那么其意思抉择的自由也就受到了侵犯和威胁。

也许会有论者提出反驳，认为在敲诈勒索的场合，被恐吓的人仍有选择报警或向他人求援的可能和自由，因此认为其意志决定自由并未受到侵犯。但是客观上对于以当场实施的暴力相恐吓勒索财物的，行为人往往并不具备报警求援的机会和可能。即使在以非当场实施恐吓的场合，往往因行为人威胁的内容是被害人本人不愿意公之于众、让他人知悉的内容，或者行为人的威胁会使被害人不敢选择报警，在此过程中，被害人面临精神上的高度紧张和内心抉择的煎熬。例如，一个明知自己实施了违法犯罪行为的人，在未受到他人的要挟时，自己决定是否自首只是面临自己内心伦理道德和守法观念的拷问和责难，其仍具有选择自首或隐瞒犯罪事实的意志上的自由，但是如果他人以揭发其违法犯罪事实相要挟向其索要财物或财产性利益的，这时他选择隐瞒犯罪事实的自由客观上已经不存在。因为报警或求援意味着自己的违法犯罪事实必将被揭发，而被迫答应行为人的条件则会使自己的财产面临损失，他必须在两种选择之间进行权衡，这也正是敲诈勒索罪的被害人所面临的受到威胁时在是否做出财产处分的意思决定上的不自由。因此，分析抢劫罪和敲诈勒索罪界分的学者也十分中肯地从被害人处分权的角度指出："从财产法益是服务于人的工具这一点出发，财产犯罪最终侵犯和影响的是作为目的的人。既然财产是被害人的支配意愿所指向的支配对象，因此，犯罪行为侵害法益，必然是通过侵扰法益支配权进而破坏支配意愿与支配对象之间的支配关系来实现的。对这种支配关系的破坏，是通往法益侵害的必由之路。"[1]敲诈勒索罪就是通过对被害人的支配意愿，即意志决定自由权的侵犯，最终使被害人对财物或财产性利益的占有和支配权受到侵犯的。

三、意思决定自由权之法律属性

（一）意思决定自由权的权利渊源

"人身自由权的内涵，有狭义、广义和最广义的区分，狭义的人身自由权只包括公民人身活动的自由权，广义的人身自由

---

〔1〕 车浩："抢劫罪与敲诈勒索罪之界分：基于被害人的处分自由"，载《中国法学》2017 年第 6 期。

权，除了人身活动的自由还包括意思表示的自由，所谓意思表示的自由，是民事主体为或不为意思表示以及决定意思表示内容的自由。最广义的人身自由包括人体活动的自由与精神活动的自由。其中，精神活动的自由一般指公民按照自己的意志和利益，在法律规定的范围内自由支配自己内在思维活动的权利。虽然关于精神活动自由具体包含的内容还有分歧，但是基本都认可意思决定自由属于精神活动自由的范畴。"[1]如果说公民身体活动的自由是人身自由权外在的权属内容，那么公民的意思决定自由权就是公民人身自由权内在的权利基础。意思决定自由不仅是人身自由权的基础，也是人格权的核心，因为独立人格的核心在于个人对其意志的自我自由支配。康德认为："自然界的万物只能依照因果律被动地运动，唯独有理性的东西才有能力按照对规律的认识，也就是按照原则而行动。这种能力就是意志。"[2]人，作为理性个体的存在，其独立的人格是由人体的独立性和意志的独立性共同承载的，人身的自由包括人体的自由与内在意志决定的自由，二者同样重要、缺一不可。我们强调人身自由，并不意味着只强调身体的自由，同样应该重视和关注意志决定的自由，后者是前者的基础和前提。

（二）意思决定自由权的法律渊源

意思决定自由作为人身自由权的范畴已经在很多国家和地区的民事立法和司法实践中得到认可和保护。例如，很多国家和地区的民法典中都有关于自由权的规定，均认可自然人享有的自由权中除身体自由权之外，还包括精神自由，而精神自由主要指的就是意思决定自由。我国《澳门民法典》中就有关于

---

[1] 冉克平："论人格权法中的人身自由权"，载《法学》2012 年第 3 期。
[2] ［德］康德：《道德形而上学原理》，苗力田译，上海人民出版社 2002 年版，第 60 页。

意思自由权的规定："未经本人同意不得以任何方法调查其人格，或对之采用旨在使其失去意识或表达意思自由之其他方法。"我国台湾地区学者也认为："传统民法的自由权仅指身体行动的自由，现代民法对自由的保护趋向由身体行动的自由扩及精神的自由，即意思决定的自由。"[1]"自主决定是人格权的主要内容，包括意思决定自由在内，侵害意思自由决定的，即系妨害他人意思决定自由而侵害他人的人格权。"[2]

　　虽然我国在《宪法》和《民法通则》中都没有明确规定公民（自然人）享有意思决定自由权，但是并不意味着公民的意思决定自由权不受法律的保护，我国《关于贯彻执行〈中华人民共和国民法通则〉若干问题的意见（试行）》（以下简称《民法通则意见》）第69条规定："以给公民及其亲友的生命健康、荣誉、名誉、财产等造成损害或者以给法人的荣誉、名誉、财产等造成损害为要挟，迫使对方作出违背真实意思表示的，可以认定为胁迫行为。"显然该条是对公民意思决定自由权予以保护的法律明示。虽然在已经颁布的《民法典》总则编与人格权编中的人格权部分仍然没有见到明确保护自然人精神自由权与意思决定自由权的内容，但是其中对欺诈和胁迫行为的规定予以保留而且作了修改，将之前以欺诈和胁迫所为之民事行为系无效的规定修改为可撤销的行为，明确了表意人享有撤销权和赔偿请求权。这一规定背后体现的就是，在存在表意瑕疵的场合，由于公民意思表达和决意的真实性和自愿性缺失，而使做出的意思表示可予以撤销，行为人不能以被害人同意交付而主张其行为合法。从刑法的角度来看，"精神强制使受害人交付财物的行为缺乏被害人同意的任意性要件，使同

---

〔1〕　史尚宽：《债法总论》，中国政法大学出版社2000年版，第148～149页。
〔2〕　王泽鉴：《侵权行为法》，中国政法大学出版社2001年版，第139页。

意存在瑕疵，阻却了犯罪人占有他人财产行为的正当性"。[1]

（三）意思决定自由权的刑法保护

对于意思决定自由权的刑法保护，包括德国、日本、法国、意大利、瑞士、瑞典、挪威、荷兰、西班牙、泰国、奥地利和我国澳门地区在内的许多国家和地区的刑法中都专门规定有以危害他人的生命、身体、自由、名誉或财产相威胁的胁迫罪（有的称恐吓罪），与以加害他人的生命、身体、自由、名誉或财产相要挟，或使用暴行强制他人为、不为或容忍一定行为的强制罪（有的称强要罪）。具体罪名，有关国家和地区略有不同[2]。《美国模范刑法典》中也专门规定有恐吓罪，美国有一些州，如密歇根州、佛蒙特州刑法则在其敲诈勒索罪中，将勒索的内容从财物、财产性利益，扩及包括强迫他人做违背其意志的行为（any act against his will）。爱荷华州有相关的判例认定一个以威胁手段要求女子答应与其约会的大学生构成敲诈罪。[3]我国《刑法》中至今尚无专门保护精神自由与意思决定自由的罪名[4]，只规定以非法占有他人财产为目的实施恐吓的行为成立的敲诈勒索罪。

关于胁迫罪侵犯的法益，有学者从传统的权利观念出发认

---

〔1〕 王琳、张伟珂："从罪质到行为：敲诈勒索行为方式的再解释"，载《中国人民公安大学学报（社会科学版）》2016年第1期。

〔2〕 日本和德国刑法典中将胁迫行为称为胁迫罪，法国和意大利称威胁罪，美国称恐吓罪，我国澳门特别行政区也称恐吓罪，我国台湾地区"刑法"专门规定了恐吓危害个人安全罪，也有的学者称之为单纯的恐吓罪，以区别于恐吓公众罪和恐吓取财罪。德国、日本刑法典和我国台湾地区的"刑法典"还规定了强制罪，我国澳门特别行政区刑法典将胁迫行为称之为恐吓罪，而将强制行为称之为胁迫罪。

〔3〕 Kaplan, Weisberg, Binder, *Criminal Law: Cases and Materials*, Wolters Kluwer Law & Business, 2012, p. 78.

〔4〕 我国《刑法》第293条寻衅滋事罪中规定的恐吓他人行为，主要基于保护社会公共秩序法益的视角，并非在于对公民的意思决定自由权的保护。

为，恐吓罪（即其他国家和地区所称的"胁迫罪"）既侵犯了
人身安全也侵犯了他人的意思决定自由，但侵犯的主要法益应
为人身安全，而不是意思决定自由。[1]但是，提倡公民精神自
由权的学者则认为，恐吓罪虽然就恐吓的内容而言，可能涉及
生命权、健康权、自由权、名誉权和财产权等，但是就行为手
段真正侵害的法益而言，其侵犯的应该是公民的精神自由。[2]
有的日本学者认为该罪属于针对私生活安宁的实害犯或者危险
犯，有的认为属于针对意思活动自由的危险犯，折中派认为该
罪属于因侵害安全感而引起意思活动自由的危险犯。[3]虽然胁迫
罪并不以谋取财产利益或者进行人身伤害、损害名誉、损毁财物
为目的，行为人只是单纯进行要挟和恐吓，使他人心生恐惧，并
不会迫使被害人进行一定的选择和决定，但是这种要挟会影响相
对人意思自由的行使和实现。因此，笔者赞同山口厚教授主张的
该罪为侵害公民安全感的实害犯与侵犯意思决定自由的危险犯的
观点。强制罪系恐吓行为与强制行为的叠加，其违背他人意志的
意图和行为十分明显，故而很多学者都认为强制罪侵犯的法益就
是公民的"意思决定自由"。[4]林东茂教授更是明确提出，强制
罪是涵盖最广的妨害自由罪。强制罪之设，是在保护"意思决定
的自由"。日本的西田典之和山口厚教授也都认为强制罪保护的法

---

〔1〕　赵国强：《澳门刑法各论（上）》，社会科学文献出版社 2013 年版，第 120 页。

〔2〕　林东茂教授认为该罪侵犯的是他人免于恐惧的自由，参见林东茂：《刑法
综览》，中国人民大学出版社 2009 年版，第 246 页。其实，所谓免于恐惧的自由也
就是精神上的自由。

〔3〕　［日］山口厚：《刑法各论》，王昭武译，中国人民大学出版社 2011 年版，
第 79~80 页。［日］西田典之：《日本刑法各论》，王昭武、刘明祥译，法律出版社
2013 年版，第 67 页。

〔4〕　林东茂：《刑法综览》，中国人民大学出版社 2009 年版，第 248 页。陈子
平：《刑法各论（上）》，元照出版公司 2015 年版，160 页。林山田：《刑法各罪论》，
北京大学出版社 2012 版，第 131 页。

益是意思决定的自由、意思活动的自由。[1]赵国强教授在介绍我国澳门地区刑法中规定的胁迫罪时，也分析认为："从'胁迫罪'的概念就可以发现，'胁迫罪'侵害的法益只能是他人的意思决定自由。"[2]虽然就个罪微观的层面对其侵犯的法益学者还存在一些认识上的分歧，但是在规定了胁迫罪与强制罪的国家一般都把这两个罪名列入保护公民人身自由或精神自由的章节之中。[3]由此也可看出其立法初衷旨在保护的法益。

敲诈勒索罪就手段行为而言，与胁迫罪与强制罪是完全相同的，就其复合行为犯的结构而言，则与强制罪十分近似，二罪的手段行为相同，均为了实现特定的目的：敲诈勒索罪以索财或获利为目的，强制罪则是为了索财和取利以外的"妨害他人行使权利"或"使他人为无义务之事"的目的。所以，从类比的角度，如果能够接受胁迫罪与强制罪侵犯了他人意思决定自由权这一理论观点，那么对于以恐吓手段索取他人财物或财产性利益的敲诈勒索罪，确认其对他人意思决定自由权的侵犯就不存在解释论上的任何障碍。

四、宣示以刑法手段保护意思决定自由权之必要性

我国《刑法》中至今都没有规定类似其他国家和地区的胁

---

〔1〕 [日] 西田典之：《日本刑法各论》，王昭武、刘明祥译，法律出版社2013年版，第71页。[日] 山口厚：《刑法各论》，王昭武译，中国人民大学出版社2011年版，第85页。

〔2〕 赵国强：《澳门刑法各论（上）》，社会科学文献出版社2013年版，第130页。澳门的胁迫即其他国家的强制罪。其他国家称作胁迫罪的，澳门称作恐吓罪。

〔3〕 例如，《日本刑法》将胁迫罪与强制罪规定在针对自由的犯罪中；《意大利刑法典》将恐吓行为定义为侵犯人精神自由犯罪中的"威胁罪"；《法国刑法典》将恐吓行为定义为独立罪名"威胁罪"，将其归属于伤害人的身体或精神类的犯罪；《瑞士联邦刑法典》将恐吓行为定义为伤害人身自由的犯罪中的"威胁罪"；《荷兰刑法典》则将恐吓行为定义为侵犯人身自由的重罪。

迫罪和强制罪，我国 1997 年《刑法》中规定有强迫交易罪、强迫职工劳动罪以及强制穿戴宣扬恐怖主义、极端主义服饰、标志罪，这只是将强制行为中的特定行为进行了犯罪化，但是对于这几类强制行为之外的强制行为，目前仍没有相关的罪名进行规制。我国于 2011 年通过的《刑法修正案（八）》在寻衅滋事罪中增加了一项"恐吓他人"的规定，据此，类似恐吓他人并且情节恶劣的行为将成立寻衅滋事罪。但是，寻衅滋事罪保护的法益为社会管理秩序，而并非公民的精神自由和意思决定自由，把恐吓行为放在寻衅滋事的罪名下，其侧重保护的是社会公共秩序这一公法益，而非个人意思决定自由的私法益。因此，这里的恐吓主要针对的也是恐吓公众或国家机关的行为，对于恐吓个人的行为，也侧重于行为本身会造成相关人员内心对社会秩序安定的恐慌和不安，以此作为入罪考量的重点。所以，早在 2006 年就有学者撰文指出，尽管我国《刑法》对侵犯自由的行为已经做了较为细致的规定，但是现行《刑法》比较重视对自由法益外在层面（即身体活动的自由、个人生活的自由等）的保护，对于自由法益内在层面（意志决定自由）存在保护的死角，因而呼吁我国刑法应该增设胁迫罪与强制罪。[1]十余年过去了，期间经过了数十次刑法的修正，但都没有增加这方面的罪名。准确地说，到目前为止，我国还没有用于保护公民意思决定自由权的专门罪名，这不能不说是我国刑法在意思决定自由权保护方面亟待弥补的不足和疏漏。

（一）宣示保护公民意思决定自由权的必要性

尽管在民法理论上基本认可人身权包括人身自由权与精神

---

[1]　康诚、陈京春："论意志决定自由的刑法保护——胁迫、强制行为的犯罪化思考"，载《中国刑事法杂志》2006 年第 6 期。

自由权,[1]但是在我国刑法学传统视野中的人身权却只包括生命权、健康权、性的决定权、人身自由权、婚姻自由权、人格权、名誉权、隐私权等,并不包括精神自由权。[2]在我国目前的刑法理论中,对精神自由权和意思决定权还很少给予专门的关注和表述,相对而言,经常使用的是人身权、人身自由权这样的宏观指称。但是,一方面,用人身权或人身自由权这样一个抽象的表述来界定敲诈勒索罪侵犯的法益,不足以体现敲诈勒索罪以恐吓手段勒索财物的行为实质,尤其是当行为人用毁坏他人财物相要挟,以损害企业的商誉相要挟,以危及公共安全的放火、爆炸、中断通讯等方式相要挟时,以人身权法益的表述显然不能涵盖这些情形下的敲诈勒索行为所危及的法益。另一方面,就敲诈勒索罪而言,用意思决定自由的表述取代人身自由权或行动自由权的表述,不仅可以避免采用人身自由权或行动自由权这样的表述带来的歧义和不准确,而且可以使意思决定自由权这样一个在刑法视野中被模糊和淡化的概念明晰化。此外,通过对意思决定自由权压制程度的考察,还可以起到界分敲诈勒索罪与抢劫罪的作用。[3]因此,笔者认为将敲诈勒索罪侵犯的法益表述为财产权和意思自决权更为精准和恰当,而且应该旗帜鲜明地将其表述出来、宣示出去。在我国《刑法》分则侵犯公民人身权犯罪中尚未专门设置保护公民精神自由与意思决定自由权犯罪的背景下,这种强调和宣示是十分必要的。

---

〔1〕 "根据民法原理,人身自由权包括身体自由权和精神自由权,具体而言就是身体的动静举止不受限制的权利和公民独立和自由支配自己内在思想的意思决定权。"参见杨立新:《人身权法论》,人民法院出版社 2002 年版,第 645~646 页。

〔2〕 高铭暄、马克昌主编:《刑法学》,北京大学出版社、高等教育出版社 2016 年版,第 453 页。张明楷:《刑法学》,法律出版社 2011 年版,第 754 页。

〔3〕 详见车浩:"抢劫罪与敲诈勒索罪之界分:基于被害人的处分自由",载《中国法学》2017 年第 6 期。

（二）意思决定自由权能够揭示敲诈勒索罪的本质

敲诈勒索罪是通过压制他人的意思决定自由权进而取得他人财物或财产性利益的犯罪，这使得其能够与其他取财犯罪相区分。比较而言，盗窃罪是以相对和平的方式取得占有他人财物的行为，虽然盗窃行为的发生是违反被害人意愿的，但是由于盗窃行为人采取以不与对方明确"对峙"的方式单方完成取得占有的行为，因此，盗窃行为的发生和发展的过程中既没有对被害人意思自由的压制，也没有被害人自由意思的参与，因此，该罪与抢夺罪都属于回避被害人反抗型的财产犯罪。[1] 抢劫罪是通过完全剥夺他人意思自由的强制手段取得财物，被害人不敢反抗，反抗也无用，是在没有任何选择余地的情况下实施的，因此，抢劫罪中也没有被害人意思自由的参与。诈骗罪和敲诈勒索罪则都属于有被害人意思参与的行为，但二者也有不同，其中诈骗罪的行为人是以欺诈的方式通过对被害人的意思自由的误导和干扰取得其财物，被害人并没有感受到其意思决定自由权受到强制和侵犯，而只有敲诈勒索罪是通过对他人意思决定自由权进行一定强制或压抑的方式取得他人的财物或财产性利益，这是敲诈勒索罪与其他财产犯罪本质上的不同。所以，引入意志决定自由权这一法益内容，不仅是对敲诈勒索罪保护法益精准认识和把握的需要，而且对我们更好地认识和界分相关财产犯罪类型也是十分有益的。

---

〔1〕　车浩："抢劫罪与敲诈勒索罪之界分：基于被害人的处分自由"，载《中国法学》2017 年第 6 期。

第二章

敲诈勒索罪的客观构成要件

敲诈勒索罪的客观构成要件部分主要包括行为、行为对象、被害人、因果关系等构成要素。首先，敲诈勒索罪的恐吓索财行为属于复合行为结构，由作为手段的恐吓行为与作为目的的勒索行为两部分组成。其次，关于敲诈勒索的行为对象，需要从两个层面分析，一是行为指向的财物，二是行为作用的人。关于财物，学界基本倾向于认为敲诈勒索的对象能够包括财物和财产性利益，但是财产性利益的判断标准和边界还不甚明晰，有待具体剖析；而敲诈勒索行为作用的人，就是行为所针对的被害人。这两个对象从行为作用机理来看，是通过先作用于具体的人进而才作用到具体的财物和财产性利益，敲诈勒索罪中的被害人作为行为对象的存在，还直接体现着该罪对他人意思决定自由权的侵犯。因此，敲诈勒索行为所作用的被害人也应在该罪行为对象的范畴中予以研讨。此外，在该问题上，有两点也需要特别研讨，即三角敲诈案件中行为作用的"人"和单位能否成为敲诈勒索的被恐吓人与被害人的问题；在常规的敲诈勒索案件中，被恐吓的对象与实际遭受财产损失的人是一致的，但是，在三角敲诈案件中，二者并不一致，有其特殊性；关于单位法人是否具备作为该罪被害对象的条件，也值得研讨。最后，敲诈勒索客观上需要被恐吓的人因为恐惧而处分财物，因此，需要行为人的暴力、威胁行为与被害人处分财物的行为之间具有因果关系，这一内容也有必要在复合行为结构中一并讨论。

第一节　敲诈勒索罪的复合行为

我国刑法条文仅有对敲诈勒索罪名的提示，并无对该罪行为要件的具体描摹。这种过于抽象、近乎无的立法上的粗疏，无疑不利于对该罪行为要件的认识和行为特征的把握。由于立法规定的抽象与粗疏，关于该罪行为诸要素的把握就交由学理进行教义学的解析，学理上通过对该罪具体行为表现的长久观察与概括，形成了对该罪行为方式的一些认识和解读，当然看法也各有不同（在后文手段行为部分将具体展开）。学界关于该罪的复合行为结构和目的行为本身几乎没有太多的歧见，即都认识到与盗窃罪、抢夺罪等只有单一实行行为构成的犯罪不同，敲诈勒索罪与抢劫罪的行为结构类似，都由手段行为和目的行为两部分组成，属于复合行为犯[1]。我国大部分学者均认为敲诈勒索罪的手段行为为暴力、威胁等恐吓行为，目的行为是向他人索取财物或财产性利益的行为，其中恐吓是实现索财的依托，索财是恐吓之目的。[2]但田宏杰教授分析认为，威胁行为与迫使他人交付财物的行为属于该罪的手段行为，行为人取得

---

[1]　所谓复合行为犯，又称复杂行为犯，是指在一个独立的基本犯罪构成中包含数个不独立成罪的实行行为的犯罪类型。参见王明辉："复行为犯研究"，载陈兴良主编：《刑事法评论》（第4卷），中国政法大学出版社1999年版，第321页。复合行为犯的实行行为虽为法定异质的复数，但评价上却被作为一个构成行为看待。

[2]　陈兴良教授和陈子平教授都曾明确指出该罪属于复合行为犯，手段行为是恐吓行为，目的行为是强行索取财物的行为或者是使他人交付财物或财产性利益的行为。参见陈兴良："敲诈勒索罪问题解析"，载《中国审判》2010年第8期。陈子平：《刑法各论（上）》，元照出版公司2013年版，第635页。

数额较大财物的行为是目的行为。[1]笔者以为，这一认识是有失偏颇的，威胁或要挟行为确属手段行为，这并无争议，而迫使被害人交付财物或财产性利益的行为，应该属于目的行为而非手段行为，行为人最终占有他人财物的行为取决于被害人是否交付财物，但只要实施了威胁和索财的行为，即齐备了构成该罪的全部客观要件，行为人取得数额较大财物的行为，应该属于前两个行为的结果，决定该罪的既遂与否，不能作为成立该罪的构成要素。

虽然大多数行为人在具体实施该犯罪时，要挟与索财往往是同时进行和完成的，难以清晰地划分出手段行为与目的行为的界限，事实上也无必要做这样清晰地划分，但从刑法教义学的视角，为了深入认识和分析该罪的行为结构，有必要在理论上做如此细致的划分。张明楷教授还以线性模式对该罪（既遂）的行为结构和取财过程做过细致的描述。[2]这种线性分析模式更为细致、直观地呈现出该罪手段行为与目的行为在行为逻辑结构上的特性。虽然该线性结构中没有明确行为人有勒索财物的行为，其实结合张明楷教授文中的描述，可以看出该罪由实行威胁和索取财产两部分行为组成，而"索取财物的行为"与"被害人基于恐惧交付财产的行为"是一体两面的关系，所指的是同一个行为，只因观察者站在行为人的立场或被害人立场的不同而表述不同而已。

敲诈勒索罪复合行为中的两部分行为密切关联、互为因果。一方面，恐吓须以索财为目的。如果行为人只以加害他人或其相

---

[1] 田宏杰："海峡两岸敲诈勒索罪比较研究"，载《福建公安高等专科学校学报——社会公共安全研究》1999年第6期。这里需要补充说明一下，田宏杰教授这里所谓的"迫使被害人交付数额较大的公私财物或提供财产性利益"，基于原文上下文的理解应为：被害人基于恐惧交付数额较大的财物或财产性利益。

[2] 张明楷教授指出：敲诈勒索罪的基本结构是对他人实行威胁—对方产生恐惧心理—对方基于恐惧心理处分财产—行为人或者第三者取得财产—被害人遭受财产损失。参见张明楷：《刑法学》，法律出版社2011年版，第869页。

关第三人的生命、身体、自由、名誉、财产相恐吓，并无借此索取财物或财产性利益的目的，也未实施索财的行为，则不成立敲诈勒索罪；行为人为追求其他不法目的，对他人实施暴力、威胁，如为了实施奸淫或猥亵，为阻止他人结婚或离婚，为了达成交易意向，或为了阻止他人依法作证、依法参与选举等目的，根据其目的的不同，其行为可能成立强奸罪、强制猥亵罪、暴力干涉婚姻自由罪、强迫交易罪、妨害作证罪、破坏选举罪等其他相应的犯罪，而不成立敲诈勒索罪。另一方面，索取财物的目的也必须通过暴力、威胁的方法来实现，如果以其他方式如欺骗、扣押拘禁他人的手段实现的，也不成立敲诈勒索罪，可能构成诈骗罪或绑架罪。例如，行为人没有实施恐吓行为，被害人由于其他原因已处于畏怖状态，为避免恶害而交付财物，行为人仅系知情而收受者，因未实施恐吓行为，尚不成立本罪。〔1〕因此，对于这些缺乏恐吓行为或勒索行为，或者缺乏二者关联性的行为，均不成立本罪，实务中这样的行为依法可能成立抢夺罪或盗窃罪。

一、敲诈勒索罪的手段行为

很多国家的刑法典对敲诈勒索罪的手段方式有十分详细的描述，其中大部分都采用了暴力与威胁、暴力和胁迫的方式或恐吓的方式等表述。〔2〕我国立法对此付之阙如。理论上，学者

---

〔1〕 甘添贵：《刑法各论（上）》，三民书局 2014 年版，第 366 页。

〔2〕 德国、法国、意大利、芬兰、比利时、瑞士、俄罗斯刑法典中对敲诈勒索罪均明确是以暴力或威胁的方法，《泰国刑法典》中区分恐吓取财罪（337 条）与敲诈勒索罪（338 条），前者指以采取暴力、暴力胁迫加害他人或者第三人生命、身体、自由、名誉或者财产的行为，强迫他人交付或者同意交付财产上的利益给自己或者他人，以致被害人顺从的，是恐吓取财罪；后者指以泄露将损害他人或者第三人的秘密恫吓他人，强迫其交付或者同意交付财产上的利益给自己或者他人，以致被害人顺从的，是敲诈勒索罪。《日本刑法典》在恐吓罪中、《美国模范刑法典》在恐吓之窃取罪中均规定以恐吓的方式，《加拿大刑法典》在敲诈勒索罪中同时采用了恐吓、威胁和暴力手段的表述。

的解析很多，但具体看法可谓形形色色。例如，有的表述为威胁或要挟的方法[1]，有的表述为以威胁的方式[2]，有的表述为以暴力和胁迫的方式[3]，有的直接表述为以恐吓的方式[4]。总体来看，威胁与要挟说是我国目前学界对该罪行为手段较为主流的表述，但是在使用威胁、要挟的同时，也杂合使用"恐吓""胁迫""暴力"等表述，这些表述的界限和用意并不十分清晰。例如，即使在使用"威胁"表述的学者中，他们对有关该罪具体行为手段的阐述中，也会将威胁、要挟、胁迫、恐吓等表述交互使用，而并未加以严格地区分。刘艳红教授在论述该罪的行为手段时，即以"恐吓行为"统辖"威胁、要挟"的意思，同时在解释该罪行为部分时又使用了"胁迫"的表述。[5]孙国祥教授在分析该罪行为手段时认为，本罪的威胁一般是以"胁迫和轻微暴力的形式发出，胁迫是其常态，但司法实践中也存在通过轻微暴力或者同时实施胁迫与轻微暴力形式发出的威

---

〔1〕 高铭暄、马克昌主编：《刑法学》，北京大学出版社、高等教育出版社2016年版，第516页。中国社会科学院法学研究所法律辞典编委会编：《法律辞典》，法律出版社2004年版，第500页。赵秉志：《侵犯财产罪》，中国人民公安大学出版社2003年版，第353~354页。陈兴良：《刑法疏议》，中国人民公安大学出版社1997年版，第367页。曲新久：《刑法学》，中国政法大学出版社2009年版，第435页。马克昌主编：《百罪通论》，北京大学出版社2014年版，第871页。

〔2〕 阮齐林：《刑法学》，中国政法大学出版社2011年版，第535页。刘艳红：《刑法学（下）》，北京大学出版社2016年版，第300页。孙国祥：《刑法学》，科学出版社2008年版，第517~518页。

〔3〕 张明楷：《刑法学》，法律出版社2011年版，第869页。

〔4〕 刘明祥：《财产犯罪比较研究》，中国政法大学出版社2001年版，第288~289页。周光权：《刑法各论》，中国人民大学出版社2011年版，第110页。陈兴良主编：《刑法各论精释》，人民法院出版社2015年版，第571~574页，该书敲诈勒索罪部分为劳东燕教授所撰写。

〔5〕 刘艳红教授文中使用了"行为人实施威胁或要挟等恐吓行为""恐吓的本质是威胁"等表述，参见刘艳红：《刑法学（下）》，北京大学出版社2016年版，第300页。

胁"。[1]周光权教授虽然在该罪概念的表述上使用了"威胁或要挟的方法",但是在对该罪客观行为的分析中,也认为恐吓与广义的胁迫都属于该罪的手段,文中阐述其他内容时主要使用的"恐吓"指称该罪的手段。[2]应该说,关于该罪行为手段的表述,学者在各自的认识空间和用语范畴内,分别使用了威胁、要挟、暴力、胁迫以及恐吓等不同的词汇和称谓,就恐吓、暴力、威胁、胁迫和要挟的内涵及其之间的关系,大部分学者并未清楚地加以区分。

从词源角度讲,"暴力一般指对人或对物使用物理伤害和损害的力量,威胁是指用威力逼迫恫吓使人屈服;要挟,是指利用对方的弱点,强迫对方答应自己的要求。胁迫指威胁强迫,恐吓指威胁人,使害怕"。[3]虽然这些行为的具体方式不同,但是由于其都具有致人心生恐惧的作用,而且随着学界和实务界逐渐接纳对当场实施不足以压制被害人反抗的暴力和胁迫也可以致人恐惧的观点,所以,包括暴力在内的"威胁""要挟""胁迫",都成为能够使被害人产生恐惧的手段。在这一层意义上,具体使用哪一个表述并无太大差异。但恐吓更强调通过威胁、压制,使他人害怕而获取财物的意义,从敲诈勒索犯罪行为与其他财产犯罪行为在取财手段相对比的层面,敲诈勒索罪是通过对他人的"恐吓"而取得他人财物的行为,用"恐吓"更能形象地体现该罪的本质,暴力、威胁、要挟或者胁迫都是实施恐吓的具体手段,单独使用其中任何一个指称都不足以明确该罪的行为特质。

---

〔1〕　孙国祥:《刑法学》,科学出版社 2008 年版,第 517～518 页。
〔2〕　周光权:《刑法各论》,中国人民大学出版社 2011 年版,第 110 页。
〔3〕　中国社会科学院语言研究所词典编辑室编著:《现代汉语词典》,商务印书馆 2005 年版,第 1045 页。

从立法源流看，在我国古代即使用"恐吓（或恐喝）"一词指称该罪的取财手段。"汉令有呵人受钱，汉律有恐猲取财，唐律有恐喝取人财物。张斐《晋律注》：'将中有恶言为恐猲 。'《集韵·曷韵》：'猲，曷，相恐怯也。或作曷，通作猲。'恐猲，恐喝，实是恐愒。即以行将不利相恐吓，使人心怀畏惧。较之强盗胁迫，则以尚未完全丧失选择自由为特点。"[1]我国台湾地区"刑法典"至今仍然使用"恐吓取财（得利）罪"的表述。虽然台湾地区学者对于"恐吓"的认识，即是否限于未来的恶害相通告，以及恶害是否包含暴力与胁迫作为手段，还是仅限于胁迫也曾存在分歧。例如，韩忠谟、甘添贵教授即认为胁迫与恐吓不同，胁迫是指以现在的恶害相通告，而恐吓是以未来的恶害相通告。[2]这主要是由于台湾地区司法判例曾经一度认为恐吓取财罪须以将来的恶害相通告。但是，之后逐渐采纳了以当前的恶害相通告也可以成立恐吓取财罪或获利罪的观点。现在代表性的观点认为，"恐吓应该是能够包含暴力、威胁、要挟的上位概念，接近于胁迫但比胁迫的内涵更广"，"恐吓"不以未来的恶害为限。但为了与强盗罪（即抢劫罪）相区别，均强调恐吓未致使被害人不能抗拒之程度。[3]

"恐吓"一词是对敲诈勒索犯罪行为较为准确的描述，可以指称、涵摄所有具有使人心生恐惧的行为，是一个较暴力、威胁、要挟、胁迫等表述更为抽象和概括的指称。用"恐吓取财或恐吓获利"，即"呵取"来描述敲诈勒索行为，如同用"窃取"描述盗窃行为、用"夺取"描述抢夺行为、用"劫取"描述抢劫行为、用"诈取"描述诈骗行为一样，既简洁又切中该

---

[1] 蔡枢衡：《中国刑法史》，中国法制出版社 2005 年版，第 135 页。
[2] 甘添贵：《刑法分论（上）》，三民书局 2014 年版，第 369 页。
[3] 林东茂：《刑法综览》，中国人民大学出版社 2009 年版，第 246~249 页。

行为的本质要害。长期以来，我国理论和实务中并未作这样细致的区分，导致理论上表述的混沌与模糊。因此，为了表述的需要，也为了使指称更为精确，本文主要使用"暴力""威胁"[1]指称敲诈勒索的手段，而用"恐吓"一词统摄包括暴力、威胁、要挟、胁迫在内的所有可以使人心生恐惧的手段行为。在此意义上，本书所称的敲诈勒索罪的手段行为，就是指行为人以加害他人的生命、身体、自由、名誉、财产或公共安全等为内容的暴力或威胁相恐吓的行为。

（一）暴力

1. 对物暴力与对人暴力。所谓暴力，即对物或对人行使有形力。根据暴力作用对象的不同，可以分为针对人身的暴力与针对财物的暴力。敲诈勒索罪的暴力只要足以造成被害人的内心恐惧即可，而针对被害人及其相关第三人人身实施暴力和对物实施暴力显然都可以达到使人心生恐惧进而交付财物的目的，因此，这两种暴力都可以作为敲诈勒索罪的暴力。其中对人的暴力，包含对被害人本人（财物的所有人、占有人、管理人）及其相关第三人的人身施加暴力，但尚未达到完全压制，使他人无法反抗的程度。[2]针对人身的暴力应包括一切足以导致人体损

---

[1]　林山田：《刑法各罪论》，北京大学出版社2012年版，第352、354页。陈子平：《刑法各论（上）》，元照出版公司2013年版，第606页。

由于"胁迫"一词往往具有急迫、紧迫的意蕴，易于与抢劫罪的胁迫相混淆，所以，文中较少使用。尽管词源意义上威胁与要挟也存在细微的差别，但在我国目前基本不存在使用上的太大差别，因此，文中也在二者等同的意义上使用。

[2]　不少学者认为针对第三人暴力与对物暴力都不属于敲诈勒索罪的暴力，而应属于针对被害人的威胁。如山口厚教授在评析日本的强要罪时，分析认为该罪的暴力不包括针对第三者的暴行和针对物的暴行，认为针对第三者的暴行应评价为针对被强要者的胁迫。参见［日］山口厚：《刑法各论》，王昭武译，中国人民大学出版社2011年版，第86页。由于强要罪与敲诈勒索罪在行为手段上无异，对二者行为手段的理解应保持同样的标准，这里特别引述并予以评价。

伤的伤害，包括利用自身力量的人身攻击和借助武器的伤害等，对物暴力主要为针对他人所有、占有或管理的财物加以破坏、损毁，应不包括针对财物的暴力夺取。行为人针对自己人身实施的自我伤害，如果已经危及被害人的利益，使之产生内心恐惧的，应该属于暴力之一种。如果行为人以自杀、自伤的方式表明将进一步损害被害人及其相关人的合法权益的，则应属于威胁的范畴。[1]如果行为人的自伤行为并没有表明将进一步加害被害人，即与被害人的法益无关，只是通过博得他人的怜悯而获取财物的，不属于敲诈勒索的暴力。

作为恐吓的暴力应与以暴力侵害为内容的威胁加以区分。作为暴力手段的"暴力"，仅指暴力本身给行为人内心造成的恐惧，应该将其与"以将要对人或对物施加暴力的威胁"相区别。例如，陈子平教授认为，"实施暴行，会让对方了解如果不答应将继续反复地实施，而使对方产生畏惧时，就属于以恶害相通告之胁迫"[2]。但笔者以为，这里的暴力本身就属于现实的恶害，这种现实的恶害也足以使人心生恐惧，因此，没有理由否认暴力可以单独作为敲诈勒索的手段；已经实施的暴力可能会使被害人认为，如果不交付财物即可能招致行为人进一步的暴力侵害，这就是"致人恐惧"的发生机理，不能推定认为"已经实施的暴力"属于"可能进一步实施暴力伤害"的威胁，而否认暴力手段的独立性。在我国，长期以来一直倾向于认为，

---

〔1〕 我国实务中也确实发生过以自伤勒索他人财物的案件，该案中的行为人以将要从被害人（公司）楼上跳下自我伤害的方式相要挟，因实质上会损害被害公司的商业信誉和形象，因此法院认定行为人构成对被害人的威胁，但不属于"暴力"手段。详见"唐某敲诈勒索案——以自杀要挟他人给付钱财的行为可以认定为敲诈勒索罪"，载北京市人民检察院法律政策研究室编：《刑事疑难案例参阅：侵犯财产罪》，中国检察出版社2015年版，第224页。

〔2〕 陈子平：《刑法各论（上）》，元照出版公司2013年版，第636页。

当场实施暴力索取财物的行为不属于敲诈勒索而构成抢劫，或者认为当场的暴力属于一种威胁行为。[1]周光权教授即认为暴力属于威胁的一种方式，而不是一种有别于威胁的手段。[2]笔者以为，敲诈勒索罪的暴力应该区分为作为暴力手段的暴力和作为威胁手段的暴力，其中，对被害人人身实施轻微暴力伤害的暴力以及对物暴力属于前者，对被害人以当场或将来实施暴力伤害，或以对其更加贵重的财物实施暴力损害相威胁的，则属于以暴力为内容的威胁。"日本最高裁判所的判例最初也认为恐吓罪的手段限于胁迫，在如果不答应要求就有可能遭受暴力这一使人产生恐惧的意义上，暴力就相当于胁迫。现在的判例通说已从正面肯定暴力也可成为恐吓的手段。"[3]

2. 暴力的程度。

第一，敲诈勒索罪的暴力须足以致人心生恐惧，如果针对人身的暴力伤害或针对财物的暴力毁损程度较轻，如以一般的人身纠缠、骚扰、对他人价值不大财物的污损等手段勒索他人财物，不足以造成他人的内心恐惧，仅造成他人的厌恶和反感的，尚不具备成立该罪的条件。

第二，敲诈勒索罪的暴力需要未达到致人无法反抗的程度。这一方面是因为刑法同时规定了抢劫罪与敲诈勒索罪，这是从两罪之间的界分和衔接的角度得出的解释结论；另一方面，我国敲诈勒索罪的法定刑与抢劫罪相比并没有太低，对轻度暴力

---

〔1〕 如"林华明等四人敲诈勒索案"中行为人既有当场暴力伤害也实施了要挟，但裁判结论认为暴力不属于本案成立敲诈勒索的手段，暴力属于要挟的手段。参见中华人民共和国最高人民法院刑事审判第一庭、第二庭编：《刑事审判参考》（总第44辑），法律出版社2006年版，第67~70页。

〔2〕 周光权：《刑法各论》，中国人民大学出版社2011年版，第113页。

〔3〕 ［日］西田典之：《日本刑法各论》，王昭武、刘明祥译，法律出版社2013年版，第234页。

勒索财物的行为按照敲诈勒索罪处罚并不会导致行为评价上和刑罚适用上的失当。对当场施加程度较低的暴力，仅仅造成被害人的恐惧，但未达到使被害人不能反抗的地步，即使当场实施当场取得财物的，也能够认定为该罪，这样的观点现在已经得到很多学者的认同。[1]台湾地区司法实务的观点也经历了一个与我们大致相同的认识过程，正如陈子平教授总结的，台湾地区司法实务中曾以恶害通知的时间作为判断抢劫罪与恐吓取财罪的标准，凡以未来之恶害相通告的为恐吓，如以现在的恶害相通告的为抢劫罪的胁迫；但是现在司法实务中已经认可即使行为人以现在的恶害使对方产生畏怖心，而尚未达致不能抗拒或难以抗拒的程度的，可以成立恐吓罪。[2]毕竟抢劫罪与敲诈勒索罪的行为危害程度在立法上的梯度是客观存在的，这也是体系化教义学解释立场应该考虑到的。

3. 暴力取财"当场"性的理解。我国学者曾经一度认为敲诈勒索罪的恐吓勒索与取得财物不能同时实现，即行为人只能以未来的恶害相威胁现时取财或者以现时的暴力或恶害相威胁，要求对方未来交付财物。尤其以针对人身的暴力伤害相恐吓，如果当场施加暴力伤害的，行为人只能以将来取得财物的，成立敲诈

---

[1] 详见陈兴良："敲诈勒索罪与抢劫罪之界分——兼对'两个当场'观点的质疑"，载《法学》2011年第2期。陈洪兵在其"敲诈勒索罪与抢劫罪区分中'两个当场'的坚持——兼与陈兴良教授商榷"（载《江苏社会科学》2013年第3期）一文中，虽然对陈兴良教授否定"两个当场"作为区分抢劫罪与敲诈勒索罪标准的观点表示了质疑，但是其也认为轻微程度的暴力不满足抢劫罪的构成要件，成立敲诈勒索罪。陈兴良主编：《刑法各论精释》，人民法院出版社2015年版，第571~574页，该书敲诈勒索罪部分为劳东燕教授所撰写。张明楷：《刑法学》，法律出版社2011年版，第851、870页。周光权：《刑法各论》，中国人民大学出版社2011年版，第113页。

[2] 陈兴良、陈子平：《两岸刑法案例比较研究》，北京大学出版社2010年版，第36页。

勒索罪，否则，即认为成立抢劫罪。这也正是我国以往刑法理论在区分抢劫罪和敲诈勒索罪时，惯用的"两个当场"的判断标准。[1]但是这一标准现在正越来越多地遭受到质疑：一是当场施加暴力索财行为的认定问题；二是暴力、威胁与取得财物存在一定时空距离行为的定性问题。

　　笔者以为，"两个当场"的判断标准只是对于抢劫罪与敲诈勒索罪犯罪行为表现自然观察得出的一种现象性的归纳结论，正如传统上认为盗窃罪须以秘密窃取为必要的结论类似，并不具有解释逻辑的正当性。尽管敲诈勒索犯罪不像抢劫罪那样以极强的暴力和胁迫，当场取得被害人的财物，但并无理由否认，以当场的轻微暴力或威胁当场取得财物的行为可以成立敲诈勒索罪。所谓"两个当场"虽然反映了抢劫罪对人身危害极大的强制性以及暴力、胁迫与取财行为密切的关联性和对被害人强烈的压迫性，但不能由此作为反面认定敲诈勒索罪的标准。据此标准，可能造成一些存在时空跨度或场所转换的取财行为在刑法规制上的漏洞，或者将一些不具有急迫性和强制性的取财行为认定为抢劫，这不仅僭越了抢劫罪应该坚守的界限，也会造成刑罚处罚上的失衡。所以，对各罪行为本质的区分和把握十分必要，不可人为地在法定的犯罪成立条件之外，武断地给各罪设限。例如，关于"当场"的理解，除了一般典型的当场发生的暴力与取财行为之外，根据案件具体情形，对暴力与取财之间存在时空转移情形下的行为应当做一种整体性和过程性的考察，只要该暴力行为给被害人造成持续且不间断的强制，即可以认定暴力行为与最终的取财行为之间具备"当场性"所暗含的紧迫性与强制性，就可以认定成立抢劫罪。这种对"当场性"的延展和扩张，其实表明恪

---

[1]　高铭暄、马克昌主编：《刑法学》，北京大学出版社、高等教育出版社2011年版，第498页。

守两个当场的标准是庸人自扰之举。因为即使某一行为同时符合了两个当场的条件，也需要对暴力的程度进行具体判断，如果暴力的压制程度不强，被害人尚有回旋、斟酌的余地，则及时当场交付财物也可能成立敲诈勒索罪。具体判断暴力行为的性质和程度，主要从实施暴力的手段、暴力指向的人或财物的危害程度、行为人与被害人的力量对比、当时的时空条件等角度，综合衡量认定其是否达到使他人完全无法反抗的程度。

（二）威胁

1. 威胁的内容及方式。威胁，即以告知现在或未来对他人的生命、身体、自由、名誉与财产等实施侵害相恐吓的行为。很多学者也在与威胁相同的意义上使用"胁迫"一词。为了与抢劫罪相区分，本文没有采用"胁迫"的表述。根据张明楷教授的分析，抢劫罪的胁迫属于最狭义的胁迫，敲诈勒索罪的胁迫应该属于狭义的胁迫，[1]笔者以为这一分析是恰当的。敲诈勒索罪的威胁，应为以实施一定的侵害相通告，足以使对方感到恐惧，但尚且不足以达到完全压制对方反抗的程度。这里的恶害包括日后施加的恶害，如揭发他人的违法犯罪行为、公布他人的隐私、数日后对被害人本人或相关人的伤害行为等，也包括可以当场立刻兑现的恶害，如人身损害、毁坏财物等。

由于敲诈勒索罪威胁的方式十分多样，学者对其进行了一定的归纳和概括。例如，有的学者以威胁所针对的法益类属的不同，认为"敲诈勒索罪的威胁，包括对被害人的生命、身体、

---

[1] 张明楷教授分析认为："广义的胁迫，是指以使他人产生恐惧心理为目的，以恶害相通告的一切行为，恶害的内容、性质，通告的方法没有限制，也不问对方是否产生恐惧心理；狭义的胁迫主要是指限定了所通告的恶害内容的胁迫，不要求达到足以抑制对方反抗的程度。最狭义的胁迫，是指胁迫程度足以抑制对方反抗的行为。"张明楷：《刑法学》，法律出版社 2011 年版，第 619 页。

自由、名誉等进行的胁迫";[1]有的学者以手段方式不同,认为敲诈勒索罪中的威胁包括以暴力相威胁和以损害他人的其他权益相威胁;[2]还有的学者结合司法实务中该罪的表现,分析认为:"威胁的内容具体可包含以下三种:第一种是以实施犯罪相威胁,第二种是以揭发他人违法犯罪行为相威胁,第三种是以揭发他人私生活方面的秘密相威胁。"[3]具体而言,学者关于本罪威胁内容的认识,并无太大分歧,只是为了更好地阐述和认识"威胁"的内涵,各自进行了一定的抽象或类属划分,其中有的从威胁侵犯的法益的角度进行抽象概括,有的从威胁方式的角度进行划分,如将威胁区分为以暴力相威胁与其他方式的威胁,有的结合司法实务对威胁方式进行归类。尽管各有利弊,但是这样分类的意义却均不甚明了。笔者以为,作为一种对敲诈勒索犯罪威胁方式的归纳和概括应旨在使该罪的行为与相似犯罪的手段相区分,同时能够指导司法实务中对威胁方式的鉴别和认定。为此,笔者倾向于将敲诈勒索罪的威胁区分为以危及被害人的生命、身体、自由或财产的暴力型威胁(包括对人暴力和对物暴力),和以危及被害人的家庭安宁、名誉、商誉、信用以及公共安全等其他权益的威胁。[4]这样分类的理由在于:首先,这种分类便于使敲诈勒索勒索罪与抢劫罪相区分,抢劫罪的威胁限于以针对人身的暴力伤害为内容,而敲诈勒索罪的

---

〔1〕　张明楷:《刑法学》,法律出版社 2011 年版,第 870 页。

〔2〕　陈兴良主编:《刑法各论精释》,人民法院出版社 2015 年版,第 575 页,该书敲诈勒索罪部分为劳东燕教授所撰写。

〔3〕　赵国强:《澳门刑法各论(上)》,社会科学文献出版社 2013 年版,第 472～473 页。

〔4〕　我国刑法没有专门规定恐吓公共安全罪,根据 2013 年 4 月 27 日最高人民法院和最高人民检察院施行的《关于办理敲诈勒索刑事案件适用法律若干问题的解释》中明确的内容,以将要实施放火、爆炸等危害公共安全的犯罪等相要挟的成立敲诈勒索罪。

威胁不以此为限；其次，这样的分类也能够扭转和矫正理论上惯用的以"威胁或要挟"的方式勒索财物的传统认识，为"暴力性敲诈"在敲诈勒索犯罪中挣得一席之地；最后，这种区分能够涵摄实务中敲诈勒索犯罪案件的各种威胁方式，对于区分不同的威胁行为和认定威胁行为的性质具有指导意义。

关于暴力型威胁与其他类型的威胁，作为两种不同类型的威胁，其威胁的方式表现不同：暴力型威胁以将对被害人或相关第三人实施人身伤害、限制其人身自由、侵犯其性自由、危及不特定多数人的人身财产等公共安全的暴力相威胁，以及以暴力损毁被害人的财物相要挟等；其他类型的威胁表现为以揭发他人的隐私，举报其违法、犯罪事实，通过以网络、报纸、广告等方式发布有损被害人隐私、名誉、商誉、商品的声誉和信用等不利的事实相威胁等。行为人以加害自己身体的行为形成对被害人利益的损害时，也可以构成对他人的威胁。[1]关于威胁兑现的方式，行为人可以明确表示系由其本人付诸实现，也可以表明将通过第三人来实现，对于以"通过第三人为恶害相要挟的，行为人必须对该第三人具有影响力，或者使被恐吓者认为行为人对该第三人具有影响力。至于现实上行为人是否对于第三人能够发挥影响力，则非所问"。[2]

暴力型威胁和其他类型的威胁发出的时间，可以是当场发出，以当场兑现相威胁，也可以以未来兑现相威胁。关于发出威胁的方式，中外刑法理论和司法实务均认可其发出方式的多

---

〔1〕 详见"唐某敲诈勒索案——以自杀要挟他人给付钱财的行为可以认定为敲诈勒索罪"，载北京市人民检察院法律政策研究室编：《刑事疑难案例参阅：侵犯财产罪》，中国检察出版社 2015 年版，第 224 页。该案中的行为人以将要从被害人（公司）楼上跳下自我伤害的方式相要挟，但其行为实质上会损害被害公司的商业信誉和形象，因此构成对被害人的要挟。

〔2〕 陈子平：《刑法各论（上）》，元照出版公司 2013 年版，第 636 页。

样性：可以是行为人亲自以口头、书信、电话、网络等方式发出，也可以委托第三人代为传达，还可以以匿名的方式发出。威胁不限于明示的方式发出，在特殊情形下，默示的方式只要足以使被害人认识到其受到恶害威胁的，也构成威胁。例如，韩国大法院判决认定："妻子为丈夫强制办理了精神病院住院，然后拒绝丈夫从精神病院出院的要求，向被害人（丈夫）要求将其名下的不动产所有权人变更为被告人。虽然被告人没有明说如果拒绝被告人的要求就不让被害人出院，但是也存在暗示的意思表示，这属于恐吓罪手段上的告知恶害，从而被告人的行为构成恐吓罪（相当于我国的敲诈勒索罪，笔者注）。"[1]我国也有类似的案例，如行为人明知某宾馆外停放的一辆摩托车系他人盗窃所得的赃车，于是产生非法占有的意图。他利用被害人购买赃车不敢承认的心理，谎称摩托车是其本人的，被害人由于恐惧，默认他将车开走。[2]法院最终认定行为人成立敲诈勒索罪。对于是否需要明示的威胁，台湾地区司法判例有不同的看法。在"一起行为人窃取他人汽车后，以电话通告被害

---

〔1〕　［韩］吴昌植编译：《韩国侵犯财产罪判例》，清华大学出版社2004年版，第142页。

〔2〕　本罪在定性上一度存在争议，有的法官认为该案成立诈骗罪，原因就是认为行为人没有实施威胁、要挟等恐吓的行为，被害人误以为行为人是车主，因明知自己所购的是赃车，因此不敢应答，从心理上放弃对车的占有即"自愿"处分了该财产，符合有关诈骗罪中处分财产的客观表现。但笔者以为，本案中的行为人虽然没有采用常见的威胁方式，没有以明确的言语威胁赃车的占有者李某，但是基于车辆的特殊属性以及李某对于如果出面承认可能面临后果的害怕，行为人采取"冒充车主，吓唬买赃人，使买赃人精神上受到强制，心理上陷入恐惧"的方式，致使被害人"不敢应答"，李某并非属于"自愿放弃"而是"被迫放弃"。因此，本案从行为手段上更符合敲诈勒索罪的行为特征，应该成立敲诈勒索罪，山东省青州市人民法院对该案也是这样认定的。参见最高人民法院刑事审判第二庭："伪称物主、吓唬买赃人并非占有赃物构成敲诈勒索罪"，载《人民法院报》2003年9月29日；钟璐、汤向明："该行为构成诈骗罪还是敲诈勒索罪"，载《人民法院报》2006年4月11日。

人如不交付 10 万新台币赎车，将对车予以分解，被害人心生畏怖，因而如数交付 10 万元给行为人的案件"中，台湾地区司法主管部门检察分支的研究意见认定：行为人的这一行为成立恐吓取财罪。而在该案之后发生的另一起案件中，行为人在窃取他人赛鸽后打电话要求赛鸽的所有者汇款 2000 元到某账号的行为，台湾地区司法主管部门则认为：因为行为人并未表示如不付款，将把鸽子杀掉或将其他不利鸽子之行为等恶害通知被害人，即认为客观上行为人并无恐吓的行为，而且认为相较于窃取信鸽后随意处分的行为，行为人通知被害人赎回鸽子的行为较将鸽子出卖给他人、宰杀烹而食之或失鸽后杳无音信更为有利，故认定不成立恐吓取财罪。[1]笔者以为这是对威胁行为过分形式化的要求，按照一般社会观念和常识，要求汇款的行为暗含的意思就是如果不汇款，将无法赎回其鸽子，这种未予明确恶害内容的通告与明确了恶害内容的通告，给被害人造成的精神上的恐惧是相同的，应该认定属于恐吓行为。

2. 不作为的威胁。作为敲诈勒索罪的手段行为的威胁也可以以不作为的方式来实现，如有作证义务的人以拒绝作证相要挟索取财物的、有救助义务的人以拒绝救助相要挟勒索钱财的、有保密义务的人员以公开有关秘密相要挟进行勒索的。类似这样的不作为的威胁行为，如果以勒索财物或财产性利益为目的时，即具有与作为方式的威胁相同的恐吓性，同样足以造成他人内心的恐惧，能够成为敲诈勒索罪威胁的方式。我国曾有报道：目睹交通肇事的见证人向被害人家属索要一定数额的金钱，

---

〔1〕 陈子平：《刑法各论（上）》，元照出版公司 2013 年版，第 624~625 页。这样的案件放在我国，考虑到受敲诈勒索罪追诉标准的限制，如果数额不大的应该不会追诉。但这是我国财产犯罪的特殊要求，就店主的行为本质而言应该构成威胁是无疑的。

否则拒绝向警方提供其所知悉的交通肇事车辆信息。我国司法考试也曾出现类似考题：甲的幼子 A 离家走失，乙在知道 A 的下落后，给甲打电话，要求甲向指定的银行账户汇款 10 万元，否则不提供有关 A 的线索。这样的案例类似韩国曾发生过的以告知被害人离家出走亲友身在何处为条件要求被害人购买某种高额保险的案件。[1]再如，近年来媒体纷纷报道的有打捞尸体职责的人员拒绝打捞尸体或捞取尸体后挟尸要价的行为。

对于以不作为方式实施的威胁，学界探讨并不多。有文章中分析认为："如果行为人不是以主动的方式进行要挟，也不是相对人困境的制造者，而仅仅是利用了相对人自身存在的困境与之发生民事关系的话，则不应作为敲诈勒索中的恐吓手段，不能认定为敲诈勒索犯罪。"[2]韩国大法院对于以告知离家出走亲友身在何处的信息要挟被害人购买高额保险的案件，其判决也几乎持类似的观点，认为：行为人只是利用了被害人因家中亲友离家出走而急于寻回的心理，但并未制造新的使他人恐惧的威胁告知，因此，认定该行为不属于恐吓罪中的胁迫。[3]笔者认为，这样的认识没有看到不作为威胁的行为人利用自己的不作为在勒索相对人的过程中，在作为义务的履行与勒索之间的条件性，这种条件的提出即是其给相对人造成的新的强制。同样，在拒绝作证的场合下，与作证相关的诉争虽然不是行为人引起的，在拒绝救助的场合，需要救助的危难也不是行为人造成的，但是当行为人利用被威胁者处于这种困境且需要行为

---

〔1〕　［韩］吴昌植编译：《韩国侵犯财产罪判例》，清华大学出版社 2004 年版，第 145 页。

〔2〕　钟高峰："权利行使过程中敲诈勒索的罪与非罪"，华东政法大学 2013 年硕士学位论文。

〔3〕　［韩］吴昌植编译：《韩国侵犯财产罪判例》，清华大学出版社 2004 年版，第 145 页。

人履行相应的法定义务来使其摆脱这种困境时，行为人拒绝其应予履行的法定义务就是陷被要挟者于不利境地的威胁行为。拒绝作证的被害人如果不答应行为人的要求，被害人即可能无法获得对自己有力的证明以洗脱自己的罪责或者因不能证明自己的主张而面临败诉的风险；而在拒绝救助的案件中，行为人的胁迫使被害人害怕，如果不满足行为人的要求可能会使需要救助的人因得不到及时的救助而死亡，这就是不作为行为给被害人造成的内心恐惧。再如上文提到的司法考试的案例中，A的走失尽管不是行为人造成的，但是其利用了被害人急于找到家人的急迫心理，这与行为人获知被恐吓者的隐私或违法犯罪行为后进行要挟索财，在手段上是类同的，如果乙超出了一般的酬谢费或者甲自愿给付酬金数额的范畴，向被害人提出高额财物或财产性利益的要求，就构成对甲的威胁。

还有论者可能认为，针对拒绝提供线索、拒绝作证、拒绝打捞尸体或者拒绝救助的行为，被要挟者可以通过报警或向他人求援的方式摆脱困境，因此，不构成对他人的威胁。但是我们知道，与其他任何方式的威胁一样，被要挟者能够报警或向他人求援并不能成为阻却敲诈勒索犯罪成立的理由。还有文章认为，目击证人向有关案件的当事人索取有偿提供重要线索的费用只是社会伦理层面的问题，不应上升到法律层面追究行为人的法律责任。但是笔者以为，要求他人提供少额的线索费、好处费的，自然可以从社会相当性的角度认为不构成犯罪，但是对于类似以上情节严重的要挟行为，其行为的危害性并不比以揭发他人的隐私、违法犯罪以及在网络上公布他人的裸照等勒索财物的行为的危害性更低，其同样会使被恐吓者的财产权和意思决定自由权受到极大的威胁和侵犯。所以，认为行为人没有给相对人制造困境的观点是难以成立的。《美国模范刑法典》中明确规定了不作为方式的威胁，其中第 223.4 条关于勒索方式的盗窃罪中即规定：为他人的权力主张或者抗辩作证、提供信息，或者为此拒不作证或提供信息相威胁，蓄意地取得他人财产的，构成该犯罪。[1]美国司法实务中也确实有这样的认定。[2]德国司法判例中甚至认定：行为人以不实施某种行为相要挟迫使被害人交付时，即便行为人并没有义务实施相应行为，也可能构成敲诈勒索罪。例如，负责企业采购的行为人威胁供货商，如果不给其好处费就不向对方订货的，仍然可以认定成立敲诈勒索中的胁迫。[3]特别对于被害人处于窘迫境地时，即使行为人以合法的不作为使被害人无法获得非法利益相要挟的，也构成敲诈勒索的胁迫。例如，法官威胁已经因为诉讼穷困潦倒的被告人，如果其不给自己好处费，就不（非法地）要求检察官中止诉讼的，同样成立敲诈勒索罪。[4]本文以为，只要以不作为的方式威胁他人并借此索取财物，威胁程度足以致人心生恐惧的，即符合成立敲诈勒索犯罪的条件。当然，从不作为的特性出发，需要行为人符合不作为相应的条件。

（1）作为义务的判断。成立不作为威胁的前提是，行为人必须具有履行特定行为的作为义务，如知悉案件事实的人本身有依法作证的义务，拒绝打捞尸体的人有打捞尸体的职责，拒绝积极救助的人有法定的或职务上的救助义务。就拒绝作证和拒绝救助而言，有些国家的立法规定了拒绝作证罪或藐视法庭罪，德国、意大利、西班牙和俄罗斯刑法典还规定了见危（死）

---

〔1〕　Modle Penal Code §223.4(6).

〔2〕　刘士心：《美国刑法各论原理》，人民出版社 2015 年版，第 264~265 页。

〔3〕　Vgl. BGHSt 44,68(74 ff,)，转引自王钢：《德国判例刑法（分则）》，北京大学出版社 2016 年版，第 285 页。

〔4〕　Vgl. OLG Oldenurg NJW2008, 3012，转引自王钢：《德国判例刑法（分则）》，北京大学出版社 2016 年版，第 286 页。

不救罪。[1]我国刑法并没有规定拒绝作证罪和蔑视法庭罪，虽然法律明确公民有如实作证的义务，《刑事诉讼法》有强制证人出庭作证的规定，但我国《刑法》目前对于有出庭作证义务的行为人单纯拒绝作证的，还没有规定专门的罪名。为此，能够依法作证且对于诉讼结果具有重要意义的证人，以拒绝出庭作证相要挟索取数额较大财物的，可以认定为敲诈勒索罪。我国《刑法》中也没有规定见危（死）不救罪，对于具有特定救助义务的行为人如医生在救助中威胁需要救助之人或其相关的人进而勒索他人钱财的，有成立敲诈勒索罪的可能。但是对于现实中多地发生的"挟尸要价"案件，捞尸人法律义务的确定是一个难点。根据《法制日报》记者走访了解到的情况，目前我国在打捞尸体方面并没有统一的机构和制度制约，只有个别省市如天津、甘肃的部分地区由当地公安部门负责打捞尸体，大多数省市地方打捞落水尸体为民间行为。公安机关仅提供打捞公司的信息，对费用等问题并不干预。目前，我国对现有的大部分职业捞尸队和民间的打捞公司都没有相应的法律规制，捞尸人的法律义务难以明确鉴定。笔者以为，由于我国目前对于捞尸行为缺少明确的法律界定，对于实际发生的职业打捞队或民间打捞团体的挟尸要价问题，在认定是否成立敲诈勒索罪时需要先明确行为人有无明确的打捞尸体的义务，只有在捞尸人具有法定或约定义务的前提下，才有可能成立敲诈勒索罪。

（2）作为义务人对他人法益构成排他性的支配。在作为义务以及作为义务与结果是否存在因果关系的判断上，作为义务人对于法益的排他性支配是认定不作为犯罪的另一个关键因素。即需要考察行为人是否客观上对于危险的发生和遏制具有支配

---

[1] 刘仁文："对'见危不救'要否入罪的思考"，载《法学杂志》2013 年第 4 期。

力，如果行为人客观上支配着法律所不允许的风险的走向，并且借此勒索财物的，则不能否认其行为具有恐吓的性质。对于拒绝作证、挟尸要价、拒绝给予救助或者索取高价寻人信息费都需要行为人对被害人造成排他性的困境支配。例如，这一证人是知悉案件重要事实的关键证人，甚至是唯一的证人，具有不可取代性，缺少证人提供的证据，其他证据无法证明对被要挟者有利的重要事实；索取高价信息费的人所掌握的信息具有唯一性，对于有关重大合法权益的保护至关重要；挟尸要价的情形，需要行为人对于该水域尸体的打捞具有排他的控制权，其他个人或打捞团体无法介入，或者尸体已经被行为人打捞和控制后，拒绝交出并挟尸要价的，行为人只有存在这样的特定身份或优越地位并利用这种身份或地位相要挟，才能对被要挟者的法益造成排他的控制和支配，也只有这样才会使被要挟者陷入内心恐惧，被迫交付财物。我国没有规定见危不救罪，不仅因为该罪设定的义务人的范围过分宽泛，而且也存在对作为义务人对法益排他性支配程度判断上的困境。

（3）不作为形式的威胁还需要与作为形式的勒索相关联。一般的单一犯罪行为犯仅有一个不作为的行为即具备成立犯罪的全部行为要件，如拒绝履行法院生效的裁判、遗弃自己有扶养义务的人、放任自己造成的火灾而不予救助等，只要有一个不作为的实行行为就成立相应的犯罪。然而，敲诈勒索罪属于复合行为犯，其手段行为可以包含不作为的行为方式，但其目的行为只能通过作为的方式实现，为此，即使以不作为的方式相要挟，同时还需其有以作为的方式实施勒索行为，这样才能满足敲诈勒索罪的全部行为要件。正如刘明祥教授在论述诈骗罪的行为人可以不作为的方式实施欺诈时指出："因为诈骗罪是取得罪，诈欺只是取得财物的手段，并非是行为的全体，行为人即便采用隐瞒事实真相的不作为的欺诈手段骗取财物，作为整体的骗取行为显然是违反刑法禁止规范的积极的活动，只能视为作为而不是不作为。"[1]敲诈勒索罪也是如此。

3. 威胁的程度。作为敲诈勒索手段行为的威胁与暴力手段的程度均需把握两个轻重端点，即至轻需要能够致人心生畏惧，而最重不得致人无力抗拒。首先，为了与抢劫罪相区别，对于行为人以针对人身的暴力伤害相威胁的，这种威胁需不具有明显的紧迫性和高度的强制性，如以非立即兑现的伤害相要挟，或以对人身损害程度较低的伤害相要挟等。其次，无论是暴力性的威胁还是其他类型的威胁，需要足以使人产生内心的畏惧，如果威胁的程度相当轻微，以至于对一个正常心智的普通人不会产生影响的，则构不成该罪所说的威胁。如"在英国的哈利案（1974年）中，学生狂欢周的组织者致信给商店老板，要求他们给慈善事业捐款，并表示，对于捐款的老板，将会免除狂欢活动给其带来的不便。这些活动包括抛洒面粉和水，以及用羽毛逗人们发痒。法院认为，尽管索要财物的要求已经提出，但声称要进行的活动在严重的程度上并未达到已构成威胁的地步。借用该案塞勒（Seller）大法官在克利尔案（1968年）中的话说，这种活动不具有'这样的程度，即一个具有一般的稳定性和勇气的普通人的心理会受到影响或产生恐惧以至于不情愿地答应该要求'"。[2]

关于暴力、威胁是否足以致人心生恐惧的判断标准，大部分学者持客观说，即认为应以威胁行为是否足以致社会上的一般人产生内心恐惧为判断的标准。主观说侧重对被恐吓人内心

---

[1] 刘明祥：《财产罪比较研究》，中国政法大学出版社2001年版，第217页。

[2] Catherine Elliott & Frances Quinn, *Criminal Law, Pearson Education Limited*, 2000, p. 159, 转引自赵秉志：《英美刑法学》，科学出版社2010年版，第378页。

的考察，认为应以具体被恐吓者是否感受到恐惧为考察判断的依据。其中，坚持客观说的学者中在具体判断上也认识到一般人标准难以顾及具体案件的情形，因此，认为对于威胁程度的判断需要结合行为人和被害人的具体情况，包括被害人的年龄、阅历、体格、案发的场所、时间、威胁的方式、行为人与被害人双方的人数、力量对比、行为人是否持有凶器等进行具体综合的判断。应该说，持具体判断的客观标准说是中和了一般人标准与被害人标准的判断立场。这种具体分析的评价态度是笔者所认同的。如果行为人所采用的手段在一般意义上会使普通心智的人产生恐惧，即使被害人没有因此感到畏惧，也应不影响对手段恐吓性的认定；反之，如果行为人的手段不会令常人感到恐惧，但由于被害人胆小怕事而心生恐惧的，应不成立恐吓，除非行为人明知被害人容易害怕并刻意以不足以使他人感受到害怕的手段实施恐吓的，则应该肯定其行为的恐吓性。

　　单纯致人困惑为难或厌恶嫌弃的行为，难以认定为该罪的威胁，这属于对敲诈勒索行为恐吓程度共性的认识。[1]对于何为致人困惑为难的行为，及其与致人恐惧的区分，需要结合具体案件具体分析，包括行为人借此索财意图的明确性、由此可能招致的恶害或不利的严重程度、被害人寻求其他救济途径的可行性等。如果行为人并未借此索财的，或者提出的要求与财物无关，威胁行为不具有明确的指向性，或者行为人对所谓恶

---

〔1〕　张明楷：《刑法学》，法律出版社 2011 年版，第 870 页。陈兴良主编：《刑法各论精释》，人民法院出版社 2015 年版，第 576 页，该书敲诈勒索罪部分为劳东燕教授所撰写。陈子平：《刑法各论（上）》，元照出版公司 2015 年版，第 607 页。〔日〕西田典之：《日本刑法各论》，王昭武、刘明祥译，法律出版社 2013 年版，第 235 页。〔日〕山口厚：《刑法各论》，王昭武译，中国人民大学出版社 2011 年版，第 329 页。日本学者也采该观点，但日本《改正刑法草案》第 346 条规定有准恐吓罪，规定使他人困惑为难并使之交付财物的行为，构成准恐吓罪。

害不具有现实的可支配性等，都不宜将这样的行为认定为致人心生恐惧的恐吓行为。

二、敲诈勒索罪的目的行为

根据行为人恐吓、胁迫具体目的的不同，可以将恐吓、胁迫行为划分为如下三种行为类型：第一类是暴力、胁迫＋取财或取利型，这就是典型的敲诈勒索罪（有的国家称之为恐吓取材罪）；第二类是仅以伤害、杀死被害人、破坏财产、侵犯自由、贞洁相威胁，没有其他明确的犯罪目的指向性，这就是许多国家刑法中规定的胁迫罪；第三类是以暴力、胁迫为手段，迫使他人为或不为或容忍一定的行为（排除取财或取利）为目的，这一类型的行为成立强制罪。胁迫罪与强制罪是其他许多国家和地区刑法中规定的两种犯罪行为，我国《刑法》中并没有这样的规定[1]，我国的敲诈勒索罪是恐吓行为与强行索取财产行为的复合，其中"恐吓不是敲诈勒索罪的目的，恐吓的目的在于勒索财物或财产性利益，敲诈勒索罪手段的胁迫，必须指向处分或者交付财物"[2]。在我国，敲诈勒索罪的行为人在实施恐吓手段的当时需要以实施进一步的勒索行为为目的，不以勒索财物或财产性利益为目的的单纯的恐吓行为，或以使被害人做违背其意志的其他行为的，均不成立敲诈勒索罪；反之，行为人没有实施恐吓行为，而是利用被害人处于恐惧之中的便利，如刚刚被抢劫犯劫财的被害人，在抢劫犯离开后，随后看到行为人走过，以为是前一抢劫犯的同伙，为避免恶害而交付财物，行为人仅系知情而收受者，因其未实施恐吓行为，也不

---

〔1〕 我国对单纯的恐吓行为，如果破坏社会秩序情节严重的，可以认定成立寻衅滋事罪。

〔2〕 黎宏：《日本刑法精义》，法律出版社2008年版，第441页。

构成本罪。[1]这是该罪作为复合行为犯在手段行为与目的行为关联性的角度所具有的基本要求。对于敲诈勒索罪目的行为的研究学界并不多，概因对索财的理解不易出现认识上的分歧使然。但对于勒索行为本身而言仍有值得关注的点，需要在这里加以阐述。

（一）勒索

敲诈勒索的目的就是勒索财物或财产性利益，但是这种目的只以一种想法存在于行为人的内心时还不是一种行为，行为人必须将这一目的外在地表现为具体的行为时，才具备成立犯罪的条件。勒索财物的行为是敲诈勒索犯罪定型化行为中不可或缺的一部分，其与恐吓行为分别反映着行为人不同的人格态度。只有恐吓行为，并不能体现行为人侵犯他人财产权的主观意愿和不法目的，勒索行为的实施，正是其作为财产罪而非侵犯人身自由权类或者妨害社会管理秩序类犯罪的原因所在，是彰显敲诈勒索行为对他人财产权法益构成侵犯的核心所在。

1. 勒索的提出。构成敲诈勒索罪，需要行为人在恐吓的同时明确提出勒索财物或财产性利益的要求，如果只有恐吓的行为，但没有进一步提出索财要求的，不成立敲诈勒索罪。在有的国家和我国澳门地区的刑法中，单纯的恐吓行为可以成立胁迫罪或恐吓罪。在我国，如果行为人的恐吓行为是为了实现特定的目的，如为了实现奸淫、猥亵、获取商业秘密等犯罪目的的，则行为人成立强奸罪、强制猥亵罪、侵犯商业秘密罪等其他相应的犯罪。行为人有胁迫或强制的行为，但没有主动索财要求的，被害人或相关的人为了避免遭受相关侵害而主动给予钱财的，因缺乏勒索行为，行为人也不构成敲诈勒索罪。例如，刘明祥教授曾

---

[1]　甘添贵：《刑法各论（上）》，三民书局2014年版，第366页。

举例指出，行为人以强奸的意图实施恐吓，被害人为了避免遭受犯罪分子的性侵，而主动给付财物，行为人取得财物而中止强奸行为的，行为人应该不构成刑法上的财产犯罪，只能认定为强奸罪的中止犯。[1] 再如，行为人出于维权或理赔的诉求，向有关个人或单位反映权利受损的事实，有关个人或单位主动提出给予财物补偿，行为人接受的，也不构成敲诈勒索罪。[2]这些案件中，都是由于行为人欠缺勒索财物的意图与具体勒索的行为，而不能认定成立敲诈勒索罪。

至于行为人提出勒索的方式、方法与恐吓的方式，可以是当面直接提出，也可以通过电话、书信、电子邮件、微信、短信或由他人代为转达，转达的方式可以以明示或暗示的方式进行。如果行为人以暗示的方式提出的，只要达到了使被害人能够理解和认识到的程度即可认定其完成了勒索。

2. 勒索的内容。勒索的具体内容包括迫使对方给付钱款、交付动产、转移交付不动产、免除债务，以及要求他人无偿提供财物供其使用等。敲诈勒索罪最常见的是向对方索取有形的财物，但现在主流的观点认为，以恐吓的方式要求相对人写下欠条、交出借据、无偿提供劳务、迫使对方放弃到期债权或免除一定债务的也属于勒索的行为。结合前文对该罪侵犯客体的分析，本文也支持以上观点。强调勒索行为还有另一重要意义，那就是勒索的提出是成立该罪的条件，被害人是否交付财物并不影响犯罪的成立，但被害人因此被迫交付财物、完成转账、无偿提供劳务，行为人因而获得财物或财产性利益的，属于该罪的既遂。即被勒索者受到要挟和勒索但尚未作出处分财产决定的，"勒索罪"就只能处于未遂的状态，一旦被勒索者作出处

---

〔1〕 刘明祥：《财产罪比较研究》，中国政法大学出版社 2001 年版，第 128 页。

〔2〕 参见张明楷：《刑法学》，法律出版社 2011 年版，第 872 页。

分财产的行为，"勒索罪"就成立既遂。[1]

（二）勒索的实现——被害人处分财物

1. 被害人的处分行为。勒索的实现，即被害人基于恐惧而交付或处分其财产，行为人取得相应财产的占有或获得不法财产权益。勒索的实现与否不是成立该罪的要件，而是判断既遂与否的标准。通过勒索实现的占有，只要客观上被害人由于恐惧将财产转移给行为人或其指定的第三者占有即可。这里的转移占有可以是永久性的占有，如动产的交付或者不动产变更登记后的转移交付，也可以是临时性的占有转移，如迫于行为人的胁迫而将自己的房屋、汽车、电脑等移交给行为人或第三人无偿占有和使用。

2. 被害人须具备处分的意思和能力。除客观上被害人有处分财产占有的行为之外，还需要被害人主观上对处分财产的行为具有处分意思和能力。一个具有正常认识能力与判断能力的人，因为受到恐吓而被迫在可能受到的恶害与财产损失之间做出权衡和选择，并做出具体处分行为，也基于此，前文分析中已经明确，敲诈勒索行为使一个具有处分意思自由且有处分能力人的意思决定自由权受到了侵犯。反之，如果被害人完全没有意识到是将财产转移给他人占有，或者是在对占有的财产完全失去自我支配能力的情形下失去财物的占有，均属于没有处分意思参与的处分行为。此外，还需特别明确的一点是，不具有处分意识和能力的人不能成为敲诈勒索罪的行为对象，敲诈婴幼儿或没有识别能力的精神不健全的人的，因其缺乏认识、理解恐吓内容和处分财产意义的意思和能力，故其处分行为不符合该罪对财产处分的要求，行为人对他人的恐吓与索取财物

---

〔1〕　赵国强：《澳门刑法各论（上）》，社会科学文献出版社 2013 年版，第 474 页。

的行为即不能认定符合该罪的行为要件。

3. 被害人处分的方式。被恐吓者的处分行为具体可以表现为作为和不作为两种方式，多数情形下表现为作为，即主动的处分行为。但在特殊案件中，行为人也可能对已被行为人或第三人占有的财物或合法债权予以放弃，即其处分行为表现为以被动不作为的方式，容忍行为人或第三人取得本来应归其本人所有的财物或财产性利益。例如，债权人被迫放弃债权，餐厅老板因行为人之恐吓心生畏怖不敢向其收取饭钱。我国台湾地区有类似判决认定："行为人雇佣他人包车旅行，因无车资，乃于车行至荒僻之地，命司机停车，诡云彼等系逃犯，并将携带之小刀一把故意露出，声言欲索车资随我上山去拿，致该司机畏惧，隐忍而归，成立恐吓得利罪。"[1] 然而，即使是不作为的处分行为也要求被恐吓者或处分人对行为人占有其财物的行为知悉并予以默认，即其中有处分意思的支配。如前文提到的行为人利用被害人购买他人盗窃所得摩托车的恐惧心理，声称是摩托车的实际所有人，而将车骑走的案件中，被害人基于恐惧默认行为人取走财物的行为，与在提供服务后因受到恐吓而默认行为人离开的行为，均包含了被害人认识到并接受了自己不予反抗或放弃追讨将给自己造成财物或财产性利益损失这样的结果，这也正是处分意思与处分行为的关联性与支配性。

三、行为人恐吓索财行为与被害人处分财物行为的因果关系

（一）恐吓索财与处分行为必须存在引起与被引起的因果关联

敲诈勒索罪的成立需要行为人同时完成了手段的恐吓行为

---

〔1〕 曾淑瑜：《刑法分则实例研习——个人法益之保护》，三民书局 2004 年版，第 402 页。

与目的的勒索行为，至此该罪即告成立，但是对于成立该罪的既遂，还需要行为人在实施恐吓索财的行为后，被害人基于畏惧而交付财物。连接恐吓行为与索财行为的因果链条就是被害人因受到行为人的恐吓产生内心恐惧而交付财物，恐吓勒索行为是"因"，交付财物是"果"。"相对人的畏惧心理是恐吓行为与交付行为相连接的中间环节，是证明二者之间有因果关系的主要根据。而且，相对人是否陷入畏惧状态而交付财物，对本罪未遂和既遂的判定起决定性作用。"[1]有学者也从该罪行为构造的角度分析认为："敲诈勒索罪的因果关系不仅是行为与结果之间的一个引起与被引起的关系，而且也表现为一个特定的行为发展过程，表面上看，这是对因果关系的要求，实际上是对行为性质与结果的要求。"[2]

需要明确的是，如果胁迫行为足以使一般人产生恐惧心理，但没有使被恐吓人实际产生恐惧心理，而被恐吓人是基于怜悯心或者为了配合警察抓捕犯罪人的需要而交付财产给行为人的，因为欠缺这种关联性，行为人只构成敲诈勒索罪的未遂。此外，在"三角敲诈"案件中，行为人通过恐吓被恐吓人而向其勒索属于第三人的财物的，虽然第三人（财产损失人，也即常规意义上的被害人）没有受到直接的恐吓与要挟，也没有因此产生内心的恐惧，但由于威胁行为使被恐吓者产生了恐惧心理，进而处分了属于第三人的财产，此类特殊的敲诈勒索行为既遂的成立同样需要在行为人的恐吓勒索与被恐吓人因恐惧而实施处分行为之间存在因果关联，但不需要行为人与被害人之间存在这样的关联。关于"三角敲诈"在后文的被害人部分还会进一步详加阐述。

---

[1]　赵秉志：《外国刑法各论（大陆法系）》，中国人民大学出版社 2006 年版，第 211 页。

[2]　张明楷：《刑法学》，法律出版社 2011 年版，第 175 页。

（二）因果关系的判断标准

判断恐吓勒索财物的行为与被害人交付财物之间是否存在因果关系，判断的核心是恐吓行为是否足以致人心生恐惧，如果足以致人心生恐惧的，即可以认定被害人交付财物与恐吓索财行为之间存在这样的因果关联性。关于是否足以致被恐吓者产生恐惧心理的具体判断标准，前文已有提及。但是支持客观说的一些学者虽然主张客观说，但认为应该在坚持客观说的前提下进行具体判断，不能进行一般化的判断，如西田典之教授和甘添贵教授即提出："威胁是否使被害人心生恐惧，应该进行具体情形判断，根据行为人以及被害人的人数、年龄、性别、性格与体格、犯行之时间、场所、凶器之有无、种类以及使用方法等，综合予以判断。"[1]张明楷教授和周光权教授也持大致类似的主张。[2]这种强调结合具体案件进行具体判断的客观说，其实是一种结合了客观说与主观说的折中说的立场。笔者也倾向于根据折中说的标准对被恐吓人是否心生恐惧进行判断，这一学说既符合相当因果关系理论中折中说的判断标准，而且也可以避免客观说中普通人判断标准的过分原则化，以及主观说判断标准的过分个别化。折中说的立场可以兼顾到刑罚处罚一般预防与特殊预防的双重目的，按照这一标准来追究行为人的刑事责任是比较妥当的。

以上关于判断"恐惧"标准的三种学说其实也对应于相当因果关系说中关于"相当性"判断标准的客观说、主观说和折中

---

[1] 甘添贵：《刑法各论（上）》，三民书局2014年版，第363页。[日]西田典之：《日本刑法各论》，王昭武、刘明祥译，法律出版社2013年版，第172页。

[2] 周光权：《刑法各论》，中国人民大学出版社2011年版，第111页。张明楷教授在分析抢劫罪暴力、胁迫是否达到足以压制对方反抗程度的判断基准时指出，虽然应该进行客观的判断，但是，这种判断不可能是一般性的抽象判断，而应结合具体案件情形，对行为人的认识和心理进行具体的判断。参见张明楷：《刑法学》，法律出版社2011年版，第851页。

说三种学说观点，虽然有学者认为主观说与折中说的判断标准与因果关系的客观性相矛盾，但是，在日本和我国审判实践中对因果关系的判断均是以折中说占据支配地位。[1]相当因果关系的目的，就是在具有条件关系的结果中，排除不受行为人支配的偶然结果；若存在行为人已经认识、预见的特别情况的话，就表明行为人对该结果是有支配力的。[2]行为人的恐吓行为是否足以致人心生恐惧，就是对作为勒索的目的行为与结果的一种支配，这两个问题本质上是一致的。因此，对于行为人的恐吓行为是否足以致人恐惧的判断，以及被害人交付财物的行为是否与恐吓勒索行为存在因果关系，需要从主客观两方面进行折中的判断：一方面，需要根据行为人所采用的手段以及被害人的具体情形对照，分析客观上其手段行为是否足以对被害人造成内心恐惧；另一方面，则需要根据行为人与被害人的熟识程度认定其是否具有利用其恐吓行为致人恐惧进而取得财物的故意。关于恐惧的判断，大部分情形下，不会产生疑难和争议，实务中主要在两种情形下存在认定上的争议：一种情形是，如果恐吓行为能够致一般人心生恐惧，但是由于被害人心理素质很好，并未由此感到恐惧；另一种情形是，恐吓行为客观上不会使一般正常的人产生恐惧，但由于被害人极为胆小而产生恐惧。对于前者，应该从法益侵害性的角度分析，如果被害人没有产生恐惧，也自然不会交付财物，在没有法

---

[1] 张明楷：《刑法学》，法律出版社2011年版，第176～177页。就我国司法实践中的情况而言，在无讼案例网（www.itslaw.com）上输入"刑事案件"、"特异体质"、"故意伤害"和"因果关系"等关键词后，共检索到26个符合检索条件的案例，这些案件的裁判理由部分在论及行为人与被害人死伤之间因果关系时，都采用的是折中的判断标准，即对于行为人的伤害行为先从社会上一般人的角度判断是否足以发生导致被害人死伤的结果，进而分析在案发当时情况下行为人能否预见到被害人属于特异体质，如果行为人无法预见到，即认定行为人不存在重伤或杀害他人的故意，而只成立过失致人重伤罪或过失致人死亡罪。

[2] ［日］大谷实：《刑法总论》，黎宏译，法律出版社2003年版，第163页。

益受到侵害的情况下，应该认定不构成敲诈勒索罪。对于后者，即使被害人属于比较胆小怯懦之人，只要行为人客观上并不知晓，而且没有刻意利用被害人的胆小而进行威胁的，那么即使被害人产生了恐惧心理，也可以排除其恐吓行为与结果的因果关系；反之，行为人明知某人属于十分胆小之人，采用不至于使一般人产生恐惧的方式实施勒索的，应该认定为敲诈勒索罪。

对于究竟采取主观说还是客观说，关于利用不存在的恶害或行为人不能实际支配的恶害相威胁索取财物行为是否属于威胁就是一个很好的检验题材。对此问题，大部分学者认为，行为人一般地通告如不交付一定的财物让其代为祈解就会遭受电打雷劈、天地变异或吉凶祸端的，不成立敲诈勒索的胁迫，但如果行为人特别是神汉、巫婆等人利用被害人本身的迷信，被害人对此相信并产生恐惧的，即属于胁迫，能构成敲诈勒索罪。[1]但是甘添贵、林山田和陈子平教授均认为："行为人以其客观上不可能发生，以及行为人实际无法支配和实现的恶害相通告，如以地震、闪电或鬼神之事，使人交付财物者，因非行为人所能支配，则非恐吓。若以迷信之谎言使人信以为真，而交付财物，求其祈解，则属诈欺行为，应成立诈欺罪。"[2]我国台湾地区刑事实务判解也持相同的观点。[3]韩

---

〔1〕 陈兴良主编：《刑法各论精释》，人民法院出版社 2015 年版，第 576 页，该书敲诈勒索罪部分为劳东燕教授所撰写。张明楷：《刑法学》，法律出版社 2011 年版，第 870 页。周光权：《刑法各论》，中国人民大学出版社 2011 年版，第 110 页。

〔2〕 甘添贵：《刑法各论（上）》，三民书局 2014 年版，第 363 页。林山田教授、陈子平教授持相同的观点，参见林山田：《刑法各罪论》，北京大学出版社 2012 年版，第 355 页。陈子平：《刑法各论（上）》，元照出版公司 2013 年版，第 173 页。

〔3〕 参见 1952 年台上字第 143 号判例，对于被害人惑于被告所云，见其宅内有三种不同色彩的灵魂，断定其家最近死了 2 人，可能将再有 1 人死去之谎言，信以为真交付财物，求其祈解。法院认定被害人交付财物不过是仅基于被告人之欺罔行为陷于错误所致，因此不成立恐吓罪。参见林山田：《刑法各罪论》，北京大学出版社 2012 年版，第 355 页。

国对类似案件也认定不成立敲诈勒索罪。韩国大法院判决的判旨肯定了以自然灾害、天地变异等相威胁可以作为恐吓的手段，但同时认为，如果行为人的行为并未使被恐吓人认为其对所谓的天地变异、天灾人祸等具有控制和支配力，则不成立恐吓罪。[1]日本对类似判例有认定行为人以告知天地变异或预测祸福的行为能够成立胁迫，成立敲诈勒索罪的判例。[2]

关于以不存在的神力或不可控的自然力取财行为的评价，笔者以为，根据客观说的立场，巫婆、神汉以遭电打雷劈或者所谓的预测吉凶祸端来威胁他人的，在一般社会观念上，不会具有威胁性，一般不会使人感到害怕，也不会使人信以为真。只有介入相对人是比较迷信鬼神和占卜妖术的人这一异常因素，行为人的言说才会造成相对人的恐惧或误信，进而才会按照行为人的要求交付财物以"获得神灵的保佑"和"内心的安宁"。如果行为人明知被害人属于易于相信鬼神和自然力的人，并且故意加以利用的，被害人不论是基于对鬼神或自然力等的恐惧而交付财物还是基于错误地相信行为人的"神力"而自愿处分其财物，只要认定成立敲诈勒索罪或诈欺罪，前提都是考虑了被害人的个别化因素，肯定了行为人借助所谓神力或自然力的恶害相通告的行为与相对人处分财产行为之间具有因果关联性。被害人的迷信虽然属于异于常人的个体化因素，但是由于行为人的明知和故意利用，而使得行为与结果之间具有了引起与被

---

〔1〕 在该案中，在被告人向对方告知不祭祀祖先将发生不利事情的恶害时，因为被告人不能直接或间接左右其自然灾害以及吉凶祸福，而自然灾害等的受害者不是特定的，并且人们不能预见自然灾害以及吉凶祸福的发生，因此，认定被告人的行为不是恐吓罪的胁迫。[韩]吴昌植编译：《韩国侵犯财产罪判例》，清华大学出版社 2004 年版，第 144 页。

〔2〕 详见黎宏：《日本刑法精义》，法律出版社 2008 年版，第 441 页，当页脚下注［51］。

引起的关系。这里关于行为人行为与被害人交付财物之间因果关系的判断，不是单独的采用客观说或主观说的观点，而是根据相当因果关系所采取的折中的判断标准得出的结论，认定行为人存在利用天打雷劈、吉凶祸端进行敲诈勒索或诈欺的故意，同时被害人处分其财物是由于对他人言论的误信或恐惧。至于行为人明知被害人比较迷信而用所谓的神力或自然力进行游说，[1]而获取钱财的情形，行为人依靠的是恐吓还是欺骗，被害人因此处分其财产是由于恐惧还是误信，行为人的行为究竟构成诈骗罪还是敲诈勒索罪，则是需要在本罪与诈骗罪的界分中详加阐述的问题。

第二节　敲诈勒索罪的行为对象

我国传统四要件犯罪构成理论往往将行为侵犯的法益称作犯罪客体。[2]而大陆法系的犯罪构成理论中，则习惯用行为客体指称行为对象，受此影响，目前我国很多刑法学教材和理论书籍中开始用法益代替犯罪客体的称谓，而将行为对象称作行为客体或者行为对象。为了避免与我国传统表述发生误解，本书中还是使用"行为对象"一词而没有使用行为客体的称谓。

行为对象是指行为所指向、作用的表现合法权益的具体的人、物或信息，是法益具体的载体和承担者。"任何行为都必然侵害法益，一般犯罪也都会直接作用于某一事物，因而使行为对象成为行为与法益侵害之间的逻辑中介。"[3]结合前文的阐述，敲诈勒索罪侵犯的法益是财产权和公民的意思决定自由权，

---

[1]　因为有的案件中行为人利用鬼神等予以恐吓，有的以预测祸福、逢凶化吉等进行欺骗，为此，这里使用相对中性的表述"游说"。

[2]　高铭暄、马克昌主编：《刑法学》，中国法制出版社 2007 年版，第 52、57 页。

[3]　陈兴良：《刑法学》，复旦大学出版社 2009 年版，第 71 页。

其对财产权的侵犯是通过作用于财物和财产性利益这一行为对象实现的，而对公民意思决定自由权的侵犯则是通过敲诈勒索行为作用的"相对人"这一对象体现的。从敲诈勒索行为发展的逻辑过程来看，敲诈勒索行为是先通过对被害人的恐吓和勒索来实现对被害人所拥有或占有财物的染指。关于敲诈勒索罪的行为对象，学界对于敲诈勒索行为作用的物有较多的探讨和分析，但是对于敲诈勒索行为作用的人却少有论及。笔者以为，作为该罪法益的现实载体，对敲诈勒索的物（包括财产性利益）和敲诈勒索的人（包括被恐吓人与被害人）都应该在该罪客观构成要件的行为对象中加以研讨。

一、敲诈勒索行为作用的物和财产性利益

我国《刑法》分则条文明确规定敲诈勒索的对象为"公私财物"，我国《刑法》总则也对刑法所涉及的有关财产，包括公共财产和私人财产进行了专门的解释和说明。毫无疑问，这里的"公私财物"一词应该与总则中"公私财产"的含义是等同的，但是《刑法》总则在第 91 条对公共财产采用了列举的方式，第 92 条对公民私人所有财产的说明则同时采用了列举与兜底并用的方式，其在列举了 3 类财产后，在第 4 项规定"依法归个人所有的股份、股票、债券"之后又兜底规定了"其他财产"也属于私人财产。这里的其他财产究竟应该如何理解？尤其是其将"其他财产"与股份、股票、债券并列类比地放在一起，使得对于我国《刑法》保护的财产外延的理解出现了不同的观点和分歧。但是根据对财物财产权属性的理解，我们确实无法单纯地认为股票、股份、债券的物质载体本身值得刑法保护，这里所要保护的应该是"股票、股份和债券"所记载和代表的财产权益价值。正如刘艳红教授在其书中明确指出的，《刑

法》第 91 条第 4 项就是对股权、债权等财产性利益的确认。[1]

随着社会的发展，财产的存在形态、价值内涵与占有方式都在发生着改变，传统意义上"财产"的内涵与外延在不断扩展，包括敲诈勒索罪在内的财产犯罪的行为对象是否应该随着社会的发展，包容出现的各种新型财产类型是存在争论的。首先，作为敲诈勒索的对象，财物的外延始终在不断地扩充，除了常规可视、可控、可管理的动产之外，不动产、无体物、知识产权、虚拟的财物能否与传统意义上的财物一样成为该罪的行为对象？其次，财产性利益能否作为敲诈勒索的对象，以及如何界定其内涵与边界？

（一）不动产、无体物、虚拟的财物、违禁品

1. 不动产。尽管学界对于不动产能否成为抢劫罪的对象存在争议，但是越来越多的学者都认可不动产可以作为诈骗、侵占、敲诈勒索、故意毁坏、破坏生产经营罪的对象。[2]具体而言，因为未经被害人同意，财产性利益和不动产不可能转移，但是在敲诈勒索罪中，由于行为人对被害人以暴力、威胁相恐吓，被害人由于受到恐吓被迫做出处分财产的决定，有了被害人处分意思这一媒介，行为人就极有可能获得通过直接的取得行为（包括抢劫、抢夺、盗窃行为）无法直接取得的对不动产、知识产权等财产性利益的占有与转移登记。[3]敲诈勒索的行为人可以针对不动产、知识产权的所有人实施要挟和勒索，迫使

---

[1] 刘艳红：《刑法学（下）》，北京大学出版社 2016 年版，第 276 页。

[2] 高铭暄、马克昌主编：《刑法学》，北京大学出版社、高等教育出版社 2016 年版，第 516 页。张明楷：《刑法学》，法律出版社 2011 年版，第 844 页。周光权：《刑法各论》，中国人民大学出版社 2011 年版，第 110 页。刘艳红：《刑法学（下）》，北京大学出版社 2016 年版，第 277 页。

[3] 陈兴良主编：《刑法各论精释》，人民法院出版社 2015 年版，第 577 页，该书敲诈勒索罪部分为劳东燕教授所撰写。

其将不动产或知识产权转移给行为人供其占有、支配和使用，而且也可能迫使被害人完成不动产或知识产权的转移登记。根据敲诈勒索罪的行为特征以及在司法实务中的表现，将不动产解释为敲诈勒索罪的对象并无太大障碍，在我国有关刑事判决中，也认可了不动产能够作为敲诈勒索罪的对象。[1]

关于针对不动产的敲诈勒索行为，有学者认为行为人通过要挟和勒索取得对不动产的占有即为敲诈勒索的既遂，但也有学者认为必须在完成不动产的转移登记后，才成立本罪的既遂。这其实不仅涉及既遂的认定，而且涉及对敲诈勒索不动产案件中涉案财产价值数额的计算问题。由于不动产无法移动，行为人无法通过盗窃、抢夺行为建立自己对财物的占有，对于行为人以抢劫的暴力、胁迫的手段或者敲诈勒索的威胁与要挟的手段迫使不动产的所有人或占有人离开其房屋或居所，自己长期霸占该不动产的，被害人的占有并没有被完全排除，其仍可以恢复受到侵害的权利，因此，这样的行为可以作为强取财产性利益的行为，成立抢劫罪或敲诈勒索罪。[2]林维教授也认为这种财产性利益的取得如同欠条一样，暴力压制的霸占行为并不能确保其对该利益的真正实现，被害人依然可以向行为人主张其占有房屋给被害人带来的损失。因此，被害人被迫离开居所的行为并不等同于其对房屋居住权的财产性利益的放弃，单纯地占有不动产并不能成立抢劫罪。"如果使用暴力或者胁迫逼迫

---

〔1〕　参见"周建平、卫杨林、吴江、刘有志抢劫、敲诈勒索案——如何正确区分抢劫罪与绑架罪、敲诈勒索罪的界限"，载中华人民共和国最高人民法院刑事审判第一庭、第二庭编：《刑事审判参考》（总第18辑），法律出版社2001年版，第43页。法院在裁判中明确：从取得非法利益上看，抢劫只能取得财物，并且是动产，而敲诈勒索既可以是动产，也可以是不动产，甚至是取得财产性利益。

〔2〕　马克昌主编：《刑法》，高等教育出版社2010年版，第462页，转引自陈兴良主编：《刑法各论精释》，人民法院出版社2015年版，第325页。

他人口头或书面放弃收取已经产生的房租，可以成立抢劫财产利益罪；如果只是威胁他人以后不许来收房租，由于之后被害人有充足的机会摆脱行为人的控制，充其量属于敲诈勒索财产性利益。"[1]由于不动产转移登记与单纯地占有不动产体现不同的财产权益价值，因此，笔者以为有必要区分情形来认定：如果行为人通过要挟、恐吓迫使他人完成不动产转移登记的，应该成立针对不动产的敲诈勒索罪；如果通过恐吓取得的是对不动产的长期无偿占有和使用，并未进行变更产权登记的，则属于对他人不动产使用价值的侵占，应以占有使用不动产的时间和因此获得的可计算的财产性利益的价值（如租赁相同地段、同等时间房屋需要支出的租金）来计算其获得的财产价值，如果数额较大达到入罪标准的，则只对其通过威胁获得的租金利益认定构成敲诈勒索罪。在区分规定恐吓取财罪与恐吓得利罪的日本，其司法判例即认定：以恐吓手段获取不动产登记名义或者权利证书，从而取得了处分不动产之可能性的，构成第1款之恐吓取财罪，如果仅仅是取得了事实上的利用可能性，则构成第2款之恐吓得利罪。[2]我国虽然未作这样细致的区分，但是在财产与财产性利益价值的判断标准上，宜作这样的区分。

2. 无体物。关于无体物，主要指电力、热力、煤气、天然气、知识产权等无形财物。无体物虽然不具有有形财物的可视性、可触摸性，但其也具有可支配、可控制、可管理的属性，且其中凝聚了人类无差别的劳动，具有一定的使用价值和经济价值，能够为人们所占有、管理和使用，以刑法禁止的手段获

---

[1] 陈兴良主编：《刑法各论精释》，人民法院出版社 2015 年版，第 326 页，该部分为林维教授所持观点。

[2] ［日］西田典：《日本刑法各论》，王昭武、刘明祥译，法律出版社 2013年版，第 234 页。

取的，与对有体物的损害是相同的。因此，随着各种类型的无体物越来越多地服务于社会生活的各个层面，公众对财物范畴的理解愈加深刻，已经逐渐接纳无体物也应受到刑法相同的价值保护。行为人以威胁的方式勒索取得对一定无体物的操纵和无偿使用的，其给无体物的所有者和管理者同样会造成财产上的损失，因此，这些无体物都可以成为敲诈勒索罪的对象。

除了电力、煤气、热气等具有物质属性的无体物之外，还存在着著作权、专利权、商标权和商业秘密等这些以智力成果形式存在的无形财产，其也具有其独特的经济价值，值得刑法予以保护。我国《刑法》第 219 条规定，以窃取、利诱、胁迫等不正当手段获取商业秘密的行为成立侵犯商业秘密罪。与此同时，《刑法》却并未对以窃取、骗取、利诱、胁迫等不正当手段获取著作权、专利权和商标权的行为做出专门的规定。那么，对于以暴力、威胁的方式迫使他人转移著作权、专利权、商标权的所有权或使用权的行为，应该如何认定呢？采反对立场的学者从智力成果特有的占有属性的角度指出，因为这些智力成果不具有他人占有之后本人即丧失对其占有的性质，因此不能成为敲诈勒索罪的行为对象。[1] 也有学者认为，对于这些知识产权已有刑法相关立法的规定，所以它们不能成为普通财产罪的对象："任何有形或者无形的具有经济价值的物品，只要未被单独评价就都可能被解释为'财物'而纳入财产犯罪的对象，著作权等无形资产由于有刑法的另外规制，所以对此等资产的侵害不适用财产犯罪的评级序列。"[2] 笔者以为，尽管目前我国

---

　　[1]　陈兴良主编：《刑法各论精释》，人民法院出版社 2015 年版，第 578 页，该书敲诈勒索罪部分为劳东燕教授所撰写。

　　[2]　付立庆："论刑法介入财产权保护时的考量要点"，载《中国法学》2011 年第 6 期。

有保护著作权、专利权、商标权和商业秘密的一些专有犯罪，但主要是针对假冒、复制、销售谋利等不当使用他人商标、专利和著作权行为的规制，对以骗取或以暴力、威胁等方式取得他人著作权、专利权、商标权的所有权或使用权的行为，并没有规定类似侵犯商业秘密罪那样的专门罪名。现实中尽管行为人确实无法以盗窃、抢夺的方式取得他人的商标权、专利权或著作权，但是不排除行为人以欺诈、恐吓的方式获取这些权利的可能。行为人如果以欺骗或恐吓的方式迫使被害人将其所有的著作权、专利权或商标权供其无偿使用或转移登记到行为人名下的，被害人在错误认识或恐惧心理的支配下，完全可能就范。在行为人获得对他人知识产权的无偿使用的情形下，原知识产权所有人也会因此遭受财产损失，迫使知识产权所有人将商标权等知识产权转移登记到行为人名下的，被害人则完全失去了对其知识产权的所有和支配，这样的行为具有与诈骗、敲诈勒索普通财物同样应予保护的财产权益价值。因此，在我国刑法没有针对骗取、威胁取得商标权、专利权、著作权等知识产权的行为设置专门罪名的前提下，而目前我们当然也不能类推适用侵犯商业秘密罪的法条和罪名，从刑法周延性和教义刑法学解释的立场，完全可以认定成立敲诈勒索罪，没有理由将相关的知识产权排除出该罪的行为对象之列。

3. 虚拟财产。虚拟财产，是指以电磁记录形式存在于网络环境下的特殊财产，主要有三类：账号类的虚拟财产，包括网络游戏账号和QQ账号；物品类的虚拟财产，包括网络游戏装备、网络游戏角色、化身的装饰品；货币类的虚拟财产，包括Q币、金币等。[1]虚拟财产有别于现实的物质财富，它不存在于现

〔1〕 江波:《虚拟财产司法保护研究》，北京大学出版社2015年版，第31~33页。

实的物理空间，不可用现实世界的度、量、衡来表示，因而不属于有体、有形的物。但是，虚拟财产具有财物的特定性和独立性，因而虚拟财产应当界定为无体物。[1]因而，由于虚拟财产存在环境的虚拟性和与现实世界的区隔性这里将其区别于常规视域下的无形财产，给予特殊地评价和关注。

虚拟财产能否成为敲诈勒索罪的对象，首先需要回答的问题是虚拟财产能否成为财产罪的对象？这一问题在学界争论已久，肯定说处于一定的优势地位。笔者也认为虚拟财产能够作为财产罪的犯罪对象。理由正如大部分学者所指出的，由于虚拟财产的稀缺性、可控性，并且能够以实际的货币进行兑换、买卖和交易，具有经济价值和交换价值，因此可以被评价为财物。"虚拟财产，可以通过电磁记录进行物理操作加以管控，在这一点上，它和电能、煤气、天然气等相类似，即人们对其都无法直接加以支配，而必须借助相应的设备来实现。对于虚拟财产而言，它完全可以成为占有的适格对象。"[2]实践中，2005年曾志峰等盗取他人QQ账号转卖牟利案[3]，法院最终认定这起全国首例涉及虚拟财产的案件，行为人构成侵犯通信自由罪；而2006年孟动、何立康窃取Q币和游戏点卡案，行为人被上海市黄浦区人民法院认定构成盗窃罪，该判决成为全国首例承认虚拟财产能够成为普通财产犯罪对象的刑事判决，在司法界和理论界引起极大关注。[4]此后，也有许多文章提及涉及虚拟财产构成抢劫罪和敲诈勒索罪的案例，如2008年，孙某与其他3名被告人对网络游戏玩家实施殴打、威胁，迫使其转出了100

---

〔1〕　林旭霞：《虚拟财产权研究》，法律出版社2010年版，第79～80页。

〔2〕　马寅翔："占有概念的规范本质及其展开"，载《中外法学》2015年第3期。

〔3〕　参见陈兴良、张军、胡云腾主编：《人民法院刑事指导案例裁判要旨通纂》（下卷），北京大学出版社2013年版，第730～731页。

〔4〕　参见"孟动、何立康网络盗窃案"，载《最高人民法院公报》2006年第11期。

个 Q 币、1100 余个游戏币和其他游戏装备。随后，又对被害人实施威胁恐吓，抢走人民币 200 元。2009 年辽宁省沈阳市东陵区法院认定 4 人构成抢劫罪。[1]2009 年 2 月 28 日通过的《中华人民共和国刑法修正案（七）》在《刑法》中增设了非法获取计算机信息系统数据罪。在《刑法》增设了这一新的罪名之后，对于窃取虚拟财产的行为在非法获取计算机信息系统数据罪与盗窃罪之间究竟是一种怎样的关系，出现了不少观点的分歧。[2]2013 年 3 月 8 日最高人民法院、最高人民检察院共同制定通过的《关于办理盗窃刑事案件适用法律若干问题的解释》和 2014年 4 月 22 日《最高人民法院研究室关于利用计算机窃取他人游戏币非法销售获利如何定性问题的研究意见》都倾向性地指出对于盗窃虚拟财产的行为，宜按照非法获取计算机信息系统数据等计算机犯罪定罪处罚。但是该解释和意见的合理性受到不少质疑。例如，张明楷教授认为：非法获取计算机信息系统数据罪属于扰乱公共秩序罪，是对公法益的犯罪，但窃取 Q 币、抢劫、勒索游戏装备等行为显然是侵犯被害人私法益的行为，将此类行为评价为非法获取计算机信息系统罪或破坏计算机信息系统罪可能形成处罚漏洞，也可能导致罪刑不相适应。[3]陈兴良教授也结合曾智峰等侵犯通信自由案、孟动等盗窃案与岳曾伟等非法获取计算机信息系统数据案三个案例分析指出："我们不能以虚拟财产具有对网络的依附性而否定其独立性，由此否定虚拟财产的财物属性，也不能因为虚拟财产难以接受和难

---

〔1〕 霍仕明、张国强："虚拟财产遭遇真实抢劫的量刑困惑"，载《法制日报》2009 年 6 月 4 日，第 2 版，转引自邢志人、刘雅婷："抢劫网络虚拟财产行为的定罪分析"，载《辽宁大学学报（哲学社会科学版）》2010 年第 6 期。

〔2〕 详见刘明祥："窃取网络虚拟财产行为定性探究"，载《法学》2016 年第 1 期。

〔3〕 张明楷："非法获取虚拟财产的行为性质"，载《法学》2015 年第 3 期。

以流通就否定其具有财产价值。我国刑法中的财物是一个包容量较大的概念，是包括了有体物、无体物和财产性利益的最为广义的概念，因此完全能够涵盖虚拟财产，对于具有财产价值的虚拟财产应当按照财物予以刑事保护。"[1]也有学者从民刑关照的视角分析认为："民法学界因虚拟财产具有一般财产的属性而将其认定为财产，其财产权是物权，作为物权的客体是一种无体物。在刑法学上，以民法学的研究为基础，以其无体物的形态认定为财物，纳入财产犯罪的保护范围，既不违反罪刑法定原则，也不会与我国民法相冲突。以刑法保护虚拟财产不会导致金融秩序的破坏。不能因为虚拟财产数额的难以计算，便否定其财产性。"[2]显然，目前我国对于虚拟财产的刑法定性在司法实务与理论认识两个维度仍然存在着较大的分歧，暂时难以弥合，但是未来的趋势仍值得我们关注和期待。

由于盗窃虚拟财物的行为人往往需要通过计算机网络媒介的辅助，因而更多地在行为手段上可能触及非法获取计算机信息系统数据罪或破坏计算机信息系统罪，而敲诈勒索虚拟财物的行为，其行为手段与传统恐吓索财行为类似，只是在行为对象上不同于现实中的其他财物。针对以恐吓勒索方式获取他人网络虚拟财产的案件，笔者通过中国裁判文书网查阅到 2013 年南宁市中级人民法院做出的一份生效判决，该院认定行为人利用网络以散布配上不实文字的被害人图片和语言恐吓，以及提出与其发生性关系等要求的方式向未成年少女勒索现金和 Q 币的行为，成立敲诈勒索罪。在行为人对两名被害人实施的行为

---

[1]　陈兴良："虚拟财产的刑法属性及其保护路径"，载《中国法学》2017 年第 2 期。

[2]　李齐广："刑民对话视野下窃取虚拟财产刑事责任的认定"，载《武汉大学学报（哲学社会科学版）》2017 年第 2 期。

中，其中一起只向被害人提出了发生性关系和勒索 Q 币的要求，尽管辩护人提出行为人的目的系为了勒索 Q 币的辩护意见，但是原审法院判决和二审法院的裁定都没有对虚拟财产与真实的货币是否应有所区别做出回应，而是笼统地认定两名被告人的行为均成立敲诈勒索罪。[1] 笔者以为：随着虚拟财产财产属性愈加显现，并在一定范围内实现交易和流通，行为人既可能通过完全传统的与计算机网络无关的方式勒索虚拟财产，也可能借助计算机网络作为媒介以恐吓的手段勒索并取得虚拟财产；既可能只勒索虚拟财产，也可能在勒索传统的金钱、财产的同时，勒索游戏装备、Q 币等。对于这些存在手段杂合性和对象混合性的行为，从民刑财产保护的权益视角以及刑法规制的行为评价视角，都很难说有区分定罪处罚的必要，认定这些行为构成敲诈勒索罪是更为合理和易于接受的结论。随着现实和网络平行二维世界的日益确立，会有越来越多的传统犯罪会借助网络或计算机手段实施。正如我国《刑法》第 287 条明确规定的，"利用计算机实施金融诈骗、盗窃、贪污、挪用公款、窃取国家秘密或者其他犯罪的，依照本法有关规定定罪处罚"，这是我国刑法对于利用计算机网络手段实施刑法中相关犯罪时做出的明确指示，表明了一种比较坦诚和宽容的态度。对于行为人通

---

〔1〕 详见南京市中级人民法院（2013）南市刑二终字第 209 号卢某鹏敲诈勒索案二审刑事裁定书。2012 年初起，被告人卢某某通过使用其手机 QQ 中的"搜索附近的人"功能，有选择性地搜索附近的未成年少女并添加为好友，后通过威胁散播配上不实文字的对方照片、语言恐吓等方式向被害人索要金钱或者提出发生性关系的要求。2012 年上半年至 2013 年 3 月份，被告人卢某某先后添加被害人苏某、谭某某为 QQ 好友，采用上述胁迫手段向苏某提出索要人民币 5000 元或者 1000Q 币、与其发生性关系等要求，向谭某某提出索要 1000Q 币及发生性关系的要求。后因二被害人未满足其非法要求而未得逞。被告人卢某某于 2013 年 5 月 9 日被公安机关抓获归案。一审法院认为，被告人的行为已构成敲诈勒索罪，由于意志以外的原因而未得逞，是犯罪未遂。二审法院维持了一审的判决结论。

过或借助计算机信息系统手段，非法获取他人银行存款或虚拟财产的行为，需要我们的传统刑法解放思想、与时俱进，用开放的立场解释有关行为和有关行为对象。对于那些只要利用了网络或计算机系统作为媒介的行为即认定为计算机信息系统罪，难免显得有些牵强，也会与民众的认识产生隔阂。

4. 违禁品。违禁品，主要指国家通过立法明确禁止或限制个人生产、运输、持有的物品，主要包括毒品、假币、淫秽物品、枪支弹药、爆炸物、管制刀具和行为人用于实施犯罪的工具、犯罪所得的赃物等。根据我国司法解释对盗窃、抢夺、抢劫毒品、假币、淫秽物品等违禁品成立盗窃罪、抢夺罪和抢劫罪的规定，我国在规范层面已经明确：除刑法规定有特定犯罪以外，违禁品可以成为盗窃、抢夺、抢劫罪的犯罪对象。将敲诈勒索罪与盗窃罪、抢夺罪和抢劫罪的手段行为相比较，无论是从举重以明轻的角度，还是根据敲诈勒索罪的行为特征分析，都无法否认违禁品可以成为敲诈勒索罪的行为对象。我国很多学者已经达成共识：基于法秩序的整体考量，非法财产，比如违禁品（如毒品）、违法犯罪所得（如盗窃所得）、违法犯罪工具（如赌资）等都可以成为敲诈勒索罪的对象。[1]我国台湾地区理论以及司法实务界也均认为采取恐吓手段令被害人交付之物，可以包括赃物即违禁物在内。[2]

（二）财产性利益

"财产性利益"是财物之外的有财产价值或经济价值的利

---

〔1〕　赵秉志：《侵犯财产罪》，中国人民公安大学出版社 2003 年版，第 354 页。陈兴良、周光权：《刑法学的现代展开》，中国人民大学出版社 2006 年版，第 579～580 页。陈兴良主编：《刑法各论精释》，人民法院出版社 2015 年版，第 577 页，该书敲诈勒索罪部分为劳东燕教授所撰写。

〔2〕　林培仁：《刑法分则实务》，元照出版公司 2014 年版，第 466 页。曾淑瑜：《刑法分则实例研习——个人法益之保护》，三民书局 2004 年版，第 397 页。

益，通俗地说，就是可以用金钱价值衡量的利益。"其具体的范围不仅包括法律上的财产权（债权、抵押权等），还包括大体合法的经济价值或利益。"[1]例如，日本用"财产上的不法性利益"指称财产利益，德国用"财产"概括指称财物和财产性利益，韩国和俄罗斯刑法中分别用"财产上之利益"与"财产权利"指称财产性利益，意大利用"不正当利益"指称财产性利益。我国刑法中也采用"公私财产"指称财物与财产性利益，新近出台的司法解释中使用了"财产性利益"的表述。[2]本书中在未做特别说明的情况下，也用"财产"一词指称包括财物与财产性利益在内的所有公私财产。

1. 目前学界观点综述。我国很多学者都认为财产性利益由于其可管理性、可移转性以及具有经济价值（即财产利益的占有人能够从该财产性利益中获得可用金钱价值计算和衡量的经济收益）的属性使其应该成为刑法财产犯罪保护的对象，[3]但也有学者认为"在解释论上，虽然可以对财物的范畴做适当宽泛的解释，但是在立法论上，根据罪刑法定主义的要求，在我国刑法没有修法之前，财产性利益不宜作为有关财产犯罪的对

---

〔1〕 ［日］大谷实：《刑法各论》，黎宏译，中国人民大学出版社 2008 年版，第 172 页。

〔2〕 2016 年 4 月 18 日，最高人民法院、最高人民检察院发布的《关于办理贪污贿赂刑事案件适用法律若干问题的解释》第 12 条规定，贿赂犯罪中的"财物"，包括货币、物品和财产性利益。其中，财产性利益包括可以折算为货币的物质利益如房屋装修、债务免除等，以及需要支付货币的其他利益如会员服务、旅游等。后者的犯罪数额，以实际支付或者应当支付的数额计算。

〔3〕 赵秉志主编：《侵犯财产罪研究》，中国法制出版社 1998 年版，第 442 页。张明楷：《法益初论》，中国政法大学出版社 2003 年版，第 593 页。陈兴良主编：《刑法各论精释》，人民法院出版社 2015 年版，第 577 页，该书敲诈勒索罪部分为劳东燕教授所撰写。付立庆："论刑法介入财产权保护时的考量要点"，载《中国法学》2011 年第 6 期。王玉珏《刑法中的财产性质及财产控制关系研究》，法律出版社 2009 年版，第 127 页。

象"。[1]可是，这种拘泥于立法文本的观点，在面对司法实践中的一些特殊情形时，也不得不有所妥协。刘明祥教授认为，在我国目前立法规定的敲诈勒索罪的对象范围存在缺陷的情况下，对"财物"的范围做适当宽泛而不超出其本来含义的解释也是必要的。他认为，以勒索方式逼迫借款人撕毁欠条的行为能够等同于对借款人的敲诈勒索行为，可以成立敲诈勒索罪，但他坚持认为这里敲诈勒索的对象仍然是财物，而不是财产性利益。[2]时延安教授也认为敲诈勒索罪的对象应限于财物，不能及于财产性利益，但是那些能够表现为财物形式的财产性利益除外。[3]由此看出，反对者并非认为财产性利益一概不能作为财产犯罪的对象，而是对财产性利益的范围采取限缩的态度，即倾向于从"财物"范畴的视角来看待侵犯财产性利益。其实，对于赞成财产性利益可以作为财产罪对象的学者看来，也并不是认为所有有关财产性利益的不法取得行为都可以财产犯罪定罪处罚，也同样涉及财产性利益外延和保护边界界定的问题。

2. 财产性利益的保护边界。作为财产犯罪的对象即财产权的载体，有的表现为可见的财物形式，而有的财产权没有可见的物化的载体存在，如债权、抵押权、留置权、承包权、租赁权等，

---

[1] 刘明祥：《财产罪比较研究》，中国政法大学出版社 2001 年版，第 38 页。

[2] 详见刘明祥：《财产罪比较研究》，中国政法大学出版社 2001 年版，第 91 页。于志刚主编：《案例刑法学各论》，中国法制出版社 2010 年版，第 371、348 页，该书财产犯罪部分为时延安教授撰写。

[3] 于志刚主编：《案例刑法学各论》，中国法制出版社 2010 年版，第 371、348 页，该书财产犯罪部分为时延安教授撰写。陈烨博士持与时延安教授基本相同的观点，认为只有那些最终能够体现为一定财物的增加或减少的财产性利益才可以作为财产犯罪的对象，如果侵犯财产性利益的行为针对的法益客体与财产权无关，或主要不是财产权，那么即不应认定为财产罪，应该根据行为方式入罪。例如，其指出用假军车牌照骗免过路费的行为，应该构成非法使用武装部队专用标志罪，而不是诈骗罪。参见陈烨：《刑法中的特殊财产类型研究》，厦门大学出版社 2015 年版，第 115～132 页。

为了对这些财产权给予保护，不得已发展出"财产性利益"这样一种称谓。在我国《刑法》总则和分则都没有对财产性利益做出明确界定的情况下，笔者以为还有必要区分利益与财产性利益，财产性利益不能等同于利益。根据一般民众对财产性利益的理解，财产性利益应该限于与财物相关以及能够用经济价值衡量的利益，无法用经济价值衡量的利益不宜认定为财产性利益。因此，对于将财产性利益作为财产犯罪对象持谨慎态度的观点笔者是比较赞同的。就行为入罪的路径来看，财产性利益的概念也不宜过于抽象化和模糊化而使其范围太大，只有那些针对财产性利益的行为会给他人造成与财产犯罪相似的侵害时，该行为才有入罪的必要。我国刑法通过设定数额标准作为大多数财产犯罪的入罪条件，也表明我国目前仍以具体可能造成财产权益的损失作为财产犯罪入罪的考量标准，这种定量控制是我国长期以来刑法所坚持的立法传统。另外，从目前我国出台的一些司法解释来看，我国也认可了部分针对财产性利益的行为可以成立财产犯罪，其中包括非法取得欠条、收据等借款凭证的行为可以成立有关财产犯罪，[1]能

---

〔1〕 实践中对行为人采用暴力、胁迫手段，强迫债权人交出欠条，或写下收条，以达到消灭债务目的的案件，法院基本都认定构成抢劫罪，但逼迫写下欠条的一般认定成立敲诈勒索罪，未实际获得财物的，成立未遂。《最高人民法院（2000）刑他字第9号批复》确认：被告人以暴力、胁迫手段强行夺回欠款凭证，并让债权人在被告人已写好的收条上签字，以消灭其债务的行为，符合抢劫罪的特征，应以抢劫罪定罪处罚。2002年1月9日，浙江省高级人民法院、浙江省人民检察院、浙江省公安厅《关于抢劫、盗窃、诈骗、抢夺借据、欠条等借款凭证是否构成犯罪的意见》明确：债务人以消灭债务为目的，抢劫、盗窃、诈骗、抢夺合法、有效的借据、欠条等借款凭证，并且该借款凭证是确认债权债务关系存在的唯一证明的，可以抢劫罪、盗窃罪、诈骗罪、抢夺罪论处。债务人以外的人在债务人的教唆之下实施或者帮助债务人实施抢劫、盗窃、诈骗、抢夺借据、欠条等借款凭证，并且明知债务人是为了消灭债务的，以抢劫罪、盗窃罪、诈骗罪、抢夺罪的共犯论处。根据以上批复和解释的规定，行为人以消灭债务为目的，以敲诈勒索的方式取得合法、有效的欠条、借据等借款凭证的，即应以敲诈勒索罪论处。

够用财产价值衡量的股权、代金卡、购物卡，以及需要支付对价的合法有偿的服务等都可与财物等而视之。[1]但对于无法用财物价值衡量的利益如提供就业、入学机会、岗位升迁，以及一些不正当的利益，如性贿赂，即属于不能作为与财物（或财产）同等看待的财产性利益。财产犯罪保护的财产性利益，应以仅能够以经济价值或财产价值衡量为限。例如，骗免养路费的行为本质上就存在能够以经济价值衡量的利益，所以，笔者还是倾向于认为这种行为应该成立诈骗罪。

3. 财产性利益的取得方式。日本部分学者提出，取得财产性利益的方法主要包括使对方负担债务、使自己免除或者延期履行债务以及接受对方提供的劳务等途径，我国一些学者受此影响也持类似的观点。[2]结合我国司法实务现状分析发现：就取得财产性利益的手段而言，主要有让他人负担债务，使自己无偿获得债权，如强迫他人写下股权、经营权转让协议、欠条等，或者通过非法手段获得股权、代金券、美容卡等具有财产价值内容的有价债券；通过一定的手段使自己免于负担债务，如盗取、抢劫、抢夺、骗取欠条、以勒索的方式逼迫他人交出借据或写下收条等；无偿获得他人提供的能用金钱价值衡量的服务，如接受他人提供的旅游服务、房屋装修服务、体检服务、

---

〔1〕 2007 年 7 月 8 日，最高人民法院、最高人民检察院发布的《关于办理受贿刑事案件适用法律若干问题的意见》和 2008 年 11 月 20 日最高人民法院、最高人民检察院发布的《关于办理商业贿赂刑事案件适用法律若干问题的意见》中对受贿财物的范围作了扩大，明确受贿财物既包括金钱和实物，也包括可以用金钱计算数额的财产性利益。2016 年 4 月 18 日，最高人民法院、最高人民检察院发布的《关于办理贪污贿赂刑事案件适用法律若干问题的解释》重申了以上规定的内容。

〔2〕 ［日］大谷实：《刑法各论》，黎宏译，中国人民大学出版社 2008 年版，第 172 页。刘明祥：《财产罪比较研究》，中国政法大学出版社 2001 年版，第 38～39 页。童伟华：《财产罪基础理论研究：财产罪的法益及其展开》，法律出版社 2012 版，第 109～110 页。

使他人无偿为自己提供车辆接送服务、让他人无偿提供房屋供其使用等。直观地看，获取财物的属于针对财物的犯罪，而获取服务属于获取财产性利益的行为。[1]张明楷教授较为客观地指出，"常见的取得财产性利益的手段包括使人负担对自己的债务、使人免除自己所负的债务、接受他人提供的劳役等"[2]，但没有包括延迟债务履行的情形。对于以非法手段延迟债务履行是否属于侵犯财产性利益的行为，笔者以为不可一概而论，只有实质上能够导致债务部分或全部免除，即能够现实地导致行为人财产的积极增加或债务的消极减少，行为人获得了财产上的利益，被害人遭受到相应财产损失的，才可以认为是对财产性利益的侵害。暂时性延迟债务的履行，除了金钱债务存在利息收益之外，往往并不能直接导致相对人财产的减损，行为人也不能从中直接获得整体财产的增加。这是由于一方面，相对人可以根据民法，获得私法上的救济；另一方面，我国实践中"老赖"现象严重，如果将延迟债务履行的情形也列入财产犯罪保护的范畴，恐怕会不当地扩大我国财产犯罪处罚的范围。因此，对于只是暂时延迟债务履行，并不必然导致债务无法实现的，不宜作为犯罪论处。

此外，从财产性利益的取得来看，"成立财产性利益犯罪，不要求严格的占有转移，但如果没有给被害人造成现实的财产损失，而只是存在财产损失的危险性的，不宜认定为财产犯罪既遂"。[3]即行为人需以可控的方式实现对财产利益的支配，如取得对他人房屋的占有使用、将他人的汽车用于抵押获得贷款

〔1〕 参见陈兴良、陈子平：《两岸刑法案例比较研究》，北京大学出版社 2010年版，第 32 页。

〔2〕 张明楷：《法益初论》，中国政法大学出版社 2003 年版，第 593 页。

〔3〕 陈洪兵：《财产犯罪之间的界限与竞合研究》，中国政法大学出版社 2014年版，第 57 页。

等即属于对财产性利益占有的既遂。但如以恐吓手段逼迫他人写下经营权转让协议，但实际上没有接管经营的，或者以恐吓手段迫使他人写下欠条而未实际交付的，都仅成立该罪的未遂。

4. 关于获取劳务与无偿享受服务。

（1）关于劳务的边界。我国有学者很早即提出：以暴力或威胁的方法迫使他人无偿提供劳务，可以成立敲诈勒索罪。[1]但也有学者认为，劳务并非财产性利益，而因劳务产生的支付对价义务才是一种财产性利益，或者只有需要支付劳务报酬或对价的劳务才属于财产性利益。[2]有学者据此区分，进而认为：获取财物的属于针对财物的犯罪，而获取服务属于获取财产性利益的行为。[3]笔者比较同意对价说对劳务加以限定的观点。其一，只有需要支付对价或报酬的劳务，才能够用经济价值进行衡量，根据前文对财产性利益的界定，也才能进入财产性利益的视野，不需要支付对价的劳务，由于付出劳务的一方本没有由此获得报酬的期望，因此，行为人非法获取此类劳务，并不会使付出劳务的一方因此受到损失，仅凭表面上对方付出劳务，而行为人获得劳务，形式化地以此判断存在财产性利益的转移是不恰当的；其二，对于法律不允许的非法劳务行为，由于无法进行价值衡量也不能认定为财产性利益，不论以受贿的方式还是以勒索、欺诈的方式获取，都不宜当作财产性利益对待。[4]因此，笔者也认为，对劳务应做必要的限制，非法劳务

---

〔1〕 赵秉志主编：《侵犯财产罪研究》，中国法制出版社1998年版，第442页。

〔2〕 刘明祥：《财产罪比较研究》，中国政法大学出版社2001年版，第39页。陈烨：《刑法中的特殊财产类型研究》，厦门大学出版社2015年版，第136～137页。[日]山口厚：《刑法各论》，王昭武译，中国人民大学出版社2011年版，第289页。

〔3〕 参见陈兴良、陈子平：《两岸刑法案例比较研究》，北京大学出版社2010年版，第32页。

〔4〕 刘明祥：《财产罪比较研究》，中国政法大学出版社2001年版，第237页。

或非法服务如提供性服务、代孕服务等在我国目前是法律所不允许的，不应成为财产犯罪保护的对象，否则不仅与财产犯罪应有的边界相冲突，而且也会导致法律保护层面上的不一致。

此外，对于以敲诈勒索的方式迫使他人提供劳务的行为，在我国还有一定的特殊性，需要具体研究和探讨。因为我国刑法专门规定有强迫劳动罪，实践中该罪虽多以限制人身自由的方式实施，但是立法同时补充规定了"暴力和威胁的方式"，这就需要我们思考以暴力、威胁的方式迫使他人提供劳动或劳务的行为究竟成立敲诈勒索罪还是强迫劳动罪？首先，强迫劳动罪中的暴力、威胁多是人身性质的，以限制人身自由这样的外在强制，如殴打、胁迫、拘束、限制、让专人看管、扣发工资、扣留身份证件等方式作为实现强迫劳动的手段。而敲诈勒索罪则通过恐吓、实施精神强制令对方无偿提供劳务。其次，强迫劳动罪一般限制于特定场所与工种，且往往具有一定的规模。之所以称为"劳动"，强迫对象常常针对一些特殊的人群，如未成年人、残疾人、精神不健全的人、妇女等，为了赚取劳动创造的价值，往往表现为持续、经常性地多次强迫他人。而敲诈勒索罪一般并不专门针对某些弱势人群，行为人只是利用自己掌握可以要挟对方的把柄，针对具体特定的个人实施威胁让其无偿提供劳务。这种劳务往往是私人化的，不同于劳动追求的生产性利益，是一种一般生活利益。最后，从二罪所归属的类罪和保护的法益而言，强迫劳动罪重在保护公民的人身自由权，而敲诈勒索罪重在保护财产权，如果行为人以暴力、威胁的方式迫使他人提供劳动或劳务，前者更关注行为对被害人人身自由造成的损害，包括强迫的人数、方式、工种、程度等，以此反映人身权益法益受侵害的程度和刑法介入的必要性。而敲诈勒索罪则重在考察威胁的内容、方式、迫使对方提供劳务的时间长短和该劳务折合为劳动价值后的数额。所以，如果行为人通过限制他人人身自由的方式或其他约束手段达到类似限制人身自由的方式强迫他人提供劳动或劳务的，即使其追求的是劳动本身带来的财产性利益，但因其手段对人身权的侵犯使其本质上更符合强迫劳动罪的立法目的和规制意图。笔者以为，从敲诈勒索罪的视角来看，对于以劳动或劳务为对象的勒索行为，只有不足以认定构成强迫劳动罪时，才有认定成立敲诈勒索罪的空间和可能。

（2）关于无偿享受服务。劳务，指不以实物形式而以劳动形式为他人提供某种服务的活动。应该说，服务可以包含劳务，服务包括提供实物形式的服务活动和不提供实物形式的服务活动。就生活使用习惯而言，服务具有专门性、专业性、面向大众等特征，而劳务则无此特征。例如，学者文中举到的让他人为自己开荒、种田、修建房屋等应属劳务范畴，而生活中比较常见的提供食宿、美容护理、旅游、车辆接送等则更宜称作服务。《美国模范刑法典》中规定："服务"包括劳动、专业服务、运输、通信或者其他公关服务，旅店、餐馆或其他场所的膳宿，展览会的入场券以及对交通工具或者其他动产的使用。行为人以欺诈、威胁、实为伪造的代币券或者其他逃避支付服务费的方式为手段，蓄意地接受其知道只能支付对价后才得享有的服务的，构成盗窃。[1]英国2006年《诈骗罪法》（Fraud Act 2006）Section 11规定了诈骗服务罪，专门处罚故意以不正当手段逃避付费或获取服务的行为。[2]日本和我国台湾地区很多学者在财产性利益部分专门探讨了无钱获取食宿、无票乘车、逃票观看演出、展览等行为是否属于获取财产性利益的犯罪，我国由于受财产犯罪对象以及入罪数额标准的限制，对此类行

---

〔1〕　Model Penal Code §223.7(1).

〔2〕　Jonathan Herring, *Criminal Law*, Palgrave Macmillan, 2011, p. 226.

为的探讨还十分有限。

目前学界探讨的问题主要集中于对服务的认定，以及对于犯意先行型与食宿先行型服务的区别[1]。基于对财产犯罪保护法益的一致性，这里的服务应该至少是合法的服务，而且作为财产法益保护的服务应该是需要支付对价和可以用金钱价值衡量的有偿服务，而不包括一般而言无偿的服务内容。笔者以为，犯意先行型是在提供服务之前，即以欺诈或胁迫的方式使被害人提供服务，其本身是为了获得服务，如以勒索的方式令出租车司机将其送到某一地点，其意图是对服务这一财产性利益的获取。而对于食宿先行型，因为在取得服务之后，行为人才产生不法获取意图，并通过一定的行为方式如欺诈、胁迫等表现出其意欲使被害人对因服务产生的债务予以免除的意图，如出租车到达目的地后行为人才以胁迫的方式，要司机放弃向其索要打车的费用，这样的行为无疑应该放在免除债务的情形中考虑。因此，对于提供劳务或服务的行为，只有犯意先行，且不法行为是在接受服务之前实施的，才是财产性利益取得方式中有别于免除债务的一种特殊的获取财产性利益的方式，即取得他人的劳务。为此，只要该服务是合法且应支付一定费用的，就应该认定该服务属于财产性利益，应予受到保护，而不因不法行为发生于接受服务前后的不同而有差异。除非立法对迫使他人实施一定的行为有特别的规定，否则应该按照财产罪的立法定罪处罚。[2]

至于获取的服务项目中包含财物的，这里的财物已经不是单纯的财物价值，我们在饭店点餐的餐费中已经凝结了服务的

---

[1] 刘明祥：《财产罪比较研究》，中国政法大学出版社 2001 年版，第 268 ~ 270 页。陈兴良、陈子平：《两岸刑法案例比较研究》，北京大学出版社 2010 年版，第 38 ~ 40 页。

[2] 如行为人以足以压制对方反抗的方式，迫使出租车司机按照其意愿行驶的，成立劫持汽车罪。

费用，这里餐饮的价值并不能等同于根据一般的市场价值单纯对食品财物价值的评价和衡量，而是与服务一起整合为一个集合性的财产性利益，实没有详加区分的必要。当食品的价值结合了饭店的服务一起形成一种可以用金钱价值衡量的财产性利益后，行为人在犯意先行的情形下，通过欺诈或胁迫获取的即是我们所探讨的对服务（提供的食物就是提供服务的一部分，离开了食物，饮食服务的意义也就不存在了）这一整体性财产性利益的非法获取。试想，作为财物犯罪是可以要求行为人返还财物或赔偿财物价值的，但就被害人而言，他所想要得到的并非只是原物或与原物等同的价值补偿，而是行为人接受服务后应当支付的对价报酬，附加了服务内容的财物，其价值已经完全融入服务整体的价值范畴中了。据此而言，也可以看出被害人损失的是一种请求行为人支付对价的债权，而非现实的各种财物。[1]而在先提供服务后支付费用的情形中，行为人在接受服务后，即与服务方形成确定的债权债务关系后，行为人无论以欺诈或胁迫的方式，所获得的都是对自己应予履行债务的免除，应该毫无悬念地属于通过恐吓他人使其免除自己债务的方式取得他人的财产性利益，应同样成立敲诈勒索罪。

关于犯意先行型与食宿先行型的争论还主要涉及行为人处分意思和处分行为有无的判断，进而决定行为人构成盗窃罪还是诈骗罪。但是就敲诈勒索方式获取免费服务的行为而言，均以行为人实施暴力、威胁的方式迫使被害人放弃对其行使给付请求权为必要，因此，只要行为人有非法免除自己支付服务费的主观目的，且实施了暴力、威胁的恐吓行为，致使被害人放弃向其主张服务费用的，即构成敲诈勒索罪的既遂。唯一需要

---

〔1〕　陈烨：《刑法中的特殊财产类型研究》，厦门大学出版社 2015 年版，第137 页。

强调的是行为人须有明确的恐吓获利的意思，并实施了恐吓的行为。例如，在行为人点餐吃饭但无付钱的意思并声称菜里有蟑螂的案件中，如果行为人告诉服务员菜里有蟑螂，并进一步提出如果餐厅老板不免除饭费就到消费者协会举报的，行为人成立敲诈勒索罪。反之，如果行为人只是向服务员说菜里有蟑螂，但并没有进一步的恐吓行为，餐厅老板害怕影响生意，即赶紧向行为人道歉，并送行为人出去，没有向其收钱的，行为人则不成立敲诈勒索罪。[1] 原因在于，成立敲诈勒索犯罪，恐吓行为和勒索行为缺一不可。在以暴力、威胁方式迫使他人放弃追索服务费用的情形下，同样需要行为人必须既有索财取利的意图，又有恐吓的行为。

5. 关于无偿使用性质的财产性利益。在我国，未经他人允许擅自使用他人财物的行为一般不成立财产犯罪，对于这种无偿的使用是否可以解释为通过非法手段无偿获得他人财产性利益的行为，理论上尽管有一些探讨，但也主要集中在关于使用盗窃行为应否入罪的问题上。对此问题，理论上多从占有意图的缺失来论证行为不予入罪的理由。其实，从法益保护的角度，无偿使用性质的行为是否侵犯了他人的财产性利益，是否值得动用刑法予以保护也是财产性利益内容中有待研讨的一个问题。

本文着重分析以恐吓方式迫使他人将财物供其无偿使用是否成立敲诈勒索罪，也即所谓的"使用敲诈"或"使用恐吓"的问题。"所谓使用恐吓，即基于一时使用之目的，恐吓他人，使其为财物之交付者，故名之为'使用恐吓'。"[2] 对于使用盗窃，长期以来许多国家和地区的刑法对此都不作犯罪论处，但

---

〔1〕 关于就餐发现蟑螂案的点评中陈兴良教授所持观点，参见陈兴良、陈子平：《两岸刑法案例比较研究》，北京大学出版社 2010 年版，第 41 页。

〔2〕 甘添贵：《刑法各论（上）》，三民书局 2014 年版，第 367 页。

是随着盗用机动车案件的大量发生，对于盗用他人机动车，导致车辆毁损、丢失或造成与车辆相关财产性利益如轮胎、汽油等损耗价值较大的，在一些国家和地区开始对此类行为定罪，如日本、美国刑法和我国台湾地区"刑法"直接认定这样的行为构成盗窃罪[1]，而德国和英国则专门规定了盗用交通工具罪。[2]这种立法和司法上的变化，体现了各国对滥用行为侵犯他人重大财产权益逐步予以保护的刑法立场。那么，对于"使用敲诈"行为，由于行为性质的暴力性、恐吓性，行为对被害人意思自由造成的压制和威慑，则具有较"使用盗窃"更强的法益保护必要性。如果无偿使用的财物本身的价值较大或给他人造成财产性利益的损失较大的，或者多次实施类似行为的，从法益保护重要性和预防必要性的角度，应该可以按照敲诈勒索罪定罪处罚。

"使用敲诈"与敲诈勒索财物的不同在于，其通过恐吓意图

---

〔1〕《美国模范刑法典》第 223.7 条规定，以欺骗、威胁、使用伪造的代币或其他方式逃避付费获取有偿服务的构成盗窃罪，此外，其中专门规定了未经授权而使用汽车和其他交通工具的盗窃罪。我国台湾地区的司法判例从盗用汽车造成对车上汽油、轮胎价值消耗的角度认定盗用行为成立盗窃罪。参见陈子平：《刑法各论（上）》，元照出版公司 2013 年版，第 384～385 页。日本判例对于暂时使用他人的交通工具的行为，最初认为，暂时使用具有返还的意思，不成立盗窃罪，反之，擅自使用后，具有损坏或者用后扔掉的意思的，则认定具有非法取得的意思，成立盗窃罪。之后，对于暂时性使用他人汽车的案件，判例认为，即便具有返还意思，认可具有非法取得的意思，应成立盗窃罪。参见［日］西田典之：《日本刑法各论》，王昭武、刘明祥译，法律出版社 2013 年版，第 162～163 页；［日］山口厚：《刑法各论》，王昭武译，中国人民大学出版社 2011 年版，第 231 页。

〔2〕《德国刑法》第 248 条规定了盗用交通工具罪、《英国 1968 年盗窃罪法》第 12 条规定了未经授权而使用他人的机动车辆或其他运输工具罪。有学者举例：根据《英国 1968 年盗窃罪法》第 21 条及香港《盗窃罪条例》第 23 条的规定，如果姑娘甲向姑娘乙扬言，除非乙借给她一套衣服去参加一个舞会，否则她将把乙的性异常情况告诉乙的未婚夫，那么甲就犯了敲诈勒索罪，同样，在被告人通过威胁而要求被害人出租财产的场合，被告人也就犯了本罪。参见赵秉志：《英美刑法学》，科学出版社 2010 年版，第 381 页。

获得的并不是对财物永久的占有和支配，而是对他人财物的无偿使用。所以，我国台湾地区的学者分析认为，根据台湾地区"刑法"的规定，使用恐吓纵不符合恐吓取财罪之规定，但符合第2项恐吓得利罪之规定。[1]大陆地区也有论者认为："以敲诈勒索方式居住他人房屋不予缴纳租金或无偿使用他人汽车等行为，属于侵犯经济利益的行为，可折算为一定金额的，都可以纳入敲诈勒索罪的'财产性利益'的视野当中。"[2]虽然大陆地区刑法没有明确区分恐吓取财与恐吓得利，但是根据上文对财产性利益的分析，行为人通过使用敲诈所获得的"对他人财物的无偿使用"可以评价为一种财产性利益。因此，对于仅有使用他人财物意图的使用敲诈行为，可以认定为对他人财产性利益实施的敲诈勒索，具体敲诈勒索的数额根据其无偿使用期间应予折算的损耗金额认定。当然，在实践中被害人面临恐吓的情形下，行为勒索的对象究竟是财物本身还只是财物的使用权，行为人表达"供我用用"，其真实意图究竟是永久无偿支配占有还是阶段性地支配使用，有时并不明确。对于房屋、汽车等需要登记确认所有权的物品，如果行为人并不胁迫被害人对房屋或汽车进行过户登记，那么该行为仍是有别于永久性占有财物的勒索行为的。前文曾提及，对以房屋这样的不动产为勒索对象的案件中，只有完成过户登记的才是针对房屋整体价值的敲诈勒索行为，对于没有进行转移登记的无偿使用，应只就其侵占房屋期间侵犯的财产性利益成立敲诈勒索罪，对于采取登记

---

〔1〕 甘添贵：《刑法各论（上）》，三民书局2014年版，第367页。例如，行为人告知被害人如不让其使用车子，将向学校检举其考试作弊，即成立恐吓取财得利罪。参见曾淑瑜：《刑法分则实例研习——个人法益之保护》，三民书局2004年版，第399页。

〔2〕 许晓燕："论敲诈勒索罪的犯罪对象"，载《侵财犯罪的理论与司法实践》，法律出版社2008年版，第340～341页。

主义的汽车也应坚持同样的判断标准。对于其他财物，则需要根据行为人的客观表现和其他证据来证明其意欲索取的究竟是财物还是对财物暂时的使用利益。

二、敲诈勒索行为的被害人

行为对象是实行行为所作用的物、人与法人、非法人团体、机构等。[1]财产犯罪不仅作用到物，而且也作用到具体的人或组织。但是关于财产犯罪作用的对象，学者一般重点对财产犯罪作用的财物和财产性利益研讨较多，对"行为所作用的人"则较少关注，这主要是由于财产犯罪的行为对象往往不是影响犯罪成立与否的必要条件，在有关财产犯罪的论著中也只对一些特殊情形下财产犯罪的对象有所论及，例如抢劫致人死伤的情形和三角诈骗等。就敲诈勒索罪而言，敲诈勒索罪侵害的对象除了财物之外还有人，其对物的侵害首先是从对人的侵害开始的。如果没有对人的侵害，也就谈不上对财物的侵害。所以，不仅财物，财物的所有人或者保管人，都应当成为该罪的行为对象。[2]由于敲诈勒索罪需要恐吓行为使人心生恐惧进而交付财物，因此，关于被恐吓者对恐惧的辨识能力、对处分行为的意识和处分能力，法人、组织和政府机构能否成为敲诈勒索恐吓的对象，以及关于三角敲诈中被恐吓人与财产损失人不一致的问题应该都是该部分需要重点研讨的内容。这些因素不仅会决定和影响该罪的成立与否，实务中也争议颇多，有必要给予专门的考察。

敲诈勒索行为的恐吓行为所直接指向的人即被恐吓人。一般情况下，被恐吓人也就是由于恐惧而做出财产处分行为，因

---

〔1〕　张明楷：《刑法学》，法律出版社 2011 年版，第 163 页。

〔2〕　田宏杰："海峡两岸敲诈勒索罪比较研究"，载《福建公安高等专科学校学报——社会公共安全研究》1999 年第 6 期。

而受到财产损失的人。在常规的敲诈勒索犯罪中，这二者是同一人，但在三角敲诈中，被恐吓人虽然也是做出财产处分行为的人，但却不是真正遭受财产损失的人，即出现了被恐吓人与实际财产损失人不一致的情况。为了有所区分，文中将恐吓行为直接作用的人称作"被恐吓人"，而将遭受实际财产损失的人称作"财产损失人"或"被害人"。

（一）被恐吓人的认识能力和处分能力

无论是被恐吓人与财产损失人为同一人的普通敲诈勒索行为，还是二者不一致的三角敲诈勒索行为，敲诈勒索行为都通过恐吓使被恐吓人感到恐惧而交付财物。为此，敲诈勒索行为的被恐吓人必须具有认识和理解恐吓内容以及做出财产处分行为的意识和能力。只有对恐吓和处分行为有认识能力的人才可以基于处分意思做出处分行为，所以对于不能认识和理解恐吓内容的人，恐吓行为无法致其产生精神上的恐惧和压力，其往往也就缺乏理解处分财产意义的能力，所以，即使其交付财物也难以认定是出于处分意思的支配行为，因而也就缺少成立敲诈勒索犯罪所需具备的恐吓行为与交付财物之间的因果联系，难以满足该罪的构成要件。

与敲诈勒索罪类似，诈骗罪同样需要被欺骗者陷入主观错误认识进而做出处分财物的决定，因此，关于研讨欺诈对象的一些观点对我们思考被恐吓者的主观认识具有参照意义。我国台湾地区的林东茂教授认为：欺诈罪以行使诈术使人交付财物为犯罪成立的前提，只有被欺诈者具有一定的认识和处分能力，才符合诈欺对象的要求，那些完全不具有认识能力的幼儿、精神病人或智力低下者因缺乏判断和处分的能力，不能成为诈骗罪的被欺骗者，行为人诈欺这些人取得财物的，应以盗窃罪来认定。[1]这一结论放在敲诈勒索罪中也是成立的。敲诈勒索罪的成立需要被恐吓人对恐吓的内容和处分财产的行为均有所认识，如果被恐吓人属于完全没有认识能力的人，那么行为人就是在被害人毫无意识的状态下取得其财物，而非基于被害人的恐惧而处分财物，因此，完全无行为能力的人不能成为该罪的对象。例如，对于恐吓幼儿取得其所佩戴的玉佩、金饰品等贵重财物的行为，由于幼儿不具有理解恐吓和处分数额较大财物的意识和能力，应该视情形成立盗窃罪或抢夺罪。针对未成年人和限制行为能力人的敲诈勒索行为，"由于不具有处分行为所要求的意思能力，故其交付财物的行为不属于本罪中的财产处分"。[2]但正如对恐吓勒索行为与被害人处分财物行为因果关系的判断需要结合具体情形进行主客观折中的判断一样，对于被害人对恐惧的认识和其处分能力有无的判断，也应该根据具体案件中被害人的具体情形来判断，需要根据该未成年人和限制行为能力人辨认控制能力的一贯表现、实际生活环境、个人经历，以及行为人采用的恐吓的方式、恐吓的具体内容与被恐吓人生活常识的关联性、索取财物的数额和价值等，综合分析在当时情景下恐吓的程度，他们对于暴力或威胁的恐吓内容与索财行为以及本人处分财物行为意义和结果的认识和理解能力，对于其本人能够理解和意识到的恶害，如果由于恐惧被迫处分财物的，应该认定符合敲诈勒索罪的构成条件，反之，则不成立该罪。

在被恐吓者为精神正常的成年人的情况下，虽然其不存在认识和处分能力上的障碍，但是需要其具有明示或默示的处分财物的意思。如果行为人在实施恐吓索财的行为之后，被恐吓

---

[1]　林东茂：《刑法综览》，中国人民大学出版社2009年版，第314页。

[2]　陈兴良主编：《刑法各论精释》，人民法院出版社2015年版，第579页，该书敲诈勒索罪部分为劳东燕教授所撰写。

人始终拒绝交出财物，行为人趁被害人不注意强力夺取财物，或者通过其他手段使被害人无法抗拒而取其财物的，或占有被害人逃离现场时遗落在现场的财物的，由于没有被恐吓人处分意思的参与，均不成立本罪。

（二）三角敲诈中的被害人

1. 三角敲诈的成立条件。"三角敲诈"是指行为人通过暴力或威胁方式对他人实施恐吓并勒索财物，被恐吓人将其可以支配的属于他人所有的财物或财产性利益进行处分，从而使行为人取得该财物或财产性利益的情形。大多数敲诈勒索案件中，被恐吓人就是财产的处分人，也是最终的财产损失人，但在三角敲诈中，则出现了被恐吓人与实际财产损失人不相一致的情形。例如，行为人通过威胁保姆迫使其将主人家中财物交出的；通过恐吓单位会计使其将其掌管的本单位的资金转移到行为人指定的账户的；行为人以揭发某单位私分国有财产的事实相要挟，迫使单位负责人挪用本单位公款供其使用的；等等。尽管三角敲诈中的财产损失人与被恐吓人不是同一人，即"被恐吓者没有遭受财产损失，遭受财产损失者没有被恐吓，但是在三角敲诈案件中，被恐吓者与处分财产者必须是相同的人，即被恐吓者必须由于受到恐吓而处分了他人的财物，而且被恐吓者必须具有处分该财产的权限或地位，这种权限或地位至迟应在恐吓行为发生时已获得"。[1]

成立三角敲诈需要满足如下几个条件：首先，与一般的敲诈勒索罪相同，需要被恐吓人满足以上关于对恐吓行为和财产

---

〔1〕 陈兴良主编：《刑法各论精释》，人民法院出版社 2015 年版，第 580 页，该书敲诈勒索罪部分为劳东燕教授所撰写。陈子平：《刑法各论（上）》，元照出版公司 2013 年版，第 607 页。刘明祥：《财产罪比较研究》，中国政法大学出版社 2001 年版，第 297 页。

处分的认识能力和处分能力的要求。其次，行为人通过恐吓被恐吓人，并向其索取财产，被恐吓人由于恐惧而处分了（其具有处分权限或地位的）属于他人的财产。这里的重点是被恐吓者利用了自己能够对他人的财物进行处分的权限、地位或者便利，处分了属于他人的财产，这也正是认定成立三角敲诈的关键，即被恐吓人处分权限和地位的认定问题。再次，被恐吓人由于受到暴力或威胁而被迫处分了属于他人的财产，但是财产损失人并没有受到恐吓，且对敲诈勒索事实并无认知。[1] 如果被恐吓人将受到敲诈的事实向财物的所有人做了说明，在财产损失人了解到被恐吓人被他人敲诈勒索的事实后，出于对被恐吓人利益或其自身利益的考量，而同意向行为人交付其财产的，即表明财产损失人也是由于受到了威胁和意思强制而处分其财物，即应不属于三角敲诈，而属于一般的敲诈勒索。例如，成年子女因受到行为人可能危及其父母利益的威胁和敲诈，为了维护其父母的利益，在未向其父母说明和取得同意的情况下处分了属于父母的财产的，成立三角敲诈；但如果在其将受到他人敲诈勒索的事实向父母说明之后，父母为其权益免遭侵害同意交付其财产的，则构成普通的敲诈勒索罪。针对单位员工或者负责人的恐吓，被恐吓者未经单位决策同意，处分了其占有的或有权处分的单位财产的，应该成立三角敲诈；但对于以单位为敲诈勒索对象的案件，行为人以损害单位利益要挟单位负责人的，如果单位负责人经过与其他负责人协商后，决定交付单位财物的，应该属于普通的双方敲诈勒索，而不属于三角敲诈。复次，三角

---

〔1〕　有学者认为诉讼欺诈成立敲诈勒索罪，参见王作富："恶意诉讼侵财更符合敲诈勒索罪特征"，载《检察日报》2003 年 2 月 10 日，第 3 版。但笔者以为，诉讼欺诈的行为人既没有对法院实施威胁，法院也非因为恐惧而处分他人财物，因此诉讼欺诈行为不属于三角敲诈行为，也不成立敲诈勒索罪，如果以非法占有他人财物为目的的则属于典型的三角诈骗，应该成立诈骗罪。

敲诈的实际损失要归于财产实际受损失人，而非被恐吓人。这也正是引入三角敲诈旨在维系敲诈勒索犯罪行为构造逻辑的意义所在。最后，有必要补充说明的是，对于实践中行为人通过对被恐吓人施以指向被恐吓人以外但与被恐吓人相关的第三人的恶害，如以将对被恐吓人的子女、亲友、单位实施侵害相恐吓，迫使被恐吓人处分其财物的，只要其处分的属于自己的财产，那么这只是恶害指向对象的差异，并不影响敲诈勒索罪的认定，依然属于普通的敲诈勒索罪，而非三角敲诈。

2. 被恐吓人处分他人财产权限的认定。在三角敲诈中，行为人系向被恐吓者勒索财产，被恐吓人被迫做出处分他人财产的行为。对这一处分行为，如何才能认定被恐吓人因受到恐吓强制而处分了属于他人的财产，并且能够将这一损害结果归于实际的财产损失人，这就需要考量如何认定被恐吓人（三角诈骗中为被欺诈的人）是否具备处分他人财产的条件，而且这种条件足以使这种处分的损害结果能够归属于实际的财产损失人。关于三角敲诈中这种处分关系认定标准的学说并不多，基本都直接采用三角诈骗中对其处分条件的论证学说。然而，关于三角诈骗中处分条件学说的介绍和探讨则主要来自对德日以及我国台湾地区的刑法理论和判例实务。从理论渊源来看，日本和台湾地区的学说则又是首先来自对德国学说的译介和学习。从这些学者的文献中，我们可以发现主要有三种不同的学说，即阵营说、权限说和效果说。所谓阵营说，即受骗人事实上接近被害人的立场；所谓权限说，即受骗人具有为了被害人而处分其财产的权限；而效果说则要求受骗人处于可以使被害人的财产转移产生法律效果的地位。[1]其实再向前追溯会发现，关于

---

[1]　[日] 松原芳博：《刑法各论》，日本评论社 2016 年版，第 285 页，转引自张明楷："三角诈骗的类型"，载《法学评论》2017 年第 1 期。

这一处分条件认定标准的学说，德国较早的学说为事实贴近说、规范贴近说和权限说。其中，事实贴近说要求处分财产的第三人与财产受损之人有事实上的密切关系（尤其是共同持有的关系）；规范贴近说（立场理论）要求第三人必须站在被害人的地位而处分财产，即便处分者与被害人并不存在共同持有关系（没有事实上的亲近关系），只要处分者立于被害人之地位，其处分即可归于被害人；权限说则认为处分财产者必须有法的权限，其处分才能视为被害人所为。[1]在刘明祥教授的《财产罪比较研究》这一较早的著作文献中我们也可以大约看到这些学说当年在德国学界和实务界的争议与演化。[2]由于事实贴近说使得认定三角诈骗的范围过宽而逐渐被舍弃，目前日本理论和实务中主要采取权限说，即要求受骗者具有可以替被害人处分其财产的权能或地位。[3]具体对"权限或地位"认定标准的把握，山口厚教授认为，被害人授权受骗者处分其财产的场合，或者对被害人而言，只能将受骗者的财产处分结果归属于自己，而不得不甘愿接受此处分结果的场合，应该成立三角诈骗。受骗者仅有事实上的处分可能或者仅仅属于被害人"阵营"是不够的。目前德国司法判例与学界则主要采取阵营说，要求"被恐吓者与遭受财产损失的被害人之间存在着亲密关系，属于同一阵营"。[4]然而除了明确或默示的授权较为清晰之外，对于什么情

---

〔1〕　林东茂：《刑法综览》，中国人民大学出版社 2009 年版，第 329 页。林东茂教授在该文脚注中特别说明其引用的是经过德国学者整理的资料，并对其中"立场"一词的翻译作了说明。

〔2〕　刘明祥：《财产罪比较研究》，中国政法大学出版社 2001 年版，第 297 页。

〔3〕　［日］山口厚：《刑法各论》，王昭武译，中国人民大学出版社 2011 年版，第 305 页。［日］西田典之：《日本刑法各论》，王昭武、刘明祥译，法律出版社 2013 年版，第 208～209 页。

〔4〕　Vgl. BGHSt 41, 368(371)，转引自王钢：《德国判例刑法（分则）》，北京大学出版社 2016 年版，第 291 页。

况下属于被害人不得不接受受骗人的处分结果的情形，以及对同一"阵营"的具体判断标准都并不十分清晰。张明楷教授也认为阵营说标准不明确，会导致诈骗罪的成立范围较宽，而使盗窃罪的成立范围相对较窄。他本人支持"权限说"，认为受骗人具有可以替被害人处分财产的权限或者处于这种地位时，就成立三角诈骗。其对"权限"的解释为：被害人授权受骗人处分其财产的情形，以及依照法律规定或者社会条理（如交易习惯等）被害人不得不接受受骗人的处分结果的情形。[1] 其观点与山口厚教授的观点是比较接近的。但是其所谓"依据社会条理"对被害人不得不接受受骗人处分结果情形的描述，同样不够明确。

结合三角敲诈的行为构造，就以上学说而言，笔者以为，并不能直接将日本的权限说或者德国的阵营说拿来解释三角敲诈案件中被恐吓者与实际财产损失人之间的关系，这是由于三角敲诈与三角诈骗有着不同的犯罪机理。三角诈骗中，行为人为了取得被欺骗人的误信使其诈骗的目的可以顺利得逞，所以，其选择欺骗的对象（也即实际占有、支配财物的人）往往与实际的财产所有者之间存在着授权、委托关系，或者其常常有为财产所有人打理事务的传统或惯例，行为人通过对其实施欺诈，通过虚构财产所有人同意、认可或转告的方式对其实施欺诈，最终能够使其处分属于财产所有人的财物。但是三角敲诈与三角诈骗不同的是，行为人不需要利用被恐吓者与财产所有人之间存在这样的特殊关系，也不需要通过捏造一个虚假的财产处分人的授意或认可而对被恐吓者实施欺骗，使其误信进而处分属于实际财产所有人的财物。三角敲诈案件中行为人通过直接

对被恐吓者实施恐吓和强制，令其交付财物，其敲诈勒索能否得逞的关键在于其恐吓的程度和被恐吓者所处的状态，因此，被恐吓者与实际的财产损失人之间不需要存在类似三角诈骗中那样的授权或委托、代理关系，行为人也不用利用这样的关系，行为人更需要利用被恐吓者具有与实际财产所有人共同占有，或者辅助占有等事实上贴近他人财产的便利，这样当其在面临恐吓时，会利用这样的便利处分属于他人的财产。因此，基于以上分析，三角敲诈案件中，被恐吓者与实际的财产损失人之间仅需具有事实上能够处分他人财产的条件和便利即可。因此，在三角敲诈案件中，事实上的贴近说是更为可取的。因此，三角敲诈中被敲诈人不需要具备三角诈骗中受骗人与被害人之间应予具备的那种特殊的法定的或社会普遍观念认可的能够处分他人财产的特殊地位和权限，而只需要被敲诈者具有能够处分被害人财产的机会和便利即可。

实务中，三角敲诈往往存在如下两种情形：第一种情形，行为人以一定的手段勒索被恐吓人，令其一定时间内交付财物，对财物来源没有限定，但是被恐吓人选择了将自己占有的他人财物交付给行为人，导致他人的财产受损；第二种情形，行为人明知被恐吓人具有处分他人财产的权限或便利，以一定的方式勒索被恐吓人，迫使其将其占有的他人财产交付给行为人。在第一种情形下，行为人往往是以与被恐吓人相关的恶害相通告进行勒索，但在第二种情形下，行为人可能以与被恐吓人相关的恶害相通告，但也可能以与财产实际所有人相关的恶害相通告。前者如行为人以揭露被恐吓人的隐私、实施人身伤害等相要挟，后者如以将揭发被恐吓人父母的贪污、受贿的事实，或者将揭发被恐吓人所属单位的逃税事实、生产假冒伪劣产品的事实或者公开单位的商业秘密等相要挟，迫使被恐吓人将属于自己父母、单位或其他第三人的财产交付给行为人。对于第二种情形，是否限于或要求被恐吓者出于保护财产所有人利益的意图而处分财物，应不必做这样的限定。在德国的三角敲诈判例中，既有出于保护被害人的利益的判例，如行为人恐吓被害人的孩子说，如果不把被害人的现金交给自己就刺死被害人；也有与被害人利益无关的判例，如行为人在商店对雇员进行威胁，逼迫其将收银台的现金交给自己。[1]

（三）单位和法人也能成为敲诈勒索的被害人

我国刑法明确规定敲诈勒索的财产包括公私财物和财产性利益，那么，作为这些公私财产所有权主体的公司、企业、事业单位、机关、团体等单位和法人即可能成为敲诈勒索罪的被害人。但是，由于敲诈勒索罪以被恐吓人产生内心恐惧及其意思决定自由权受到侵犯为必要，所以有人对单位和法人是否具有感受到恐惧的能力，以及是否具有决定自由的内在意思产生了质疑。笔者以为，从法人人格拟制、法人人格独立以及法人利益保护必要性的角度考量，这些单位均可能成为敲诈勒索罪的被害人。为了行文表述的简便，文中主要用单位和法人指称所有的公司、企业、事业单位、机关法人和其他非法人团体组织。

1. 单位和法人也有值得保护的独立的财产权和意思决定自由权。关于单位犯罪主体很多论著有所论及，但是关于单位作为犯罪的被害人则少有论及，那么这种"不理"是一种默认还是否认呢？根据已经查阅和收集到的资料来看，日本刑法学界的主流观点均否认法人作为胁迫罪和强要罪的被害对象，但是也有学者明确表示反对，例如西田典之教授即认为："如果认为胁迫罪保护的法益是私生活的平稳、安全感，自然应将被害人

---

[1] Vgl. BGH NStZ-RR 1997, 321. Vgl. OLG Celle NStZ2012, 447. 转引自王钢：《德国判例刑法（分则）》，北京大学出版社 2016 年版，第 291 页。

限于自然人，如果认为本罪是针对意思决定自由的危险犯，而法人也能通过法人的机关作出意思决定，并且作为对'双罚制'的解释，是肯定法人有犯罪能力的，既然可以将法人的机关的过失认定为法人的过失，那么基于同样的理论构成，就应该认为，对于胁迫罪，也有胁迫法人的余地。"[1]另外，从强要罪的特殊性出发，西田典之教授和山口厚教授都特别指出，强要罪与胁迫罪是不同的，这是因为，强要罪是针对意思决定自由的侵害犯，法人完全可以通过其机关或代表人等中介，实施法人的意思决定，也可以根据法人的意思决定实施相应的法人行为。因此，完全可以认定法人也可能成为强要罪的被害人。[2]日本实务中即有关于胁迫法人代表董事勒索法人金钱的案件，被判定构成以法人作为被害人的敲诈勒索罪的判例（大判大正 6·4·12 刑录 23 辑 339 页）。此外，日本在其《关于处罚以人质强要等行为的法律》中明确规定，能够成为人质强要罪中的第三者包括国家、政府间国际组织、自然人、法人、社会团体。[3]我国台湾地区的刑事法规规定认为恐吓取财得利罪的行为对象应不包括法人及非法人团体在内。[4]我国学界只有部分文献对单位作为敲诈勒索罪的犯罪对象有所论及，并认为：在现代商业社会，经商的企业同样有自己的名誉或称为商誉，并且商誉往往是有着较大无形价值的。当商誉受到毁坏的时候，往往意味着较大

---

[1]　[日] 西田典之：《日本刑法各论》，王昭武、刘明祥译，法律出版社 2013 年版，第 69 页。

[2]　[日] 西田典之：《日本刑法各论》，王昭武、刘明祥译，法律出版社 2013 年版，第 71 页。[日] 山口厚：《刑法各论》，王昭武译，中国人民大学出版社 2011 年版，第 87 页。

[3]　[日] 西田典之：《日本刑法各论》，王昭武、刘明祥译，法律出版社 2013 年版，第 71～73 页。

[4]　曾淑瑜：《刑法分则实例研习——个人法益之保护》，三民书局 2004 年版，第 396 页。

的财产性利益损失，甚至是对一个企业毁灭性的打击。毁坏他
人的人格、名誉或企业的商誉，同样可以成为一种恐吓的手段。
因此，单位可以成为恐吓的对象和敲诈勒索罪的被害人。[1]同
时强调，"单位本身毕竟不会恐惧，因此，只有当单位决策者恐
惧的理由符合单位利益的时候，其所决策的后果才能被归结于
单位"。[2]这一说法所体现的就是当恐吓的内容与单位的整体利
益密切相关时，单位的负责人、代表人或决策者所感受到的恐
吓和畏惧即可以视同单位受到了恐吓，单位的集体意思决定自
由受到了压制。笔者认为，西田典之教授和山口厚教授的观点
是有其合理性的，强要罪和敲诈勒索罪都是侵害意思决定自由
权的犯罪，只要认可单位或法人具有值得保护的独立的财产权
和意思决定自由权，那么，即不能否认单位和法人可以成为强
要罪以及敲诈勒索罪的被害人。关于单位和法人独立的财产权
并不难理解，重点是其是否具有独立的意思决定自由权。

关于单位与法人具有独立的意思决定自由权是可以得到确
认的：首先，单位和法人均具有法律认可的独立的人格和整体
利益；其次，单位和法人通过其议事、决策机构或有关代表人
的决策体现和实现符合单位整体利益的意思决定自由。虽然单
位和法人均不具备像自然人一样的认识和思维，但是单位和法
人有属于其本身的集体意志的形成机制和表意机构，基于单位
和法人集体利益的考量，由相关机构或代表人形成的属于单位
和法人的集体意志具有与自然人自由意志相同的属性和应予保
护的价值。根据我国《刑法》和有关司法解释对单位犯罪的规

---

〔1〕 钟高峰："权利行使过程中敲诈勒索的罪与非罪"，华东政法大学 2013 年
硕士学位论文。

〔2〕 钟高峰："权利行使过程中敲诈勒索的罪与非罪"，华东政法大学 2013 年
硕士学位论文。

定,[1]我国刑法解释对单位作为犯罪主体在犯罪动机、犯罪决意的形成和犯罪所得收益归属方面的限制性规定，坚持了法律拟制理论和代理理论的立场。根据法律拟制理论和代理理论，单位就是法律上拟制的人，单位中特定自然人的行为经过单位表意机构的认可即能够评价为单位的行为，单位负责人、代表人或单位决议机构能够根据程序形成属于单位的集体意志。与单位作为犯罪主体的法律人格认定根据类似，当敲诈勒索的对象为单位或法人时，如果行为人以单位或法人密切相关的整体利益相恐吓勒索单位财物的，单位或法人的代表人、决策机构所感受到的畏惧即可以视同单位或法人整体的意思决定自由权因此受到了压制和侵犯。因此，从保护单位与法人独立的财产权和意思决定自由权的角度，单位和法人也可以成为敲诈勒索罪的被害人。张明楷教授认为单位没有意识，也不可能产生错误的认识，诈骗犯不可能直接对单位本身实施欺骗行为，只有通过对单位的决策者或处分行为人实施欺骗行为，才能骗取单位的财产。即使在某些情况下，财产处分决定是基于单位的集合意思做出的，但事实上，诈骗犯也是通过欺骗形成集合意思的部分自然人或者全部自然人，使之形成所谓处分财产的集合意思。所以行为人欺骗公司财产的行为不属于针对单位主体的普通诈骗罪，而成立三角诈骗。[2]笔者以为，这是对单位拟制

---

　　〔1〕　2001 年《全国法院审理金融犯罪案件工作座谈会纪要》对单位犯罪中直接负责的主管人员和其他直接责任人员进行了明确。1999 年 6 月 18 日，最高法通过的《关于审理单位犯罪案件具体应用法律有关问题的解释》对国有、集团企业、事业单位，依法设立的合资经营企业、合作经营企业，以及具有法人资格的独资、私营等公司、企业、事业单位从法人资格的角度作了限制性规定。从这些规定可以看出，我国对于单位犯罪主体的认定着重从单位的组织模式和法人人格独立性的视角予以强调和判别。

　　〔2〕　详见张明楷："三角诈骗的类型"，载《法学评论》2017 年第 1 期。

人格的完全否认，诈骗单位中的个人使其处分属于单位的财产固然属于三角诈骗，但是通过欺诈单位法定代表人、股东会成员等决策层，使其处分单位财物的，就是对单位这一拟制法人单一主体实施的欺诈，而单位的决策层就相当于这一单位主体的大脑，因其受到欺骗进而做出处分单位财产的决策就是单位基于集体意志做出的处分，不存在受骗人和实际损失人不同一的问题。同理，针对单位利益实施的恐吓，由单位集体决定做出处分单位财产决定的应该也是只成立针对单位的普通敲诈勒索而非三角敲诈。

在我国司法实务中，认可单位作为敲诈勒索被害人的案件也非常之多，其中既有针对公司、企业、事业单位的敲诈勒索案件，也有针对地方政府的敲诈勒索案件。例如，"祝某某以揭露受聘单位的技术缺陷相要挟索要存在争议的劳务费而构成敲诈勒索罪"的案件，[1]北京市海淀区人民法院判决认为："被告人祝某某在单位与其终止劳动合同后，利用工作期间掌握的单位技术秘密及产品缺陷撰写文章，并以散发该文章相要挟，向科泰康公司索要人民币23万元。被告人祝某某对科泰康公司索要钱财的理由均无事实和法律依据，亦不符合双方劳务合同的规定，其行为构成敲诈勒索罪。"[2]再如，孙某某以《北方周末报》"华东新闻中心"的名义，以进行宣传、订购报纸为名，先后对包括县中心卫生院、县妇幼保健所、镇中心小学、县农村商业银行支行、镇水利管理服务站等在内的19家单位以进行负面报道、炒作等手段相威胁，迫使这些单位与其签订协议，订

---

[1] "祝某某敲诈勒索案——以揭露受聘单位的技术缺陷相要挟索要存在争议的劳务费构成何罪"，载《刑事案例诉辩审评——敲诈勒索罪》，中国检察出版社2014年版，第91～97页。

[2] 刘中发主编：《刑事案例诉辩审评——敲诈勒索罪》，中国检察出版社2014年版，第92～94页。

阅该报纸，多次索取数额巨大的财物，法院认定其行为构成敲诈勒索罪。[1]这 19 家被敲诈勒索的单位既包括银行分支机构这样的企业内设机构，也包括医院、学校、水利站等事业单位。再如，实务中多发的以上访相要挟敲诈勒索政府的案件，"河南省浚县人民检察院指控郝某某以建国六十年大庆时到北京天安门上访相要挟，敲诈勒索当地乡政府涉嫌敲诈勒索罪，河南省浚县法院认定郝某某成立敲诈勒索罪，判处有期徒刑两年"。[2]由于公司、企业、事业单位都有其独立的资产和单位利益，因此，学界和实务界对于针对这些单位的敲诈勒索行为，争议并不大，只要勒索行为指向的是单位，如向单位寄送恐吓信、拨打恐吓电话等，或者以恐吓单位中的个人，如单位的负责人、法定代表人或单位相关业务的负责人的方式向单位勒索财物的，由于威胁的内容与单位法益相关，如以公开单位的商业秘密、损害企业的产品信誉、商誉和企业形象[3]，或者以揭发单位负责人的隐私、财务状况等相威胁的，这些威胁都可能危及单位的利益，因此均可以认定构成对单位的敲诈勒索。但关于政府或国家机关能否成为被个人敲诈勒索的对象，是目前学界争议较大的一个问题。

---

〔1〕　参见中国裁判文书网：连云港市中级人民法院（2014）连刑二终字第00077号二审刑事判决书。该案一审时检察院指控的罪名是诈骗罪，一审判决认定构成强迫交易罪，二审改判认定成立敲诈勒索罪。

〔2〕　刘中发主编：《刑事案例诉辩审评——敲诈勒索罪》，中国检察出版社2014年版，第104～112页。

〔3〕　如唐某因在北京联众互动网络股份有限公司的游戏平台玩"疯狂麻将""愤怒的渔夫""超级小丑"等游戏输掉巨额钱款，后其以将在联众公司所在的办公大楼跳楼自杀相要挟，要求被害单位返还钱财，并通过接受媒体采访、在网上发布帖子等方式不断扩大事件的影响，使联众公司的社会声誉受到严重影响。联众公司基于社会声誉进一步受损的恐惧心理被迫同意向唐某提供钱财，最终认定行为人构成敲诈勒索罪。参见北京市人民检察院法律政策研究室编：《刑事疑难案例参阅——侵犯财产罪》，中国检察出版社2015年版，第224～228页。

2. 政府部门以及公务机关也可能成为敲诈勒索行为的被害人。实务中，涉及勒索政府或国家机关这一类被害人的敲诈勒索案件在上访型敲诈勒索案件中较为集中。根据笔者收集到的上访型敲诈勒索案件的裁判文书样本来看，可以区分为两种类型，第一类为上访人员以反复上访相要挟，针对个人或企业实施勒索行为，如以上访反映村委会主任、支部书记、乡政府或其他单位领导的个人违法违纪问题等进行要挟，或以反映个别企业的污染问题、违法用地问题、拆迁安置补偿问题等相要挟，向有关个人或涉事企业索要财物；第二类为上访人员以反映有关问题为由反复上访、缠访、闹访相要挟，当其所在的乡、县、市政府等接访单位要求其停止非法上访时，即向负责接访的辖区派出所、公安局、县、乡镇政府机构的工作人员索要财物，为了阻止这些人员非法上访，接访人员在向其所属单位汇报后，有关县、乡政府、行为人所在的村委会被迫用公共资金、集体财产通过补偿上访者土地、提供低保待遇、发放困难救助金、特殊疾病补贴、甚至报销上访费用等方式，满足上访者的要求。这些补助、救济金和上访费用等的实际支付方一般为地方政府。[1]也有的案件中，是由村委会实际支付，如"石某某以继续在北京上访为要挟，多次向接访人员索要钱财，数额较大，最终由某某村委会支付"。[2]在行为人向接访人员进行勒索的案件中，由于工

---

[1] 详见无讼案例网网：江西省抚州市中级人民法院（2015）抚刑二终字第2号刑事裁定书。该案中，行为人以类似的方法共先后6次向接访人员索要现金8000余元，被认定构成敲诈勒索罪。类似的判决还有大同市中级人民法院（2017）晋02刑终222号二审刑事裁定书，以及呼伦贝尔市中级人民法院（2015）呼刑终字第103号二审刑事裁定书，这些案件中的行为人都是向当地乡政府索要钱款。

[2] 详见中国裁判文书网：新乡市中级人民法院（2015）新中刑二终字第130号刑事裁定书。该案中行为人以继续在北京上访相要挟，先后5次向接访人员索要现金共计4600元，由石庄村村委会支付。

作程序使然，接访人员需要向自己的分管领导汇报解决接访的情况，接访人员受到上访人员的勒索以及最终同意向上访人支付钱款，往往都是得到所属部门领导同意的。根据有关裁判文书认定的事实，法院认定政府和政府的有关行政部门就是这类案件中敲诈勒索行为的被害人。

对于实务中认定政府或政府机关受到敲诈勒索的裁判结论，有不少学者是不认可的，具体观点在后文上访型敲诈勒索部分还将重点引述评析。这里仅就政府机关能否成为被勒索的对象这一个角度进行阐述。政府机关由于其社会职能的限定性以及公共财物支配的专属性，在其处理和应对公共事务时，其职责与权限都是明确的，也是有限的。法治政府和有限政府正说明了政府并非是刀枪不入的金刚，或违法犯罪不敢涉足的处女地，政府以及政府官员也可能成为敲诈勒索行为的被害人，也有运用法律手段，包括刑法手段对其予以保护的必要。正如法庭作为纠纷解决的司法权威部门，也可能受到貌视法庭、扰乱法庭秩序行为的侵害一样，应给予相应、必要的保护，否则，其职能将无从实现。从保护公共财产权的角度，正如日本判例和学界所明确的，"既然国家及地方团体也能成为财产权的主体，其财产性利益也应当根据财产犯罪进行保护"。[1]我们质疑政府及政府机关作为敲诈勒索的被害人，更多的是出于对政府滥用权力，任意出入人罪，或者利用定罪处刑来压制公民正常表达其诉求、维护自身合法权益、行使上访权的担忧。但本质上，政府和有关国家机关作为敲诈勒索的受害人，不应对入罪的必要性和合法性产生影响，入罪的考量重点应放在对行为人恐吓手段和内容的考察，以及其恐吓是否足以造成这些单位恐惧的角

---

〔1〕　黎宏：《日本刑法精义》，法律出版社 2008 年版，第 430 页。

度上。而不能天然地认为政府机关足够强大不会感到恐惧，或者认为政府机关作为公共职能机关即使受到恐吓也不应该恐惧。这种朴素的官民思想，恐怕在法治社会人人平等，一切国家机关、组织和个人都应该遵守宪法和法律的基本前提下已经不能成立。而通过行政诉讼启动"民告官"的程序可以合法地解决行政纠纷，至于行政官员和公务人员个人违法违纪的问题，平时的考核、考评以及涉及行政处分的法律法规足以发挥作用，不应通过默认无故滥访来解决。

第三章

敲诈勒索罪的主观构成要件

我国刑法对财产犯罪并没有明确规定犯罪的主观构成要件，包括实施犯罪的主观心态和犯罪目的，均未予明示。根据财产犯罪的特性以及对过失犯罪以法律有明确规定为限的原则，财产犯罪的主观罪过应为故意，这并不存在争议。只是关于财产犯罪故意的内容，以及是否需要基于特定的犯罪目的，在解释论上存在着各种不同的认识。与我国刑法的简略式罪状不同，有些国家和地区的刑法条文中对有关财产犯罪的犯罪目的或意图做了较为明确的规定，如德国、意大利、瑞士的刑法典中都规定了"意图使自己或第三人不法占有他人财物"，或"意图使自己或他人获得不正当利益并使他人遭受损害"，我国澳门地区刑法和台湾地区"刑法"中都有"意图为自己或第三人不正当得利"和"意图为自己或第三人不法之所有"的规定。而日本、俄罗斯、法国刑法典也和我国一样对此未作明确规定。

基于财产犯罪的类同性，在立法没有明文规定犯罪目的和意图的国家，大部分学者都倾向于认为财产犯罪须以特定的目的为必要，即虽然立法没有明示，但是根据财产犯罪的特性，"以非法占有为目的"应该是大多数财产犯罪（挪用型、毁坏性财产犯罪除外）不成文的主观构成要件。具体到敲诈勒索罪，学界认为需要行为人主观上具有非法取得他人财物的故意，同时，行为人还需以非法占有他人财物为目的。[1]也有部分学者特别指出本罪限于直接故意。[2]笔者以为，敲诈勒索罪的主观罪过不限于直接故意，也包含间接故意，此外，成立该罪还需行为人具有非法获利的目的，也即其必须是出于使自己或第三人不当获利的目的。

第一节　敲诈勒索罪的主观故意

一、敲诈勒索罪的故意

我国《刑法》规定，犯罪故意是指行为人明知自己的行为会发生危害社会的结果，并希望或放任这种结果发生的一种主观心理状态。我国刑法对故意的认定采取的是"认知与意欲的统一说"而非片面的"认知论"所坚持的立场，即行为人不仅需要有对犯罪行为相关事实的认知与预见，而且需要其对犯罪事实持决意使其发生或容忍其发生的态度，即需要同时具备认识因素与意志因素。其中，认识的内容包括对行为、行为对象以及结果的认识，这里的结果也不限于狭义结果犯意义上对犯罪对象的实害结果，而是指行为对法益可能造成的侵害结果。

---

〔1〕 阮齐林：《中国刑法各罪论》，中国政法大学出版社 2016 年版，第 302 页。刘艳红：《刑法学（下）》，北京大学出版社 2016 年版，第 301 页。马克昌主编：《百罪通论》，北京大学出版社 2014 年版，第 877 页。张明楷：《刑法学》，法律出版社 2011 年版，第 846 页。曲新久：《刑法学》，中国政法大学出版社 2009 年版，第 435 页。孙国祥主编：《刑法学》，科学出版社 2008 年版，第 519 页。

〔2〕 高铭暄、马克昌主编：《刑法学》，北京大学出版社、高等教育出版社 2016 年版，第 517 页。王作富主编：《刑法分则实务研究（中）》，中国方正出版社 2010 年版，第 1139 页。陈兴良：《刑法学》，复旦大学出版社 2009 年版，第 408 页。周光权：《刑法各论》，中国人民大学出版社 2011 年版，第 112 页。

具体而言，犯罪故意需要行为主体对行为的内容、危害性与违法性有认知；其意志因素为对法益侵害的决意追求或放任，其中，希望或追求这种危害结果发生的为直接故意，放任或容忍该危害结果发生的为间接故意。

所谓敲诈勒索罪之故意，即行为人明知自己不具有取得他人财产的合法根据，仍希望或放任自己通过暴力、威胁方式取得他人财产的一种主观心态。就该罪故意而言，需要行为人必须认识到所有客观构成要件要素有关的事实，具体包括行为人对其实施的暴力或具有侵害内容的威胁所具有的恐吓性的认识，对以此手段恐吓他人，会导致他人因为恐惧而交付财产的认识，以及需要对自己缺乏取得他人财产的合法根据有所认识。行为人至少以间接故意的心态认识并且意欲实现所有该罪的客观构成要件要素的，即具备了成立敲诈勒索罪的故意。

（一）敲诈勒索罪的故意包括直接故意与间接故意

很多学者认为，敲诈勒索罪在主观上只能出于直接故意，这应是由于受该罪属于目的犯的影响。关于目的犯与故意的关系，通说认为："间接故意的行为人由于不追求具体明确的目标，对危害结果发生与否持无所谓的态度，因此，间接故意的行为人不存在犯罪目的与动机。"[1]因而认为，目的犯只存在于直接故意犯罪中。有学者对故意犯罪之目的作进一步细化的分析，认为："应该区别故意犯罪之目的与目的犯之目的，故意犯罪之目的是犯罪故意希望的意欲，目的犯之目的是独立于客观的构成要件，并且对于违法性认定具有意义，从而区别于依附于客观的构

---

〔1〕 高铭暄、马克昌主编：《刑法学》，北京大学出版社、高等教育出版社2011年版，第121页。马克昌：《犯罪通论》，武汉大学出版社1999年版，第385～389页。

成要件、只在责任判断中发挥作用的单纯的意欲。"[1]即"目的犯之目的可区分为故意之内的目的与故意之外的目的，故意之内的目的是行为人通过客观行为意欲实现并能够实现的结果，因此间接故意不存在这样的犯罪目的，故意之外的目的是与故意并列存在的一种主观心理要素，是需要在客观行为之外还需进一步实施一定的行为才能实现的目的"。[2]根据陈兴良教授的观点，取得型财产犯罪是通过取得行为即可实现的目的，因此属于故意之内的目的。[3]进一步推演即可以得出敲诈勒索罪之故意限于直接故意的结论。然而，张明楷教授坚持认为："目的犯也可以由间接故意构成，即刑法将某种犯罪规定为目的犯时，并不表明该罪为直接故意犯罪，只是将不具有特定目的的行为排除在犯罪之外，而不是将间接故意行为排除在犯罪之外。"[4]张明楷教授的理由是："将目的犯限定于直接故意，既有可能是将目的内容限定为犯罪结果，也有可能是混淆了目的犯之目的与直接故意的意志因素……行为人完全可能基于某一目的而放任其他法益侵害结果的发生。"[5]笔者以为，间接故意的行为人不具有确定的犯罪目的，并不意味着目的犯不存在间接的故意，这并不是一个不证自明的问题。在目的犯问题上，直接故意的行为人具有明确、坚决、唯一的目的，间接故意的行为人不具

---

〔1〕　陈兴良：《教义刑法学》，中国人民大学出版社 2010 年版，第 455 页。

〔2〕　陈兴良："目的犯的法理探究"，载《法学研究》2004 年第 3 期。

〔3〕　付立庆教授也持类似观点，认为盗窃罪是这种目的犯的典型例子，只要盗窃行为完成，盗窃罪所要求的非法占有目的一般也就实现了，不要求新的行为的加入。参见付立庆："论金融诈骗罪中的非法占有目的"，载《法学杂志》2008 年第 4 期。盗窃罪作为取得型财产犯罪的典型代表，如果盗窃罪属于此类目的犯，那么其他相关的取得罪应该也属于此类目的犯。

〔4〕　张明楷：《刑法学》，法律出版社 2011 年版，第 276 页。

〔5〕　张明楷：《刑法分则的解释原理》，中国人民大学出版社 2011 年版，第 422～423 页。

有具体、唯一的目的，但只要其放任的结果包含对某一特定目的实现的容忍，且当该结果发生、目的实现时，仍然可以认定满足了相应犯罪之构成要件而追究其刑责。学者分析认为，诈骗罪的行为人可能出于间接的故意而实施欺诈，敲诈勒索罪亦是如此，敲诈勒索的行为人对其追求的非法获利的目的至少应抱有间接故意的心态。[1] 林山田教授和劳东燕教授都认为敲诈勒索罪的主观心态不限于直接的故意。[2] 笔者也持这样的观点，下文将述其详。

（二）敲诈勒索间接故意的表现

我国刑法目前尚未将单纯的恐吓行为与强制行为犯罪化，实务中对于行为人基于或然或不确定的多种意图，对他人实施包括伤害、拘禁、侮辱、恐吓、强制、索财等在内的多个行为时，其主观上可能包含以此羞辱、惩戒、报复他人，以此要威风、取乐或以此强迫他人容忍或实施特定行为，以及借此强索财物等多种复杂的目的和意图，这些目的和意图完全可能并存于行为人的内心，如果被害人因此交付了财产，行为人最终取得财产的，[3] 没有理由否认这样的行为成立敲诈勒索罪。否则，如果因行为人缺乏勒索财物的直接故意和取得财物的明确目的，而其他伤害、拘禁、侮辱行为又达不到入罪的条件，如果最终认定行为人无罪，这在普通民众的角度是难以理解和接受的。[4] 再

---

〔1〕　张旭主编：《英美刑法论要》，清华大学出版社2006年版，第272～273页。王钢：《德国判例刑法（分则）》，北京大学出版社2016年版，第228、294～295页。

〔2〕　林山田：《刑法各罪论》，北京大学出版2012年版，第357页。陈兴良主编：《刑法各论精释》，人民法院出版社2015年版，第580页。

〔3〕　由于间接故意犯罪需以法定犯罪结果的发生为必要，在符合前述条件的前提下，被害人由于恐惧而交付财物的案件中，行为人的主观故意即属于间接故意的情形。

〔4〕　即使这样的行为可能成立寻衅滋事罪，对于其中包含了强拿硬要的行为内容，也无法否认其主观上包含着放任取得他人财产的主观犯意。

如实务中发生的，因为发现他人与自己的爱人发生不正当关系之后，要挟被害人要么给付钱财了事，要么令其离开此地，如果被害人被迫交付钱财的，应该认定行为人具有勒索财物的间接故意，能够成立本罪。再如，行为人在抢劫现场，不仅当场劫取了被害人的财物，而且借机勒索被害人日后还需交付一定财物，行为人对后一勒索行为和结果并不抱希望，而只是基于放任的主观心态，但如果被害人由于恐惧而日后又如约交付财物的，同样可以肯定后一行为成立敲诈勒索罪。

二、敲诈勒索罪故意的认知内容

敲诈勒索罪的行为人需要对其行为的客观构成要件的诸要素均有所认识，包括对其不具有取得他人财产的合理原因或根据，也需有认识，即需要其对追求利益的非法性有所认识。

（一）对客观不法要件的认识和容忍

作为敲诈勒索罪主观构成要件的故意，需要敲诈勒索的行为人对其实施的恐吓勒索的客观要件诸要素具有认识，即需要行为人认识到自己的行为具有暴力性或威胁性，认识到其暴力、威胁行为具有使他人产生心理恐惧和精神压力的强制性与恐吓性，其对借此迫使被害人由于恐惧交付财物或处分其财产性利益的因果流程有所认识并刻意加以利用，同时其对以恐吓行为取得占有他人财产的行为结果存在主观上的追求或放任。

敲诈勒索的故意，就是行为人对以恐吓方式非法取得对他人财物或财产性利益的占有和支配在行为当时具有相应的认识和意欲。为此，首先，作为故意的认识内容，需要其对所采取的取财手段行为有明确的认识。行为人需对其采取的暴力或威胁行为的危害性和危害程度有所认识。这种危害性的认识就是指对其行为恐吓性的认识，即行为人须认识到其针对他人人身的暴力伤害、或针对财物的暴力损坏，或以将对他人的身体、生命、自由、名誉或财产实施加害相威胁的告知，会使被害人感受到恐惧与害怕，会使被害人面临权益受损的两难抉择，被害人处分财产的自由意志会因此受到一定的压制。关于行为人对其行为恐吓程度的认识程度，根据判断恐吓行为是否致人产生恐惧的标准，只需要行为人认识到其恐吓行为会使一般正常心智的人产生恐惧即可。尤其在行为人与被害人并不熟识的情况下，并不要求行为人具体认识到其恐吓行为会使确定的被害人产生恐惧的程度，但如果行为人对被害人非常熟悉，或者针对年幼、精神不健全的限制行为能力人，需要具体判断其认识情形：如果行为人认识到其手段虽不致使一般人产生恐惧，但却足以使被害人产生恐惧并以此相恐吓的，应该认为具有恐吓索财的故意。另外，需要行为人对其向他人勒索财物行为的危害性和后果存在认识。即行为人对于其采用恐吓手段，进而以明示或默示的方式向对方索取一定财产的行为对他人的危害性存在蓄意或明知。其次，作为故意的意志因素，需要行为人对被害人由于受到恐吓因而处分其财产的结果持有积极追求或容忍的心态。行为人在认识到其行为客观上具有使他人因为恐惧而被迫交付财产的效果和可能的前提下，积极追求或放任其行为的实施和完成，即行为人具有取得对他人财产占有的主观意欲，至于"非法占有目的"说所主张的"排除占有的意思"，笔者以为，敲诈勒索行为人所持有的取得的故意中即包含这样的取得占有的意欲，不需要在取得占有的故意之外再额外附加"排除他人占有"的意图。具体理由在后文目的部分详述。一般认为排除他人占有的故意，具有初步区分取得型犯罪与毁坏犯罪的功能，对于直接毁坏他人财物的毁坏罪，客观上行为人虽然具有使他人失去占有的故意，但却不具有使本人取得占有的故意。但在行为人以暴力、威胁的手段取得他人财物之后加以毁坏的行为，在取得占有的犯意方面与取得罪是一致的，区分点在于取得占有的当时行为人主观是否具有利用他人财产的意图，这一点是作为客观超过要素的"非法获利"的主观目的所具有的区分功能。

需要补充的是，在对行为结果的认识中，对勒索财产价值的认识评价问题。例如，行为人对勒索他人交付的具体财物的价值存在主观上的认识错误，误将他人价值巨大的财物，如名牌手表、皮包、名贵的宠物、藏品等认为只是一般的财物加以恐吓索取的，笔者以为，应该根据行为人的年龄、职业、社会阅历、索财的场合、目的等综合评价其认识的真实性与客观性。对于确实不可能认识到财物实际价值，且主观上不存在对财物价值无所谓的容忍态度的，应该按照其具体认识到的财物的价值认定其行为的危害程度，并据此裁量刑罚。即对具体勒索财物价值的认识错误不影响对占有故意的认定，但影响对行为涉案金额的评价。

（二）对行为根据的认识

故意不仅作为构成要件的主要构成要件而存在，而且也是衡量行为人人身危险性和可谴责性的重要判断依据，这种人身危险性即在于，行为人明知其行为不具有合法的根据和理由，而依然追求或放任其发生。这种认识不同于学界所讨论的违法性认识。所谓的违法性认识，应为行为危害性中有关行为性质和行为对象的规范性认识。违法性认识属于法律规范认识，是对行为的法规范意义的自我认识，而对行为的非正当性则依然属于构成要件事实范畴的认识。财产犯罪属于不法取得他人财产的行为，属于自然法规则意义上的违法行为，行为人除了对于行为手段、目的、对象等有认识以外，还需要对取财目的的不法性，即法规范的否定性有认识。这是由于财产权具有允许以私法认可的方式流转的属性，行为人单纯地认识到系以恐吓的方式向他人索取财物，不等于行为一定不具有私法上的根据或正当性。如果行为人出于追索债务、合理维权、要求侵权赔偿等缘由而向他人索要财物的，那么，即使采取了恐吓勒索的方法，也可能由于缺乏取财目的非法性的认识而不成立敲诈勒索罪。例如，实务中常见的行为人谎称被害人对自己存在超期未予归还的债务而拉拢不知情的他人，与自己一起向被害人敲诈索要数额较大的财物的，那么行为人构成敲诈勒索罪，而不知情的他人则因为欠缺毫无根据向他人非法索财的犯意而不成立敲诈勒索罪。其中，行为人明知没有取财的正当根据而依然为之，表明了行为人主观上对法规范具有违反和僭越的心态，同时在这种心态支配下的行为造成了对他人的财产权和意思决定自由权的侵犯。

如果行为人对其是否存在索取财物的合理根据存在主观上的错误认识，如行为人为追索法律不予保护的非法债务，或者双方对是否存在债务或者对债务的具体数额存在争议，行为人自认为有向对方索取财物的合理根据，而主张行为合法的，应该坚持具体、客观、合理评价的标准。对于行为人所主张的索取财物的理由是否成立、有无相关客观事实依据，需要根据我国法规范的立场等来进行综合的评价和判断。如果行为人有较为充分的事实理由、证据支持其认识，并且其索要的财产数额与其主张的事实和理由基本相符的，那么，即认为其不具有非法索财的故意，可以进行违法性的排除。毫无根据或者不具有合理根据的索财要求，或者超出自己的权利范围索要数额巨大的额外财产的，原则上应该认定其主观上具有向他人不法取财的主观故意。

第二节　敲诈勒索罪须以"非法获利"为目的

刑法中的目的犯，除了需要行为主体须有犯罪的故意之外，还需行为人基于特定的目的。这种特定的目的不同于故意的意欲内容，故意与目的具有不同的规制犯罪的机能，故意是行为违法性的主观基础，而目的则是判断违法性的根据。目的犯要求行为人为追求或容忍特定目的而实施相关行为，否则，因不具备特定的目的而使得行为不能入罪。原则上，目的犯应以立法规定为据，但学理上认为存在立法没有规定的目的犯。刑法没有明文规定的目的犯，是指那些立法没有明文规定，但在刑法适用中根据条文对构成要件的表述以及条文之间的关系，作为成立某些犯罪必须具备特定目的的犯罪。对于刑法未予明确的目的犯，势必导致如下后果：其一，在某一犯罪是否属于目的犯这一点上，由于对具体法条内涵和具体犯罪目的的限制性意义的认识不同而观点各异。其二，在承认某一犯罪属于目的犯的同时，对于具体犯罪的目的内涵也会存在解释论上的分歧。

一、"非法占有目的"之辨析

大部分学者均认为，财产犯罪之"非法占有目的"属于法律没有规定，但成立犯罪需要具备的犯罪目的，敲诈勒索罪亦是如此。对于敲诈勒索罪的目的，长期以来我国大部分学者采用与其他取得型财产犯罪相同的认识，即主张成立该罪须"以非法占有为目的"。我国也有学者提出，应称作"以不法获利为目的"，认为"这样可以同时涵括勒索公私财物与勒索非法财产性利益的行为，同时也体现出该罪与其他财产性犯罪在主观目的方面的区别"。[1]从涵括财产性利益的角度看，这种观点是有其合理性的。例如，《德国刑法典》中对盗窃等财产犯罪都明确规定了"为自己或使第三人不法占有他人动产"的目的，其中对敲诈勒索罪则表述为"为自己或第三人非法获利"的意图，[2]《日本刑法典》中对盗窃等罪并未规定犯罪目的，在其学说和判例中大多称为"非法取得的意思"，我国台湾地区"刑法典"中则使用"为自己或第三人不法所有之意图"，英国《1968年盗窃罪法》和我国香港地区《盗窃罪条例》则从行为人和受害人两方面表述为："为了使自己或他人获利，或者意图使他人遭受损失"。[3]另外，关于非法获利的具体指向在德、日和我国台湾地区刑法学界中都认为，非法获利的意图既包括使行为人自己非法获利的意图，也包括使第三人非法获利的意图。

此外，尽管是比较小众的看法，有一些学者主张"非法占有目的"不要说，明确反对将其作为有关财产罪的成立条件。理由主要是：其一，在有关财产罪中探讨的"非法占有目的"已经超出了其本来应有的含义，是对犯罪成立条件人为的附加和补充，没有合理根据；其二，非法占有目的不具有界分相关犯罪与表征犯罪危害性程度的意义。[4]还有学者指出："'非法占有目的'只对部分财产犯罪具有构成性意义，即在财产犯罪中探讨'非法占有目的'的意义主要限于一些特定的取得型犯罪，如在日本刑法中，非法占有意思仅仅局限于和盗窃罪相关的领域，而其他犯罪

---

〔1〕 田宏杰："海峡两岸敲诈勒索罪比较研究"，载《福建公安高等专科学校学报——社会公共安全研究》1999年第6期。

〔2〕 ［德］乌尔斯·金德霍伊泽尔：《刑法总论教科书》，蔡桂生译，北京大学出版社2015年版，第138页。

〔3〕 赵秉志：《英美刑法学》，科学出版社2010年版，第377页。

〔4〕 刘明祥：《财产罪比较研究》，中国政法大学出版社2001年版，第74~81页。日本的大塚仁教授也持不要说。

的场合并没有成为问题。例如对于诈骗、敲诈勒索之类的犯罪，是以行为人和财物的所有人或者占有人之间的交付财物行为为基本要件的犯罪类型，当事人只要有交付行为，原则上就要构成犯罪，因此，讨论有无非法占有意思，并没有实际意义。"[1]

目的犯之犯罪目的完全不同于非目的犯的犯罪目的，而具有决定犯罪成立与否以及界分不同犯罪的意义。正如韩忠谟先生曾指出的："刑法中亦有以动机为犯罪成立要件者，如第 320 条以下之财物取得罪……此等意图列为犯罪成立要件后，与各该犯罪类型之违法大小轻重有密切关系，已成为犯罪构成之主观的违法要素，非复通常指犯罪动机可比矣。"[2] 由于目的犯具有决定犯罪成立与否的类型化限制功能，所以对于目的犯，尤其是立法没有明确的目的犯，对具体犯罪目的内涵的诠释和构成性限制功能都需要深入探讨。

具体关于"非法占有目的"的内涵，包括德、日和我国的许多学者存在诸多不同的看法，分歧主要在于该目的中"占有"内涵认识的不同。根据对目的内涵的不同认识，在日本存在着"排除意思"说、"利用意思"说以及"排除意思"与"利用意思"的结合说。目前，日本司法实践和学者的主流观点倾向于"排除意思"与"利用意思"的结合说，德国刑法理论认为非法占有目的包括"排除占有"与"建立占有"两个要素，本质上也属于结合说，即认为非法占有目的是指排除占有人对财物的占有，建立自己对财物的占有，并遵从财物的用途进行利用的意思。[3] 我国受日本学说的影响颇多，学界主流观点基本倾

---

〔1〕 黎宏："'非法占有目的'辨析"，载顾军主编：《侵财犯罪的理论与司法实践》，法律出版社 2008 年版，第 65 页。

〔2〕 韩忠谟：《刑法原理》，北京大学出版社 2009 年版，第 198 页。

〔3〕 张明楷：《外国刑法纲要》，清华大学出版社 2007 年版，第 550~553 页。

向于结合说。"排除的意思"属于该目的内容中消极的一面，消极面是排除权利者对财物的支配，而"利用意思"则属于积极的一面，积极面是对财物确立类似于所有权行使的支配关系。[1]从功能意义上看，学界基本认可"排除意思"旨在发挥刑法谦抑的功能，排除使用盗窃行为的可罚性，"利用意思"则为了发挥犯罪的个别化功能，借以区别取得罪与毁损罪。除了上述功能之外，"非法占有目的"也被时常作为分析有因性取得行为的重要工具，以行为人不具有非法占有他人财物的意图而否定此类行为的犯罪性。与大陆法系国家类似，英美法系国家的判例也一般认为要以永久占有（或永久剥夺他人财产）为目的。但是近年来，日本和英美的判例中，越来越多地承认即使只以一时地获得对财物的支配为目的，也可以认为有非法占有的目的。

　　尽管非法占有目的对于许多涉财型犯罪的认定具有重要的意义，不论是传统的取得型财产罪还是金融领域的有关诈骗犯罪皆是如此，但是对于立法未予明确的这种犯罪目的，其刑法教义学依据或者说正当性根据何在，却是必须回答的问题。有学者为此提出了判断非法定目的犯的法益侵害标准和刑事政策标准说。法益侵害标准说认为，当引入"目的"能够从法益侵害重要性以及处罚必要性的角度起到限缩刑法处罚范围的作用时，则将其认定为目的犯就是合理的。[2]刑事政策标准说是为补充法益侵害标准说的不足而提出的，旨在从社会刑事政策预期的视角，在法条之外设定额外的入罪条件，以起到缩小刑法适用范围的作用。[3]笔者以为，不论是法益侵害标准还是刑事

---

　　〔1〕　刘明祥：《财产罪比较研究》，中国政法大学出版社 2001 年版，第 65 页。

　　〔2〕　张明楷：《刑法分则的解释原理》，中国人民大学出版社 2004 年版，第 144 页。

　　〔3〕　付立庆："非法定目的犯的甄别与定位——以伪造货币罪为中心"，载《法学评论》2007 年第 1 期。

政策考量的标准，确如刘明祥教授所指出的，有关目的犯的观点在"目的"的本义之外附加了其他太多的内容，与其说以上所谓的法益侵害标准与刑事政策标准说是在为限定立法未予明确的"目的"犯提供一个判断的标准，毋宁说是在弥补原来法定犯罪构成要件在认定罪与非罪、此罪与彼罪上的不足，然而单纯从主观构成要件的视角所做的这种"添附"未必是妥当的，因为毕竟犯罪的成立条件应是主客观要件共同支配决定的。这种超出常规的"目的"内涵，给"目的"附加太多客观的评判因素后，对"目的"的认识和理解还是否属于"目的"自身的意义和价值，是令人生疑的。具体到财产犯罪领域讨论的"非法占有目的"，学界坚持其重要意义之一就是：出于界分取得型犯罪行为与擅自取用型行为（包括盗用他人财物的行为以及以强力夺取、强迫、威胁手段取得他人财物无偿使用等行为）以及取得型财产犯罪与毁坏性财产犯罪的需要，此外，"非法占有目的"也常常被作为排除有因性取财行为构成财产犯罪的根据，但是笔者以为仅凭这一点是很不够的。从取得型犯罪的本质出发，"非法占有目的"仅能够说明行为人具有取得他人财物，并加以利用和处分的意思，其他都属于缺乏合理根据的添加。

1. "排除意思"对界分取得型行为与取用型行为的功能意义可疑。随着我国财产犯罪保护法益的扩张，"本权说"逐步向"占有权说"靠拢，财产犯罪保护的对象也突破传统上"财物"的范畴，而逐步囊括了"与财产相关之利益"，作为"排除意思"所主张的"排除他人占有"对区分"非法取得行为"与"擅自取用行为"的意义已经十分微弱。"取得"与"取用"行为均会侵害到他人平稳的占有权，"取得"行为取得的是对他人财物永久的控制和支配利益，"取用"行为以擅自无偿使用的方式，同样获得了对他人"财产利益"的控制与支配，认为"非法占有目的"具有 "排除他人占有" 意思的学者认为，前者行为人持排除他人占有的不法意图，而后者并不具有该意图。但是正如非法占有目的不要说的学者所质疑的，取用型行为在擅自无偿使用他人财物的同时，不也是排除了原财物占有人的控制和支配吗？取得行为侵害了他人对其财物的占有，而取用行为侵犯了他人对其财产性利益的占有，后者不是同样应该受到保护吗？此外，随着越来越多的国家和地区将使用盗窃行为犯罪化，关于非法占有目的的内涵的理解和认识也随之有所变化。如德国刑法和印度刑法在财产罪中都规定了盗用交通工具罪，我国《澳门刑法典》第 202 条规定了窃用车辆罪，[1]我国香港特别行政区《盗窃罪条例》中也有关于 "偷开交通工具罪" 的规定，我国台湾地区虽然没有专门的盗用类犯罪，但其司法判例也从盗用汽车造成对车上汽油、轮胎价值消耗的角度认定盗用行为成立盗窃罪。[2]日本之前也一度对于 "使用盗窃" 行为采取不可罚的立场，在 "非法占有" 问题上曾一直坚持取得意思必要说，但是近来的判例肯定使用盗窃者具有非法取得意思的做法逐渐成为判例的主流倾向，[3]与此同时，主张盗窃罪无

---

〔1〕 窃用车辆罪，就是指未经有权者许可而使用机动车辆、航空器、船只或脚踏车的行为。法律规定，如按其他法律之规定不科处更重刑罚的，可处 2 年以下徒刑，或科 240 日以下罚金。

〔2〕 陈子平：《刑法各论（上）》，元照出版公司 2013 年版，第 384～385 页。

〔3〕 日本二战前的判例对于暂时使用他人的交通工具，具有返还意思的行为，均认定不成立盗窃罪，只有擅自使用后，具有损坏或丢弃意思的，才认定具有非法取得的意思，成立盗窃罪（1920 年的擅自使用自行车案和 1951 年的擅自使用船舶案都持这样的观点）。但二战后，对于暂时性使用他人汽车的案件，判例认为，即使存在返还意思，仍然认定具有非法取得的意思，应成立盗窃罪（1968 年发生的反复盗用他人汽车搬运赃物，次日早上归还的案件；1980 年深夜无照驾驶他人汽车，数小时后因案发而被扣押的案件）。参见［日］山口厚：《刑法各论》，王昭武译，中国人民大学出版社 2011 年版，第 231 页。

须存在非法取得意思的学说也成为学界的有力观点。[1]值得一提的是，英美刑法在盗窃罪中一直要求行为人具有"永久性剥夺他人财物的意图"，而不需要具有"获得他人财物利用的意图"，这一方面是由于英美国家没有规定毁坏财物犯罪，即使以盗窃、诈骗等手段取得财物以后加以毁坏的，也认定构成盗窃罪或诈骗罪；而另一方面，随着社会实际情形的变化，英国开始扩大对"不具有永久剥夺他人财物意图"的解释，将一些不具有该意图但处置他人财产的行为解释为具有该意图的盗窃罪，与此同时，英国在其《1968年盗窃罪法》中规定了未经授权而使用他人的机动车辆或其他运输工具罪，美国与此类似，《美国模范刑法典》中也规定了未经授权而使用汽车和其他交通工具的盗窃罪。[2]美国不少州把不以盗窃为目的，为一时使用而未经允许非法占有、拿走他人动产的行为规定为独立的犯罪，如路易斯安那州刑法中就规定了盗用动产罪。[3]纵观世界立法和司法判例发展变迁的趋势，如果盗用行为可以直接认定为侵犯财产罪，那么就表明：要求取得型犯罪具有持续排除他人对财物的占有和支配的"排除意思"是没有合理根据的，只要具有不法取得对他人财产利用支配的意思即可构成对他人财产占有权的侵犯。

从法益保护立场分析，在规定了盗用机动车犯罪的国家和直接将盗用行为认定为盗窃罪的国家，在刑法规制意义上将其入罪的根据，并不是基于盗用行为人具备了排除他人占有的意图，而是由于盗用行为对财产法益的侵害达到了值得刑法保护

---

〔1〕 〔日〕西田典之：《日本刑法各论》，王昭武、刘明祥译，法律出版社2013年版，第162～163页。

〔2〕 Model Penal Code § 223. 9.

〔3〕 Bobby Marzine Harges, Gaynell Williams, *Louisiana Criminal Law: Cases and Materials*, Vandeplas Publishing, 2008, p. 526.

的程度，即我国刑法上经常使用的"具有严重社会的危害性"，这也恰是刑法判断行为客观违法性的根据之所在。[1]同样在像我国这样没有将盗用行为犯罪化的国家，在区分盗窃行为与盗用行为，以及盗用行为不予入罪的认识上，也不是因为盗用行为欠缺法益侵害性和主观不法意图，而是考虑到盗用行为的社会危害性较轻，不具有客观的应受处罚性。根据我国盗窃罪的相关司法解释，盗用他人机动车后造成车辆丢失的成立盗窃罪，这一解释即体现出法益衡量的意旨。因为，从对事实行为的分析评价不难看出，不论盗用之后丢失与否，盗用当时行为人的主观意图是相同的，本质上其都不具有长期排除他人占有的意图。之所以对导致车辆丢失的盗用行为予以入罪，其根据在于盗用并丢失车辆的行为给被害人造成了较为严重的法益侵害，而不是事后的丢失行为弥补了行为当时并不具备的"排除他人占有"的主观意图。正如学者所言："盗用行为不成立盗窃罪，毋宁说是由于客观上法益侵害不严重，没有达到可罚性的程度，从而在客观不法的阶段就排除出罪，而不应该借助主观的排除意思来限制处罚。"[2]类似的观点还有：将不可罚的盗用行为排除在盗窃罪之外的关键，恐怕不在于排除意思，而在于"罪量＋推定的被害人承诺"。[3]再则，除了盗用这种平和的侵犯占有的行为之外，行为人还可能以暴力、威胁的方式胁迫他人将财物供其使用，如果以"排除意思"说的立场，这样的"使用敲诈"行为也应不予入罪。然而事实上，即使行为人只有取得他

---

〔1〕　陈兴良：《教义刑法学》，中国人民大学出版社 2010 年版，第 312 页。

〔2〕　张开骏："盗窃物品以勒索钱款的犯罪认定与处罚——从剖析非法占有目的入手"，载《政治与法律》2015 年第 3 期。该论者也旗帜鲜明地提出"非法占有目的内涵是利用意思，排除意思没有必要"。

〔3〕　陈璇："财产罪中非法占有目的要素之批判分析"，载《苏州大学学报（法学版）》2016 年第 4 期。

人财物临时使用的意图，但是由于对被害人造成的威吓与恐惧，使被害人被迫将财物交出，客观上被害人当时并不能预期其财物能否获得归还，行为人由此获得对相应财产性利益的支配，被害人的财产权和意思决定自由均受到了侵犯，由于法益侵犯的严重性，亦难以否认此种"使用敲诈"或"使用抢劫"（如果暴力程度较强，可能构成暴力获取财产使用权的"使用抢劫"）行为的犯罪性。我国台湾地区学者甘添贵教授即曾指出："基于一时使用之目的，恐吓他人，使其为财物之交付者，为'使用恐吓'。根据台湾地区'刑法'的规定，使用恐吓纵不符合恐吓取财罪之规定，但符合第 2 项恐吓得利罪之规定。"[1]例如，行为人告知被害人如不让其使用车子，将向学校检举其考试作弊，即成立恐吓取财得利罪。[2]我国也有实务部门的同志认为以敲诈勒索方式居住他人房屋不予缴纳租金或无偿使用他人汽车等行为，属于侵犯经济利益的行为，可折算为一定金额的，都可以纳入敲诈勒索罪的"财产性利益"的视野当中。[3]

我国刑法一直以来都为包括财产犯罪在内的许多犯罪设定了许多量化入罪标准，这种量化标准的本旨就是为了控制刑法介入社会生活的边界和尺度，对于琐细的法益侵害刑法不予介入，而交由其他法律予以调整。"排除意思"说将本该由法益衡量标准解决的问题附会到"非法占有目的"的意义上来解决，不仅难以做到理论上的自洽，而且也难以对有关现实问题做出有力地回应。笔者认为，只要行为人具有取得对他人财物或财产性利益占有的故意（包括长期永久占有的意图与临时占有的

---

〔1〕 甘添贵：《刑法各论（上）》，三民书局 2014 年版，第 367 页。

〔2〕 曾淑瑜：《刑法分则实例研习——个人法益之保护》，三民书局 2011 年版，第 399 页。

〔3〕 许晓燕："论敲诈勒索罪的犯罪对象"，载顾军主编：《侵财犯罪的理论与司法实践》，法律出版社 2008 年版，第 340~341 页。

意图），即具备了入罪的主观违法性，导致最终入罪与否的不是主观上的差异，而是行为在客观上对法益侵犯的程度。

2. "利用意思"的有无不是作为区分取得型行为与毁坏型行为的唯一手段。在通常的司法实务案例中，直观的毁坏财物行为与取得罪的取得行为之间不会发生识别上的困难，也几乎不需要借"利用意图"的有无来进行区分，难点在于行为人以毁坏的意图取得占有之后未加毁坏的情形和以取得的意图取得占有之后加以毁坏的行为，以及对于如以丢弃、隐匿、污损、擅自解除控制（如将他人饲养的名贵的金鱼或鸟类放生；未经他人允许，低价抛售他人的股票、期货等）等方式损害他人财物和财产性利益的行为，为此，"非法占有目的"必要说认为借助"利用意思"可以达到界分取得型财产犯罪与毁坏性财产犯罪行为的目的。然而笔者以为，正确认定这些行为固然需要根据"利用意思"的有无来进行主观意图上的判定，但是客观上也牵涉对毁坏型犯罪中"毁坏""毁损"等客观行为更为深入、细致和生活化的深入解读。对于"隐匿"、"污损"和"解除控制"等不具有常规毁坏特征的行为，应采用当今比较主流的"效用侵害说"加以解释认定。

就传统的分析视角来看，对财物实体进行打砸、撕扯、碾压、焚烧等都属于对财物的"毁坏"行为，但是这是基于日常毁坏行为观察之后的认识，是对"毁坏"意义比较形式化、直观化、简单化和机械化的理解。例如，将他人饲养的名贵的鸟类、鱼类等放生，对他人的名贵字画进行污损的，或将他人珍贵的物品丢弃、藏匿的，这些并未实体上"毁坏"财物的行为，尽管客观上使得他人无法享有财物的实际效用，或使得实际效用大大折损，但却无法用传统的"毁坏"的含义进行解释。为此，有学者提出了"效用侵害说"。

对于不具有非法取得意思而使得他人的财物失去效用的行为，通过"侵犯效用说"或"效用侵害说"可以做出较为妥当的解释。"效用侵害说"更加符合现实社会财物功能多样性的客观实际，能够从刑法教义学的角度，更为客观地结合本罪保护的法益目的来诠释"毁坏"行为的含义，而使其不拘泥于传统或常规意义上破坏与毁坏的实体性和有形性。"效用侵害说"也是日本学界认定毁坏罪的主流学说。山口厚教授认为：由于单纯使对方丧失占有却没有毁弃的行为，与传统意义上对"毁弃"的理解易生罅隙，为解决这一问题，"最好以立法的形式明确将毁损效用的旨趣，作为构成要件要素明确规定下来"。[1]我国台湾地区"刑法"在毁损文书罪、毁损建筑物等罪和毁损器物罪中皆规定了"致令不堪用"作为判断毁损的标准，体现了保护财物功能效用的法益立场。我国刑法在规定了一般的毁坏财物罪的同时，也另外同时规定了很多特定的毁坏财物罪，关于一般的毁坏财物罪的行为方式规定得十分简单，但是通过刑法对其他特殊的毁坏犯罪中毁坏行为的描述，也可对一般毁坏财物的行为方式有所揭示，例如，我国刑法在侵犯公民通信自由罪、隐匿、故意销毁会计凭证、账簿、财务会计报告罪中，即将隐匿与毁弃（或销毁）作为选择性行为方式并列规定在一起。因此，将隐匿、丢弃、污损、释放等行为从"侵害效用"的角度解释为毁坏行为，在我国不存在太多的障碍。

虽然从"效用侵害说"的角度理解毁坏行为，能够避免取得行为与毁坏行为的一些误判，但是对于行为人以利用的意思取得他人财物的占有后而加以毁坏的行为，依然需以"利用意思"的有无界分具体的取得罪与毁坏罪。例如，窃取他人的衣

---

〔1〕 〔日〕山口厚：《刑法各论》，王昭武译，中国人民大学出版社 2011 年版，第 409～410 页。

柜之后，劈开当柴烧的行为，如果以"效用侵害说"无疑会认定该行为成立故意毁坏财物罪，但是行为人将衣柜当柴烧，仍是出于利用衣柜作为木柴属性的意图，其通过对他人财物的毁坏，获得了财物本身可利用的价值。如果不以"利用意思"的有无来加以区分，可能会不当地将一些取得罪认定为毁损罪，导致罚不当罪。关于"利用意思"的理解，笔者倾向于认为是指遵从财物的实际功效和经济价值而加以利用的意思。所谓实际功效包括财物作为物品的实际用途和基于财物的物质属性的功用，前者如盗窃他人的汽车用于运输和代步，盗用他人的衣柜作为家具使用，后者如盗窃他人的汽车用于拆解取得汽车的零部件，盗用他人的衣柜劈开当柴烧，用于做饭、取暖。所谓对财物经济价值的利用，如盗窃他人汽车后变卖、用作抵押、抵账等，这些都是源自对取得财物本身直接价值的获取，但"利用意思"应不包括对他人财物间接价值的取得。例如，周光权教授书中提到一个案例：行为人拥有世上仅存的两件文物中的一件，为了使自己手中的文物成为举世无双的珍品以提高其交易价格，行为人盗取了他人拥有的另一件文物并加以毁坏。周光权教授认为应成立故意毁坏财物罪，理由是："毁坏他人文物的行为虽然是为了实现其经济利益，但毁坏行为使得原物不再存在，赚取更多钱财的目的仍然必须依靠自己手中的文物而不是被毁坏的财物的价值来实现"。[1]行为人以毁坏他人财物的方式，抬高自己财物价值的行为，尽管最终从结果上来看是利用了之前毁坏行为带来的益处，但是从侵财行为本身的特征分

---

〔1〕　参见周光权：《刑法各论》，中国人民大学出版社 2011 年版，第 125 页。对此有学者持不同看法，以史上仅存的两枚邮票为例，行为人为了使自己的邮票价值升高，而偷走他人的另一枚邮票后予以销毁的，属于具有利用他人邮票本身价值的意思，认为属于盗窃。参见陈兴良主编：《刑法各论精释》，人民法院出版社 2015 年版，第 625 页。该部分为柏浪涛博士的观点。

析来看，依然符合毁坏罪的构成要件。笔者同意周光权教授的观点。如果按照盗窃罪说的观点，行为人所盗财物的价值岂不应该按照盗窃毁损他人财物后行为人本人所持有的独一无二的文物的价值来认定盗窃数额，这将有违取得罪中财物的同一性原理，因为客观上行为人毁坏的是一件文物的价值。所以，为了区分取得罪与毁损罪，"利用意思"的有无仍是必不可少的。

3. 对有因性取得行为的解释功能。所谓有因性的取得行为，学界很多论著中也称为行使权利的行为[1]，是指"行为人基于某种客观原因认为自己有取得对方占有之财产的权利，因而采用盗窃、抢劫、诈骗、敲诈勒索等非法手段取得他人财产的行为"。[2]一般认为，有因性的取得行为包括行为人从其他占有人处取回属于自己所有的财物的行为，和行为人出于自认为双方存在经济纠纷或债务纠纷等原因，以非法手段取得属于他人财产的行为。很多学者认为，有因性取财的行为人因不具有非法占有他人财物的主观意图，因而不构成财产罪。

针对以上两类行为，非法占有目的说关注其中第一类行为，即所有权人取回他人占有的本人财物的行为能否评价为具有"排除和利用意思"。本质上，这类行为更应该放在财产犯罪保护法益的范畴进行探讨，即有关财产犯罪保护"本权"与"占有权"中需要回答的问题，这是一个有关刑法对私力救济正当性容忍限度的问题，应该与"非法占有目的"没有太过直接的关联。坚持本权说的学者从保护所有权的角度出

---

〔1〕 因为行使权利的行为极易被认为行为人出于行使权利的需要而实施相关取财行为，既然是行使权利，则似乎应不构成犯罪，因此，为了表述的中性化，笔者采用了有因性取得行为的表述，以避免因用语问题造成价值判断上的误导。有因、无因的称谓受到陈兴良教授的"论财产犯罪的司法认定——在北京德恒律师事务所的演讲"（载《东方法学》2008 年第 3 期）一文的启发。

〔2〕 刘明祥：《财产罪比较研究》，中国政法大学出版社 2001 年版，第 82 页。

发，认为这样的行为不构成犯罪；而坚持占有说的学者着眼于占有事实背后所体现的占有权益，认为这样的行为也成立财产犯罪，除非当时具有私力救济的紧迫需要；而中间说则意图通过"平稳的占有"或"合理的占有"来对私力救济行为和占有本身进行一定的限制。很显然，这里争论的是哪一种权益值得用刑法加以保护的问题，因此，正如山口厚教授所指出的："即便是相对于权利人而言，也有可能认定占有本身存在值得保护的利益，但是，只有在认定存在这种法益侵害的基础之上，才能肯定犯罪的成立。"[1]令人匪夷所思的是，"我们在讨论是本权说还是占有说的问题时，争论的是财产罪所保护的法益是所有权还是占有事实本身，是财产犯罪侵害了什么的问题，至于行为人有没有非法占有目的是对客观法益侵害的认识问题，故完全是不同的问题"。[2]"本应在客观构成要件上检验（被害人究竟有无财产损害），却都被当成主观构成要件的问题。这误解与财产的概念没有被细究可能大有关系"。[3]本书前文在敲诈勒索罪保护的财产法益的论述中关于占有权的必要限缩部分就"可以对抗所有权人的占有"已有论述，这里不再赘述。这里想要说明的是，对于财物所有人从其他占有人处取回其本人财物的行为，应是一个放在财产犯罪保护法益领域探讨的问题，是一个应在违法性阶段予以衡量排除的事由，而不是一个以主观要件的缺失为由，直接予以剔除的行为构成事实，该问题也不应当运用"非法占有目的"作为检验的工具进行分析评价。简而言之，对此类行为的研讨不论采取怎样的犯罪评价体系，

---

〔1〕　[日]山口厚：《刑法各论》，王昭武译，中国人民大学出版社 2011 年版，第 225 页。

〔2〕　陈洪兵："论经济的财产损害——破解财产罪法益之争的另一视角"，载陈兴良主编：《刑事法评论》2013 年第 1 期。

〔3〕　林东茂：《刑法综览》，中国人民大学出版社 2009 年版，第 333 页。

均需要先客观后主观，只有行为现实地侵犯了值得刑法保护的法益，才有借助刑法手段干预的必要，直觉或者首当其冲地以财物所有权人的身份否定"非法占有目的"的存在，而予以出罪，是不符合犯罪论体系司法认定的先客观评价后主观评价的逻辑关系的。

对于第二类行为，行为人以自认为具有合理根据的事由而采用盗窃、抢夺、抢劫、诈骗或敲诈勒索的方式取得属于他人的财产的行为，其中较为典型的就是债权人为实现到期债权而采用恐吓手段迫使他人偿还债务的行为。我国主流观点对此类行为的犯罪化多持否定态度，虽然其中有因性的存在，即基础权利的客观存在是一个重要原因，但是行为人欠缺非法占有的目的也被认为是一个十分重要的理由。"由于行为人有一定的理由认为双方存在一定的债权债务关系，那么行为人实质上就没有侵害他人的财产权，其主观上也缺乏非法占有他人财物的主观恶意，由此否定行为的犯罪性。"[1]尽管德日以及英美有关行使权利与财产犯罪的判例在不同的历史时期有着或肯定、或否定的不同态度，[2]但是可以发现其中变化的规律在于：如果倾向于对行为人个体权利优先保护的时代，则采取否定立场；如果倾向于对财产秩序优先保护的时代，则往往持肯定的立场。另外，从犯罪构成体系评价的视角，现在日本判例的立场不再仅凭手段违法这一点而肯定成立胁迫等罪，而是倾向于认为：行使权利的占有侵害行为本身是符合相关财产犯罪构成要件该当性的，至于行为人的行为是否属于行使权利的行为，则在违

---

〔1〕 王作富：《刑法分则实务研究》，中国方正出版社 2013 年版，第 1019 页。刘明祥：《财产罪比较研究》，中国政法大学出版社 2001 年版，第 108 页。

〔2〕 详见刘明祥：《财产罪比较研究》，中国政法大学出版社 2001 年版，第 82～103 页。

法阻却层面对此予以考虑即可。[1]其实这一问题最终又回到了原点，正如日本学者所指出的：关于行使权利与取得罪的问题依然处于"本权说"与"占有说"对立的延长线上，或者说与之属于同根同源的问题。[2]有因性索财行为是否入罪的根本在于行为实质上是否侵犯了他人的财产权，而不是行为人是否具有排除他人占有和使自己或他人非法获利的意图。因此，对于第二类行为的评价也涉及财产犯罪保护法益立场的问题，而不是通过"非法占有目的"的有无来衡量。

综上分析，"非法占有目的"之"排除意思"与"利用意思"的强调与存在，对于区分取得型犯罪与取用型犯罪的意义和对于有因性取财行为的出罪意义都存在认识论和解释论上的偏差，难以为其存在价值做出合理、有效的辩护。目前来看，"利用意思"仅仅在区分取得型财产罪与毁坏型财产犯罪方面有部分存在的价值。

二、以"非法获利"为目的的意义

正如陈洪兵博士曾一针见血指出的："我国学界与实务界的主流观点常常将财产犯罪的法益问题与作为主观要件的非法占有目的混为一谈。如对于擅自取回被依法扣押车辆的行为的处理，不是认真探讨财产罪的法益，而是有意无意地绕到非法占有目的上，以缺乏非法占有目的为由'轻松地'否定财产罪的成立。财产罪成立与否，均以是否具有非法占有目的而'自信

---

〔1〕　〔日〕山口厚：《刑法各论》，王昭武译，中国人民大学出版社 2011 年版，第 219 页。

〔2〕　〔日〕西田典之：《日本刑法各论》，王昭武、刘明祥译，法律出版社 2013 年版，第 173 页。〔日〕山口厚：《刑法各论》，王昭武译，中国人民大学出版社 2011 年版，第 334 页。

满满'地得出结论，这是目前的普遍现象。"[1]基于我国理论界对于"非法占有目的"在财产犯罪中的意义有指鹿为马、张冠李戴的倾向，所以，确有必要给"非法占有目的"这一客观超过要素的意义做应有的澄清，对其构成性意义做客观的减负。在前文对"排除意思"与"利用意思"做了具体的分析之后，其实仅剩"利用意思"尚有存在的必要。因此，这里将敲诈勒索的目的概括为"非法获利"目的，即"以使自己或第三人非法获利之"目的。下文即对该目的进行必要的阐述和论证。

（一）"非法获利"目的之界分功能

"非法占有目的"作为财产犯罪的主观不法构成要件，应从其伴随行为发生过程的内心意向出发探讨其本身应有的含义，而不能绕开其本意，从功能意义上给其添附额外的意义。为此，笔者同意非法获利为目的的"利用意思"说。

第一，排除意思不具有区分取得型行为与非法取用型行为的功能，非法占有目的不需要以"排除意思"为必要。而从财产犯罪保护占有权的立场出发，不论是盗取行为还是盗用行为，都是出于取得对他人财物占有的故意，而取得和取用的"故意"本身即必然包含排除他人对财物占有的意思，至于其是否具有永久或持续排除他人占有的主观意思，不影响对于行为本身的认定，永久排除与暂时的排除只对法益侵害程度有影响，最终决定行为入罪与否的是法益的侵害程度。简而言之，有取得占有的故意，即已符合取得型财产犯罪的主观要素，无须在占有的故意之外再多余地附加额外的内容，"排除意思"的有无对于行为的定性没有实质的影响。即使行为人以临时、短时间内占有、支配他人财物的意图取得对他人财物的占用和支配，如果

---

[1] 陈洪兵：《财产犯罪之间的界限与竞合研究》，中国政法大学出版社 2014 年版，第 32 页。

因此获得的财产性利益或给对方造成的损失数额较大的，依然可以根据行为人取得财物时的手段行为认定成立相应的财产犯罪。

第二，"利用意思"存在的意义旨在区分取得罪与毁坏犯罪。这是由于即使采用"效用侵害说"能够涵摄隐匿、丢弃、污损以及释放等毁坏行为，但是对于取得他人财物的占有后，对其以破坏的方式"为我所用"的情形，依然需要以"利用意思"的有无对具体行为给予准确的定性。较为典型的就是很多学者提到盗取他人家里的大衣柜，破拆之后用于生火取暖，如果不用"利用的意思"来界别，将可能得出令人难以接受的结论。取得型犯罪的"利用意思"，就是行为人通过占有他人财物，以直接取得财物的经济效用或实体效用为犯罪意图，通过毁坏他人财物的方式，间接获得的其他财产利益的积极或消极的增加不能认定为这里的"利用意思"。如果行为人只是为了毁坏相应财物，而使用恐吓手段使得被害人将其交付给自己的，由于行为人并非为了取得与占有相关的经济利益，不构成敲诈勒索罪。[1]而应该评价为故意毁坏财物罪。

第三，虽然认可取得型财产罪需要具备故意之外的特定的犯罪目的，但是对非法占有目的的评价，不应僭越其在我国构成要件体系中应有的位置。在理论分析和司法实务中，都应该坚持客观优先的判断思路，无论是对一般的财产犯罪行为的判断，还是对于有因性取财行为犯罪性的鉴别，都应该注重从行为手段的特征分析入手，结合具体犯罪的客观成立条件对具体案件中的客观行为表现及其表征的主观意图进行比较和分析。比如，对于具有毁坏表现的取财行为，不宜直接以"利用意思"

---

〔1〕　Vgl. BGH NSt2011，699（701）．转引自王钢：《德国判例刑法（分则）》，北京大学出版社 2016 年版，第 294 页。

的缺失认定行为构成故意毁坏财物罪，而应根据其客观行为表现，分析行为人毁坏财物的实质是否在于加以利用（包括对财物实体的利用和价值的利用），来认定其是否构成相关的取得罪。虽然取财获利更符合财产犯罪一般的思维逻辑，为了毁坏的目的而以刑法禁止的手段取得他人财物的行为尽管并不多见，但是我们依然不能排除行为人以盗窃、抢夺、抢劫或欺诈、勒索方式取得他人财物后加以毁坏的行为。例如，前文中提到的行为人为了使自己手中的文物或其他藏品成为独一无二的稀世珍品，而以刑法禁止的方式从另一藏品所有人处取得其藏品后加以毁坏的，由于缺乏对取得财物本身直接利用的意思，而应成立故意毁坏罪。如果行为人以毁坏的意图，在取得他人的财物后产生了利用的意图，客观上占为己有加以支配、利用的，如果其取得行为是刑法所禁止的盗窃、抢夺、抢劫、诈骗或敲诈勒索行为的，则成立相应的财产罪；如果行为人以利用的意图取得他人的财产后加以毁坏的，根据针对同一财物的事后不可罚的行为理论，则应以其取财的手段行为认定成立相应的财产犯罪。

（二）"非法获利为目的"的内涵

综上，成立敲诈勒索罪，行为人主观上不仅需要具有以暴力、威胁方式索取他人财物的故意，而且需要行为人具有借此"非法获利"的主观意图。所谓"非法"，不是手段的非法，而是行为人客观上不具有取得他人财产的合理根据。行为人明知不具有取得他人财产的合理根据，但为了取得占有和支配他人财产的可期待利益而实施敲诈勒索的行为。之所以表述为以"非法获利"为目的，一方面，使用"非法获利"的表述涵摄的对象内容更加全面，既能够包括对具体财物物质实体本身的占有、使用、支配，也能够包括对财物所承载或具有的经济价值的利用，同时也能包括对他人具有经济价值的财产性利益的获取，如使他人免除债权、迫使他人无偿提供劳务以及以威胁的方式迫使他人将机动车、不动产供其无偿使用等。另一方面，"获利"意图也是敲诈勒索罪作为取得型财产罪所具有的趋利性的显著特征。取得他人的财物抑或财产性利益都是为了使自己或第三人从中受益，同时将使他人遭受损失，"损人利己"是取得型犯罪人实施相关犯罪的根本动因，而毁坏型财产罪"损人但不利己"，犯罪的驱动力远不像取得型犯罪那样强烈，刑法预防的挑战性和惩罚的必要性都相对较低。因此，"获利意图"的有无可以作为区分敲诈勒索罪与故意毁坏罪的重要根据，易于理解和辨识。再则，前文提及，德国、英美以及我国台湾、香港地区都强调将"非法获利"的意图作为敲诈勒索罪的故意之外的目的要件，我们使用这一称谓，不论在形式上还是实质上，都可以较好地实现我国与其他国家和地区在具体犯罪构成要件交流上的共通与共识。最后，非法获利目的，不仅是成立敲诈勒索罪需要具备的犯罪目的，也应该是包括盗窃罪等罪在内的取得型财产犯罪共同的不法意图。

第四章

敲诈勒索罪与相关犯罪的界分
及其类属

　　由于敲诈勒索罪立法的粗疏，为了准确认识该罪的类型化行为特质，需要我们从学理解释和体系性解释两个维度实现对该罪行为特征的全面画像。从学理解释以及教义学的维度，前面已经就敲诈勒索罪侵犯的法益、行为、行为对象、犯意和目的进行了分析，本章将主要从体系解释的角度，对敲诈勒索罪与相关或相似犯罪的界限和差异进行分析和评述，并进而在此基础上分析敲诈勒索罪的类型化归属。

　　书中主要选取了抢劫罪、诈骗罪以及绑架罪这三个罪名与敲诈勒索罪进行比较分析，原因有二。其一，通过综览世界各国和我国有关地区的刑事立法体例，发现就敲诈勒索罪在财产犯罪中的体例安排主要存在着四种不同的立法模式：第一种是德国、意大利、芬兰、比利时等国家刑法典的编排体例，将敲诈勒索罪和抢劫罪规定在同一章节，这是目前世界上大部分国家刑法典的编排模式；第二种是以日本和我国澳门地区的刑法典为代表，将敲诈勒索罪与诈骗罪放在同一章节的编排模式；第三种是以我国台湾地区"刑法典"为代表，将敲诈勒索罪（我国台湾地区称恐吓罪）与掳人勒赎罪（即绑架罪）放在同一章节的编排模式；第四种是像我国和俄罗斯刑法典那样，将敲诈勒索犯罪与其他所有财产犯罪并列规定在财产犯罪一章中，内部不再作进一步分类的模式。在这些立法模式的背后，体现着有关国家和地区对敲诈勒索犯罪行为构成和本质的不同认识，同时这些立法体例客观上也在一定程度上说明：敲诈勒索罪与这些犯罪之间存在着一定相似以及相关的属性，需要我们予以揭示和分析。其二，从我国目前和世界各国的刑事司法实务判例来看，敲诈勒索行为与抢劫、诈骗、绑架行为经常发生行为手段上的关联，在性质认定上，个罪认定边界模糊化的问题也客观存在。这使我们有必要结合各罪的立法规定、学理认识以及司法实务中的裁判态度对这些犯罪的罪质界分予以梳理和廓清。

第一节　敲诈勒索罪与抢劫罪的界分

正如我们所看到的，目前大多数国家和地区在立法体例上更多地选择将敲诈勒索罪与抢劫罪放在同一章节中，我国许多学者的论著中，也往往将二者一起放在暴力、胁迫型财产罪一类中介绍，原因在于它们在以暴力、威胁等方法违背他人意志强取财物的手段上存在着较多的共性，但是就具体手段行为表现和取财的行为构造而言，二者之间仍存在着诸多的差异。

一、行为手段强制程度上的差异

与敲诈勒索罪仅作罪名提示的立法规定不同，我国刑法中规定了抢劫罪的罪状，明确抢劫罪是以暴力、胁迫或其他方法劫取公私财物的行为。我国刑法学理上认为敲诈勒索罪的手段行为包括暴力和威胁两种方式，但不包括例如用药麻醉、用酒灌醉等其他足以使对方失去意识和反抗能力的方法，后者属于抢劫罪的手段。就敲诈勒索所采用的"暴力与威胁"的手段，也有学者直接采用与抢劫罪相同的表述，表述为以"暴力与胁迫"的方法。[1]但是我国学界一般认为"胁迫"具有紧急、迫在眼前的意蕴，为了与抢劫罪相区别，大部分学者表述为以"威胁或要挟"的方法。为了能够准确地描述本罪的各种手段行为，本书中采用了"暴力与威胁"的表述。但是在混同使用"威胁"与"胁迫"的学者看来，二者并没有太大的区别，重点在于暴力与威胁（或胁迫）行为在内容和程度上的差异。

（一）暴力、威胁手段上的差异

1. 暴力手段上的差异。抢劫罪中的暴力，通常为针对被害人人身实施的捆绑、殴打、伤害等攻击性的行为，学界通说认为该暴力不包括对财物行使有形力。[2]张明楷教授也持类似观点。[3]但也有学者认为，对物暴力也可以成为抢劫罪的暴力，但对于暴力的具体理解、认识上也存在分歧，如有的学者认为对物暴力严重危及人身的，也属于抢劫罪暴力的范畴[4]；但有

---

〔1〕 张明楷:《刑法学》，法律出版社 2011 年版，第 869 页。

〔2〕 高铭暄、马克昌主编:《刑法学》，北京大学出版社、高等教育出版社 2016 年版，第 493 页。

〔3〕 张明楷教授认为，最广义的暴力包括对人的暴力和对物的暴力，广义的暴力指不法对人行使有形力，但不要求直接对人的身体行使；狭义的暴力，是指对人的身体不法行使有形力，但不要求达到足以抑制对方反抗的程度；最狭义的暴力，指对人行使不法有形力，并达到足以抑制对方反抗的程度，但不要求对人的身体行使有形力。抢劫罪的暴力应该为最狭义的暴力。详见张明楷:《刑法学》，法律出版社 2011 年版，第 619、850 页。张明楷教授对此问题的看法也是经过一个变化的，其在 2007 年出版的《外国刑法纲要》中认为对物行使有形力，压制被害人的意志与行动自由，达到压制被害人反抗的程度时，也属于抢劫罪的暴力，参见张明楷:《外国刑法纲要》，清华大学出版社 2007 年版，第 561 页。

〔4〕 王作富:《刑法分则实务研究》，中国方正出版社 2010 年版，第 1060 页。张明楷:《外国刑法纲要》，清华大学出版社 2007 年版，第 561 页。黎宏:《日本刑法精义》，法律出版社 2008 年版，第 420 页。周光权:《刑法各论》，中国人民大学出版社 2011 年版，第 82 页。

的学者认为，对物暴力不属于该罪规定的暴力范畴，对物实施打、砸、毁坏等，造成相对人的精神恐惧的，属于胁迫的行为。[1]笔者以为，抢劫罪的本质在于通过对相对方的人身施加现实紧迫的侵害或威胁，使其不能、不敢或不知反抗，从而借此强行劫取他人的财物。因此，抢劫罪的手段行为以压制他人反抗为目的，为此，这种手段就需要达到使他人的生命、身体面临完全失去反抗可能或不知反抗的地步，方足以借此取财。因此，其暴力往往表现为强制程度高、急迫、没有摆脱可能。一般而言，对物暴力不会对被害人的人身造成直接的强制效果，因此，抢劫罪的暴力应不包括对物暴力；如果行为人通过对物的打、砸、焚烧、破坏暴力达到足以使被害人感到其本人或其他在场关系密切人的人身安全面临严重威胁时，这样的对物暴力应认定为胁迫。相比较而言，敲诈勒索罪的本质不是通过暴力与威胁手段，直接强取财物，而是通过暴力或威胁，对被恐吓者内心施加强制力，造成相对人的内心恐惧，使其在存在一定抉择自由的前提下，最终屈服、交出财物。二罪基于不同的行为逻辑和取财渠道，抢劫罪主要依靠外在的强制力强取他人财物，而敲诈勒索罪则依靠恐吓对他人进行内心的强制使他人被迫交付财物，只要能够造成被害人内心恐惧的所有暴力和威胁均可以成为该罪的行为手段。因此，敲诈勒索罪的暴力既包括对人暴力，也包括对物暴力。单纯针对财物的暴力，也可以成为敲诈勒索罪的暴力。不同之处在于"抢劫罪的暴力属于绝对的暴力，即行为人完全排除了被害人的意志自由，而敲诈勒索罪的暴力，

---

〔1〕　陈兴良主编：《刑法各论精释》，人民法院出版社 2015 年版，第 311 页，抢劫罪一章为林维教授撰写。刘明祥：《财产罪比较研究》，中国政法大学出版社 2001 年版，第 118 页。张明楷：《刑法学》，法律出版社 2011 年版，第 851 页当页脚下注。

属于相对的暴力，并未完全排除被害人的意志自由，而旨在强迫被害人进行特定的意志决定"。[1]敲诈勒索罪就是通过左右被害人的意思决定自由而取得财物。

2. 威胁（胁迫）内容上的差异。抢劫罪的胁迫，具有胁迫内容的暴力性、人身指向性、现时性、当场性以及胁迫对象的直接性等特征。根据抢劫罪的行为特性，抢劫罪的胁迫须以对被害人的身体或生命实施现时的暴力伤害为内容。由于抢劫罪以当时兑现侵害相要挟，因此，抢劫罪的胁迫对象只限于实际占有财物的人和当场能够殃及的对象。相比较而言，敲诈勒索罪的威胁方式和内容更为多样：从威胁针对的对象来看，不以被害人本人或在场的人为限，既可针对被恐吓人本人相要挟，也可针对其他在场或不在场的与被恐吓人关系密切的人实施要挟；从威胁的内容来看，既可以以侵害这些人的生命、身体、人身自由等相威胁，也可以揭露他人的隐私、违法犯罪事实、诋毁他人的名誉、商誉，以及将损毁他人财物的方式相威胁；从威胁可能兑现的时间来看，敲诈勒索罪的行为人既可以当场兑现加害内容相要挟，也可以日后兑现加害内容相要挟，不具有抢劫罪胁迫兑现的当场性与紧迫性；从胁迫发出的方式来看，敲诈勒索罪的威胁可以亲自当面发出，也可以通过网络、书信、电话、邮件等各种通讯方式发出，甚至可以由他人代为转达、匿名送达。这些特性均使得敲诈勒索罪的相对人所感受到的威胁内容、受强制的程度都要弱于抢劫罪。

（二）暴力、胁迫程度上的差异

1. 暴力与胁迫的强制程度不同。许多国家和地区都规定了

---

〔1〕 王钢：《德国判例刑法（分则）》，北京大学出版社 2016 年版，第 103、287 页。

敲诈勒索转化为抢劫罪的情形和处罚内容。[1]尽管我国刑法未作这样明确的规定，但是根据犯罪的本质以及相关罪名体系性解释的视角，抢劫罪本质上属于违背被害人意志强取他人财物的行为，其行为手段必须"足以压制"相对人的反抗，从而实现强取财物的目的；这种"足以抑制"往往通过暴力与胁迫内容针对人身的高度危险性、暴力与威胁的现时性、紧迫性、当场性而使被害人完全失去保护自己所占有财产的能力，抢劫罪是在被害人完全失去自由意志情形下的强取，没有被害人自由意志的参与；而敲诈勒索罪的行为人施加的恐吓尚不足以使被害人完全失去对其财物的控制，行为人以伤害程度较轻的暴力或者威胁旨在造成对被害人的威慑，而且敲诈勒索的行为人往往不以当场兑现加害内容或当场取得财物为必要，被害人虽然受到恐吓因而心生恐惧，但交付财物仍是其意志抉择的结果。判断实际行为是否足以压抑对方的反抗，使对方丧失意志自由，需要对行为的强制程度进行具体评价、判断，也需要根据一般人之客观标准，并结合行为当时双方的具体情形进行衡量判断。

---

　　〔1〕　很多国家从抢劫罪与敲诈勒索罪对比的角度进行了明确和类比性的规定，例如，《德国刑法典》第255条规定抢劫性敲诈，即当行为人以对他人人身实施暴力或者立即对其身体或生命为胁迫，进行勒索的，依抢劫罪论处。《芬兰刑法典》在立法条文的内容上，采取了非此即彼的立法模式，明确敲诈勒索罪为使用抢劫罪所指的威胁（使用暴力或直接的暴力威胁）之外的威胁，迫使他人放弃财政利益的行为。《西班牙刑法典》虽然没有规定敲诈勒索犯罪，但在抢劫罪条中根据暴力、胁迫的程度不同做了分级刑罚配置的安排，规定实施暴力或胁迫的程度及犯罪行为的其他事实性质不严重的，对触犯本条第1项的犯罪行为，可以减轻一级处罚。《新加坡刑法典》第383条规定了敲诈罪，在其第390条又明确规定了敲诈勒索行为由于暴力、威胁程度的提高而可能升级为抢劫。该条第3项规定，在实施敲诈时，当场使被害人处于恐惧之中，通过置被害人与自己或其他人将立刻死亡、受伤或受到非法限制的恐惧之中而实施敲诈，通过使被害人处于此种恐惧之中，诱使被害人交出所敲诈的东西的，则敲诈构成"抢劫"。该项后的"释义"指出"如果罪犯足以使他人处于害怕将立刻死亡、立刻受伤或立刻受到非法限制的恐惧之中，称为当场"。

2. 关于"当场"的辨析。关于抢劫罪的暴力与胁迫是否限于当场实施，如果行为人以不交付财物将当场兑现胁迫的内容，是否一定不成立敲诈勒索罪？这在敲诈勒索罪暴力当场性的分析中已有阐述。简而言之，区分抢劫罪与敲诈勒索罪，行为手段（暴力或胁迫）与取财的当场性不是区分二者的关键，而要根据行为手段对被害人造成强制的程度来判断：对于手段形成对他人意志与行动的完全强制的，则成立抢劫罪，否则，则成立敲诈勒索罪。即使行为人当场对被恐吓者实施暴力或要挟，而且也当场取得了财物或利益，只要行为人采取的是较为轻微的暴力和胁迫而没有完全压制被害人的反抗的，那么该行为也不成立抢劫罪。

这里有必要针对学界关于抢劫场合下扩张其"当场性"认定标准的一些观点做必要的分析和评述。一般认为，成立抢劫罪需要暴力与胁迫与取得他人财物之间存在紧密的时间和空间的关联性，但是现在我国司法实务和理论界有扩张对抢劫行为关联性认定的倾向：认为即使行为人的强制行为与最终取得财物之间存在一定的时空"隔阂"，也有可能成立抢劫罪。这当然是根据具体实务中案件的表现，对抢劫罪的"强制性"和"当场性"作了延展性解释的结果。如在类似案件中，法院裁判认为："'当场'不是一个纯粹的时空概念，而是一定物质内容的存在形式。脱离了物质内容的时间和空间是不存在的，也无从把握。对于在以暴力威胁实施的抢劫罪中，'当场'的认定，必须结合行为人的暴力威胁以及所形成的对被害人的身体和精神强制的方式和程度，具体案件具体分析认定。只要暴力威胁造成了强制，且该强制一直持续，即使时间延续较长，空间也发生了一定的转换，同样可以认定符合'当场'使用暴力威胁这一抢劫罪的构成要件，应当以抢劫罪定罪处罚。"[1]结合该裁判理由的分析，我们可以看到，裁判结论对抢劫罪的认定仍然坚持"两个当场"的判断标准，但同时其对于"当场"和"强制"的认定做了一定的延伸：认为即使行为经历了空间位置的转移，但是只要行为人以暴力或威胁对被害人造成的强制力一直处于持续状态，那么，行为整体上仍可理解为通过强制而劫取财物。其中，强制力一直处于"持续状态"，是认定行为性质的核心和关键。

我国许多学者认可这种扩张，如张明楷教授认为，如果行为人当场实施的暴力达到强制的程度，即使对方事后交付财物的，也应成立抢劫罪。[2]黎宏教授也认为，即使当场的强制行为与取财行为之间存在一定时空的移转，但以行为之全体观之，取得财物的结果是前面强制行为所支配之结果，或者行为人以当场的暴力勒令被害人限期交付财物，采用暴力强行扣留被害人财物或证件后，迫使被害人限期交出财物赎回，被害人当场允诺交付财物的，都可以视为"当场"取财。[3]林维教授肯定了黎宏教授的观点，认为虽然不是当场取财，只要被压制的状态仍在继续的，仍然是抢劫罪的取财行为。[4]对于如何判断"强制力的持续"与"压制状态的继续"，解释空间似乎可大可小。对于其中过度扩张抢劫罪强制力的观点，笔者保留意见。

从刑法罪名设计和刑法体系性解释的角度来看，既然我国刑法同时规定了抢劫罪与敲诈勒索罪，那么就应正视这两个犯

〔1〕　详见"何木生案"，载最高人民法院编：《刑事审判参考》（第23辑），法律出版社2002年版，第31页。

〔2〕　张明楷："侵犯财产罪的疑难问题"，载《华东刑事司法评论》2004年第1期。

〔3〕　黎宏：《刑法学》，法律出版社2012年版，第723页。

〔4〕　陈兴良主编：《刑法各论精释》，人民法院出版社2015年版，第314页，该书抢劫罪部分为林维教授所撰写。

罪在行为手段上的差异和罪名适用上的衔接，在对抢劫罪和敲诈勒索罪立法规定的行为类型与具体案件中的行为样态进行由事实到规范的相互解释，在将行为事实与构成要件彼此对接的过程中，应该考虑不同犯罪行为的特殊性和具体犯罪教义学解释的相对性与体系性。首先，在暴力、威胁压制不间断的情况下，当然可以认定仍然属于"抢劫的当场"和"强制力的持续"。例如，行为人控制被害人从家中前往银行取款，发现银行卡中财物数额不大，又挟持被害人返回家中取财等行为，完全可以评价为抢劫罪一罪。其次，如果之前的暴力威胁与之后的取财具有紧密的关联性，即使实施暴力与取得财物的场所不同，但只要这种强制力处于持续的状态，也可以认定成立抢劫罪。[1]"强盗罪之成立，必须行为人所使用之强制手段，对于取走财物，或是达到被害人为财物交付之目的，具有直接且密集之关系存在，亦即在时空之关系上，强制行为须持续至取走或交付之目的实现为止，而恐吓取财得利罪之恐吓行为与取财行为之间并无此种密集关系存在。"[2]最后，将被害人从当场的被强制状态脱身较长时间后交付财物的行为，甚至行为人在扣押被害人的证件、财物后令其限期交付财物的行为也认定为抢劫罪，则属过分地扩张了对抢劫行为强制性的认定，僭越了抢劫罪应有的边界，使敲诈勒索罪的存在失去了应有的意义。过度扩张

---

〔1〕 如陈兴良教授提到的一个案例：行为人强行从被害人身上取得钥匙，并使用暴力强制性地获悉被害人家中银行卡藏放的位置及密码。在其将被害人杀害后，用钥匙打开被害人的家门取得银行卡，然后到银行取钱的案件。因为行为人的暴力和取财行为之间具有较紧密的因果关系关联性，应该肯定这样的行为成立抢劫罪。参见陈兴良："论财产犯罪的司法认定——在北京德恒律师事务所的演讲"，载《东方法学》2008年第3期。

〔2〕 曾淑瑜：《刑法分则实例研习——个人法益之保护》，三民书局2004年版，第404页。

对刑法中某一个犯罪行为类型的解释，就会挤占另一个犯罪行为适用的空间，而且也会使定罪的结论超出一般国民的预测范围，使人难以理解和接受。对于这样的行为，比照当前一些国家和地区刑法的规定也可以看出，以上说法不尽合理。例如，我国《澳门刑法典》即同时规定了勒索罪和勒索文件罪，其中勒索文件罪，就是指利用他人之困厄状况，获得某文件作为债务担保，但立法明确这一犯罪本质上仍然属于敲诈勒索罪。[1]这种困厄与抢劫罪对被害人人身当场造成的不敢、不能、不知反抗的强制性是不可同日而言的，被扣押文件的被害人，其人身安全并未面临现实急迫的侵害或威胁，而被害人交付财物的当时也已经不同于被害人人身安全被完全压制情况下交出财产的情形，将这样的行为认定为抢劫罪，是与抢劫罪被害人在完全受强制状态下失去财物的本质不相符的。尽管当场的暴力或胁迫给被害人造成的强制程度很高，但在被害人从强制中解脱之后，这种直接的暴力强制客观上已经不再持续，被害人是由于恐惧交付财物而非由于完全不能、不敢或不知反抗而任由他人强取其财物。对于行为人实施暴力伤害后间隔时间很长，且已经解除对被害人人身、住宅或其他关系密切的人的控制后强索财物的，[2]即使当时暴力伤害造成的伤害程度较强，但只要

---

〔1〕　赵国强：《澳门刑法各论（上）》，社会科学文献出版社 2013 年版，第 477 页。

〔2〕　陈兴良教授在"敲诈勒索罪与抢劫罪之界分——兼对'两个当场'观点的质疑"一文中对何木生一案的判决结果表示异议，理由是虽然行为人何木生让被害人兰桂荣给钱，否则就令其砍掉自己的手指，这已经达到了抑制被害人反抗程度的严重暴力，但是在兰桂荣说没有钱后，何允许兰桂荣独自外出借钱，自己也没有押着兰桂荣一起去，而认为此时兰桂荣有报案的机会，只是兰桂荣由于恐惧没有报案，因此本案应成立敲诈勒索罪。但笔者以为，当时何木生与其他两名同案犯还在兰桂荣家中等待拿钱，如果兰桂荣去报案，时间势必很长，兰桂荣家中的妻女以及财物的安全仍然处于何木生的控制范围之内，不考虑这一特殊背景认定何木生成立抢劫罪是欠妥当的，因此，笔者以为，最终二审法院认定该案成立抢劫罪的判决结论是正确的。

现实的压制已经不存在，日后交付财物或取财的都不宜认定为抢劫罪，而应成立敲诈勒索罪。例如，韩国大法院在一个类似案件的裁判中分析认为：虽然被告人曾向被害人实施暴力、胁迫，并使被害人处于不能抗拒的状态，但这种状态不会继续到被害人脱离被告人的暴力胁迫的时候。此后，"被害人收到被告人要求金钱的传呼，因害怕被告人的暴力、胁迫，而主动去银行取款给乙的情况，与其说是在被害人不能抗拒的状态下强取的金钱，不如说是在被害人有瑕疵的意思下支付的金钱"。[1]故而认定该后续取财行为成立敲诈勒索罪。

另外，根据我国刑法对敲诈勒索罪与抢劫罪法定刑配置的情况来看，敲诈勒罪的法定刑并不低，与普通抢劫罪的法定刑（8 种加重抢劫行为除外）相比，不存在悬殊。对于存在时空移转变化的暴力与胁迫，如果当场的暴力与胁迫已经结束，行为人的强制已经不再处于继续状态，对此类行为手段存在争议或认定上分歧的情形下，不论从行为类型定性准确性的角度还是从法律适用效果公平性的角度都不宜认定为抢劫罪。有些国家的立法和司法倾向于认定，只要行为人通过暴力或威胁方式取得的即成立抢劫罪。这是由于这些国家的刑法典规定的敲诈勒索罪的法定刑明显低于抢劫罪，如《瑞士刑法典》第 156 条第 3 款规定：行为人对被害人实施暴力或威胁对其身体或生命实施暴力的，都要依第 140 条规定的抢劫罪处罚。我国刑法对这两个罪名并不存在这样刑罚配置上的轻重悬殊问题，所以即使从"以刑治罪"的立场出发，也没有必要以抢劫罪来定性。

---

〔1〕 〔韩〕吴昌植编译：《韩国侵犯财产罪判例》，清华大学出版社 2004 年版，第 74 页。

二、处分意思和处分行为的有无不同

(一) 抢劫罪不需要被害人处分意思和行为的参与

抢劫罪系强取财物，典型的取财行为表现为强取被害人占有的财物，也有的通过强制迫使被害人交出财物；敲诈勒索罪是利用恐吓，使得被害人因为恐惧而交出财物，但也存在被害人由于恐惧而默认行为人取走其财物的情形。抢劫罪中迫使被害人交付财物的情形，是否属于被害人"处分"自己财物的行为，这里的"处分"与敲诈勒索罪中被害人的"处分"行为能否作相同理解或有何区别？

学界通说认为，针对财物的抢劫罪不需要被害人具备处分的行为，但对于抢劫财产性利益的行为，学界有"必要说"和"不要说"的分歧，但是笔者赞同刘明祥教授对"必要说"与"不要说"的分析："即理论上关于'处分'的理解，存在不同的认识，不要说主张的所谓'处分'，是指与诈欺、恐吓罪（敲诈勒索罪）同样的'基于被害者意思'的那种处分；而必要说所谓的'处分'是指作为利益移转外部线索的那种处分。"[1] 抢劫罪的行为人无论通过暴力胁迫压制他人反抗后直接夺取，还是迫使他人交付或处分，抢劫罪是在被害人完全丧失意志自由的前提下取得其财物，因此，客观上只要有导致财物或财产权益移转的外部效果即可，而不需要被害人处分意思的参与，抢劫罪属于没有被害人处分意思自由参与的取财犯罪。抢劫罪本质上属于以强制手段取得他人财物的犯罪，不论抢劫财物还是抢劫财产性利益，都不需要被害人有转移占有的意思与行为，

---

〔1〕 ［日］前田雅英：《刑法各论讲义》，东京大学出版社 1995 年版，第 228 页，转引自刘明祥：《财产罪比较研究》，中国政法大学出版社 2001 年版，第 134 页。

无此也不影响取得行为的认定。[1]抢劫罪属于彻底压制被害人法益支配自由，敲诈勒索罪属于利用被害人法益支配自由的瑕疵。两罪构成要件结构的关键差异在于被害人有无财产处分，而非外观上被害人是否参与财物的移转。[2]事实上，不论相对人是否因为被强制而被迫处分财物，抑或因为受到强制而默认行为人将其占有的财物夺走，这都不影响犯罪的成立。即使针对财产性利益的抢劫行为，在行为人利用暴力或胁迫，迫使被害人放弃自己债权的情形下，即使没有被害人的明确同意，但由于被害人受到行为人的暴力或胁迫，在被迫交出借条或写下收条的同时，即意味着行为人非法获得了财产上的利益，而被害人失去了追索债权的权利和可能，该罪的完成不以被害人明确表示放弃该债权为必要。

（二）敲诈勒索罪以被害人的处分意思与处分行为为必要

敲诈勒索罪的行为人取得他人财产以被害人有处分财产的意思和行为为必要。尽管抢劫罪中也可能表现为被害人由于受到强制而被迫交出财物，敲诈勒索罪也可能表现为行为人利用恐吓而直接将被害人的财物拿走，但是抢劫罪中强取财物的行为是被害人完全丧失自由意志后的结果，而敲诈勒索罪的行为人"取得财物"则是被害人在尚有一定选择自由的前提下经过权衡作出的处分。

基于处分意思有无的不同，在行为人实施抢劫和敲诈勒索的过程中，对于行为人取得相关财物的定性也有差异，主要存在如下几种情形：第一种情形，在对被害人实施暴力、胁迫等行为后，趁被害人没有注意夺取其财物的；第二种情形，被害

---

[1] 刘明祥：《财产罪比较研究》，中国政法大学出版社 2001 年版，第 134 页。

[2] 车浩："抢劫罪与敲诈勒索罪之界分：基于被害人的处分自由"，载《中国法学》2017 年第 6 期。

人由于受到暴力、胁迫，因害怕而逃走，行为人占有被害人逃跑中失落的财物，或占有被害人遗落在现场的财物的；第三种情形，因暴力、威胁致人昏迷而取得其财物的。具体而言，在第一种情形下，在行为人基于取财目的，在实施暴力、胁迫行为的过程中或之后，趁被害人没有注意夺取其财物的，如果之前的暴力、胁迫行为足以抑制被害人的反抗，那么该夺取行为应该能够与之前的行为一起评价为抢劫罪。但如果行为人出于恐吓取财的意图，其暴力、威胁旨在恐吓他人使其心生恐惧，在被害人同意交付财物之际而夺取其财物的，可以认定系被害人基于恐惧作出的处分行为，这种夺取没有超出敲诈勒索的范畴。然而，在被害人未同意交付财物时直接夺取其财物的，虽然不影响抢劫罪的认定，但是由于缺少被害人的处分意思和行为，不能认定为敲诈勒索罪而应该成立抢夺罪。第二种情形下，行为人以抢劫的故意实施暴力，被害人因为害怕而逃走，行为人取得其逃跑时遗落的财物的，不属于强取财物，属于抢劫罪的未遂和侵占罪。张明楷教授和周光权教授都持该观点。[1]周光权教授认为，对于丢失财物的获取，如果丢失财物的被害人和财物之间的空间距离较近，尚可认定其保留对财物的占有权，后面的拾得财物的行为也可能评价为盗窃。[2]与该分析结论相同，在一般的恐吓索财的情形下，被害人由于害怕或为了躲避而逃跑，但并未作出处分财物的表示，行为人占有被害人逃跑中遗落的财物的，由于缺乏恐吓勒索与取财之间的因果关联性，因此也成立敲诈勒索的未遂，如果恐吓的程度较低，不足以致

---

〔1〕　张明楷：《刑法学》，法律出版社 2011 年版，第 852 页。陈兴良：《刑法学》，复旦大学出版社 2009 年版，第 378 页，该书第十六章侵犯财产罪部分为周光权教授撰写。

〔2〕　陈兴良：《刑法学》，复旦大学出版社 2009 年版，第 378 页，该书第十六章侵犯财产罪部分为周光权教授撰写。

一般人恐惧的，则不成立敲诈勒索罪。行为人占有被害人遗落财物的行为则另做评价，成立盗窃或侵占罪。与此不同的是，如果被害人由于害怕而逃走，置身边财物于不顾，行为人趁机取走该财物的，可以认定强制行为与取财行为之间存在因果关系，能够肯定成立抢劫罪。但如果被害人面对他人的恐吓由于恐惧而逃跑，行为人占有其遗留在现场的财物的，除非该特定的财物就是行为人之前勒索的对象，否则由于欠缺处分的意思，而不应成立敲诈勒索罪。第三种情形，如果行为人出于抢劫的故意。在暴力、胁迫致人昏迷后，取得他人财物的，当然成立抢劫罪，但如果行为人只有恐吓的故意，由于恐吓致人昏迷，而趁机取走他人财物的，应该成立敲诈勒索罪的未遂与盗窃罪的既遂。如果行为人明知被害人易于受惊吓后昏迷，故意实施恐吓行为，致他人昏迷后取走其财物的，应该认定成立利用其他方法的抢劫罪。

第二节　敲诈勒索罪与绑架罪的界分

根据我国刑法的规定，我国的绑架罪包括以勒索财物为目的绑架人质，即索财型绑架罪，以实现其他非法目的绑架人质以及以勒索财物为目的偷盗婴幼儿。其中，索财型绑架罪由于以勒索赎金为目的，与恐吓他人使其交付财物的敲诈勒索罪具有一定的相似性。正如林山田教授所言，绑架勒赎以妨害自由为手段而勒索财物，就这一点而言，实与恐吓取财罪及得利罪无异。[1]因此，这里重点对索财型绑架罪与敲诈勒索罪进行比较分析。我国刑法规定的绑架罪，旨在打击和处罚的是非法侵犯他人身体安全与行

---

〔1〕　林山田：《刑法各罪论》，北京大学出版社 2012 年版，第 351 页。

动自由的行为。敲诈勒索罪属于财产犯罪，由恐吓行为与索财行为两部分构成，但保护财产法益为其首要目的。如果行为人以控制他人人身自由的方式向他人索取财物的，属于本罪的特别犯，故也有学者认为："以恐吓罪之迫使交付财物与掳人勒赎罪使人交付财物情节相似，而掳人勒赎更以妨害自由，拘束被害人之身体为前提，为妨害自由与恐吓取财罪之实质结合犯"。[1]

虽然索财型绑架罪与敲诈勒索罪在利用他人的恐惧而索取财物这一点上具有相似性，但是其成立犯罪需要具备的构成要件却各有不同：首先，绑架罪的实行行为是对人质的挟持与控制，索财行为并非必备要件；而敲诈勒索罪的实行行为是恐吓行为与勒索行为的复合，其必须同时对被害人实施了恐吓与索取财物的行为，缺一不可。其次，二者要挟勒索的对象存在明显的不同，敲诈勒索罪威胁和勒索财物的对象是一致的，均是被恐吓者本人（三角敲诈例外，但是也以实际的财产损失人对勒索不知情为必要）；而绑架罪挟持的对象与勒索的对象并不一致，绑架罪勒索的对象是与被挟持者有特定关系的亲友以及其他关系密切的第三人，且以对第三人客观通告绑架事实为勒索的前提。最后，二者在制造他人恐惧心理的基础事实方面也存在差异，绑架罪通过直接挟持和控制被绑架人的方式，使与被绑架人关系密切的第三人因担忧被绑架人的人身安危而感到恐惧；敲诈勒索罪则以对被恐吓人实施恐吓，使其本人感到恐惧作为获取财物的手段。具体从恐吓内容看，敲诈勒索罪并不限于以限制人身自由的方式实施恐吓，还可以加害被害人的生活安宁、名誉、财产、危害公共安全等方式实施恐吓，使他人产生恐惧。绑架罪则以挟持、控制他人人身为唯一手段。

---

[1]　林培仁：《刑法分则实务》，元照出版公司 2017 年版，第 466 页。

一、绑架罪为侵犯单一法益的单一行为犯

(一) 法益与行为的不同

索财型绑架罪，本质上属于单一行为犯，侵犯的也是单一法益，即他人的人身自由权，而敲诈勒索罪属于复合行为犯，其侵犯的是他人的财产权与意思决定自由权。

对于绑架罪的行为构成，学界比较明显地存在着两种不同的学说：第一种为复合行为说，该说认为成立绑架罪，行为人需同时具有挟持他人的行为与勒索赎金的行为。[1]第二种为单一行为说，该说认为只要行为人以勒索财物的目的实施了挟持、控制他人的行为，即齐备了该罪的构成要件，实施勒索财物或提出其他不法要求的行为并不是成立本罪的必备要件。[2]支持复合行为说的学者同时认为绑架罪侵犯的是复杂客体，包括人质的人身权与第三人的财产权，[3]也有学者认为是人质的人身

---

[1] 陈兴良主编：《刑法各论精释》，人民法院出版社 2015 年版，第 597～598 页，该部分为劳东燕教授的观点。阮齐林：《刑法学》，中国政法大学出版社 2011 年版，第 488 页。阮齐林教授虽然认为成立绑架罪需要行为人既实施了劫持的行为又实施了向第三人索要财物的行为，但是阮老师同时认为只要行为人实际控制或者劫持了人质就构成该罪的既遂，不以行为人向第三人勒索财物为必要。因此，本质上阮老师应该还是支持单一行为说的。

[2] 高铭暄、马克昌主编：《刑法学》，北京大学出版社、高等教育出版社 2011 年版，第 475 页。王作富主编：《刑法分则实务研究（中）》，中国方正出版社 2010 年版，第 875 页。张明楷：《刑法学》，法律出版社 2011 年版，第 793 页。陈兴良：《刑法学》，复旦大学出版社 2009 年版，第 339 页，该书第十五章侵犯财产罪部分为林维教授撰写。周光权：《刑法各论》，中国人民大学出版社 2011 年版，第 37 页。陈兴良主编：《刑法各论精释》，人民法院出版社 2015 年版，第 165 页，绑架罪一章为付立庆副教授的观点。张明楷教授还曾进一步提出绑架罪不属于复合行为犯，而属于短缩的二行为犯，是单一行为犯。参见张明楷：《刑法分则的解释原理》，中国人民大学出版社 2011 年版，第 517 页。张明楷："绑架罪的基本问题"，载《法学》2016 年第 4 期。

[3] 高铭暄、马克昌主编：《刑法学》，北京大学出版社、高等教育出版社 2011 年版，第 475 页。

权与第三人的财产权和意思自决权。[1]坚持单一行为说的学者大都认为绑架罪只侵犯了公民的人身自由权这一单一客体，并不包括财产权和意思决定自由权，只有高铭暄、马克昌教授统编教材在持单一行为说的同时，又认为绑架罪侵犯的是包括公民的人身自由权利、健康、生命权利及公私财产所有权利在内的复杂客体。[2]我国台湾地区学者对于掳人勒赎罪的行为关系也存在争议，如台湾地区司法实务判例认为，掳人勒赎罪仅以将被害人掳走脱离原处所，移置于自己实力支配下，使其丧失行动自由即可，但也有学者持反对意见，如陈子平和黄慧婷教授皆认为，成立掳人勒索罪不仅需要有将人质掳走脱离其原有处所的行为，而且需要有向第三人勒赎的行为。即掳人勒赎应为三方关系，而非双面关系，黄慧婷教授特别提出，在已经存在强盗罪与恐吓取财罪的前提下，不宜将掳人勒赎扩及至双面关系。

从我国刑法对绑架罪的立法规定来看，应该说单一行为说更加符合对该罪实行行为特性的把握。成立绑架罪只要行为人以勒索财物为目的，实施了挟持、控制人质的行为，犯罪即告成立，不以实施索财行为为必要。这样的认识随着我国《刑法修正案》对绑架罪的几次修正，应该说越来越得到我国学界和实务界的接纳。[3]绑架罪作为单一行为犯，只有挟持、控制他人的行为是

---

〔1〕　阮齐林："论绑架罪的法定刑对绑架罪认定的制约"，载高铭暄、马克昌主编：《刑法热点疑难问题探讨》，中国人民公安大学出版社2002年版，第780页。陈兴良主编：《刑法各论精释》，人民法院出版社2015年版，第598页，该部分为劳东燕教授的观点。

〔2〕　高铭暄、马克昌主编：《刑法学》，北京大学出版社、高等教育出版社2011年版，第475页。

〔3〕　见陈兴良、张军、胡云腾主编：《人民法院刑事指导案例裁判要旨通纂》，北京大学出版社2013年版，第651~653页。关于丁金华等抢劫、绑架案（原载《人民法院案例选》2010年第1辑）的裁判要旨分析认为：单一行为论符合刑法规定的绑架罪的构成要件，只要行为人出于勒索财物的目的或者获取其他不法利益的目的，实施了绑架他人的行为，就构成绑架罪。

犯罪必备的行为要件，因此，其必然侵犯的法益只有他人的人身自由权，向被绑架人以外的第三人索取财物的行为不是成立犯罪必备的行为，他人的财产权与意思自决权并非必然遭受侵犯，因而属于本罪的随机客体。相比较而言，敲诈勒索罪属于复合行为犯，由手段行为和目的行为两部分构成，行为人必须既有暴力、威胁的恐吓行为，又有勒索他人财物的行为，犯罪才告成立。其手段行为侵犯他人的意思决定自由权，目的行为侵犯他们的财产权，所以，敲诈勒索罪是侵犯双重法益的复合行为犯，这是二者在行为构成和侵犯法益上的不同。

（二）行为手段上的差异

绑架罪通过采用暴力、胁迫、麻醉或者其他方法挟持、控制被害人后向与被害人有关的第三人勒索财物，因此，行为人客观上必须有挟持和控制他人的行为。如果行为人没有实际控制被害人而向被害人的亲友谎称扣押了人质而勒索财物，或者采取扣押人质以外的方法向他人勒索财物的，由于并无被害人失去人身自由，故均不构成绑架罪。实践中较为多发的情形是，行为人谎称控制了他人，而向其相关亲友勒索赎金的案件，由于其行为实质上没有对他人的人身自由造成侵害，因此，并不构成绑架罪，而只成立敲诈勒索罪。例如，《刑事审判参考》指导案例第 443 号"张舒娟敲诈勒索案"，该案中行为人利用被害人（案发时 12 岁，是一名中学生）年幼将其哄骗到外地，暂住在某酒店后向被害人的家人勒索赎金。行为人对被害人并没有进行捆绑和拘禁，行为人在其外出时也无专人对被害人进行拘束看管，以致被害人趁机利用酒店房间的电话与自己的家人取得联系，并在家人指导下离开酒店到当地公安机关求助获救。法院最终认定因行为人并未在实质上限制被害人的人身自由，该案行为人的行为因缺乏绑架罪"劫持人质"的特征而不构成绑架罪，最终以敲诈勒索罪论处。[1]类似的案件还有，行为人将他人带走玩耍，并骗其关掉手机后，利用该间隙向其家人勒索赎金的案件以及行为人在杀害被害人以后，向被害人家属勒索赎金的案件。在这些案件中，行为人都不构成绑架罪，而成立敲诈勒索罪。[2]原因都在于事实上行为人没有实施控制他人的行为，而只是利用他人对自己亲友人身安危的担忧和恐惧而勒索财物，因此，构成敲诈勒索罪。

实务中，拘禁型敲诈勒索与索财型绑架案件容易发生定性上的混淆。拘禁型敲诈勒索行为，为了达到使被害人恐惧进而交付财物的目的，客观上除了实施一定的暴力或威胁之外，还有非法拘禁他人的行为，以此逼迫被害人积极筹措资金和财物。此类案件中的拘禁行为不是索取财物的主要手段，其拘禁的方式并未达到挟持、扣押人质的程度而是为了强化暴力或威胁行为的效果，作为暴力与威胁的辅助手段，震慑被害人或者使被害人感到恐惧，因此拘禁程度和控制力往往较弱，拘禁时间较短，期间即使伴有殴打或伤害行为的，伤害程度也较轻，而且拘禁型敲诈勒索行为的勒索对象是被害人本人，并没有向被害人的家人、亲友等相关的第三人勒索赎金。因此，实务中对此类案件多数认定为敲诈勒索罪而非绑架罪。

此外，在具体犯罪行为发生、发展的过程中还有可能发生

---

〔1〕　陈兴良、张军、胡云腾主编：《人民法院刑事指导案例裁判要旨通纂》，北京大学出版社2013年版，第837~838页。

〔2〕　参见《刑事审判参考》总第34辑指导案例第259号，陈宗发故意杀人、敲诈勒索案，认定被告人将被害人杀死后，又意图非法占有他人财物，以被害人被绑架为名，向被害人亲属索取钱款的行为，又构成了敲诈勒索罪，应当数罪并罚；再如《刑事审判的参考》总第16辑，指导案例第102号梁小红故意杀人案，认定梁小红将被害人王刚杀害后，为转移公安机关的侦查视线，掩盖罪行而书写勒索信的行为，因其不具有绑架控制人质的行为和非法占有他人财物的故意，其行为不构成绑架罪与敲诈勒索罪。

敲诈勒索行为与绑架行为的关联和竞合，如行为人在实施敲诈勒索的过程中，由于被害人不能满足其要求，又产生将其作为人质向其亲友勒索钱财的犯意，进而挟持控制人质并向第三人勒索财物的行为，这样另起犯意实施的行为不能被之前的敲诈勒索罪一罪评价，应单独构成绑架罪，与之前的敲诈勒索罪（未遂）进行数罪并罚。日本刑法和我国台湾地区"刑法"中有准掳人勒赎罪的规定，即在绑架他人之后产生勒索财物意图的，以掳人勒索罪定罪处罚。2005 年最高人民法院在《关于审理抢劫、抢夺刑事案件适用法律若干问题的意见》中规定："绑架过程中又当场劫取被害人随身携带财物的，同时触犯绑架罪和抢劫罪两罪名，应择一重罪处罚。"尽管很多学者对这一解释的合理性表示异议，但是笔者以为，由于抢劫行为的当场性以及抢劫行为和绑架行为在挟持和控制被害人人身自由上的相似性与重合性，绑架人质过程中劫取人质随身财物的，由于其通过控制人质一个行为，同时实现了两个犯罪目的，符合一行为触犯数罪名的想象竞合犯的情形，按照从一重罪处断是合理的[1]；基于同样的理由，如果行为人以索财的意图在绑架过程中，对被害人实施控制后对其本人实施勒索行为的，也应按照想象竞合犯从一重罪处断。

二、勒索行为的差异

（一）勒索对象的不同

绑架罪以向人质以外的第三人勒索财物为必要，而敲诈勒

---

〔1〕 1995 年 5 月 30 日，最高人民法院研究室曾在《关于对在绑架勒索犯罪过程中对同一受害人又有抢劫行为应如何定罪问题的答复》中认为，对于这样的行为应以绑架罪定罪，但在 2005 年的《关于审理抢劫、抢夺刑事案件适用法律若干问题的意见》中没有坚持这样的认识，应该是考虑到了行为前后的关联性以及避免重复评价造成认定的失衡。

索罪以向被恐吓人勒索财物为必要，这是二者在索财对象上存在的差异。

德、日刑法均明确：绑架罪勒索的对象为被绑架人的亲属或者其他对被绑架人的生命安危表示担忧的人。这就排除了向被绑架人本人勒索财物的情形。我国学界基本持有与此相同的认识，即绑架罪勒赎的对象只能是除人质以外的第三人，即绑架罪存在双被害人；而抢劫罪与敲诈勒索罪的对象是暴力、胁迫手段所直接指向的被害人本人。我国台湾地区大部分学者也均认为掳人勒赎罪的勒索对象为被掳者以外的第三人。例如，林山田教授认为："行为人若非对于被掳者以外之人勒索，而系胁迫被掳者本人，令其自己交付财物者，则属强盗行为，而不构成掳人勒赎罪。"[1]林东茂教授也认为："人质付款自救成立掳人勒赎罪的看法很难立足。主要是忽略了掳人勒赎的语意传统。"[2]但台湾地区也有部分学者对此持不同看法，如林培仁教授认为："既然台湾'刑法'中没有明确限定，那么向被害人或其关系人勒索财物，都可成立掳人勒赎罪。"[3]我国台湾地区刑事法律规定与大陆刑法不同，将挟持、控制人质勒索赎金的行为命名为"掳人勒赎"，但具体所指称的犯罪行为与勒索型绑架行为是一致的。就罪名而言，相较于"绑架罪"的称谓，"掳人勒赎"更能反映该行为的本质。"赎"字的本义，是指通过交付赎金赎回典当或质押的财物，掳人勒赎中的"赎"是指交纳赎金换取被掳人质的安全。根据"赎"的本义，以及人质被"掳"的客观局限，提供赎金的人只能是人质以外的第三人，而不可能是人质本人。因此，我国的绑架罪也应该理解为行为人

---

〔1〕 林山田：《刑法各罪论》，北京大学出版社 2012 年版，第 361 页。
〔2〕 林东茂：《刑法综览》，中国人民大学出版社 2009 年版，第 321 页。
〔3〕 林培仁：《刑法分则实务》，元照出版公司 2014 年版，第 470 页。

要求第三人通过提供财物或满足行为人的其他不法要求来换取人质的安全，这方符合绑架勒赎的本义。敲诈勒索罪是通过暴力、威胁等手段直接向被害人本人索取财物，其要挟和勒索的直接对象都是针对同一个被害人。[1] 三角敲诈案件中，只是由于被恐吓人处分了其占有的属于第三人的财产，损害了未受恐吓的第三人的财产权，出现了被恐吓人与实际财产损失人不一致的情形。

（二）勒索方式的差异

在敲诈勒索、绑架勒索以及抢劫索财案件中，尽管在劫持人质、压制被害人反抗的手段上存在程度上的差异，在索财对象上也不同，但是这些犯罪行为中都有向他人勒索财物的行为。敲诈勒索与抢劫是向被害人本人勒索，绑架勒索则是向被挟持人质以外的第三人勒索，但就传递或通告勒索信息的具体方式而言，敲诈勒索与抢劫索财往往通过直接向被害人勒索获得，但绑架勒索罪的行为人可能通过直接向被害人以外的第三人通告勒索财物的要求，也可能通过被害人来间接传达，为此，在实务中这种通过被害人间接勒索财物的情形就比较复杂。最高人民法院在相关案件的裁判要旨中曾分析指出："有的通过被害人转达勒赎请求，以使被害人亲属确信其被控制的事实并增加威慑力；有的是明确要求被害人不能暴露其被控制的事实，使被害人家属误以为其因正当事由需要钱财；有的是笼统要求被害人向其家属索要钱财，至于被害人以何种名义向其家属索要则在所不问。"[2] 针对实务中的这些不同情形，相关裁判要旨认

---

〔1〕 刘德权主编：《最高人民法院司法观点集成》，人民法院出版社 2014 年版，第 1180 页。

〔2〕 陈兴良、张军、胡云腾主编：《人民法院刑事指导案例裁判要旨通纂》，北京大学出版社 2013 年版，第 667 页。

为：对此需要区别情况区别对待。尤其对于第三种情形，需要考察人质向第三人实际告知的情形而定。一般认为，被害人使第三人知悉其陷于他人控制之中而用钱勒赎的，则构成绑架罪，若否，因欠缺勒索第三人的确切根据的，则以抢劫罪定罪处罚。[1]由于案情所限，该裁判要旨没有涉及敲诈勒索的情形，事实上对于拘禁型敲诈勒索行为也可能面临以上几种不同的情形。就笔者查阅到的资料以及最高人民法院在案例选和《刑事审判参考》中评析的有关典型案例的裁判结论来看，目前我国司法实务中采取的判断标准是：行为人勒索钱财的过程中，如果与被害人相关的第三人得知被害人被绑架的事实的，则成立绑架罪，否则，成立抢劫罪或敲诈勒索罪。[2]我国 2006 年司法考试真题中出现过一个类似的考题，也认为行为人在劫持人质后，让其给家人打电话，谎称自己发生交通事故，让家人给自己的银行卡内打款的行为成立抢劫罪。[3]

应该说这样的判断标准比较简单明了，易于辨识和裁断。然而，这种判断标准也不是没有疑问的，实务中的判断标准坚

---

[1]　陈兴良、张军、胡云腾主编：《人民法院刑事指导案例裁判要旨通纂》，北京大学出版社 2013 年版，第 667 页。

[2]　参见陈兴良、张军、胡云腾主编：《人民法院刑事指导案例裁判要旨通纂》，北京大学出版社 2013 年版，第 559～560 页。陈桂清抢劫案（2004 年发案，该案原案载《人民法院案例选》2007 年第 4 辑，第 561～562 页），李秀伯等抢劫案（2005 年发案，该案原案载《人民法院案例选》2006 年第 1 辑，第 583～584 页），杨保营等抢劫绑架案（2002 年案发，该案原载于《刑事审判参考》总第 35 集，第 584～586 页）王团结等抢劫、敲诈勒索案（1999 年案发，该案原载于《刑事审判参考》总第 36 集，第 664～667 页），张红亮等抢劫、盗窃案（2007 年案发，该案载《刑事审判参考》总第 75 辑）。

[3]　甲使用暴力将乙扣押在某废弃的建筑物内，在强行从乙身上搜出现金 3000 元和 1 张只有少量金额的信用卡之后，又逼迫乙向该信用卡中打入人民币 10 万元。乙给其妻子打电话，谎称自己开车撞伤他人，让其妻子立即向自己的信用卡打入 10 万元救治伤员并赔偿。乙妻信以为真，便向乙的信用卡中打入 10 万元，被甲取走，甲在得款后将乙释放。

守了绑架罪勒索对象特定性这一要求，即严格按照被害人的亲友是否受到要胁，作为鉴别绑架罪的重要依据，应该说这从对绑架罪教义学分析的视角来看是合理的。但是，生活事实总是比立法类型更加多样和复杂，现实中劫持人质或非法拘禁被害人后取财的方式并不以行为人与被害人各自可控的方向发展，如就以上几种索财方式而言，也会出现被害人并未告知其亲友自己被控制的事实，但有些被绑架人的亲友警惕性高，意识到是绑架，及时报案的情形；有的亲友没有识破，而是根据被害人的要求交付了财物。这样，势必会使行为的定性受第三人敏感程度的影响，使同一行为得出不同的结论。[1]或者还可能由于第三人的冷漠或者由于行为人选取的勒索对象与第三人无关等因素，实际上没有侵害第三人的自决权，而影响对行为的评价。[2]为此，最高人民法院研究室在《关于第三方受到勒索是否属于绑架罪构成要件问题的研究意见》中即倾向性地认为：构成绑架罪，无须以行为人自行或者通过被绑架人向被绑架人的亲友明确告知绑架事实为要件，只要以勒索财物为目的绑架他人的，均应以绑架罪论处。[3]笔者以为，这一意见中的观点尽管有快刀斩乱麻的勇气和决断，但是就笔者对该意见公布之后有关案件裁判结论对该意见的引用情况和学者观点进行比较后发现，这一意见并未被我国司法实务真正采纳。原因在于：行为人"以勒索财物为目的绑架他人"这一标准是存在歧义的。

---

[1] 黄应生："最高人民法院研究室关于第三方受到勒索是否属于绑架罪构成要件问题的研究意见"，载张军主编：《司法研究与指导》（2012年第2辑），人民法院出版社2012年版，第126页。

[2] 张明楷："绑架罪的基本问题"，载《法学》2016年第4期。

[3] 黄应生："最高人民法院研究室关于第三方受到勒索是否属于绑架罪构成要件问题的研究意见"，载张军主编：《司法研究与指导》（2012年第2辑），人民法院出版社2012年版，第125页。

这里的"绑架"一词，究竟应该按照我国刑法罪名意义上限定的"绑架"来理解，还是按照"绑架"的本来字面含义来理解？如果不以行为人向第三方索财为限，那么这里的"绑架"就应该按其字面文义理解为挟持、控制更合适，但是如果离开了勒索对象的限制，"以勒索财物为目的的绑架行为"就会与"劫持他人后劫取他人财物的抢劫行为"在客观行为手段上难以清晰界分。实务中，除了较为多见的当场劫取、勒索财物的案件之外，在劫持、控制被害人后继续向被害人强索钱财的案件也并不少见，行为人以被害人的人身安危相胁迫，迫使被害人向家人、亲友、合作伙伴等筹措钱物的，就行为表现来看，本质上也属于"以勒索财物为目的的劫持"，这样势必仍使绑架罪与抢劫罪以及拘禁型敲诈勒索罪的界限变得更加模糊。所以，对此问题，笔者以为，似乎仍应以是否使得第三人知悉被害人被他人挟持、控制为必要，至于第三人对于被害人的安危是否关心，是否引起第三人对被害人的忧虑，或者存在勒索对象错误（第三人与被劫持的人毫无关系）的情形，则都不影响对以人质安危为筹码索取财物的行为本质的认定。后文还将在索债型行为的竞合与处断中结合实务案例样本对此加以详述。

第三节　敲诈勒索罪与诈骗罪的界分

在学者关于财产犯罪的类型化分析中，常常将敲诈勒索罪与诈骗罪归为一类，这样归类的根据出于这两个罪都是利用被害人意思瑕疵而取得他人财物的交付型犯罪，与其相对的分类是违反被害人意思、非法取得他人财物的取得罪，包括盗窃罪、抢劫罪、抢夺罪等。此外，在有些国家和地区的刑法典中也将敲诈勒索罪与诈骗罪规定在同一章中，如《日本刑法典》和我国《澳门刑法典》（将敲诈勒索罪与诈欺及背信罪放在同一章）即是如此。这种类属划分显然是出于对二者行为相似性的认识，即两种犯罪中都有被害人的参与，都需被害人有处分的意愿和行为，行为人才能取得财物，犯罪才可既遂。但是，与他们的相似性相比，二罪在行为结构以及行为人交付（处分）财物方面更存在着明显的区别，相似与相异比较而言，异处更为明显：敲诈勒索罪通过使用暴力或威胁的手段使他人因为畏惧而交付或处分财物，而诈骗罪使用欺骗的手段使他人由于误解而交付或处分财物。表面上看，二者都是交付型犯罪，但是本质上敲诈勒索罪属于违反被害人意愿取得他人的财物，而诈骗罪是被害人由于误解自愿处分其财物。从行为人采取手段的危害性和被害人受到的威胁程度来看，实施敲诈勒索罪的行为人通过直接针对被害人的暴力、威胁等恐吓意在取财，并无掩盖和粉饰，其反社会人格体现得更为直观和强烈，而诈骗罪的行为人通过一些表面上看似合理的理由和掩饰骗取财物，对被害人没有形成直接的侵害与压制，还具有一定的对国家规范的畏惧心理，其体现出的社会危害性也较敲诈勒索罪要小。关注敲诈勒索罪与诈骗罪的界分，一方面虽然对二罪在行为构造上存在的差异，学界并不存在太大争议，但是对于具体界分的标准却尚有争议，下文将加以评析；另一方面是对行为人兼采欺诈与威胁的方式取得他人财物的行为，从行为构成的角度给予准确的评价。

一、行为构造上的界分标准

对于如何区分诈骗罪与敲诈勒索罪，学界主要有依据行为人取财手段的客观标准说与依据被害人处分财物意思的主观标准说，以及主客观标准折中说。

（一）客观说——行为手段标准

尽管二者在使被害人基于意思瑕疵而交付财物这一点上具

有相似性，但是，日本和我国大陆以及台湾地区的很多学者都认为，二者的本质区别在于行为手段上的不同：敲诈勒索罪的行为人采用暴力、威胁等恐吓行为，使被恐吓者心生畏惧而交付财物，而诈骗罪的行为人则通过欺诈的方式使被害人陷入错误认识而做出财产处分的决定。为此，很多学者认为：区分敲诈勒索罪与诈骗罪的关键是看获得财物的手段主要是欺诈还是恐吓，如果主要靠欺骗手段使被害人自愿交出财物的，应认定为诈骗罪，如果主要靠恐吓，即使伴有欺骗的因素，也成立敲诈勒索罪，这是比较笼统但较为主流的认识。[1]这种以行为手段进行区分的观点可以称为客观说。

（二）主观说——内心决意标准

有学者提出以相对人交付财物的内心决意作为判断标准的主观说。例如，陈兴良教授分析认为：诈骗的相对方是由于对真相的误信而上当受骗，而自愿处分财物；敲诈勒索的相对方是由于受到精神上的恐吓，不得已处分自己的财产，交付行为不是自愿的。[2]西田典之教授也分析认为，敲诈勒索罪的被害

〔1〕 林山田：《刑法各罪论》，北京大学出版社 2012 年版，第 349 页。王作富主编：《刑法分则实务研究（中）》，中国方正出版社 2010 年版，第 1142 页。赵秉志：《侵犯财产罪》，中国人民公安大学出版社 2003 年版，第 364～365 页。陈兴良、陈子平：《两岸刑法案例比较研究》，北京大学出版社 2010 年版，第 41 页。谢望原、郝兴旺主编：《刑法分论》，中国人民大学出版社 2008 年版，第 253 页。于志刚主编：《案例刑法学各论》，中国法制出版社 2010 年版，第 377 页。陈兴良主编：《刑法各论精释》，人民法院出版社 2015 年版，第 591 页，该书敲诈勒索罪部分为劳东燕教授所撰写。甘添贵：《刑法各论（上）》，三民书局 2014 年版，第 369 页。

〔2〕 陈兴良、陈子平：《两岸刑法案例比较研究》，北京大学出版社 2010 年版，第 15 页。陈兴良教授在该书中后文中（见该书第 41 页）又倾向于原因说，认为区分诈骗罪与敲诈勒索罪的关键在于行为人交付财物的原因，如果行为人基于认识错误而交付，可能构成诈骗，如果行为人是因为精神受到一定的强制（并没有达到不能反抗的程度）而交付，可能构成敲诈勒索罪。陈兴良主编：《刑法学关键问题》，高等教育出版社 2007 年版，第 376 页。

人是一种有意识的自我损害，而诈骗罪的被害人是一种无意识的自我损害。[1]在一些存在混合使用欺诈与勒索的案件中，"勒索者以虚构的事实向被害人进行威胁时，被害人虽然也是'信以为真'并作出处分财产的行为，唯其心理上绝非心甘情愿，而是被迫的，其处分财产的行为本质上是一种受到威胁后基于畏惧心理而不得已作出的行为"。[2]这种以行为相对人交付（或处分）财物的自愿性为标准的分析是对被害人主观上处分财物心理的分析，因此，可以称作主观说。

（三）兼采主、客观标准的折中说

基于对行为手段进行界分的客观说与以相对人内心决意进行分析比较的主观说各执主观与客观标准的一端，二者只是关注的视角不同而已，在具体案件的裁断中，对行为人采用行为手段的客观分析与对相对人主观心理的分析不可能是截然分开或依靠单一标准的判断就可以实现的，而是彼此对应和息息相关的。主、客观兼顾的判断是所有案件分析的统一标准，且往往需要由客观分析入手进而展开对主观的分析，因此，单纯的采用以上任意一种标准都是不全面的也是无法单一完成的。于是，有学者提出所谓的原因标准说，该学说即是一种主、客观折中的观点。原因标准说主张应以被害人交付财物的原因是什么为标准来认定构成何罪，"如果是由于恐惧交付财物则是敲诈勒索罪，如果由于错误的相信而交付财物则成立诈骗罪"。[3]这一标准显然是结合了行为人的行为手段与相对人的主观认识两方面所作的综合判断，因此，笔者以为这是一种主、客观兼顾

〔1〕 ［日］西田典之：《日本刑法各论》，王昭武、刘明祥译，法律出版社2013年版，第173页。

〔2〕 赵国强：《澳门刑法各论（上）》，社会科学文献出版社2013年版，第477页。

〔3〕 赵秉志：《外国刑法各论（大陆法系）》，中国人民大学出版社2006年版，第209页。

的折中的观点。

我国司法实务中采用的也是主、客观兼顾的判断标准，如对于实践中故意制造虚假的交通事故，以"碰瓷"的方式索要赔偿的仲越等诈骗案（《人民法院案例选》2006年第3辑）[1]，法院判决分析认为：行为人以非法占有为目的，故意制造脚部被出租车碾压的交通事故，然后故意隐瞒事实真相，声称是被害人的过失行为造成，并借此索要钱款，被害人错误地相信这一事实，并自愿为此赔偿对方的损失。故依法认定二被告的行为构成诈骗罪。[2]该案从客观行为分析入手，认定被告人采取的方法是虚构交通事故的假象，并以此为由索要钱财，期间无明显的暴力或威胁的举动，或主要不是靠恐吓取得财物；从被害人的角度分析，被害人误信确实发生了交通事故，需要赔付给他人造成的损失，不是由于恐惧交付财产。所以认定本案不构成敲诈勒索罪。[3]如果行为人碰瓷后，被害人识破骗局，拒绝给付钱财，行为人采用暴力、威胁手段强索财物的，则根据强制的程度，成立敲诈勒索罪或抢劫罪。如梁成志等敲诈勒索

---

〔1〕　被告人仲越与另一被告人伏跃忠经合谋，决定采用制造虚假交通事故的方法，骗取出租车驾驶员给予的赔偿款或补偿款（俗称碰瓷）。2005年8月至10月间，二被告人先后多次在南京市城区乘坐出租汽车，其中1人中途下车，当车准备继续行驶时，车上的1名被告人声称有物品要交给刚下车的被告人，并让驾驶员停车等候。车外被告人靠近出租车后佯装与车上人交接物品或交谈，同时故意将脚放在出租车右后车轮前，当车继续行驶时，从其脚面碾过（被告人事前确知不会对其身体造成损害）。后两被告人以驾驶员开车不小心将其脚压伤为由，向驾驶员索要数十元至数百元不等的赔偿款。两被告人共同作案37次，骗得驾驶员钱财人民币1410元。

〔2〕　陈兴良、张军、胡云腾主编：《人民法院刑事指导案例裁判要旨通纂》，北京大学出版社2013年版，第773～774页。

〔3〕　类似分析可见车浩副教授对该案的点评。陈兴良主编：《刑法各论精释》，人民法院出版社2015年版，第509页。

案,[1]该案裁判要旨明确：被告人梁成志等人利用内地党政领导及企业老总招商引资的迫切心理，采取假冒他人名义、虚构投资事由、诱骗他们到香港等地参赌等手段，设局使被害人输钱后，以举报参赌、实施暴力等方法，给被害人造成精神上的恐惧，迫使其安排亲友汇款。被告人精心设计的前期一系列欺骗行为实际上都是为勒索钱财创造条件，并借助这些条件胁迫被害人以索取钱财。被害人交付钱财也非自愿，而是被迫的。因此，应该成立敲诈勒索罪。[2]以上分析可以看出，在具体案件中，行为要件的分析，既注重对行为人实施行为手段的分析，同时也注重行为对被害人心理影响的分析。仲越案中，行为人虚构交通事故的行为是造成被害人错误认识的基础，即使行为人有一些轻微的恐吓行为，最终造成被害人给付金钱的原因并不是暴力与威胁，而是其错误地认为自己在驾驶中"确实发生"了交通事故，给他人造成了人身损害，而"应该赔偿他人的损失"；而梁志成案则是利用欺骗使被害人进入其设好的"赌局"进而参与赌博输钱，之后迫使被害人支付所输赌资的行为，被害人虽然已经察觉赌局有诈，但是由于行为人利用被害人的特殊身份，以暴力以及举报参赌相恐吓迫使其交付财物，被害人主观上不存在认识错误，而是完全的被迫，因此成立敲诈勒索罪。

客观说与主观说的不同在于前者侧重于关注行为人所采用

---

[1] 梁成志等人以非法占有为目的，假冒香港大公司管理人员或亲属，以到内地投资为借口，诱骗内地党政官员到香港等地考察、洽谈，然后提议玩牌，设赌局让被害人参与赌博。在被害人赌输后，梁成志等人以举报参赌、带去澳门扣押、将实施暴力等相威胁，迫使被害人通知亲友向指定账户汇款后才放行。该案一审认定梁成志等构成诈骗罪，二审改判敲诈勒索罪。详见"梁成志等敲诈勒索罪案"，载陈兴良、张军、胡云腾主编：《人民法院刑事指导案例裁判要旨通纂》，北京大学出版社2013年版，第843~844页。

[2] 陈兴良、张军、胡云腾主编：《人民法院刑事指导案例裁判要旨通纂》，北京大学出版社2013年版，第843~844页。

的行为手段，后者重在体察被害人处分财物的心理，二者从两方面揭示出敲诈勒索罪在于通过暴力与威胁手段，使被害人由于内心恐惧而被迫交付财物，而诈骗罪在于行为人以虚构事实和隐瞒真相的手段，使被害人对行为人的言行产生错误认识和判断，进而自愿处分其财物，这本质上反映出两罪在取得财物的行为因果关系流程上的差异。客观说与主观说都是通过比较分析二罪的行为结构特征而获得的结论，但单独采用其中一种判断标准无法对具体行为事实本身做出全面的分析和考量，尤其是主观心理的判断往往需要以客观行为手段的分析为基础和参照，因此，单纯的客观说或主观说难以独自完成对行为事实的合理评价。结合传统司法思维习惯以及认识事物的客观规律，笔者以为，主客观兼采的判断标准更为全面和可靠，面对具体案件事实，先从客观上、外在的行为方式分析入手，进而通过客观外在行为的特点，分析被害人处分财物的主观、内在心理原因，可以更为具体地对行为整体做出精准的评价。

二、对兼采敲诈与欺诈手段取财行为的认定

主客观兼顾折中说标准是我们认定所有犯罪行为的分析思路，对于具体界分诈骗与敲诈勒索行为也是比较可行的，但是对于兼采敲诈与欺诈手段索财的行为，仅从客观的行为手段和被害人的主观心理认识入手进行分析有时却是比较困难的。例如，冒充绑匪向被害人家属索要赎金的案件，声称他人将面临疾病或灾祸，以治病消灾为名索要钱财的案件等，这些案件中客观上行为人既有欺骗的内容，也有威胁、恐吓的内容，主客观粗线条的宏观分析难以在欺骗与威胁之间得出一个清晰的分析结论。所以，仍有必要探索具体可行的判断标准来分析此类混合式行为的定性问题。

为了寻找便于操作和辨识度高的"分辨参数"，也有学者提

出了以行为人的欺骗内容能否为其索财提供法律上的正当根据为标准加以判断，认为："如果行为人欺骗的内容能够为其索要财产的行为提供法律上的正当根据，就构成诈骗罪；否则，便构成敲诈勒索罪。"[1]这种探究的必要性和尝试是值得肯定的，但对于其可行性，笔者却持怀疑态度。因为"正当"本身就是一个价值判断标准，何为正当同样值得考证，而且以法律上的正当为标准是否过于严苛，仅仅依据欺骗的内容与索财的关联性恐怕也不足以反映行为的全貌。例如，同样是"碰瓷"索财，行为人刻意制造的交通事故就是其索财的根据，应该说具有法律上的正当性，但有的"碰瓷"案件中行为人主要依靠虚构发生了交通事故的事实和车辆受损或人员受伤的虚假结果，骗取对方的财物，而有的则选择利用对方属于酒驾、外地车辆等不利因素实施要挟，迫使对方给付"赔偿"。即使相对人知道遇到了碰瓷，人员受伤和车辆受损等都是假的，但迫于害怕被交警发现"酒驾"，或外地车辆处理事故周期太长等不利因素，而被迫接受行为人"私了"的建议，花钱消灾。这其中制造虚假交通事故的事实都可以作为要求赔偿的正当法律根据，可是由于被害人面临的情境不同，作出处分财物决定的心理根据不同，有的成立诈骗罪，有的成立敲诈勒索罪。因此，欺骗内容能否为索财提供法律上的正当根据恐怕并不能作为区分诈骗罪与敲诈勒索罪的判断依据。对于确实混合使用了欺诈与恐吓手段索财的行为，需要具体分析行为人对其取得财物所提出的恶害是否具有现实可控性，如果不仅可控而且已经体现出具体的暴力与威胁性，那么"欺骗只是为了支撑威胁的可信性，欺骗手段服务于威胁，使威胁本身变得可信，欺骗手段只是威胁手段的一部分，

---

[1] 邹兵建："交通碰瓷行为之定性研究——以李品华、潘才庆、潘才军诈骗案为重点的分析"，载《刑事法判解》2012年第2期。

只应构成敲诈勒索罪"。[1]如果不可控，只是用所谓的恶害作为虚张声势的"幌子"，使相对方"病急乱投医"，自愿交付财物的，则应成立诈骗罪。对于这一判断标准，由于涉及对恶害控制情况的现实判断，因此，将其概括为"恶害控制说"。

（一）恶害控制说的提出

敲诈勒索罪能够与其他财产犯罪相区分，其行为手段的独特之处在于行为人以对被害人或其相关的第三人实施一定的侵害相恐吓勒索他人的钱财，敲诈勒索行为暗含了行为人将要亲自或由其可操控的第三人对被害人实施一定的加害行为，这种危害性应该具有一定的客观性和可信度，[2]使被害人认为自己或其他关系密切的第三人正要或将要面临来自行为人或者其可支配的第三人施加的法益侵害。因此，敲诈勒索需要行为人向被害人传达侵犯他人合法权益的信息，而且需要客观上使被害人相信其有遭受来自行为人可控的侵害的可能，这也正是该罪的客观危害性与行为人的主观人身危险性均高于诈骗罪的原因所在。然而实践中，有的敲诈勒索的行为人并无真实的实施恶害的意图，只是声称将对被害人施加恶害来让对方交付财物，而有的诈骗案件的行为人则也会向被害人传达一定的恶害信息，如向被害人传达其将遭受病痛、财产面临损失或可能被司法机关追诉等虚假信息来骗取对方的钱财，即诈骗与敲诈案件中的行为人都可能向被害人传达一定的恶害信息。这些恶害信息往

---

〔1〕　陈兴良主编：《刑法各论精释》，人民法院出版社 2015 年版，第 510 页，该部分内容为车浩副教授的观点。在美国刑法司法实务中也认为在一些特殊的案件中，被告人交付财物可能既有威胁的原因也有其他方面的原因，在这种情况下，如果威胁行为构成交付财物的主要原因，发挥了实质性的作用，仍然可以成立敲诈罪。刘士心：《美国刑法各论原理》，人民出版社 2015 年版，第 263 页。

〔2〕　这也是学界始终强调的，如果行为人所告知的恶害将由第三者实现时，行为人必须使对方明知或确信行为人能够影响第三者。

往会对被害人造成心理上的影响，这种影响既可能造成被害人的误信，同时也可能产生心理恐惧，所以只从比较宏观的主客观标准评价入手，难以得出比较有说服力的结论。为此，笔者提出以行为人对恶害的可控标准作为分析工具的恶害控制说。根据该判断标准，行为人以实际可控的恶害或者足以使被害人相信的行为人能够控制的恶害相通告，向他人索要财物的，即属于以其可控的恶害内容相威胁，表明其借助的是恶害对被害人形成的心理强制，因而，应该成立敲诈勒索罪；如果行为人采用虚构的来自自然力、神力，或与行为人无关的第三人施加的恶害取财，如声称被害人的家人发生车祸正在医院救治，需要对方汇款的行为，或对方的银行账号存在被盗取的风险，要求对方提供身份证号、手机号、验证码的行为等，则属于行为人利用被害人对行为人可以助其避免恶害的误信交付财物。由于行为人明确这样的恶害并非来自其本人或其可支配的第三人，被害人感受到的不是来自行为人的威胁与压力，而是其他的不利局面，这种不以自身可控的恶害作为实现索财目的的行为，借助的并非是其对被害人造成的心理压制，而是被害人的误信，故应该不成立敲诈勒索罪，而应构成诈骗罪。

（二）恶害控制说的实践检视

以虚假事实进行敲诈的案件中，被害人事实上不会受到来自行为人控制下的侵害，即使在行为人制造的骗局中被害人自认为会面临一定的危险或损害，但是，这种侵害不是来自于行为人或行为人现实能够控制的第三人，而是来自其虚构的其他人或其他因素。因此，如果行为人以其不能控制的第三人或者实际上不存在的所谓神力、巫术等相要挟，即使行为人声称能够阻止或消除这样的侵害，借此令被害人交付财物的，均应不成立敲诈勒索罪。原因在于：一方面，行为本身对法益造成侵害的现实危险性和实害性不存在，被害人相关法益事实上面临威胁和损害的可能性也不存在；另一方面，行为人声称的恶害并不来自于其本人或其可控的第三人，这也表明其尚存对法律的敬畏感，其人身危险性较低。结合这两点理由，如果行为人仅以这样的恶害相通告，那么所谓的"威胁"即仅具有欺枉的属性，则表明客观上适用更重罪名预防和惩罚的必要性不足，应认定为诈骗罪。[1]

现实中发生的声称绑架了他人向其家属勒索钱财和杀害他人后向其家人勒索赎金的案件，和声称某人将对被害人实施侵害，而行为人能够从中调停化解，以此索财的案件，虽然其中也都存在欺诈的因素，但是行为人的欺诈行为足以使被害人认为行为人对于恶害是可控的，其拒绝交付赎金或调停费将遭受来自行为人或其可控（或能够影响或阻止）的第三人的侵害，因此，应该成立敲诈勒索罪。但以被害人的子女在外发生交通意外需要手术为由让被害人汇款支付押金，否则其子女将有生命之忧的案件，和利用被害人的家人因为刑事犯罪正在面临刑事追究，声称其认识有关法院或检察院的领导，可以为其减轻罪责而取得被害人钱财的案件，被害人感到的并非是来自行为人的暴力或胁迫，而是其虚构的医院抢救、治疗事实的紧迫性，或者来自检察院、法院依法起诉审判的不利结果，这些都不是行为人可控的，因此该行为应该认定为诈骗罪而非敲诈勒索罪。再如，实践中十分典型而多发的"迷信诈骗"案，行为人以被害人本人或其家人正面临疾病困扰或将面临重大灾祸为由，声称其能够借助神力为其治病消灾、化险为夷获取他人钱财的，尽管所谓疾病和灾祸使被害人感到了恐惧，但是这种对被害人而言的恶害不是来自于行

---

〔1〕　参见阮齐林：《刑法》，中国人民大学出版社 2013 年版，第 196 页。陈兴良主编：《刑法各论精释》，人民法院出版社 2015 年版，第 507～508 页，该部分为车浩副教授的观点。

为人本人，也不是来自于行为人可控的第三人，而是客观上不存在的虚幻神力，这样的行为也应该认定为诈骗罪。笔者在无讼案例网上输入关键字"鬼神"与"诈骗"，共查阅到相关刑事裁判文书 14 份。这些案件中行为人利用被害人面临疾病或生活窘迫的困扰，或声称被害人被鬼神纠缠，将面临灾祸等，以能够用所谓宗教迷信、医药祖传秘方、超能力等帮助他人消灾解难、祈福化灾等说法，骗取被害人的钱财，这些行为均被认定为构成诈骗罪。同样，在该网输入关键字"鬼神"与"敲诈勒索"，却并未筛选出与之匹配的案例和裁判文书。由此可见，司法实务中也侧重对欺骗内容实害性的考察。结合以上分析以及实务中的裁判现状，笔者认为，对于行为人明知被害人比较迷信而用所谓自己能够借助神力或操控自然力为其消灾免祸等进行游说，取得他人钱财的行为，认定为诈骗罪是更为合理的。

三、学界对兼采敲诈与欺诈索财行为的观点检讨

由于区分敲诈与欺诈的标准始终模糊不清，学界围绕混合使用敲诈与欺诈手段索财行为的处断，发展出许多不同的见解。但笔者以为，这类行为本质上就是一罪，与竞合论和罪数论均无关。实务中运用主客观兼顾的判断标准，同时结合"恶害控制理论"即可以对此类行为做出恰当的定性。

（一）对混合使用欺诈与敲诈行为的处断学说

对于行为人兼采敲诈与欺诈手段索取他人钱财的行为，在理论上存在着诸多不同的观点，如在日本存在着想象竞合说[1]，恐

---

[1] 想象竞合说认为，行为人并用欺诈与恐吓手段，对方在陷入认识错误的同时基于恐惧心理交付财物的，属于诈骗罪与敲诈勒索罪（恐吓罪）的想象竞合犯。参见大塚仁：《刑法概说（各论）》，冯军译，中国人民大学出版社 2003 年版，第 267 页。这也是日本判例和理论上的通说。

吓罪说[1]和择一竞合说[2]。我国台湾地区学者甘添贵教授受日本学说的影响，也持择一竞合的看法，认为对于兼有欺诈与恐吓的取财行为，应以恐吓取财罪处断。[3]我国台湾地区司法实务中也基本倾向于恐吓罪说，但理由却有所不同。我国台湾地区"高等法院"在判例中认为诈欺只是使对方产生恐惧的手段，因此认定应构成恐吓取财罪一罪，依据的是包括的一罪说。但在另一判例中，却认为，"恐吓手段常以虚假之事实为内容，故有时不免含有诈欺之性质，倘含诈欺性之恐吓取财行为，足使人心生畏怖时，自应仅论以高度之恐吓取财罪"，[4]采用的则是想象竞合说的原理。我国大部分学者认为，对这种并合行为定性的关键在于分析行为人获得财物主要依靠的是欺诈，还是威胁恐吓，如果是前者则成立诈骗罪，如果是后者则成立敲诈勒索罪。但对于那些确实并合使用欺诈与威胁行为，被害人处分财物既有错误认识的因素，也有受到威胁基于恐惧的成分，对于这种欺诈与威胁难分伯仲的行为，大部分学者倾

---

〔1〕　因为想象竞合犯侵犯的是双重法益，而同时使用欺诈与恐吓的行为并没有侵犯双重法益，不符合想象竞合犯的条件，而使人产生恐惧心理重于使人陷入认识错误，所以，认为这种并合行为应该仅成立恐吓罪一罪。参见［日］山口厚：《刑法各论》，有斐阁2003年版，第282页。

〔2〕　参见［日］江家义男：《刑法各论（增补版）》，青林书院1963年版，第320页；转引自张明楷：《诈骗罪与金融诈骗罪研究》，清华大学出版社2006年版，第119页。由于择一竞合适用于同一行为同时符合数个法条规定的犯罪构成要件，而数个法条是并列对立的关系，最终只能根据案件事实选择最相符合的一个法条适用，因此，很多学者否认择一竞合属于法条竞合。

〔3〕　甘添贵教授认为：虽然恐吓取财罪与普通诈欺罪保护法益具有同一性，但是恐吓取财罪系使人心生畏惧而交付财物，诈欺取财罪则系使人陷于错误而交付财物，两罪的性质不同，成立法条竞合时，因两罪在构成要件上并不具有特别、补充或吸收关系，应依择一关系，选择最合适之恐吓取财罪处断。甘添贵：《刑法各论（上）》，三民书局2014年版，第369页。

〔4〕　陈子平：《刑法各论（上）》，元照出版公司2015年版，第638、642页。

向于认为成立想象竞合犯。[1]张明楷教授对此问题也曾一度主张想象竞合说,但在其 2011 年出版的《刑法学》一书中,改采狭义的包括一罪说。[2]车浩副教授目前依然坚持想象竞合说,并且认为:"想象竞合说不仅在一般社会语境中能够被普通民众所接受,而且可以避免刑法惩罚上的漏洞。"[3]劳东燕教授认为,对于同时具有欺诈与恐吓性质的行为,按一罪而非数罪并罚来处理是妥当的,因为二者并不存在法条上的包容与被包容的关系;但她同时指出,想象竞合犯要求一行为触犯数法益,但对于兼具欺骗与恐吓性质的行为,客观上只侵犯一个法益,按想象竞合犯从一重罪处断的立场在解释论上是可疑的。[4]显然,劳东燕教授对这样的行为也倾向于一罪论,但她与张明楷教授一样对想象竞合说的合理性提出了质疑。此外,对于张明楷教授提出以狭义的包括一罪这一罪数理论来诠释这类行为,其合理性也还有待考证。

(二) 竞合论与罪数论之弊

1. 该问题无关竞合与罪数理论。首先,对混合使用了敲诈与欺诈手段索取他人财物的行为,应该根据行为人采用的行为手段和被害人作出处分财物决定的心理基础认定行为的性

---

〔1〕 阮齐林:《刑法学》,中国政法大学出版社 2011 年版,第 545 页。陈兴良、陈子平:《两岸刑法案例比较研究》,北京大学出版社 2010 年版,第 41 页。于志刚主编:《案例刑法学各论》,中国法制出版社 2010 年版,第 377 页。张明楷:《诈骗罪与金融诈骗罪研究》,清华大学出版社 2006 年版,第 122 页。

〔2〕 张明楷:《诈骗罪与金融诈骗罪研究》,清华大学出版社 2006 年版,第 122 页;张明楷:《刑法学》,法律出版社 2011 年版,第 899 页。在书中的注释中张老师解释说:此前在该书的旧版中他受日本判例和通说的影响认为二者成立想象竞合犯,但现在他也考虑到该行为没有侵犯数个法益,所以难以认定为想象竞合,应属于狭义的包括一罪,从一重罪处处。

〔3〕 陈兴良主编:《刑法各论精释》,人民法院出版社 2015 年版,第 510~512 页,该部分内容为车浩副教授所撰写。

〔4〕 陈兴良主编:《刑法各论精释》,人民法院出版社 2015 年版,第 591 页。该书敲诈勒索罪部分为劳东燕教授所撰写。

质。理由在于，从构成要件行为定型性的视角考量，二罪的实行行为在侵犯他人财产权的手段上存在着较为清晰的区别，根据行为人得以获得财物或者意欲借此获得财物的手段，以及该手段行为给被害人造成的心理影响是误导还是恐惧，来分析构成犯罪的核心行为特征，借此确定行为的性质，这也正是目前主、客观标准说能够获得较多支持的缘由所在。其次，对于兼有欺诈与敲诈因素的索财行为，运用恶害控制说，从行为人对恶害的可控性的视角分析行为人是借助恶害控制还是心理误导来取得财物，从而确定行为的性质。

对于实践中发生的同时兼采欺诈与威胁手段索取财物的案件，概括起来主要有两类，即所谓"虚张声势的敲诈"与"狐假虎威的欺诈"两类案件，行为定性的关键在于对复杂行为过程的梳理和评析。在"虚张声势的敲诈"类案件中，纵使行为人利用虚构的事实对他人进行恐吓，只要使被害人认为行为人对恶害的发生是可控的，即使事实上是以并不打算真实兑现的恶害相恐吓，或者事实上行为人是以本人不能控制的所谓第三人带来的恶害相威胁，但客观上具有造成被害人内心恐惧的基础，因此，应认定成立敲诈勒索罪；反之，在"狐假虎威的欺诈"案件中，行为人只是利用并不存在而且自己并不能真实操控的恶害，以自己能够提供帮助、避免和防止这样的侵害向被害人索取钱财，即行为人或者借助并不存在、虚假的威胁，或者编造各种虚假事由，骗取对方的信任而交付财物，在"狐假虎威的欺诈"案件中，行为人始终不以自己将会制造恶害为切入，而是以其可以帮助他人解脱或避免相关的恶害为手段，对于这样的行为应认定为诈骗罪。这两种情形下，本不存在竞合的前提，而是存在对行为手段的详细甄别和诠释的问题。

与学理上左右突围、言之凿凿的理论解析不同，司法实务中的裁判结论却以对核心行为定性的专注，使复杂的问题简单化。通过查阅有关涉及利用欺诈实施敲诈勒索案件的判决文书，笔者发现实践中对于行为人并用欺骗与敲诈行为的案件，法院的判决理由中对于其中的欺诈部分往往并不细究，而是直接就行为人取财的手段进行分析。例如，在罗某某敲诈勒索一案中，行为人以将被害人的性爱录像上传至网上相威胁（实际上行为人并没有拍摄到被害人的性爱录像），向被害人强行索要钱款，法院对行为人使用虚构的"敲诈"素材这一事实并未加以评述，而直接认定"行为人以揭露他人隐私相威胁，向他人勒索财物，数额较大，其行为构成敲诈勒索罪"。[1]欺诈事实并未进入司法裁判分析的视野，也没有影响法院对行为人敲诈勒索实行行为的定性和评价。与法院对此类案件判决的简洁思路不同，理论界对这种并合使用了欺诈与恐吓的行为往往会从竞合的角度有很多的争论。例如，在有关罗某某案的"法理解说"部分，作者以公诉人的身份和视角对"敲诈"与"欺诈"的界分标准以及竞合的处断原则和依据做了十分深入的分析和评述，笔者以为这种复杂化的分析未必切中行为定性的要害。

2. 竞合论与一罪说的流弊。法条竞合与想象竞合都属于我国刑法理论中的舶来品，尽管学界已有较多的介绍和研究，但是理论分歧仍然很大，而在立法层面，我国刑法典中至今并未对法条竞合与想象竞合做出明确的回应，这也导致理论和司法

---

〔1〕 见"罗某某敲诈勒索案——敲诈勒索罪与诈骗罪的区分"，载刘中发主编：《刑事案例诉辩审评——敲诈勒索罪》，中国检察出版社 2014 年版，第 188 ~ 193 页。类似的判决还有（2013）焦刑三终字第 00040 号司恩帅敲诈勒索罪一案二审刑事判决书，该案行为人以经过篡改的《招商邀请函》和假收款收据向被害人索要数额较大的损失赔偿款，最终法院认定行为人采取欺诈手段敲诈勒索公私财物，数额巨大，行为构成敲诈勒索罪。判决说理同样对欺诈行为未作评价。

实践中对于二者的认定存在颇多争议和抵牾。但目前基本能够形成的共识是：法条竞合是由于法规的错杂规定即法律条文内容存在包容或交叉，而导致一个犯罪行为同时触犯数个刑法规范；想象竞合则是由于犯罪行为手段的特异，在一个犯罪中包含了数个不同的行为手段，这些手段该当了不同的犯罪行为，侵害了数个法益，造成刑法适用上的冲突。[1]想象竞合犯是基于数个罪过，实施了一个行为，产生了数个结果，侵犯了数个法益，触犯了数个不同罪名的情形。通说理论对其是否必须同时侵犯了数个法益并未予以明确，但很多论著中都指出想象竞合犯须侵犯了数个法益。[2]一部分学者认为，兼有欺诈与敲诈的行为构成法条交叉性竞合，法条交叉竞合需要二罪交叉包含彼此构成要件中的部分行为内容，形成你中有我、我中有你的交叉性构成要件关系。诈骗罪虚构事实、隐瞒真相的行为与骗取财物的构成性行为与敲诈勒索罪的暴力、威胁的行为与索取财物的构成性行为之间并不存在共同与交叉的部分，虽然它们都有取得他人财产的行为，但是前者是经由被害人自愿的处分意思而取得，后者则是被害人基于恐惧被迫交出。因此，即使按照陈兴良教授对交叉性法条竞合的论述理论，敲诈勒索罪与

---

〔1〕　高铭暄、马克昌主编：《刑法学》，北京大学出版社、高等教育出版社2011年版，第187页。

〔2〕　马克昌主编：《犯罪通论》，武汉出版社1999年版，第678页。孙国祥主编：《刑法学》，科学出版社2008年版，第179页，书中特别分析认为，有的想象竞合触犯的数个罪名保护的法益是多个不同的，如《刑法》第204条第2款，法律即应对其数罪并罚，有的想象竞合触犯的数个罪名保护的法益是重合包容的，则应择一重罪处断。张明楷：《刑法学》，法律出版社2011年版，第437页，张明楷教授指出，想象竞合犯属于科刑上的一罪，法条竞合属于单纯一罪，这意味着在排除其他因素的情况下，想象竞合的法益侵害应当重于法条竞合的情形。以行为侵害一个法益还是数个法益为标准区分法条竞合与想象竞合的观点正是考虑了二者的实质区别。

诈骗罪也并不存在构成要件上的包容与交叉关系，因此，二者并不可能成立法条竞合。按照想象竞合的原理，在并合使用欺诈与恐吓的敲诈勒索案件中，行为人在威胁与恐吓中伴有欺诈的内容，在取得对方财物这一单一犯意的支配下，二者在自然观察意义上和社会一般观念上均可以评价为同一个行为。[1] 从侵害的法益来看，这一行为共同侵犯或威胁的只有同一被害人的财产权，如果考虑到威胁行为，则还会侵犯到被害人的意思决定自由，但是这本身属于敲诈勒索罪一罪的法益内容，诈骗罪侵犯的法益只有财产权，这样很难从构成要件的角度说这一行为侵犯了数个法益。因此，基于单一犯意实施了单一行为，侵犯了单一法益的行为，也不符合成立想象竞合的条件。正如我们不会认为以欺骗手段将财物所有人引开后取走其店里财物的行为构成诈骗与盗窃的竞合一样，从实行行为定型性的角度来看，即使行为人在实施盗窃行为的过程中伴随有欺诈的行为，但是最终行为人取得财物的主要行为是窃取而不是骗取，被害人是在不知情的情形下失去了对财物的占有和控制，而不是基于主观认识错误终局性地将财物交付给行为人，那么就只构成盗窃罪一罪。基于类似的道理，敲诈勒索罪与诈骗罪在取得财物的行为手段上，"和平"骗取与恐吓式"索取"这两个行为存在明显的对立，无法在一个取财行为中同时并立存在，因此，这样的行为无法满足一行为同时齐备诈骗罪与敲诈勒索罪两个犯罪的构成要件，如果不具备这个前提，不论根据怎样的法益评价标准，都无法认定这样的行为能够用想象竞合的理论来诠释和处断。

---

[1] 根据张明楷教授对构成想象竞合犯中"一个行为"的判断思路，需首先按照一般社会观念，基于自然观察的角度，分析二者能否被认为是一个行为；其次，还需进行某种程度的规范评价，即当将这一行为分成两个行为时，符合构成要件的各自然行为至少在主要部分存在重合关系时，才能认为属于"一个行为"。参见张明楷：《刑法学》，法律出版社2011年版，第434页。

竞合说难以自圆其说，为此发展出了一罪说。张明楷教授用狭义的包括一罪理论试图摆脱竞合犯理论对该问题的桎梏，解决数行为侵犯同一法益情形下的罪数问题。然而，这一理论自身仍存在无法克服的弊端。在该理论的发源地日本刑法理论中，关于狭义的包括一罪，是指"实施数个符合同一构成要件的行为，在这些行为之间具有密切联系，应当看作为指向同一法益的、在单一意思支配下的实行行为的场合，就是概括地服从于一次构成要件性评价的犯罪"。[1]根据张明楷教授对日本狭义的包括一罪的概括和介绍，认为当一个构成要件所规定的数种行为之间存在手段与目的、原因与结果的关系时，行为人对同一法益依次实施了这些行为，可以将这些行为评价为包括的一罪的情形。[2]张明楷教授在其《刑法学》一书中并没有概括狭义包括一罪的具体内涵，而是列举了狭义的包括一罪包括的四种情形。[3]这里列举的情形其实是包括一罪中其他类别难以涵摄的一些特殊情形，但笔者以为这几种特殊情形并非具有独特性，其中第①种情形其实完全可以归入附随犯的范畴；而第②种情形则可以用接续犯或者继续犯的思路得出一罪的结论；第③种情形可以归入附随犯或不可罚的事后行为，用吸收犯的罪数理论得出一罪的结论；只有第④种情形具有兜底性和例外性，也确实是现有罪数理论没有明确涵摄和厘清的。但是，张明楷教授仅仅陈述了这样的情形，对于行为的一罪化论处的刑法机理，以及具体行为关联性

---

〔1〕　［日］大谷实：《刑法总论》，黎宏译，法律出版社2003年版，第358页。

〔2〕　张明楷：《外国刑法纲要》，清华大学出版社2007年版，第347～348页。

〔3〕　四种情形分别是：①一个行为对同一被害人造成数个法益侵害结果；②数个行为造成一个法益侵害结果；③数个行为具有前后发展关系，侵害相同的法益的，从一重罪论处；④数个行为触犯数个不同罪名，但数个行为之间具有紧密的关联性，最终仅仅侵害一个法益的，从一重罪论处。参见张明楷：《刑法学》，法律出版社2011年版，第433页。

的认定标准都没有详加论述，难免在理论上和实务中会出现理解和解释上的分歧。尽管用狭义的包括一罪的理论解释并合使用欺诈与威胁手段取财的行为更为合理，但是理论的自洽和周延还有待完善。正如山口厚教授所认为的："由于只有一个法益受到侵害，认为两罪属于包括的一罪的观点，事实上也存在疑问，但没有其他更好的解决办法，这种解决也是没有办法的办法。"[1]但是这种难以自洽也缺乏合理性根据的理论，显然不足以作为支撑结论的学说而存在。

在笔者看来，兼采欺诈与恐吓手段索取财物的行为并不需要运用竞合与罪数理论来诠释，而是需要对行为本质的深刻分析方能解决的问题。之所以一罪说显得更为合理，是由于这样的行为在本质上就是一罪而非数罪。运用"恶害控制说"就行为人对恶害的驾驭、控制情况进行分析，即可得出较为妥当的结论。

第四节　敲诈勒索罪的类属

在所有研究财产犯罪的文献中，对于财产犯罪的分类，有的只是笼统地将敲诈勒索罪与盗窃罪、抢劫罪、诈骗罪等一起放在取得型犯罪中，有的则进一步将取得型犯罪细分为违反被害人意思的夺取罪与基于被害人意思瑕疵的交付罪，而且一般认为前者包括盗窃罪、抢劫罪、抢夺罪，后者包括诈骗罪和敲诈勒索罪。从世界各国家与地区的刑法的立法体例来看，也存在类似的分类倾向，如德国、意大利、芬兰、比利时等大部分国家的刑法典在财产犯罪内部的分类却都是将敲诈勒索罪与抢

---

〔1〕〔日〕山口厚：《刑法各论》，王昭武译，中国人民大学出版社 2011 年版，第 335 页。

劫罪列在同一类属,[1]我国台湾地区"刑法"是将敲诈勒索罪（台湾地区称恐吓罪）与掳人勒赎罪放在同一章,[2]只有日本和我国澳门地区刑法典是将敲诈勒索罪与诈骗罪放在同一章,[3]我国和俄罗斯刑法典是将所有的侵财犯罪放在同一章，内部没有作进一步的划分。与我国刑法典中不加区分的立法体例不同，在我国现有的刑法学教材中，一般都采取对财产犯罪进行分类后再逐一介绍的方式，其中大部分学者编著的《刑法学》教材都是把敲诈勒索罪与抢劫、抢夺罪、聚众哄抢罪放在暴力、胁迫型财产犯罪一节中介绍，而将盗窃罪与诈骗罪放在窃取、骗取型犯罪一节介绍。[4]高铭暄和马克昌教授主编的统编教材中虽然在财产犯罪部分没有按照类属对具体犯罪划分不同的章节，

---

〔1〕《德国刑法典》在其分则并列的三十章罪名中，第十九章为盗窃和侵占，第二十章为抢劫和敲诈勒索，第二十一章为包庇和窝赃、第二十二章为诈骗和背信，第二十三章为伪造文书等。《意大利刑法典》中，在财产罪一章中，又具体分为三节，第一节为以对物或人的暴力侵犯财产的犯罪，第二节为以欺诈方式侵犯财产的犯罪，第三节为本章各界的共同规定，其中，盗窃、抢劫、敲诈勒索、抢、掳人勒赎和损坏等罪规定在第一节中，诈骗、侵占遗失物、窝藏、洗钱等罪规定在第二节中。《芬兰刑法典》将抢劫罪与敲诈勒索罪一起规定在第三十一章，而且在立法条文表述上，明确敲诈勒索罪为使用抢劫罪所指的威胁（使用暴力或直接的暴力威胁）之外的威胁，迫使他人放弃财产利益的行为。

〔2〕 我国台湾地区"刑法典"将恐吓取财、得利罪与掳人勒赎罪一起规定在刑法分则第三十三章。

〔3〕《日本刑法》在第二编第三十六章以下设置了有关财产犯罪的规定，第三十六章为盗窃以及抢劫犯罪、第三十七章为诈骗以及敲诈勒索犯罪、第三十八章为侵占犯罪、第三十九章为有关赃物的犯罪，第四十章为毁弃以及隐匿犯罪。

〔4〕 参见黎宏:《刑法学各论》，法律出版社 2016 年版，第 294 页。张明楷:《刑法学》，法律出版社 2011 年版，第 850～872 页。阮齐林:《刑法学》，中国政法大学出版社 2011 年版，第 524～537 页。曲新久:《刑法学》，中国政法大学出版社 2009 年版，第 430～436 页。孙国祥主编:《刑法学》，科学出版社 2008 年版，第 504～520 页。刘艳红《刑法学（下）》，北京大学出版社 2016 年版，第 279～305 页。张明楷教授在其《刑法学》（法律出版社 2011 年版）教材中，在介绍财产犯罪的类型时，也提到了取得型与交付型犯罪的分类，但在其后文对具体财产犯罪的介绍中，还是将敲诈勒索罪与抢劫罪、抢夺罪、聚众哄抢罪一起放在了暴力、胁迫型财产罪一节中。

但是在其有关侵犯财产犯罪种类的介绍中，是将敲诈勒索罪与抢劫罪、抢夺罪、聚众哄抢罪一起归入公然强取型犯罪，而将诈骗罪单列为骗取型犯罪。[1]但我国也有一些学者如陈兴良、阮齐林、周光权教授在其编著的有关教材中，将敲诈勒索罪与诈骗罪一起放在交付型犯罪一节中介绍，而将抢劫、盗窃、抢夺、聚众哄抢罪放在夺取型犯罪一节。[2]与我国相似，日本学者也存在这样类属上的认识分歧，如大谷实和大塚仁教授认为：敲诈勒索罪与盗窃、抢劫罪应都属于夺取型犯罪，西田典之教授却认为敲诈勒索罪、诈骗罪属于基于对方意思的交付罪，而抢劫罪、盗窃、侵夺不动产等属于有违反对方意思的夺取罪。[3]这种分类上的不同，说明了学者对敲诈勒索犯罪类属及本质认识上存在的分歧。敲诈勒索罪究竟在类属划分上应该属于哪一类？这是本节要探讨的问题。

---

〔1〕 书中认为侵犯财产罪 13 个具体罪名，依据故意内容的不同，可以分为占有型、挪用型、毁损型三个类型。占有型按照犯罪方式的不同又可以分为四种具体类型：第一为公然强取型犯罪，包括抢劫罪、抢夺罪、聚众哄抢罪、敲诈勒索罪；第二类为秘密窃取型犯罪，即盗窃罪；第三类为骗取型犯罪，即诈骗罪；第四类为侵占型犯罪，包括侵占罪、职务侵占罪、拒不支付劳动报酬罪。高铭暄、马克昌主编：《刑法学》，北京大学出版社、高等教育出版社 2016 年版，第 492 页。

〔2〕 陈兴良：《刑法学》，复旦大学出版社 2009 年版，第 375～410 页。周光权：《刑法各论》，中国人民大学出版社 2011 年版，第 81～114 页。阮齐林教授对该问题的认识也经历了一个先后不同的变化过程，其在 2011 年版的《刑法学》教材中认为，敲诈勒索罪应与抢劫、抢夺、聚众哄抢罪一起归入暴力、胁迫方式非法占有财产的犯罪，而将诈骗与盗窃一起归入窃取、骗取型财产犯罪中；在其 2016 年出版的《中国刑法各罪论》中，阮老师改变了其分类的思路，将诈骗罪与敲诈勒索罪一起放在一节，而将抢劫、盗窃、抢夺、聚众哄抢一起放在"违背他人意志非法夺取他人占有物的犯罪"一节中。详见阮齐林：《中国刑法各罪论》，中国政法大学出版社 2016 年版，第 294～307 页。

〔3〕 参见［日］大谷实：《刑法讲义各论》，黎宏译，中国人民大学出版社 2008 年版，第 174 页。［日］大塚仁：《刑法概说（各论）》，冯军译，中国人民大学出版社 2003 年版，第 173 页。［日］西田典之：《日本刑法各论》，王昭武、刘明祥译，法律出版社 2013 年版，第 137 页。

一、夺取型犯罪与交付型犯罪的界分标准

学界划分夺取型财产犯罪与交付型财产犯罪的分类标准为意思瑕疵说，也就是根据财产犯罪的行为人取得他人财物是否违反财产所有人或占有人的意思来划分，认为夺取罪属于违反被害人意思而夺取他人财物的犯罪，而交付罪属于利用了被害人意思瑕疵转移占有他人财物的犯罪。[1]但笔者以为，学者在用这一分类标准划分和解释两类犯罪属性时，没有做到对标准内涵认识的同一性。

第一，作为一个界分事物的标准，需要其能够涵摄所分类事物的全部，并且能够做到非此即彼。根据这样的分类原则，除非"存在意思瑕疵"能够等同于"不违反被害人的意思"，或者"违反被害人的意思"能够等同于"不存在意思瑕疵"，这样才能据此作为划分财产犯罪类型的标准。但是仔细分析，我们会发现它们并不完全等同。根据民法以及合同法中对无效民事行为的规制原理，一方以欺诈、胁迫或乘人之危，而使对方所为的民事行为，以及存在重大误解或将导致结果显失公平的行为都认定为存在意思表示瑕疵的行为，其无效或可撤销的根据在于行为人缺乏真实自愿的意思表示，但是这些表意瑕疵的行为既可能因为存在误解，而在行为当时并不违反表意人的意愿，也可能由于他人的胁迫、乘人之危而使表意人在行为当时，在违反其本人意愿的前提下所为。具体到财产犯罪领域，诈骗罪的被害人是由于存在错误认识而自愿处分其财物，是在存在意思瑕疵前提下的自愿处分行为，确实属于在行为当时不违反其意思的犯罪。然而，敲诈勒索罪的被害人是在面临恐吓

---

〔1〕　参见刘明祥：《财产罪比较研究》，中国政法大学出版社 2001 年版，第 3页。周光权：《刑法各论》，中国人民大学出版社 2011 年版，第 81 页。

压制的情形下，作出的违反其真实意思的处分行为，行为人作出处分财物的决定是一个迫不得已的选择，即敲诈勒索罪客观上也是行为人违背被害人意愿取得其财物的犯罪。既然敲诈勒索罪兼具盗窃罪、抢劫罪、抢夺罪等夺取罪的这一特点，根据这一划分标准进行分类，所对应的犯罪类别存在着亦此亦彼的分类项，那么这一分类标准就是不可靠的，据此标准得出的划分类别也将是不周延和不恰当的。

第二，按照一定的分类标准对某一事物的划分往往是为了说明和认识事物的需要，使之能够与其他类似的事物相区分，从而借此揭示事物某一方面的本质。结合犯罪的本质，学者以存在意思瑕疵或是否违反被害人意思为分类标准进行划分，一则应旨在说明不同犯罪在犯罪行为构成上的差异，二则应在于揭示不同犯罪对法益侵犯方式和程度的不同。按照该分类标准得出的结论应该是：一方面，敲诈勒索罪与诈骗罪的行为构成相似，同属于不违反被害人意愿，而只存在意思瑕疵的侵财犯罪；另一方面，也应能从中得出违反他人意思的犯罪行为较不违反他人意思的犯罪，其对法益侵犯的程度应该更强。可是，这样的分类旨趣却与财产犯罪的客观实际情形并不相符。诈骗罪属于行为人因错误认识而自愿配合行为人处分其财产的犯罪，而敲诈勒索罪则是相对人由于受到恐吓而被迫处分其财产的犯罪，这种处分尽管有被害人的参与，但绝非出于其自愿，该罪与诈骗罪的行为逻辑构造存在截然的不同；而就法益侵犯程度而言，敲诈勒索罪通过直接侵犯他人的意思决定自由权进而侵犯他人的财产权，其对法益的侵犯程度并不明显低于夺取型财产罪中的盗窃罪与抢夺罪，甚至恰恰相反。综合以上分析，如果坚持以是否违反被害人意思这一分类标准，同时为了揭示财产犯罪的法益侵害的本质，无疑应将敲诈勒索罪划归夺取型犯罪更为恰当，这样既能与敲诈勒索罪的构成要件本身相符，同时也足以体现和明确其违反他人意愿、通过压制他人意思决定自由权取得他人财物的行为实质，以此揭示其手段行为与目的行为特殊的因果关联性和对法益侵犯程度的严重性。

二、敲诈勒索罪本质上属于夺取型犯罪

不可否认诈骗罪有其不同于其他财产犯罪的特性，从诈骗罪固有的本质来看，诈骗罪与其他取得罪的重要区别在于：其中必须介入被害人的处分意思和处分行为。为此，大多数学者主张，处分意思与处分行为是交付型财产犯罪的成立条件，但却不是夺取型财产犯罪的成立条件。从敲诈勒索罪的概念和行为结构的学理分析来看，很多学者也使用了"处分"或"交付"的表述，如认为"敲诈勒索罪是对他人实行威胁（恐吓）行为，使对方产生恐惧心理并基于该心理处分财产的犯罪"，[1]或者认为敲诈勒索罪是指"以非法占有公私财物或非法取得财产性利益为目的，对被害人以暴力或其他损害相胁迫，迫使其交付数额较大的公私财物，或提供财产性利益的行为"。[2]对于财产犯罪，无论学理上采用"处分"或"交付"的表述，还是窃取、夺取、劫取或索取的表述，对这些以取得财产为目的行为手段的评价，需要结合个罪的行为逻辑结构来全面地分析，而不能认为"处分"和"交付"不违反他人的意思，其他取得方式就一定违反他人的意愿。抢劫罪的被害人为了免受行为人的暴力与胁迫的侵害，也可能被迫交付银行卡并且说出密码，

---

〔1〕　甘添贵：《刑法各论（上）》，三民书局2014年版，第369页。张明楷教授在分析敲诈勒索罪的行为结构时也采用了"处分财产"的表述，参见张明楷：《刑法学》，法律出版社2011年版，第869页。

〔2〕　赵秉志：《侵犯财产罪》，中国人民公安大学出版社1999年版，第324页。张明楷：《刑法学》，法律出版社2011年版，第869页。

但这样的"交付"本质上是违反其意愿的。不能仅以"交付"与"取得"而形式化地进行判断，进行评价和区别的关键在于追问敲诈勒索罪的"处分行为"是否自愿？在抢劫罪和敲诈勒索罪中，行为人受到威胁后交付（处分）财物的行为是违反被害人意志的、不自愿的，这与诈骗罪中被害人基于瑕疵意思而"自愿地"交付（处分）有比较大的差别。[1]

诈骗罪特有的行为方式决定了诈骗罪的行为人不会通过暴力、威胁的方式或者使他人失去反抗能力的方式取得财物，因此，其手段行为表现为：通过言语或行动的假象造成被害人的误识和误判，一步步地诱使他人按照行为人的意思完成财物或财产性利益的转移；只要被害人还没有自愿处分其财物，诈骗的行为人就只能通过进一步的欺骗、游说、劝说方法去获得财物，而不能采用超过这些手段的强取或精神压制的方法，这是这一犯罪实行行为手段的特殊性决定。被害人在整个行为过程中始终没有感受到压制，这种平和而非强制的取财方式是其独有的特征。盗窃罪也是以和平的手段取得他人的财物，为此，有学者将诈骗罪与盗窃罪一起归入窃取、骗取型犯罪一类中。抢劫罪以及敲诈勒索罪则不然，行为人以暴力、胁迫的方式，虽然威胁和取财的紧迫性和强制程度存在差别，但是被害人陷入行为人一定程度的"强制"是相同的，无论被害人被迫交出财物还是行为人利用其给被害人造成的压力而取得由被害人控制的财物或财产性利益，都不能改变被害人受到强制的事实（包括身体上的强制与精神上的强制）。正如有学者评价我国澳门地区刑法典时所言："澳门刑法典将敲诈勒索罪与诈欺及背信罪放在同一章，而没有与抢劫罪放在一起，可能是立法者考虑

---

〔1〕 刘明祥：《财产罪比较研究》，中国政法大学出版社 2001 年版，第 226 页。

到勒索也可以使用欺骗的方式来进行，但这种立法体系无疑偏离勒索类犯罪的本质，因为勒索类犯罪的本质在于使用暴力或威胁的手段，而非使用欺骗的手段进行勒索。许多国家或地区的刑法典之所以将勒索罪视为类似于抢劫的犯罪，其法定刑参照抢劫罪的法定刑甚至还重于抢劫罪，其道理就在于此。"[1]因此，笔者以为，敲诈勒索罪本质上应该属于夺取型犯罪而非交付型犯罪。这样的结论也与当前大部分国家刑法典以及我国大部分刑法学论著将敲诈勒索罪与抢劫罪列在同一章节的现状相吻合。

正如前文的分析表明，在规定意思决定自由权的国家的民法典中，和我国没有规定公民意思决定自由权的《民法典》中，都明确规定以欺诈和胁迫方式使对方所为的民事行为为可撤销民事行为，受欺诈方和受胁迫方享有返还请求权以及赔偿请求权，严重的欺诈和胁迫即对应于刑法中的诈骗罪或敲诈勒索罪。二罪的相似性在于两罪的财产损失，均有财产占有人的意思参与其中，盗窃、抢劫等罪则属于违背财产占有人意思的单方取得财物的行为，没有被害人意思的参与。敲诈勒索罪尽管有自我处分意思的参与，但本质上仍是不自愿的，因为被害人属于明知自己将会因此受到财产损失而被迫做出的处分，即敲诈勒索的被恐吓人对损害内容有认识；而诈骗罪的被害人由于受到欺骗，出于对自己有利动机的考虑或认为至少是对自己无害的情形下处分其财产，诈骗罪的被欺骗者对损害内容并无认识。较为频发的情形有：被害人为了逐利而受骗；被害人误以为低价购买到的古画、古玩、宝石等奇货可居；被害人为了获得录用、晋职、升学、高额的投资回报，为了中奖等而向他人交付其财物。这些案件中的被害人均是出于逐利动机或正常交易而

---

〔1〕　赵国强：《澳门刑法各论（上）》，社会科学文献出版社 2013 年版，第 436 页。

有意识地处分其财物，诈骗罪案件中的被害人始终没有认识到其处分财物的行为将使自己因此遭受正常交易目的之外的损失，而敲诈勒索罪的被害人自始至终都清楚地知道，为使自己或其他关系密切的人免受其他不利侵害而被迫处分财物，自己因此会遭受财产上的损失，同时，行为人会因此获益。

另外，根据我国有关财产犯罪的司法解释中规定的各具体犯罪数额标准的尺度，也可以看出：敲诈勒索罪与盗窃罪、抢劫罪规定了相同的数额巨大的标准，而诈骗罪的数额较大和数额特别巨大的标准都较敲诈勒索罪高得多，其法定最高刑也较敲诈勒索罪高，最高可以判处无期徒刑，敲诈勒索罪的法定最高刑仅为15年有期徒刑。敲诈勒索罪的法益侵害性和行为人的人身危险性都高于诈骗罪，理应对其配置更高的法定刑，尤其是在勒索数额特别巨大的情形下，但客观上我国的立法并未这样规定。究其原因，这其中所反映的是：敲诈勒索罪需要行为人有强制他人的行为，行为的暴力性与危险性更强，行为人与被害人的对立性也更为公开，行为人实施犯罪的风险系数较高；而诈骗罪属于干扰他人心理的错误诱发型犯罪，一般犯罪手段较为隐蔽，行为人涉案的风险系数较低，实务中的发案率较高，被害人因此遭受财产损害的可能性也较高，因此对诈骗罪的预防和惩罚的必要性也更高。

综上，根据敲诈勒索罪的行为特征，以索取他人财物为目的，通过对他人实施人身或精神上的恐吓和压制，索取他人财物的敲诈勒索罪，较以和平手段骗取他人财物的诈骗罪，具有更为公然的强制性、更高的人身危险性与法益侵害性。为了准确揭示敲诈勒索罪的行为本质，同时为了突显其更为严重的社会危害性，宜将敲诈勒索罪与抢劫罪、抢夺罪、聚众哄抢罪一起归属于违背他人意思的夺取罪。

第五章

有因型索财行为的入罪考量

在司法实务中，存在着大量基于一定正当化事由而向他人实施暴力、威胁行为，索取财物的案件，诸如为实现债权而勒索债务人的"索债型敲诈勒索行为"，因消费维权、拆迁补偿安置、环境污染而引发的"维权型敲诈勒索行为"，以及近年来各地频发、引发较多关注的"上访型敲诈勒索行为"。为了行文的方便，笔者将这些行为统称为"有因型敲诈勒索行为"。[1] 由于篇幅所限，笔者选取其中三类行为进行重点分析，即索债型敲诈勒索行为、消费维权索赔型敲诈勒索行为和上访型敲诈勒索行为。很多学者将这样的行为概括为"行使权利型敲诈勒索行为"。但是由于行使权利的表述本身已经包含了价值评价性的因素，所谓"行使权利"往往具有权利基础的客观性、正当性、合法性等潜在的含义，容易带有倾向性地指向，即"行使权利

---

〔1〕 很多学者概括为"行使权利型敲诈勒索行为"。与敲诈勒索相关的问题涉及两种类型，一是取回对方占有的自己的财物而使用了恐吓手段的情形，二是债权人为了使债权得到清偿而恐吓债务人，使其交付财物的情形。笔者以为，第一种情形属于敲诈勒索罪保护的财产权法益的本质问题，即属于本权说、占有说等争论的问题。真正与行使权利有关的敲诈勒索行为，需要从该罪的本质以及构成要件符合性的视角进行综合判断的问题只牵涉第二类。因此，本章只对第二种类型下行使权利型的敲诈勒索行为展开评述。

的索财行为"是具有合法、正当的权利基础的行为，是不应予
以犯罪化的行为。然而，事实上，在探讨的行为中，其中也有
很多索财行为并不具有法律上认可的维权基础或正当性，如自
认为双方存在一定的债权债务关系而索债的行为，超出应予理
赔的合理范围而高额索赔的行为，以消费维权之名高额勒索财
物的行为，以及不存在应予受理的法定上访事由而上访索取财
物的行为等。这些行为都是法律所禁止的行为，甚至有的会触
犯刑法的条文，构成相应的犯罪。但另一方面，其与没有任何
根据向他人非法勒索取财的行为相比在本质上又有所不同。为
了更为客观地表述这类行为，笔者借鉴了陈兴良教授提出的比
较中立的表述，即"有因性的行为"[1]。对于这些有因性的敲
诈勒索行为，从刑法的视角，需要判断其入罪合理性、正当性
以及边界的问题、罪与非罪的问题，在可能成立犯罪的前提下，
则涉及究竟构成敲诈勒索罪，还是其他犯罪的问题。通过搜集
查阅相关类型案件的裁判文书，发现在我国司法实务中基本采
取的是边争论边裁断的务实态度，虽然其裁断结果存在因案而
异、因地而异的参差状况，但是其中的绝对数和倾向性的裁判
结论还是能够为我们的学理分析提供有益的参照；就学理上而
言，学者虽对这些类案也有关注和论述，但分歧较大，尚未形

---

〔1〕 陈兴良教授认为：财产犯罪的有因与无因的问题，即我们通常所说的有
无纠纷。如果客观上采取了属于财产犯罪的手段，但之前存在经济纠纷，或其他特
殊的原因，在这种情况下，行为人即使实施了刑法所规定的某些财产犯罪手段取得
了财物，也不能构成财产犯罪。这在认定财产犯罪上是一个重要的因素，也是财产
犯罪与某些民事纠纷相区分的标志。他同时指出：这个问题实质上是要把财产犯罪
与行使权利的行为区分开来。从法律上来讲，行使权利的行为是不构成犯罪的。即
当行使权利获得某种财产利益时，不构成财产罪。如果行为人不当地行使权利，其
手段行为触犯了刑法其他罪名的，应该按照手段行为定罪，而不能按财产犯罪定罪，
这是一个基本原则。详见陈兴良："论财产犯罪的司法认定——在北京德恒律师事务
所的演讲"，载《东方法学》2008 年第 3 期。

成较有说服力的优势论断。在立法规范和司法指引层面，截至目前，最高人民法院与最高人民检察院也并未出台与这些有因性敲诈勒索行为相关的具体适用法律的指导意见，也没有发布与此相关的指导性案例。希望本文从实务样本的分析入手，结合学理上的论证能够对认识这些行为有所裨益，也能够对司法实务有一定的参引价值。

第一节　索债型敲诈勒索行为

所谓索债型敲诈勒索行为，是指债权人或受债权人委托的人以向债务人追索到期债务为目的，在债务人拒绝偿还或表示不能偿还到期债务的情形下，对债务人实施一定的言语威胁、拘禁、殴打等行为迫使其交付一定的财产或令其写下欠条限期还款的行为。由于在追索债务的过程中，行为人往往伴有一定的暴力或言语威胁，即容易表现出敲诈勒索罪的一些行为特征，但是由于其以追索债务为目的，而不同于无正当理由非法索取他人财物的敲诈勒索行为，因此，在定性上有别于普通的敲诈勒索罪。与此同时，在以索债为名要挟他人给付财物的过程中，会出现没有正当或确定的债务根据，或者虽然存在确定的债权债务，但行为人超出债务数额范围，向他人索要额外钱财或者向没有偿还债务义务的相对人索要钱财的情况，这些超越了有因性边界行为的定性，都是实务中需要面对和研讨的问题。

根据笔者对近年来 135 个索债型敲诈勒索案件的样本[1]分析，从查阅到的司法裁判文书结论来看，与索债型敲诈勒索行为定性相关的因素，主要涉及如下几个方面：其一，双方是否

---

〔1〕　在无讼案例网 www.itslaw.com 上输入关键词 "索取债务" "敲诈勒索" 与 "刑事案件"，共搜索到符合条件的裁判文书 135 份，访问时间为 2016 年 1 月 6 日。

存在确定明晰的债权债务关系；其二，索取债务的数额是否超出双方债务数额的合理范围，是否具有索要额外费用的合理根据；其三，索债对象是否与债权债务直接相关，相对人是否有偿还债务的法定义务；其四，采用的手段是否具有社会正当性，以刑法禁止的手段实施索债行为，违法手段是否因目的的正当性而不罚；其五，对于多次受人之托索债，而侵占索取到的钱财或因索债不得而勒索委托人的行为如何定性；其六，对于以不法手段勒索他人清偿并不存在的债务或索取超出实际债务范围的财产，数额较大的，手段行为与目的行为分别构成犯罪的，应该按照想象竞合犯从一重罪处断还是应该数罪并罚。从这些行为涉及的罪名来看，行为人在实施以上索债型敲诈勒索行为的过程中，主要涉及的罪名有非法拘禁罪和敲诈勒索罪，涉及的问题点除了究竟构成两罪中的哪一罪名之外，还涉及两罪行为手段发生关联和竞合后的处断问题。

一、不成立敲诈勒索罪的索债型行为实务样本分析

我国刑法中并没有就单纯的胁迫和强制行为设置专门的罪名，因此，实务中能够进入刑事司法视野中的索债型案件，主

由于检索条件所限，检索结果中同时包括了如下几种情形：第一种是在一起案件中，行为人只实施了为索取债务非法拘禁他人这一个犯罪行为的案件；第二种是在一起案件中，行为人同时实施了非法拘禁和敲诈勒索行为，这一类案件又包括三种情形，第一种是行为人为索取债务非法拘禁同一被害人，但勒索超过实际债务范围的钱款的行为。第二种是行为人为了索取债务先非法拘禁债务人，在获得债务清偿之后又迫使债务人写下新的欠条或继续勒索财产的行为。这两种类型案件都关系到对行为人的行为在定性上究竟认定为数罪还是按照想象竞合一罪处断的问题，这也是索债型敲诈勒索案件中比较有争议的一个问题。第三种是行为人先后向不同的人实施索要债务、非法拘禁、殴打债务人的行为，和为了索要他人财物，而敲诈勒索他人的行为，这一情形属于同一案件中在审判时行为人一人所犯数罪的情形，一般裁判都认定成立数罪，进行数罪并罚，争议不大。

要是行为人使用限制债务人人身自由的方式追索债务的行为，期间往往还伴随有一定的暴力殴打、人身威胁和侮辱体罚等行为。司法实务中，大部分判决将此类行为认定为非法拘禁罪。债权人为了索要债务而采取一般的跟踪、纠缠、恐吓行为的，只要没有达到限制他人人身自由或造成轻伤以上伤害结果的程度，均不作为犯罪论处。

（一）存在债务的前提下，仅就手段行为本身定罪

行为人为了追索到期债务，往往亲自或拉拢多人向债务人追索，也可能委托他人为自己追索到期债务。不论是债权人本人还是受委托追索到期债务的行为人，如果没有采取不法手段追索债务，那么其行为一般不会涉及不法，而且也不会进入刑法的视野。实践中，行为人为了索取到期而得不到清偿的债务，往往会采取法律所禁止的行为手段，如挟持、拘禁等限制债务人人身自由的行为，有的还伴有殴打、体罚、言语威胁等行为，以迫使债务人交付财物偿还债务。根据笔者查阅到的 135 个与索取债务相关的刑事案件来看，在行为人为了索取债务非法拘禁债务人的案件中，只要其索取的债务确定存在或行为人有较充分的理由认为双方存在债务纠纷[1]，索要数额没有超出债务的合理范围，追索的对象是债务人或保证人等确有清偿义务的人，行为人采取限制人身自由的方式，或伴有一定的侮辱、殴打、要挟等行为的，其中九成以上的案件法院裁判都认定行为人只成立非法拘禁罪。这样认定的根据在于，行为人具有索财的正当根据，并未侵犯被害人的财产占有权，因而，不构成财

---

[1] 如被害人擅自出卖了属于行为人的游戏装备和游戏币，行为人为了索取因此损失的钱财而非法拘禁被害人的，法院一审认定成立敲诈勒索罪，二审改判成立非法拘禁罪。参见温州市中级人民法院（2013）浙温刑终字第 1199 号刑事判决书。再如贺州市八步区人民法院（2011）贺八刑初字第 166 号刑事判定书，法院查明

产罪，但是行为人的手段行为触犯了刑法有关规定，故对其手段行为单独定罪。

（二）追索的债务不限于合法债务，也包括赌债等法律不予保护的债务

就追索债务的性质而言，其中不仅包括追索合法债务，也包括追索赌债、高利贷、出售假币的欠款[1]，以及其他不法原因的给付，如委托他人包揽工程的好处费[2]、帮助办理工作安置[3]、子女入学而给付的费用[4]，因期待的事项落空，而追索之前给付的钱款。这些案件的裁判结论同样也都认定不构成敲诈勒索罪，而只成立非法拘禁罪一罪。其裁判理由部分，大部分语焉不详，往往只是简单套用法条规定，如"行为人为索要债务非法拘禁他人，其行为已构成非法拘禁罪"。对于不成立敲诈勒索罪很少说明，但也有一些判决对此作了分析说明，如有的判决理由部分指出："经济纠纷本身无论是合法还是非法，都排除行为人主观上非法占有目的的成立，因为从行为人的行为角度，都是为了获取和对方事先约定好的属于自己的财物，而非单纯

双方因车辆发生碰撞，后双方因赔偿数额协商不下，五被告人非法拘禁被害人索取赔偿款。检察院以敲诈勒索罪起诉，法院认定构成非法拘禁罪。法院认为，双方因交通事故引发民事纠纷，被害人要求以赔偿方式"私了"，被告人与被害人形成债权债务关系。五被告人主观上以索取债务为目的，客观上实施了非法剥夺被害人人身自由的行为，符合非法拘禁罪的构成要件。这些裁判结论都表明我国司法实务中侧重于考查行为人是否具有索财的正当性根据，只要不是无故索取属于他人的财产，基本排除敲诈勒索罪成立的可能。

〔1〕 参见柳州市鱼峰区人民法院刑（2014）鱼刑初字第 96 号刑事判决书。

〔2〕 见故城县人民法院（2014）故刑初字第 38 号刑事判决书，法院认定虽然债务（介绍承包工程的好处费）数额未商定，但行为人系为了索取债务，采取暴力非法扣押、拘禁他人，其行为构成非法拘禁罪。

〔3〕 参见郴州市苏仙区人民法院（2011）苏刑初字第 139 号刑事裁定书。

〔4〕 参见长沙市天心区人民法院（2014）天刑初字第 104 号刑事判决书。

的获取完全属于对方的财物。"[1]还有的指出："非法拘禁罪属
于侵犯公民人身权利的犯罪，刑法所保护的公民人身权利，既
然为索取正当、合法的债务非法限制他人人身自由就构成本罪，
那么，为了索取赌债、高利贷债务以及嫖资等法律不予保护的
非法债务而非法扣押、拘禁他人的，以非法拘禁罪定罪处罚应
更不成问题了。"[2]实务中的裁判样本的实际结论为我们较为清
晰地呈现出，我国司法实务中重视对财产法益的实质性判断，
注重对行为人主观目的的考察，只要双方存在一定的债权债务关
系，包括法律不予保护的债务关系，即表明行为人客观上有取得
他人财产的正当根据，而不是对他人财产法益的不法侵犯，主观
上也不具有非法获利的意图，因而认定不成立敲诈勒索罪。

（三）行为人自认为双方存在债务能否排除主观不法

行为人自认为被害人对其存在债务，而采用非法拘禁、要
挟等方式追索债务的案件，虽然在查阅到的文书样本中数量不
多，但裁判结论存在较大差异，既有认定成立非法拘禁罪的，
也有认定成立敲诈勒索罪的，为此，有必要特别予以关注。例
如，行为人陈某某因自己的车辆被盗，自认为是被害人所为，
故以索要被盗车辆的损失为由，向被害人索要财物。法院从行
为人缺乏勒索占有他人财物的主观故意和目的角度，分析认为：
"因本案被告人车辆被盗属实，被盗车辆的价值也基本接近其索
要财物的金额，即使本案中的受害人是否为债务人并不确定，
但被告人陈某某是基于主观上的错误认识产生了错误的判断，
认定被害人就是债务人，从而实施犯罪，但可以从主观上排除

〔1〕　北京市人民检察院法律政策研究室编：《刑事疑难案例参阅——侵犯财产
罪》，中国检察出版社2015年版，第237页。

〔2〕　参见"孟铁保等赌博、绑架、敲诈勒索、故意伤害、非法拘禁案"，载陈
兴良、张军、胡云腾主编：《人民法院刑事指导案例裁判要旨通纂》，北京大学出版
社2013年版，第500～503页。

其直接故意的以勒索他人财物为目的或者以他人作为人质为目的的犯罪动机，因此认定行为人不构成敲诈勒索罪，成立非法拘禁罪。"[1]但在另一起类似的案件中，被告人因怀疑被害人盗取了自己店里的财物而对其实施威胁并勒索财物，法院判决却从双方之间是否存在标的相对明确的债权债务关系，以及被告人等索讨钱财是否以相对确定的债权为限的角度，分析认为：行为人对被害人张某私吞店内财物的数目是估计，被告人本人对于张某侵吞店里财物一事并没有确切的依据，因此，认定行为人构成敲诈勒索罪。[2]相比较，前案注重行为人的主观过错，后案注重行为人索债的客观依据。最高人民法院在《刑事审判参考》中对类似典型案例的评析，采取的是主客观兼顾但侧重主观因素考量的判断思路，认为：只要双方客观上存在债务纠纷或经济纠纷，为了索取债务而非法拘禁他人的，即使双方对是否存在债务和债务的具体数额认识不一致，"如果行为人主观上认为确实存在债务或者确认债务为某一数额，即使有证据证明行为人对债务或数额的认识是基于某种错误，行为人也是在索要债务的主观认识之下实施扣押、拘禁被害人的行为，而不存在勒索他人财物的目的，因此，应以非法拘禁罪定罪处罚"。[3]综上，对于行为人主观上认为有主张自身权利的正当事由，客观上有一定的依据能够支持其这一认识和判断的，当

---

〔1〕 参见彭州市人民法院（2014）彭州刑初字第 3 号刑事判决书。

〔2〕 参见上海市浦东新区人民法院（2010）浦刑初字第 839 号刑事判决书。

〔3〕 参见《刑事审判参考》总第 34 辑，第 263 号雷小飞等非法拘禁案。该案被告人雷小飞与被害人因经济纠纷发生矛盾，为了索取债务而伙同另外两名被告人将被害人非法扣押和拘禁。虽然被害人对双方存在债务予以否认，但二审法院改变了一审法院认定成立绑架罪的判决结论，二审改判非法拘禁罪。载陈兴良、张军、胡云腾主编：《人民法院刑事指导案例裁判要旨通纂》，北京大学出版社 2013 年版，第 510～513 页。

然可以认定其不具有非法占有他人财物的非法获利目的。但如果行为人对主张权利存在主观错误认识，则需要考查其这种认识的客观合理性，在这种主观认识具有一定客观事实依据支持的情况下，就可以据此排除行为人有对他人财产权构成侵犯的客观危险和非法占有他人财产的不法获利目的，行为人为此以限制他人人身自由的方式或以轻微的暴力威胁、要挟的方式向他人索要钱财，且索要的金额与其主张的"债务"之间具有对应性的，最高人民法院的司法观点倾向于认定行为人只成立非法拘禁罪，或不构成犯罪，而非敲诈勒索罪。那么，以此推断，行为人缺乏客观索债根据，索要数额缺乏合理性的，则构成敲诈勒索罪。

二、非法索债行为构成敲诈勒索罪的情形

在以索债为由勒索他人财物的案件中，最终构成敲诈勒索罪的，主要存在如下几种情形：

（一）行为人为索要并不确定存在或无正当根据的债务的

行为人为索要并不存在或无正当根据的债务，对被害人实施拘禁、扣押、殴打、威胁等行为索要他人财物的，均认定行为人成立敲诈勒索罪。实务中，此类案件约占因索取债务被认定成立敲诈勒索罪案件总量的三成。主要表现为：行为人捏造并不存在的债务或无正当根据的债务，如行为人曾因帮助被害人"了难"、索债受到刑罚处罚，刑满释放后向被害人索要赔偿的；再如公司股东要求被害人将欠公司的欠款变更为对其个人的欠款，修改欠条后，要挟被害人向其偿还该欠款的。实务中，对于以恐吓勒索方式索要没有任何根据的债务的案件，一般都认定成立敲诈勒索罪，如果行为人采取的手段达到了足以压制

他人反抗的程度的，则依法认定成立抢劫罪。[1]

（二）向被害人索要超过实际债务合理范围的财物的

向被害人索要超过实际债务合理范围的钱款，或者额外索要与债务无关的费用、损失，威胁被害人写下超过实际债务数额的高额欠条的，法院判决认定：如果超出数额具有合理根据的，一般不构成敲诈勒索罪，如果超过社会一般观念能够认可的合理范围且数额较大的，应构成敲诈勒索罪。与此相关，主要涉及两个问题：一是超出债务数额的多少属于刑法不予认可的合理范围？二是对于索要高利贷债务的案件中，根据双方约定的债务利息的计算方式应付的高额利息，能否作为计算双方债务数额的依据？据此索要超出本金以外的巨额利息，是否属于索要不合理的数额较大的财物？对这两个问题的不同看法对于案件的定性十分关键。

关于数额问题，实务中采取的是较为客观和具体的判断标准，这一点通过裁判结论可以看出。尽管裁判理由中少有分析阐释，但归纳起来，裁判者采用的判断标准是：对于权利人追索超过实际债务范畴的费用，主要考量索要财物数额与实际债务数额之间的合理差距，以及行为人索要超出债务数额费用理由的合理性，对这种合理性的判断，实务中多是结合社会经验常识以及社会一般人的判断标准进行衡量。其中，对于索要明显超出债务合理范围的财物且数额较大的，往往表明行为人已经超出行使权利的合理限度，而实质上已经侵犯到他人合法的财产权。例如，在一起案件中，法院审理查明，行为人为了追

---

[1] 被告人张某文与赵某之间不存在债权债务关系，一是本案发生在深夜郊外且暴力威胁程度明显大于敲诈勒索罪的暴力程度，被害人是在被足以抑制反抗的心理状态下交出财物的。二是被害人赵某与张某文等人不相识，不存在任何恩怨纠葛，一般来说没有理由成为被敲诈勒索的对象。所以，本案只是借事或借故实施的抢劫犯罪，并不构成敲诈勒索罪，而成立抢劫罪。参见黄山市屯溪区人民法院（2015）屯刑初字第00071号刑事判决书。

索 19 000 元的债务，而向被害人索要了 36 000 元的欠款，法院认定该行为成立非法拘禁罪。同案另一行为人为了追索 12 万元的债务，最终却向被害人索要了 17 万元，法院认定，行为人属于索要超出实际债务数额的财物，认定成立敲诈勒索罪。[1]另一起案件中，数名行为人为了索要被害人拖欠其数人的工资对被害人实施了非法拘禁，并向被害人索取高出债务实际数额的钱款，其中一名被告人杨某，对方实际拖欠其工资数额为 13 万元，但其向被害人索要 18 万元，另一名被告人蒋某，对方实际拖欠其工资数额为 1.2 万元，其向被害人索要 2 万元，二者均声称，其索要的超出数额部分是其一年来为寻找被害人支出的费用。法院最终认定：杨某成立敲诈勒索罪，蒋某则不构成敲诈勒索罪。在裁判理由部分，法官对此却并未详述缘由。此案作为财产罪的刑事疑难案例，北京市人民检察院法律政策研究室的编者在对该案的"深度评析"中分析认为：前一行为人主张的 5 万元的索债开销与 13 万元的债权债务数额相比较，属于数额较大，结合经验常理，一般人也不会为索要 13 万元的债权而支付 5 万元的成本，5 万元的附加费用明显超出合理范围，故杨某的行为构成敲诈勒索罪；而蒋某在实际债权为 1.2 万元的情况下向被害人索要 2 万元，鉴于被害人确有长期逃避履行债务的行为，多出的 8000 元尚在合理范围之内，因而蒋某不宜认定为敲诈勒索罪。[2]因此，对于实务中发生的行为人超越权利行使的边界，向债务人索要超过实际债权范围财物的行为，定性的关键在于超出部分合理性的判断，但是这种判断标准的掌握往往无

---

〔1〕　参见广州市海珠区人民法院（2014）穗海法刑初字第 932 号刑事判决书。对于同案两种不同行为的认识和结论，认定成立非法拘禁罪与敲诈勒索罪的理由在判决中均没有说明。

〔2〕　北京市人民检察院法律政策研究室编：《刑事疑难案例参阅——侵犯财产罪》，中国检察出版社 2015 年版，第 238 页。

法统一，只能因案而异，交由法官进行自由裁量，是比较适宜的。但考虑到司法审判的定分止争和法治教育的效果，为了能让当事人理解刑法的精神并最终服判，法官应该如上文引述的分析说理那样，在裁判文书的裁判理由中，就索要超出部分的合理性的判断，以及认定构成非法拘禁罪还是敲诈勒索罪的裁判理由有所说明。另外，对于认定行为人索财数额的认定，实务中都是按照其索要的全部金额认定敲诈勒索的数额，而并未扣除双方实际存在的债务数额。笔者以为，从主客观相一致的角度，如果勒索的对象，如钱款等在法律上是可分的，应该扣除客观上双方实际存在的债务数额，仅就超出的部分按照敲诈勒索罪定罪处罚为宜。

关于为了索要高利贷债务，债务数额的计算问题也会影响行为的定性。在查阅到的相关裁判文书中，法院对于债务数额计算标准和债务利息是否属于双方债务金额合理范围的判断上，有的判决认为只要符合双方借款时约定的利息计算方法，据此得出的本息总额就都属于双方客观存在的债务，行为人以不法手段索要该债务的，不属于超出实际债务数额勒索他人钱财，因此不成立敲诈勒索罪，而只就其手段行为认定为非法拘禁罪。其裁判理由认为："行为人索要的金额虽然较高，但符合高利贷计算利息的方式，被告人唐某采用非法拘禁的手段向被害人陆某乙索取的还款金额，并未超出双方之间约定的高利贷本息的范围，按照高利贷计息方式索要超过实际债务数额的欠款，仍成立非法拘禁罪。"[1]

---

[1] 参见杭州市下城区人民法院（2009）杭下刑初字第286号刑事判决书。类似的判决还有义乌市人民法院（2010）义刑初字第112号刑事判决书。判决认定：因被告人姬某某与被害人李某之间确实存在着高利贷债权债务关系，被告人姬某某采用非法拘禁的手段向被害人李某索取还款金额，并经计算后让李某打欠条的行为，仍是为索取债务。依照最高法的司法解释，行为人为索取高利贷、赌债等法律不予保护的债务，非法扣押、拘禁他人的，依照《刑法》第238条的规定定罪处罚，故本案中被告人姬某某等人为索取高利贷债务而非法拘禁被害人李某的行为，应定性为非法拘禁罪。

但是也有的判决中，只认可被害人当初所借高利贷的本金为债务数额，对双方约定的利息部分不予认可，对索要超出本金过高的利息金额，认定系超过实际债务数额的额外钱财，行为人成立敲诈勒索罪。[1]基于对以非法扣押、拘禁他人索要法律不予保护的非法债务，也以非法拘禁罪定罪处罚的司法解释立场，笔者以为，只要高利贷、赌债形成的当时并不违背还害人的意愿，被害人对双方当初约定的利息计算方法没有异议，那么据此计算所得的利息与本金的总额即应都属于双方债务的范围，行为人在该范围内索要的，应不属于超出合理债务范畴，索要额外的财物，不应认定成立敲诈勒索罪。

（三）向没有偿还债务义务的第三人索要债务的

基于我国浓厚的家庭观念，以及夫妻共同共有财产的原理，实务中对于行为人通过非法拘禁债务人而向债务人（已成年）的父母、配偶索要债务的，一般也认定成立非法拘禁罪，并不认为构成敲诈勒索罪或绑架罪。但实务中对于行为人通过威胁、勒索方式向被害人的男友、兄弟姐妹等没有偿债义务的人强索债务或迫使其写下欠条的，[2]法院认定基于双方不存在债权债务关系而认定成立敲诈勒索罪，并没有认定为绑架罪。在查询到的案例中，还有一起行为人为索要债务，而将债务人经营饭店的管理人员带走，法院认定构成非法拘禁罪的案件。法院认为：由于行为人与债务人之间存在确切的债务，行为人将被害人带走后只实施了非法拘禁的行为，没有借此勒索超出债务数额的财物和赎金，也未提出其他不法要求，因此，就行为本身

---

〔1〕　嘉善县人民法院（2011）嘉善刑初字第 132 号刑事判决书。

〔2〕　参见马鞍山市中级人民法院（2014）马刑终字第 00029 号刑事判决书，参见芜湖市中级人民法院（2014）芜中刑终字第 00023 号刑事判决书。

认定，只成立非法拘禁罪。[1]《刑事审判参考》上曾经登载的一则案例与此类似，该案的裁判要旨分析认为："在司法实践中，就索债型非法拘禁罪来看，债权人为达到要回欠债的目的，通常会直接非法扣押、拘禁债务人本人，但也不排除债权人可能通过非法扣押债务人的亲属为人质或者扣押其他与债务人有密切关系的人为人质来达到迫使债务人还债的目的。刑法中规定的为索取债务非法扣押、拘禁他人的'他人'，可以包括债务人以及与债务人具有某种利害关系的人。"[2]这些来自实务案例的观点，对于我们认识敲诈勒索罪与绑架罪的关系具有启发意义。

（四）以释放被害人为条件向其本人或与其相关的第三人索要财物的

这里值得关注的是，行为人非法拘禁债务人后，以释放被害人为条件，向其本人或与其相关的第三人索要超过实际债务合理范围的钱财行为的定性问题。根据非法拘禁罪和敲诈勒索罪的立法规定和行为特点，如果在非法拘禁债务人后，通过暴力威胁等方式向债务人本人勒索超出债务合理范围的钱财，数额较大的，应该依然构成敲诈勒索罪。如果是在拘禁、扣押债务人以后，向其有关的家属等第三人索取超过债务范围的钱财的，应以绑架罪定罪处罚。[3]但在笔者查阅的130多个案件中，并无一起认定为绑架罪的案件，对于非法拘禁债务人以后索要超过实际债务数额合理范围财物的行为，不论行为人是通过直接向债务人索要还是逼迫债务人向其家属索要，抑或也有的行

---

[1] 参见昆明市中级人民法院（2013）昆刑终字第401号刑事裁定书。

[2] 参见"辜正平非法拘禁案"，载陈兴良、张军、胡云腾主编：《人民法院刑事指导案例裁判要旨通纂》，北京大学出版社2013年版，第513~514页。

[3] 《刑事审判参考》（2000年第5辑总第10辑）第74号指导案例：孟铁保等赌博、绑架、敲诈勒索、故意伤害、非法拘禁案。参见刘德权主编：《最高人民法院司法观点集成》，人民法院出版社2014年版，第907~909页。

为人以债务人在其手中，直接要挟债务人的家人交付财物的，法院均认定成立敲诈勒索罪，而非绑架罪。

笔者以为，法院如此裁判应出于如下几个方面理由的考量：首先，行为人在非法拘禁债务人之前并不具有明确的借扣押债务人，而向其家属等第三人勒索债务之外数额较大财物的主观故意和目的。此类案件中行为人往往具有真实的索债目的，之所以最终索要超过实际债务数额的财物，期间或者由于债务人拒绝偿还债务激怒了行为人，行为人为了报复债务人而产生了索要更多财物的想法，或者由于债务人的表现（如债务人拥有汽车、房产等表明其拥有偿还债务的能力或者明知债务人通过求助能够获得其他人的帮助），使行为人认为通过债务人可以获得更多的财产，于是激发行为人萌生了借此获取更多财物的意图。其次，由于双方存在真实的债务关系，或者自认为双方存在一定的债务关系或合同纠纷，且双方之间往往属于熟人关系，行为人对被害人采用的拘禁或暴力控制的手段，往往不是出于扣押他人作为人质的目的，而多是出于报复、教训、警示债务人的意图，对其实施的有形的威慑与要挟，旨在使被害人屈服、偿还欠债，这些都有别于勒索赎金为目的的绑架行为。再次，虽然行为人勒索超出实际债务合理范围的钱财，但是其往往以一定的债务数额为基础，索要的财物数额也不同于绑架罪索要巨额赎金的情形。最后，行为人往往在索债意图的支配下对被害人实施拘禁、殴打、侮辱或者轻微伤害的行为，借此迫使债务人或者第三人交付超过实际债务数额范围的财物，但行为人往往并无明确的勒索对象，即其并无明确地将勒索的对象指向债务人以外的第三人，而是既包括对债务人实施勒索也可能包括对债务人以外的相关人员的勒索，只要能获得财物，其勒索对象是模糊而宏观的。因此，实务中既有债务人为了摆脱行人的拘禁和勒索，而自己主动向其家人、亲友等第三人求援，让他们打款给自己的情况，也有行为人在向债务人勒索不成的情况下，逼迫债务人向第三人求援的情况，也有行为人主动向与债务人有关的第三人提出勒索要求的情况。综合来看，此类案件的行为人所指向的勒索对象不具有勒索型绑架罪勒索对象指向第三人的典型特征。因此，对于在索债过程中，拘禁债务人之后，临时起意利用债务人被限制人身自由的时机，向债务人本人及其相关的第三人勒索超出债务合理范围的财物的行为，实务中更注重对行为人的犯罪目的、采取的行为手段以及具体勒索财物的对象等因素的综合分析，注意其与绑架罪的不同，而并未一概认定为绑架罪。分析我国司法实务中的这种裁判理性，我们可以看出，目前我国司法实务中对此类案件的裁判结论应该是契合了敲诈勒索罪与绑架罪的行为界分标准的。最高人民法院在类似典型案例的分析中也持与实务裁判样本同样的立场，指出：在双方存在一定的债务关系或合同纠纷时，因索取债务或合同纠纷而绑架他人为人质，索要财物的，应以非法拘禁罪论处。[1]此外，在追索债务过程中勒索财物的行为，只有行为人向相关人提出勒索赎金的要求，才能辨识其勒索的对象以及勒索的金额，否则，将无法判断其是否具有向债务人之外的第三人索要超出实际债务数额钱财的目的和意图。所以，在索债型非法拘禁案件中，对行为的考察不仅需要关注勒索行为，也需要关注其控制和扣押人质行为的缘由和行为发展的过程，才能对行为做出恰当的定性。

---

[1] 参见"颜通市等绑架案"，该案公诉机关以绑架罪起诉，法院最终认定成立非法拘禁罪。载陈兴良、张军、胡云腾主编：《人民法院刑事指导案例裁判要旨通纂》，北京大学出版社 2013 年版，第 504～505 页。

三、索债案件中的行为竞合与处断

对于行为人在索取债务发展过程中产生了新的犯意或犯意转化而先后构成不同犯罪的情形，其中行为人采用非法拘禁手段索要超过实际债务合理范围钱财的行为，以及在索债过程中产生了勒索占有他人钱财的犯意，又在债务之外威胁索要数额较大财物的行为也是此类案件中较为多发的情形。对这些行为法院认定上差异也比较大，主要涉及手段行为触犯的非法拘禁罪与最终的目的行为触犯的敲诈勒索罪的竞合与处断的问题，究竟应该如何处断，实务中观点不一。此外，对于行为人为追索超过实际债务数额财物的同时造成被害人轻伤以上后果的，是否属于敲诈勒索罪司法解释中"造成其他严重后果"的范畴，应该认定为敲诈勒索罪一罪，还是构成敲诈勒索罪与故意伤害罪的数罪，司法实践中的裁判也存在差异。

（一）非法拘禁罪与敲诈勒索罪的竞合与处断

通过查阅相关案件，我们看到对于行为人采用非法拘禁手段向债务人索要超过实际债务数额范围的财物，且数额较大的，有的法院判决认定成立敲诈勒索罪一罪；但也有判决认为，行为人为了索取债务非法限制被害人的人身自由，并对被害人实施威胁，让其写下超过实际债务数额的欠条或直接勒索超出债务范围财物的行为，同时触犯了非法拘禁罪和敲诈勒索罪两个罪名，成立想象竞合犯，应从一重罪处断，但二罪从一重的结论却各异。[1]此

---

〔1〕　参见柳州市鱼峰区人民法院（2014）鱼刑初字第96号刑事判决书。该判决认定被告人伙同他人先是为了索取债务限制被害人的人身自由，后对被害人实施威胁让其写下欠条，意图获取超出债务的财物。被告人的行为同时触犯了非法拘禁罪和敲诈勒索罪两个罪名，此情况为想象竞合犯（实施一个索取财物行为，而财物中既有债务又有额外财物），应择一重罪论处。敲诈勒索罪较非法拘禁罪处罚重，应以敲诈勒索罪对被告人定罪处罚。参见德阳市旌阳区人民法院（2014）旌刑初字第369刑事判决书。该判决认为三被告人以非法拘禁手段实施敲诈勒索，同时构成敲诈勒索罪与非法拘禁罪，应当从一重罪判处，三被告人应构成非法拘禁罪，且应从重处罚。

外，还有很多判决认为，行为人为索取债务非法拘禁他人，在非法拘禁他人期间，敲诈勒索他人财物，数额较大的，同时构成非法拘禁罪与敲诈勒索罪，应实行数罪并罚。[1]

对于行为人为了追索债务拘禁债务人后，向其索要超出实际债务数额合理范围的财物，究竟成立非法拘禁罪与敲诈勒索罪的想象竞合犯，还是应该按照行为人转化犯意后实施的敲诈勒索罪一罪论处，或者应就其手段行为与结果行为分别定罪，进行数罪并罚，学界存在着不同的学说观点。最高院部分法官对此问题的看法倾向于择一重罪从重处罚，但理由并不是基于想象竞合犯。[2]笔者以为，对于此类行为，首先，要看行为的连贯性和同一性，如果属于同一行为，如行为人为了追索债务非法拘禁债务人之后，直接向其索要超出实际债务数额范围的财物，数额较大的，应该评价为敲诈勒索罪一罪。这里的非法拘禁行为只是其实施勒索的威胁手段，不应人为地将符合同一构成要件的行为分解为数个行为加以评价，否则将导致对同一个非法拘禁行为的重复评价。其次，行为人在追索债务不成或索得债务之后，进而利

---

[1] 在笔者查阅的130多个判决书中，按照数罪并罚论处的判决所占的比例高于按照想象竞合犯处断的比例，前者约是后者的3倍。数罪并罚的判决如嘉善县人民法院（2011）嘉善刑初字第157号刑事判决书。

[2] 在有关为索要债务，非法劫持并扣押被害人后，向其家属索要超出债务数额范围钱物的行为同时触犯了非法拘禁罪与绑架罪的分析中，最高院的部分法官认为，想象竞合犯的法条之间不存在交叉关系，而非法拘禁罪与绑架罪存在法条交叉关系，故否认二者成立想象竞合犯。但同时认为如果按照法条竞合处理，又不能准确评价行为人在双重目的支配下实施的同一客观行为，只有按照择一重罪处罚即以绑架罪从重处罚，才能体现出对另一未选择罪名中部分构成要件要素的否定评价。具体内容见刘德权主编：《最高人民法院司法观点集成》，人民法院出版社2014年版，第909页。书中的观点对于处理非法拘禁罪与敲诈勒索罪的关系应该也是适用的。但笔者以为，这样处理实质上存在对限制他人人身自由行为的重复评价，而这是想象竞合犯着意避免的。而且论者所谓想象竞合犯的法条之间不存在交叉关系的说法也是武断且没有根据的。

用债务人人身自由被限制的机会，向其索要超出债务以外的钱财或者扣押债务人的汽车等财物，逼其写下数额较大的欠条或者逼迫其交付数额较大的财物方予释放被害人或者归还被其扣押的财物的，这种情形下，存在犯意的转化与另起犯意的问题。[1]对此应根据具体案件中的不同情形，予以恰当地定罪。理论和实务中，对于犯意转化的处断原则是：如果行为人以此犯意实施某一犯罪的预备行为，却以彼犯意实施了另一犯罪的实行行为，这种情形的犯意转化，一般根据具体的实行行为定罪处罚，但有的预备犯的处罚要重于实际的实行行为犯，则以处罚较重的行为定罪处罚。如果行为人在着手实施犯罪的过程中改变犯意，导致此罪与彼罪的转化的，多采犯意升高者从新犯意，犯意降低者从旧犯意的办法，这实质上也是采用了以处罚较重的犯罪定罪处罚的原则。犯意转化都是从一重罪处断，但是对于另起犯意的情形，由于前一犯罪已经终了，因此，要对前后实施的犯罪分别定罪，然后实行数罪并罚。如果非法拘禁债务人之后索债不得，出于报复和教训债务人的动机，逼迫债务人写下巨额欠条，或迫使债务人交付超过实际债务数额的财物，或者扣押被害人的财物后让其高价赎回的，由于行为人始终出于追索债务的目的，且债务人一直处于被连续拘禁的过程中，从行为的连贯性以及犯意的密切关联的角度，并从有利于被告人的角度考虑，宜认定行为人属于在犯罪实施过程中发生了犯意转化，依照处罚较重的敲诈勒索罪处断是比较合理的。除非有的案件中，行为人的先后行为有明确的界限，或者同案犯能够相互印证，其行为存在明显的另起犯意的起承转合，

---

[1]　犯意转化是指在行为人在实施某一犯罪的过程中，临时改变犯意，决定实施另一犯罪的情况。另起犯意是前一犯罪行为已经终止后，又产生了实施另一犯罪的犯意，并实施了另一犯罪。犯意转化针对的是同一被害对象，而另起犯意可能针对同一对象，也可能针对另一不同对象。

则可以认定对行为人以非法拘禁罪和敲诈勒索罪数罪并罚。[1]

（二）敲诈勒索过程中致人轻伤以上后果的

值得探讨的是，对于行为人在索债过程中以暴力、威胁方式勒索超过实际债务数额财物的同时造成被害人轻伤以上后果的，是否属于敲诈勒索罪司法解释中"造成其他严重后果"的范畴？能否作为使用更高一档法定刑的依据？应该认定成立敲诈勒索罪一罪，还是需要对造成轻伤的结果独立认定构成故意伤害罪，与敲诈勒索罪实行数罪并罚？目前的立法和司法解释对此并无明确的规定。实务中，法院的看法也不一致，查阅到的判决中，有的认定成立敲诈勒索罪与故意伤害罪的数罪，实行并罚。[2]但笔者以为，行为人在以暴力、威胁手段追索债务的过程中，为勒索超出实际债务数额的财物，致人轻伤、重伤、死亡等的，如果不存在杀害或伤害的故意，这些结果可以作为敲诈勒索的加重情节在量刑中考虑，而不必另外定罪。其原理与非法拘禁致人伤害或死亡的处罚根据是一致的。

我国刑法和有关敲诈勒索罪的司法解释中，都有关于"严重情节"与"特别严重情节"的规定和情形的描述，但其中并没有关于致人伤害或死亡情形的规定，在"造成其他严重后果的"兜底性的规定中，能否包含敲诈勒索过程中过失致人轻伤、重伤和死亡的结果呢？有学者认为，除了敲诈勒索罪司法解释中明确列举的几种判断情节严重的情形之外，应该能够包含使

---

〔1〕 如在一起行为人受人之托索要债务的案件中，数个行为人在索取债务未果的情况下，数人商量不再为委托人索债，而是借此机会为他们自己向被害人勒索财物，对此案，法院认定成立非法拘禁罪与敲诈勒索罪数罪是比较合理的。

〔2〕 参见定南县人民法院（2013）定刑初字第99号一审刑事判决书；再如卢某某等故意伤害、敲诈勒索案，参见湖南省郴州市北湖区人民法院（2013）郴北刑初字第289号刑事判决书。

用暴力致人轻伤和使用暴力致人重伤或死亡的情形。[1]笔者以为这样的认识是合理的。首先，敲诈勒索行为实施的过程中，其暴力、威胁行为极易导致发生伤害后果，其中不仅暴力手段可能致人轻伤、重伤或死亡，严重频繁的威胁、恐吓也可能会导致他人精神高度紧张，造成对被害人的精神伤害。尽管敲诈勒索罪的暴力、威胁的程度低于抢劫罪足以压制被害人反抗的程度，但作为针对人身的暴力和针对精神的威胁，仍具有较大的致人轻伤、重伤甚至死亡的可能。对于行为人在敲诈勒索过程中，因使用暴力或威胁致人轻伤以上后果的，无疑可以评价为犯罪行为自然伴随产生的结果，应该在定罪量刑中进行一体化的统一评价。其次，敲诈勒索罪配置的法定刑都重于过失致人重伤罪与过失致人死亡罪，即使按照想象竞合犯的处断原则，也不会出现量刑上的失衡。在勒索行为仅达到数额较大的入罪标准的前提下，应按照该罪的第一档法定刑中较高的法定刑来处罚，以有别于未造成轻伤害结果行为的处罚。如果不仅达到数额较大，而且造成轻伤以上伤害后果的，则属于适用第二档或第三档法定刑所规定的"其他严重情节"或"其他特别严重情节"的情形，则可以依法按照第二、三档定罪处罚。此外，除了敲诈勒索使用暴力致人轻伤、重伤和死亡这些情节之外，对于入户实施敲诈勒索，携带凶器敲诈勒索，敲诈勒索用于就医、救灾、抢险等特殊款物，或敲诈勒索金融机构，敲诈勒索致人自杀、自伤、精神失常等情形的，也可以认定为"严重情节"或"其他特别严重情节"，在量刑时考虑。

---

〔1〕　陈兴良主编：《刑法各论精释》，人民法院出版社 2015 年版，第 607 页，该部分为劳东燕教授撰写。在我国抢劫罪与抢夺罪的立法规定与相关司法解释中都明确规定了在实施抢劫与抢夺犯罪过程中致人重伤、死亡的处罚原则，前者作为法定刑升格的加重情形，后者则规定构成抢夺罪与过失致人重伤罪或过失致人死亡罪的想象竞合犯，择一重罪定罪处罚。

（三）对索债行为的合理容忍限度

在我国司法实务中，因索债引发的刑事案件的裁判结论，归纳起来，基本司法立场为：在双方存在确定的债权债务关系情况下，债务到期，行为人具有追索债权的必要性，行为人没有超出债权范围，适用的手段正当合理，如以将提起诉讼、提请仲裁相要挟，或者以一般的言语恐吓威胁债务人的，均属于没有超出社会相当性的手段，不成立财产犯罪；手段不当的场合，仅对手段定罪；索债既包括合法债务也包括非法债务。索取超出合理债务数额以外的财物，数额较大的则成立敲诈勒索罪。我国大部分学者的认识与实务立场基本相同，[1]但也有反对者认为，即使双方存在债权债务关系，但债权人并不享有对债务人财物的所有权，因此，以暴力、威胁方式实现债权的行为，侵犯了债务人对其财物的本权与所有权。[2]

对索债行为合理容忍的限度，是与一个国家权利保护的边界密切相关的，甚至随着不同时代国家权利保护观念的变化而改变。以德国为例，德国国内不同时期的判例和学说，其观点也有一些变化，如一战前的德国判例和学者观点都以欠缺取得的违法性而否认索债行为构成敲诈勒索罪，宾丁即持这样的观点；一战后到二战前这一时期，由于刑法理论受国家主义色彩的影响，强调维护社会秩序，往往不从实质上考查"损害"与"获利"，认为对方丧失财产本身就是"损害"，因而构成敲诈勒索罪。二战后，对于以胁迫手段实现到期债权的行为，尽管

---

〔1〕 王作富：《刑法分则实务研究》，方正出版社 2013 年版，第 1019 页。张明楷：《刑法学》，法律出版社 2011 年版，第 872 页。周光权：《刑法各论》，中国人民大学出版社 2011 年版，第 112～113 页。陈兴良主编：《刑法各论精释》，人民法院出版社 2015 年版，第 582～583 页，该部分为劳东燕教授撰写。

〔2〕 武良军："暴力、胁迫行使债权行为的刑法评价——以司法案例为中心展开分析"，载《政治与法律》2011 年第 10 期。

在欠缺"获利的违法性"与"缺少财产上的损害"方面存在争议，但不可罚的无罪说又成为德国判例坚持的立场。[1]日本在二战前后判例立场的变化同样与财产保护的观念密切相关。在日本历史上，二战前后日本判例基本认为权利人在行使权利时，如果没有超出权利范围，其方法没有超出社会一般观念所能容忍的程度，就不成立犯罪，如果逾越了权利的正当范围和程度就属于违法。战前如果该手段逾越了正当的范围，则构成胁迫罪。战后再也没有判例仅凭手段违法这一点而肯定行为成立胁迫罪，而是站在维持财产秩序的立场上，采取占有说，只有例外地肯定存在违法阻却的余地。[2]英美刑法基本倾向于认定追索债务而威胁他人的行为不成立犯罪，但是对排除犯罪化的事由存在认识上的不同，一种认为不具备成立犯罪所要求的犯罪意图，另一种认为虽然具有犯罪的意图，但是认为行为人具有提出要求的合理根据。[3]

在我国当前社会诚信体系尚未完全建立，公民诚信意识欠缺，各种"老赖"让债权人的合法权益难以得到保障的情况下，"从我国当前的实际情况出发，对行为人行使权利施以过多的限制，不仅对行为人个人来说不公平，而且也不利于维护社会整体的诚信，为耍赖的债务人提供可乘之机。即只要是在权利的范围之内，一般不成立敲诈勒索罪，除非行为人所使用的手段行为本身构成其他犯罪"。[4]因此，结合我国当前的民间债权债务的发展状况以及债务人的诚信现状，一方面，民间融资、借贷明滋暗长，各种债权债务关系大量存在，无担保债权占有相当高

---

〔1〕 刘明祥：《财产罪比较研究》，中国政法大学出版社2001年版，第89~95页。

〔2〕 参见［日］西田典之：《日本刑法各论》，王昭武、刘明祥译，法律出版社2013年版，第236页。

〔3〕 赵秉志：《英美刑法学》，科学出版社2010年版，第382页。

〔4〕 陈兴良主编：《刑法各论精释》，人民法院出版社2015年版，第582页，该部分为劳东燕教授所撰写。

的比例；另一方面，债务人诚信状况不容乐观，债务人消极躲债、赖债或积极对抗索债的情况也十分普遍，甚至许多债务人在收到法院或仲裁委的生效裁决的情形下，或者在债权人启动执行程序后，依然会出现有偿付能力而逃避、拒绝履行偿债义务的情况，债权人面临着实现债权的成本高、代价大，被动无着等诸多困扰。对此，应该允许债务人的私力讨债行为在法律允许的范围内存在，只有超越边界的一些行为才可以考虑入罪。我国当前司法实务中的裁判结论，也反映出一种保护整体财产权的立场，对于行为人基于一定债权基础实施的不法索债行为，基本否定其对财产权造成侵犯的不法性，而仅就其手段行为加以定罪。

第二节　消费维权索赔型敲诈勒索行为

在日常的社会交往和民事活动中，除了因合同、债务关系引发的索债型敲诈勒索行为之外，在消费领域，消费者在购买、使用商品和接受服务的过程中因产品或服务瑕疵或侵权引发的维权索赔问题屡见不鲜。从起因而言，消费者往往具有主张权利的有因性，从索赔过程来看，双方具有一定的博弈性，即客观上呈现出一方提出索赔请求，另一方给予满足的利益互动性。这种博弈与互动，表面上具有类似于敲诈勒索案件中索要与交付的形式化特征，实务中也确实发生了很多行为人在消费维权过程中，在与商家的索与赔的博弈中，被以敲诈勒索罪定罪处罚的案件。与具体债权债务关系中索债原因与债务数额的明确性不同，消费维权案件中，对维权基础事实的正当性以及索赔请求内容的明确性都存在认定上的诸多疑难。在刑法视野下，消费维权案件中引发理论和司法实务争议较大的主要是，消费者巨额索赔以及通过媒体曝光手段进行维权索赔正当性的判断问题，这也是认定消费维权行为是否触及敲诈勒索犯罪边界的关键。

一、消费维权行为正当性的判断

媒体最早报道的一起比较典型的消费者维权向厂家索要巨额赔偿的案件是发生在 1999 年 2 月黑龙江某县的"冰淇淋布条索赔案"[1]，另一起比较知名的案件是发生在 2006 年 4 月北京的"华硕笔记本电脑索赔案"[2]。虽然司法机关对这两起典型案件最终均给出了无罪的认定结论，但是理论和实务界对此类案件的认识依然存在较大的分歧[3]。例如，与这两起案件类似的很多案件，实务中也有不少被认定构成犯罪而受到刑事处罚的先例。例如，"食用油橡胶圈索赔案"[4]的行为人采用与前面

---

〔1〕 一审法院认定构成敲诈勒索罪，二审法院于 2002 年 7 月作出终审裁判，认定行为人王某向冰淇淋厂家索赔人民币 50 万元，是一种平等主体之间的民事法律纠纷，不应由刑法调整，最终认定王某无罪。参见陈立：《刑事疑难案例评析》，厦门大学出版社 2003 年版，第 274~275 页。

〔2〕 行为人黄某及其好友周某以黄某购买的华硕电脑存在质量问题为由，向华硕公司提出 500 万美元的高额赔偿请求。虽然二人曾因涉嫌敲诈勒索罪一度被批捕并羁押近 10 个月，但最终北京市海淀区人民检察院于 2007 年 11 月对黄某作出了不起诉的决定。检察院认为，黄某以曝光的方式向华硕公司索赔 500 万美元，属于过度维权行为，但不构成敲诈勒索罪。

〔3〕 例如，关于华硕笔记本电脑敲诈勒索一案，即有很多文章中对该案的行为应否入罪有过分析，且观点针锋相对，即使同样认为应该入罪或无罪，但论辩的理由也各有不同。其中，有代表性的如于志刚教授和叶良芳教授，他们都认为黄某的行为应该成立敲诈勒索罪，但于教授认为黄某的手段行为具有社会相当性，但是其索取赔偿的数额没有合理的根据，超出了合理的计算范围，高额索赔属于过度维权，叶教授却认为黄某的手段行为与高额索赔都不具有正当性；童伟华教授认为，黄某的手段行为和索赔数额都没有脱离社会相当性，因此，不成立敲诈勒索罪。详见于志刚："关于消费者维权中敲诈勒索行为的研讨"，载《中国检察官》2006 年第 10 期。叶良方："权利行使与敲诈勒索的界限"，载《犯罪研究》2007 年第 2 期。童伟华："债权行使与财产犯罪"，载《法治研究》2011 年第 10 期。

〔4〕 犯罪嫌疑人刘某发现自己刚刚购进的一桶食用油里有一橡胶圈，便和厂家联系，要求厂家赔偿 36 000 元，如果厂家不答应，他就在网上发帖子，让媒体曝光，让该产品滞销，并告诉厂家其银行账号，让厂家将钱打入卡内。参见《索赔超限度维权变敲诈》，网址：http://www.news.sohu.com/20060929/n245606217.shtml。转引自徐光华："从典型案件的'同案异判'看过度维权与敲诈勒索罪"，载《法学杂志》2013 年第 4 期。

两案中行为人相同的方法，以网上发帖、通过媒体曝光等要求
厂家赔偿其 36 000 元，最终法院认定行为人成立敲诈勒索罪
（未遂），判处行为人有期徒刑 2 年，缓刑 2 年。还有"'三聚氰
胺'受害儿童父亲郭利案"，该案在经过一审、二审、再审后，
认定行为人构成敲诈勒索罪，行为人被判处有期徒刑 5 年。刑
罚已经执行完毕后，郭利通过申诉启动再审程序，广东省高院
认定郭利维权索赔的行为尚未超出民事纠纷的范畴，现有证据
不足以证明郭利具有非法占有他人财物的目的，也不足以证明
郭利实施了敲诈勒索行为，因此改判其无罪。[1]此外，未见诸报
端的类似案件应该也有不少，然而确如学者所言对于过度维权行
为，同案异判现象较为明显，司法机关对于同一案件也经常出现
先后不同的意见。[2]

　　实务部门的专家认为：从司法实践来看，行使权利的行为是
否认定为敲诈勒索罪，往往取决于以下几个因素：一是权利基础
是否存在，二是行权目的是否正当，三是行权方式是否合法。[3]
学理上有学者指出，在界分权利行使与敲诈勒索时，需要综合
考虑五个因素：即权利本身是否正当，是否在正当权利的范围
之内，手段行为与权利之间有无内在关联，手段行为的必要性

---

〔1〕 2008 年郭利的女儿作为众多"三聚氰胺"毒奶粉问题的受害人之一，因
长期食用施恩婴幼儿奶粉导致肾功能受损，为此郭利向施恩公司索赔。在获得 40 万
元赔偿款并签订了不再追诉与放弃索赔的协议后，又向媒体曝光并继续向施恩公司
索赔 300 万元人民币。郭利后因施恩公司报案而被捕。经过一审，法院于 2010 年 1
月以敲诈勒索罪判处郭利有期徒刑 5 年，二审和再审均维持了原审的裁判结论。
2014 年 7 月，郭利刑满释放，开始对其案件提出申诉。2015 年 5 月，广东省高院对
此案做出再审决定。2017 年 4 月 7 日，广东省高院对郭利敲诈勒索案再审改判无罪。
〔2〕 徐光华："从典型案件的'同案异判'看过度维权与敲诈勒索罪"，载
《法学杂志》2013 年第 4 期。
〔3〕 刘中发主编：《刑事案例诉辩审评——敲诈勒索罪》，中国检察出版社
2014 年版，第 14 页。

与相当性，数额的大小。[1]结合消费维权领域的特殊性，笔者以为，综合性的判断思路是较为可行的，不能仅以媒体曝光或巨额索赔这一点，即认定行为构成敲诈勒索罪。就维权型索赔行为性质的判断，有四个因素会影响对行为性质的界定：一是维权基础事实的客观性与正当性，即行为人自身相关权利因消费行为受到侵害的事实是否客观存在，行为人是否有正当的维护自身合法权益的法律基础；二是维权目的的正当性，行为人须以获得权利应有的救济和损失补偿为目的；三是维权手段的正当性，即使存在客观、正当的维权基础和维权目的，行为人也不能以法律所禁止的手段进行维权，否则，可能构成其他犯罪；四是维权诉求内容的正当性，行为人基于权利受损提出的维权的诉求，应当具有合理的依据，诉求内容应符合社会一般观念能够认可的合理范围。这些因素与敲诈勒索罪行为的恐吓性，以及在违法层面对财产占有权和意思决定自由权的保障密切相关，"权利正当与否以及是否超出权利范围，直接指向非法占有目的的有无，手段是否具有必要性与正当性则决定着恐吓行为的成立与否"。[2]应该说手段的必要性和维权事实、目的、手段的正当性是认定行为正当性的客观基础，维权诉求的范围也揭示了行为人是否具有不法获利的目的，必须先客观后主观地对此加以分析、评价。

（一）消费维权基础事实之判断

1. 消费维权事实的客观存在。所谓消费维权的基础事实，是指行为人或其相关的第三人，因具体消费行为使其权利受

---

〔1〕　陈兴良主编：《刑法各论精释》，人民法院出版社2015年版，第585～586页，该部分为劳东燕教授所撰写。

〔2〕　陈兴良主编：《刑法各论精释》，人民法院出版社2015年版，第585～586页，该部分为劳东燕教授所撰写。

到侵害的事实，如购买的产品或服务存在质量瑕疵的事实或者因使用产品或接受服务对其造成损害的事实等。首先，需要消费事实的客观存在，即行为人与商家存在真实的商品买卖或提供和接受服务的行为，只有双方之间存在实际的消费行为，行为人本人或有关第三人因他人提供的商品或服务受到权利侵害的事实，行为人才具有合法正当的维权基础。否则，即使商家的商品或服务存在瑕疵，行为人以将揭露、公开被害人的产品存在瑕疵为由，向被害人勒索钱财的，即属于对商家的威胁，可能构成敲诈勒索罪。[1]

举报瑕疵产品或虚假服务，虽然是公民可以正当行使的社会监督权，但是所谓监督应该通过向有关工商或质监部门举报与反馈，却不能借此作为威胁商家、谋取个人利益的手段。例

---

[1] 相关案例见海口市中级人民法院（2014）海中法刑终字第260号刑事裁定书。该案中行为人曹某某因为与被害人海南海之润生物工程有限公司（公司法定代表人孔某某）之间，因产品经营问题产生经济纠纷进而发生矛盾。在双方根据签订的赔偿协议履行完毕后，曹某某仍认为自己损失过大，再次索赔未果后向法院起诉亦未得到支持。曹某某遂私下调查海之润公司的产品质量问题。经过调查，曹某某发现该公司存在产品质量造假和虚假宣传等问题。2014年初，被告人曹某某把其调查到的海之润公司产品质量造假、虚假宣传等资料，和要求支付50万元人民币的赔偿意见一同邮寄给公司的法定代表人孔某某，并威胁其不给钱就曝光或向有关部门举报此事。一审法院认定，被告人曹某某以非法占有为目的，以曝光或向有关部门举报被害人产品质量问题为手段，利用被害人害怕曝光或举报的心理，敲诈勒索被害人钱财人民币20万元（最终行为人同意被害人交付20万元了事，被害人实际交付3万元后，在行为人现场取走余款17万元时，因被害人报案被抓获），数额巨大，其行为已构成敲诈勒索罪。二审维持了一审判决结果。再如，行为人丁某利用自己曾在被害单位××公司工作的便利，搜集公司产品质量出现问题的相关事例，通过邮寄信件等隐晦威胁的手段，敲诈勒索被害公司数额巨大的财物，法院认定其行为已构成敲诈勒索罪。参见新疆乌鲁木齐审中级人民法院（2015）乌中刑二终字第27号丁某敲诈勒索罪二审刑事判决书。此类案件在实务中十分多见，笔者以"产品质量"和"敲诈勒索"为关键词在无讼案例网查阅到符合条件的刑事案件36起。其中，主要是行为人以曝光或向有关部门举报他人的产品存在质量问题相要挟，向他人勒索财物的案件。法院均认定行为人成立敲诈勒索罪。

如，行为人在餐馆的饭菜中故意放进自己提前准备好的苍蝇借机勒索餐馆经营者的，即属于不存在客观、正当的侵权事实，属于行为人故意捏造和制造虚假维权事实的情形。再如，2012年发生在杭州的杨某等12人恶意差评敲诈勒索案，该案中的行为人杨某等12人在淘宝网店恶意下单，在并未真实购买商品的情况下，联系卖家以"如果发货就给予差评、不发货就投诉，只有向他支付一定钱款，才同意关闭交易"的方式勒索钱财。[1]该案中由于不存在真实的消费交易行为，也无权利受损的事实，属于不存在维权的基础，行为人的行为即属于利用卖家害怕因差评影响其网络经营和淘宝评分的恐惧心理而勒索他人钱财的行为，因此，构成敲诈勒索罪。其次，正当的消费维权不仅需要客观上存在权利受到侵犯的事实，而且需要维权行为人对这些事实的发生不存在主观过错，客观上其对于侵权事实的发生不存在积极的加工行为。对于消费者通过教唆、欺诈方式，以低价大量收购为诱饵，教唆商家降低标准生产产品或提供服务，或者故意设置消费服务瑕疵，进而以此主张维权索赔的[2]，如行为人故意将食品藏匿到商场或超市的一些角落，等食品过期后予以购买索赔的、行为人运用化学药水篡改商品的生产日期后购

---

〔1〕　参见杭州市上城区人民法院（2013）杭上刑初字第357号刑事判决书。

〔2〕　如陈秀成等敲诈勒索案，被告人陈秀成以及吴颖彬等人抓住珠宝店做生意心切的心理，明知自己选购的是百泰牌黄金项链，而谎称自己是冲着"晶永恒"这个店名以及其女友喜欢"晶永恒"这个牌子而来的，如不加上"晶永恒"字样则不买，促使珠宝店向其提供加注"晶永恒"字样的发票，从而使商店在客观上陷入用"百泰"牌子冒充"晶永恒"牌子"欺诈消费者"的被动处境。之后，被告人陈秀成等人以珠宝店有欺诈行为为由，要求珠宝店退一赔一，索要现金3000元。被告人陈秀成等人非法占有的主观故意明显，客观上以向工商部门投诉、让商店关门或向法院起诉等给珠宝店施加压力，迫使被害人接受被告人陈秀成等人的赔偿要求，其行为已符合敲诈勒索犯罪的主、客观构成要件，足以认定构成敲诈勒索罪。详见北大法宝数据库，法宝引证码：CLI.C.386255。

买索赔的，这些即属于行为人虚构、制造虚假索赔事实的行为。利用这样的行为索赔的，均属于无正当维权基础事实的行为。

2. 知假买假维权索赔也是正当的维权行为

对于行为人"知假买假"[1]进行维权索赔的行为，能否认定存在客观、正当的维权基础事实，理论和实务界是存在争议的。反对者认为："法律绝不赞成人们利用别人的违法来故意制造损失，也不赞成人们用违法纠正违法，更不赞成人们利用别人的违法来谋取非法利益。"[2]但肯定者却认为："知假买假"行为毕竟不同于故意虚构、制造虚假事实陷害、勒索被害人的恶意诈取行为，只要商品或服务本身确实存在假冒或缺陷，被害人本身没有过错也没有实施捏造和陷害他人的行为，行为人知假买假向商家索赔，也属于具有合法的事实基础。[3]知假买假的理论分歧反映在民事消费维权领域，在不同地域和不同法院的裁判也各不相同。[4]笔者支持肯定者的观点，认为知假买假行为也有客观正当的维权基础事实。理由有三：

第一，现有法律、司法解释以及指导性案例认可知假买假者的消费者身份和依法进行索赔的正当性。反对知假买假行为消费维权正当性的学者，其法律依据主要有《消费者权益保护

---

〔1〕 所谓"知假买假"是指行为人明知产品或服务存在瑕疵而故意购买，然后借此向销售商、厂家或服务提供者提出索赔的要求。

〔2〕 刘中发："案例3：臧某某敲诈勒索案——打假维权与敲诈勒索的界分"，载刘中发主编：《刑事案例诉辩审评——敲诈勒索罪》，中国检察出版社2014年版，第46页。

〔3〕 徐梅："案例5：陈某某、付某某敲诈勒索案——敲诈勒索与消费者正常索赔行为的界限"，载刘中发主编：《刑事案例诉辩审评——敲诈勒索罪》，中国检察出版社2014年版，第55页。

〔4〕 曾有学者提到最典型的案例是：丘建东（职业打假人，笔者注）在北京市东城区法院和西城区法院分别起诉的两起同样的服务欺诈的民事诉讼案件，两个法院作出完全不同的判决。参见杨立新："《消费者权益保护法》规定惩罚性赔偿责任的成功与不足及完善措施"，载《清华法学》2010年第3期。

法》[1]和2016年国家工商总局发布的《消费者权益保护法实施条例（征求意见稿）》[2]。反对者认为，《消费者权益保护法》第2条中关于"生活消费"的规定排除了"职业打假人"的消费者身份，但是这一解释并不具有确定性和权威性。2019年3月6日，青岛市中级人民法院就上诉人韩某坤与被上诉人李沧区多美好批发超市产品责任纠纷一案，作出的（2019）鲁02民终263号民事判决书（该判决已入选2019年"3·15案例"）对"生活消费"的解释是："只要其购买的商品是生活资料，就是消法保护的消费者。"[3]该判决得到了北京市知识产权人民法院原院长宿迟和北京市第二中级人民法院原审委会委员王范武的高度认可，他们均认为该判决是对否定职业打假行为论调的明确批驳，也是对适用《消费者权益保护法》惩罚性赔偿条款的一个案例典范，并认为该判决明确支持了职业打假的立场。这一判例不仅在于判决结论本身支持了职业打假人的诉求，更重要的是对我国《消费者权益保护法》第2条中的"生活消费"做出了有说服力的解释，所以，单纯以《消费者权益保护法》作为否定职业打假行为正当性的法律根据，显然并不具说服力。反对者的另一法律依据《消费者权益保护实施条例》至今尚未通过，显然也无法作为否定职业打假人消费者身份的依据。与之相对，支持职业打假人的司法解释则有2014年3月15日开始

---

〔1〕　该法第2条规定消费者为生活消费需要购买、使用商品或者接受服务，其权益受本法保护；本法未作规定的，受其他有关法律、法规保护。该条被认为是对知假买假者消费者身份的明确否认。

〔2〕　该条例是国家工商总局办公室于2016年7月5日发布的征求意见稿，至今尚未通过。该条例第2条规定：消费者为生活消费需要而购买、使用商品或者接受服务，其权益受本条例保护。但是自然人、法人和其他组织以营利为目的而购买、使用商品或者接受服务的行为不适用本条例。

〔3〕　详见法制网 http://www.legaldaily.com.cn/fxjy/content/2019－11/19/content_8051255.htm，访问时间：2020年2月3日。

实施的《最高人民法院关于审理食品药品纠纷案件适用法律若干问题的规定》（以下简称《规定》），该《规定》第 3 条明确：在食品、药品消费领域，知假买假者依然作为消费者受相关法律的保护，商家以行为人知假买假予以抗辩的，人民法院不予支持。该解释确认了"知假买假"者的消费者资格。[1]与该司法解释同时发布的还有最高院第 23 号指导案例，即孙银山诉南京欧尚超市有限公司江宁店买卖合同纠纷案，该案认定，原告孙银山明知被告出售过期食品而购买，依然属于《消费者权益保护法》应予保护的消费者，欧尚超市江宁店提出的孙银山"买假索赔"不是消费者的抗辩理由不能成立，法院最终判决：依法支持孙银山退货并获得 10 倍价款的赔偿金。通过以上相关典型案例、司法解释和指导案例体现的司法立场，我们可以看出，最高院从司法实务的角度对该问题的态度。然而，在司法实务当中，各地法院对于知假买假者的维权索赔诉求仍评判不一。这与惩治制假售假行为的公权属性和职业打假人的私权主体身份之间的对立不无关系，当然也与我国当前假冒伪劣商品较多，而依靠公权力打假力不从心的现状有关。但是不论原因为何，只要这样的行为在民法、经济法，包括行政法领域尚未形成一致的否定意见，就不能贸然用刑法手段对此类行为加以干预和处断，否则，就是与法律价值诉求的一致性以及刑法的补充性相违背。

第二，知假买假者的打假行动在我国当前具有不可忽视的社会现实意义。在市场利益的驱动下，一方面，我国市场主体

---

〔1〕 最高人民法院新闻发言人孙军工于 2014 年 1 月 9 日在最高人民法院发布司法解释及典型案例规范食品药品纠纷案件审理新闻发布会上指出，这意味着"知假买假"行为将不影响消费者维护自身权益。通常情况下的购物者应当认定为消费者，可以主张惩罚性赔偿，其具有消费者主体资格。详见网址：http://www.chinacourt.org/article/detail/2014/01/id/1174718.shtml，访问时间：2016 年 10 月 14 日。

以假充真、以次充好，制、售假冒伪劣产品的现象十分严重，可以说假冒伪劣产品已经充斥在我们生活消费领域的方方面面。通过媒体的报道和消费者对身边产品质量问题的切实关注，与国民衣食住行密切相关的产品和服务质量问题越来越引起消费者的担忧，引起消费者的不满。另一方面，我国的消费维权通道并不十分畅通和高效，消费维权不仅需要花费大量的时间和精力，而且结果常常难以令人满意。为此，不少消费者个体对漫长的维权过程和高昂的维权代价望而却步，而选择忍气吞声和自认倒霉。这一局面最终使得商家的制假、售假行为愈加频发，我国的市场诚信体系面临越来越严峻的考验。从 20 世纪 90 年代初起，随着商品经济的迅猛发展，假冒伪劣产品激增，以王海为代表的一批职业打假人开始涌现。职业打假人利用其长期、专业的维权经验，在取证、与商家协商或向有关消协投诉，以及通过法院起诉索赔等方面具有专业性、持续性和经验丰富等鲜明的优势，使他们能够在消费维权的过程中胜出，逐渐成为震慑不良商家的重要社会力量。"职业打假人" 在我国当前打假队伍中的作用和地位不可低估。[1] 面对不断发展壮大的市场主体，我国具体负责打假的官方执法机构和人员的人数和监管力度都明显不足，民间职业打假人的存在，不仅充分发挥了民

---

　　〔1〕　据有关媒体报道：以北京和上海为例，在 2014 年 3 月 15 日新消法实施后，朝阳法院当年受理涉消费者买卖合同纠纷案共 496 件，较上年的受理量增长 10.3 倍，其中网购纠纷增长了 4 倍，大部分的功劳都源自 "知假买假" 的特殊消费者。而且，据媒体披露，在朝阳法院审理的几百件消费维权案中，只有 1 名原告是律师，其他的均为职业打假人，其中韦某 1 人在朝阳法院就提起了 92 起诉讼，大多涉及食品领域。上海市工商局 12315 中心近期披露的一组数据显示：3 年间共接到职业索赔人投诉举报 14 375 件，今年前 5 个月的数量已经是 2014 年全年的 9.9 倍，职业索赔人的投诉举报量的年平均增速高达 364%。参见余瀛波："知假买假或不再受消法保护引争议——职业打假人该不该适用惩罚性赔偿"，详见网址：http://www.sohu.com/a/109469180_162903. 访问时间：2016 年 12 月 16 日。

间打假主体直接、贴近市场环境的优势，而且能够灵活、及时地发现、反馈问题，和有针对性地实现有假就打、以打促改，让生产商和销售商提高商品、服务的自我监管意识，大大提高了打假的效果，有利于促进消费市场整体品质的提升。我国相关立法确立的惩罚性赔偿制度也极大地激发了职业打假人的打假积极性，尤其是在食品和药品打假领域，这样一个特殊群体成了专业的消费质量监督者，其正面价值应该得到肯定。

第三，从社会治理的客观需要和社会规范价值选择的角度，需要在容忍商家制、售假冒伪劣产品行为的泛滥与接受职业打假人的打假牟利行为之间做出权衡和取舍。没有十全十美的社会决策，只有最优化的选择和尽可能合理的规范和制约。如果放弃对知假买假者的法律保护，面对制假、售假的泛滥，不仅会有损我国商品经济良性发展的市场交易秩序，而且也会侵害民众追求健康、安全、优质生活的权利。因此，从社会规范价值指引与选择的视角，应该着力于打击和抵制商家的制假、售假行为，鼓励货真价实、童叟无欺的市场交易理念和行为，为此，需要有限度地容忍职业打假人的专业打假行为。"我们探讨法律制度的价值理念，不在于建立一个抽象的、完美无缺的公平正义理论，而是应该关注如何通过价值理念去指导社会制度的具体建构，从而消除存在的各种不公正的社会现象。国家必须在社会规范层面为践行社会正义的价值理念提供应有的制度条件。因此为了保护消费者利益，打击不良商贩，消法在具体制度上就采取了倾斜性的权利义务配置，给予消费者更多权利，经营者则承担更多义务。"[1]这也体现了经济法是国家以有形之手介入社会经济生活中，以解决市民法自动调节所克服不了的

---

〔1〕 李剑："论知假买假的逻辑基础、价值理念与制度建构"，载《当代法学》2016年第6期。

矛盾和困难的法律。[1] 职业打假与经济法的初衷并行不悖，在法律允许的框架内，职业打假是当前经济法规则和制度价值理念能够容忍的次优选择。

（二）消费维权目的正当性的判断

消费维权目的的正当性，在于行为人以其合法权利受到侵害为基础，通过消费维权使其受到侵害的权利得到恢复和救济。在正常的消费维权中，行为人作为一般消费者，其维权目的的正当性往往比较容易证明。只要行为人提出的索赔金额具有实体上的权利根据，且主张的索赔金额在法律规定的合理范围之内，即可以认定其没有超出维权的正当目的。有争议的是职业打假人的消费维权行为是否具备正当的维权目的，索要相当于实际损失 3 倍或 10 倍的惩罚性赔偿或者更高数额的赔偿，是否构成对商家财产权的不当侵犯。

1. 职业打假索赔具有维权目的的正当性。有学者认为，职业打假人系为了谋取"个人私利"，而非为了维护"社会公益"，以此为由否认维权目的的正当性。[2] 笔者以为，这样的观点并不具有合理性。民商事、经济领域，几乎所有的维权行为都是为了维护个人的私权和利益，违约、侵权、不当得利、无因管理的行为人，不都是为了维护自身的合法权益吗？尽管这种维权行为在宏观上是维护社会正义和法治的应有之举，但是恐怕很少有人打着维护社会公益的旗号，起诉他人违约或侵权。毫不讳言，消费维权的行为人必然是出于维护自身合法权益的初衷，向商家或第三方机构主张权利救济，但与此同时，个人维权对打击假冒伪劣

---

〔1〕 参见［日］金泽良雄：《经济法概论》，满达人译，中国法制出版社 2005 年版，第 27 页，转引自李剑："论知假买假的逻辑基础、价值理念与制度建构"，载《当代法学》2016 年第 6 期。

〔2〕 参见刘中发主编：《刑事案例诉辩审评——敲诈勒索罪》，中国检察出版社 2014 年版，第 44～46 页。

产品、警示不法商家的社会意义也是相伴相随的，没有每一个维权个体的坚持和挺身而出，建立和维护良好市场秩序的美好愿景同样无法实现。即使知假买假者提出数倍的惩罚性赔偿请求，也是在法律允许范围内的合法主张。

2. 惩罚性赔偿蕴含着维护社会公益的目的。值得我们关注的是，我国在《民法典》侵权责任编、《消费者权益保护法》、《食品安全法》等法律中相继规定了惩罚性赔偿制度。"惩罚性赔偿是补偿性赔偿之外的一种额外赔偿，是一项以授予私人惩罚权的方式弥补刑法缺陷的特殊惩罚制度，是一个将公法在规制违法行为上的严厉与私法在执行法律上的灵便嫁接在一起的制度。""惩罚性赔偿作为一种惩罚，本应遵循惩罚的一般原理，不该使私人独享或共享惩罚金。然而，为激励受害人积极执行法律，从而使惩罚性赔偿制度真正发挥功效，立法以违背私法基本原则为代价，作出惩罚性赔偿金由执行惩罚性赔偿制度的受害人享有的规定。"[1]惩罚性赔偿制度的确立无疑具有刺激消费者积极维权的作用，同时其以立法的方式明确，消费者的维权行为不仅具有获得损害赔偿的权利，而且具有利用私法的规定实现对不法商家公法意义上的惩罚的权利，为此，消费维权行为，尤其是在主张惩罚性赔偿的损害赔偿过程中，其更依法担当了威慑、惩罚不法经营者的公法使命。因此，消费者以及职业打假人即使基于惩罚性赔偿的利益驱动主张消费维权，其所获得的超出实际消费价款数倍的赔偿所得不仅不是其追求个人私利的证明，反而是其承担社会公益的表现。

3. 巨额索赔不是认定非法获利目的的唯一根据。一方面，如果消费者在维权中提出高额的索赔请求，只要其具有主张的合理

---

〔1〕 朱广新："惩罚性赔偿制度的演进与适用"，载《中国社会科学》2014 年第 3 期。

根据，即不能否认维权索赔目的的正当性；另一方面，即使行为人提出的巨额索赔缺乏合理的根据，但是只要其手段不具有不法性，那么，基于民事主张所具有的商谈性，在维权过程中提出的索赔请求，都应属于公民私权自治的合理范畴，应该遵循意思自治原则。只有当消费者借助不法维权手段提出巨额索赔主张时，才可能具备入罪的条件。正如在有关探讨敲诈勒索罪悖论（the paradox of blackmail）的文章中所探讨的，如果一个人只是向另一个人索要财物，无论对方给与不给，行为人都不构成犯罪，但如果一个人以不法手段相威胁，要求对方给付财物，这种行为才具有不法性。"敲诈勒索罪的可罚性关键不仅仅在于威胁行为，也不单单在于向他人索取财物，而是在于两者的结合，即以威胁手段获取经济利益。"[1]实践中，对于知假买假打假的消费者，只要行为人索要的数额没有与"损失"数额过分悬殊，审判实践都否认其行为的犯罪性。[2]引发争议的一些典型消费索赔案件，往往是因为维权者提出的高额索赔数额刺激了社会大众和司法层面敏感的神经，进而引发刑法干预和入罪的冲动，但是如果缺少对于维权手段的考查，盲目入罪，势必就会出现同一案件前后不一或不同法院同案不同判的问题，这是不符合司法理性的。

（三）消费维权手段正当性的判断

1. 维权手段正当性的判断标准。消费者与商家发生消费纠纷时，诉诸所有合法的手段进行维权都是正当的。消费者如果采用超出该范畴的其他手段，其正当性即需要具体分析。例如，张明楷教授曾举例分析认为，"行为人从生日蛋糕中吃出苍蝇，以向媒体反映或者向法院起诉相要挟，要求生产商赔偿的，都

---

〔1〕　Jonathan Herring, *Criminal Law*, Palgrave Macmillan, 2011, p. 240.
〔2〕　参见徐光华："从典型案件的'同案异判'看过度维权与敲诈勒索罪"，载《法学杂志》2013 年第 4 期。

属于正当的维权行为，但是，如果行为人以加害生产商的生命、身体、财产等相要挟，则其手段就不具有正当性"。[1]再如，消费者以揭发经营者与维权事实无关的个人隐私、商业秘密、偷税漏税等违法犯罪事实等相要挟理赔的，或者以打砸经营者的厂房、店铺，聚集众人阻拦商家进行正常的营业等手段，进行维权理赔的，即属于与消费维权事实不具有关联性，为社会伦理和规范所不能认可的、不具有正当性的维权手段。有论者从行使权利正当性的角度抽象地指出，应以手段行为是否具有社会相当性作为判断的依据："关于行使权利的手段行为是否具备违法性，需要结合行为的反伦理、反规范的属性及其程度加以判断。只有在反伦理、反规范的行为逸脱社会相当性的前提下，方能最终肯定行为在财产罪领域的违法性。"[2]以通过向媒体曝光或者网上发帖的方式揭发经营者的商品或服务存在的缺陷，向商家索赔的行为是否具有社会相当性，是一个学界颇有争议的问题。

2. 通过媒体曝光经营者的违法行为属于正当的维权手段。关于向媒体曝光经营者的违法经营行为，是否属于正当的维权手段，在学界是存在一些争议的，但多数学者认为应从报道内容的相关性上，判断其手段的正当性，即"向新闻媒体曝光，这一手段本身是中性的，即使消费者在协商维权时提出要找媒体将此事曝光，这也是他的合法权利，不能定性为要挟"。[3]只要曝光的内容属于对消费者维权相关基础事实的客观、公正的报道，即属于维权的正当手段，除非存在对维权事实的不当歪曲和夸大，或者揭露、报道的是与消费维权事实无直接关联的事实，如意欲

---

〔1〕 张明楷：《刑法学》，法律出版社 2011 年版，第 872 页。

〔2〕 童伟华："债权行使与财产犯罪"，载《法治研究》2011 年第 10 期。

〔3〕 于志刚："关于消费者维权中敲诈勒索行为的研讨"，载《中国检察官》2006 年第 10 期。

通过报道揭露经营者的隐私、违法犯罪事实、商业秘密等来索赔的，则属于不具有社会相当性的维权手段。但也有反对者提出，由于"媒体传播信息的迅捷性、广泛性，一旦商家的商品缺陷或者服务劣质被公之于众，对其将会带来极其不利的后果，甚至是毁灭性的打击。因此，向媒体公布会对相对方产生一定程度的精神强制，是一种胁迫行为"。[1]笔者以为，这是一种较为偏激的观点和看法。如果基于这样的认识，媒体对于存在缺陷的商品或服务都不应报道，那么媒体正当的舆论监督职能将无从实现，消费者通过新闻、网络等途径获取消费信息的权利也将被堵塞，这实则是对商家不良经营行为的祖护和纵容。现代社会中，舆论监督的力量不可忽视，只要新闻报道、网络曝光等媒体揭露的事实坚持了客观真实，没有虚构、夸大的成分，其监督行为就是正当的，因为媒体作为无冕之王的社会地位是不可撼动的。

大众传媒是作为消费者协会、行政监管执法部门、仲裁机构、法院等法定的消费争议调处机构之外，具有社会监督职能的机构，在当前各种传媒技术飞速发展的时代，其所具有的强大的传播效应是不容忽视的，并且其职能与地位也得到了我国相关法律的认可。[2]毫无疑问，大众传媒已经在法律的层面被明确界定为负

---

〔1〕 叶良芳："权利行使与敲诈勒索的界限"，载《犯罪研究》2007 年第 2 期。

〔2〕 如我国《消费者权益保护法》第 6 条规定的是保护消费者的合法权益的社会责任，其中即提出大众传播媒介应当做好维护消费者合法权益的宣传工作，对损害消费者合法权益的行为进行舆论监督。该法第 37 条在消费者协会应履行的公益性职责中也明确，对损害消费者合法权益的行为，消协可以通过大众传播媒介予以揭露、批评。在《消费者权益保护法实施条例（征求意见稿）》中也有相关内容的细化规定，其第 4 条关于各类社会组织消费维权的作用部分，明确将大众传播媒介与消费者组织、行业组织等并列为社会组织，要求其应采取措施，对经营者提供的商品或服务进行社会监督，充分发挥其在保护消费者合法权益方面的作用，为消费者提供社会保护。第 50 条关于大众传播媒介的消费者权益保护职责部分，明确要求大众传播媒介应当真实、客观、公正报道，对涉及消费者权益的法律、标准、商品服务和维权知识加强普及，对维护消费者合法权益措施广泛宣传，对损害消费者合法权益的行为进行舆论监督。

有对消费领域的经营和消费行为进行宣传、报道、揭露、批评等社会监督职能的社会组织。作为消费领域的消费者和经营者，以及消费者协会、有关行政监管部门，甚至法院和仲裁机构都要现实地接受大众传媒的监督。在郭利一案中，广东省检察院即表示：根据《消费者权益保护法》，国家鼓励和支持对损害消费者权益的一切行为进行合法性监督，大众媒介有权对损害消费者的行为予以揭露。大众传媒辐射范围的广泛性和信息传递的快捷性，是促使有关事件当事人规范自身言行、维系一个健康有序的消费市场和社会环境的重要公器。与媒体的社会责任相对应，作为大众传媒的发布者应该履行对所发布信息真实性、可靠性的查证、核实义务，不能妄听消费者的单纯揭露，不能盲目炒作、博取大众的眼球，对于有关消费维权事实的报道，要坚守舆论监督的基本原则，真实、准确地报道有关消费侵权事实，不予夸大和渲染，这是媒体应予恪守的基本职责。

在网络时代，行为人不仅可以通过广播、电视、报纸、杂志等媒体的介入对其维权事实进行报道和传播，而且也可以通过自媒体发布其消费纠纷事实，引起大众对该事实的关注。因此，对于消费者通过网络发帖、微信、微博等方式揭露有关商品或服务存在缺陷的，基于网络传播的公开性和网民自律原则，同样需要消费者秉持客观、真实的原则，采用肆意夸大、扭曲、渲染或者有侮辱、谩骂、诋毁性言论的，同样属于不具有正当性的手段行为。如果其手段行为触犯相关法律、法规的，也需依法承担相应的责任，如以该手段向商家勒索理赔的，则应成立敲诈勒索罪。如"今麦郎方便面索赔案"，行为人李某某在不能充分证明其消费行为（即不能提供购买方便面的确切销售商，也不能证明其购买的方便面属于今麦郎公司生产）的前提下，将从非正规检测机构检测得出的检测报告，和其母亲因食用方便面致癌的不实消息通过微博予以发布，并以此向今麦郎公司索赔450万元。由于李某某缺乏维权基础事实的客观性和正当性，而且其向媒体曝光的内容存在渲染、夸大和不实之处，其手段行为已经对今麦郎公司的商品声誉造成了损害，李某某进而借此向今麦郎公司索赔450万元，诉求内容也不具有正当性，因此其行为构成敲诈勒索罪。但由于其勒索的意图并未实现，属于未遂，但是其手段行为对于他人的商品声誉已经造成的客观损害已经既遂。[1]

（四）消费维权诉求内容正当性的判断

消费者在发生消费纠纷时，应依法定的条件和实际损害的结果进行索赔，然而，实务中许多消费者可能并不严格按此标准进行索赔。许多消费维权案件由于消费者向商家提出巨额索赔而引发关注。关于索赔数额合理性的判断也是认定消费维权行为性质的重要方面。

1. 诉求内容属于依法应予主张的权利范畴。消费维权中消费者主张的索赔数额究竟应该看作是消费者可以自由裁量、自主支配的一项权利，还是也需要对其合理范畴有所限制，学界是存在争议的。很多学者认为，不能苛求消费者在消费维权理赔数额上十分精准，而且无论是亲自与商家协商理赔，还是通过消协、法院、仲裁委等第三方机构向商家理赔，其主张的理赔数额并不是最终取得的赔偿额，理赔过程中往往还会进行客观的举证、评估、判断和最终的协商、调解和裁决，因此，主张的数额巨大或超出合理的理赔范畴，都是主张其民事权利的表现，即使诉求的金额不当也不能将此与刑法评价中的"非法

---

[1] 详见赵刚、郭瑞""天价维权"：与敲诈勒索的一步之遥"，载《人民法院报》2016年2月1日，第6版。详见周益帆："男子向今麦郎'天价索赔'获刑8年半法院：已从轻"，载央广网 http://china.cnr.cn/yaowen/20160113_521122167.shtml，访问时间：2016年12月16日。

占有他人财物的主观目的"相等同。但也有学者认为：消费者漫天要价，缺乏合理依据与计算标准提出巨额索赔的，属于缺乏合理性的维权。笔者以为，首先，理赔诉求的事项应该具有合理性，[1]且具有客观的事实根据和法律依据。一般认为，与实际损失或损害相关的诉求应该认为属于合理的诉求，与此无关的无理诉求就是不当的。如臧某某因购买假药索赔构成敲诈勒索案，臧某某以其购买的系假药为由，迫使假药的生产厂家支付高额的赔偿金，同时要求厂家以 3.5 万元人民币的高价，买走其储存有该厂制假调查文章的笔记本电脑，否则即向媒体公布该调查文章。该案中，即使臧某某购买的厂家生产的假药属实，臧某某向该生产厂家主张因购买和服用该假药造成的损失属于正当，但是臧某某以通过媒体曝光，要挟厂家高价买走其笔记本电脑的主张则是缺乏事实和法律依据的，即属于维权的诉求内容不当。因此，法院最终认定臧某某成立敲诈勒索罪。在该判决理由部分，法官也很好地分析了消费维权诉求范围的正当性的问题。[2]其次，关于索赔金额的问题，为了限定消费者理赔的合理范围，有学者认为"应该设定一些程序性规则，以促使维权索赔的合理化，对于超出法定赔偿标准的索赔案，应要求消费者对其索赔数额提供证据加以证明，如果其没有证据和法律依据证明其主张权利的正当性，即属于超出维权范畴

---

[1] 如商品或服务存在瑕疵或造成物质损害的，可以要求商家退货、维修、重做、退还货款或服务费用、赔偿损失，因商家造成对自己人格尊严、人身权利等损害的可以要求商家停止侵害、消除影响、赔偿损失、恢复名誉、赔礼道歉，甚至可以要求商家给予精神损害赔偿等。我国《消费者权益保护法》第 51 条规定：经营者有侮辱诽谤、搜查身体、侵犯人身自由等侵害消费者或者其他受害人人身权益的行为，造成严重精神损害的，受害人可以要求精神损害赔偿。

[2] 详见刘中发主编：《刑事案例诉辩审评——敲诈勒索罪》，中国检察出版社 2014 年版，第 41～42 页。

的不当诉求"。[1]笔者认为这样的思路是可取的，法律与制度具有规范和指引的作用，设定类似的标准，可以避免一些巨额索赔行为的出现，引导消费者理性维权。在一些典型的消费索赔案件中，如"冰激凌布条索赔案""华硕笔记本电脑索赔案"中，行为人损失的只有购买冰激凌和电脑的价款，并无其他已经发生的具体损失，因此，即使按照目前最高的 10 倍价款的赔偿标准，行为人分别主张的 50 万元人民币与 500 万美元的赔偿诉求，也显然远远超出了法律能够支持的最大限度。因此，天价索赔确实是缺乏客观、正当的权利根据的，这样的索赔不仅缺乏合理根据，而且也是对消费维权制度的一种负面伤害。

2. 巨额索赔不是认定要挟和勒索的唯一根据。现实中的巨额索赔往往与行为人采取的一些行为手段密切相关，如果消费者是以提起诉讼或提请仲裁的方式进行巨额索赔，那么，根据有关民事诉讼程序规则和仲裁规则，需要消费者完成对主张权利的举证、质证，最终裁决支持的也只会是具有合理根据的部分，这样的行为一般不会引发是否成立犯罪的质疑。引发学者讨论的主要是，行为人通过媒体或者私力救济在与商家的协商过程中，提出巨额索赔的情形。同样是巨额索赔，但由于消费者具体采用的维权手段不同，其对商家造成的压力与影响也不同，因此，对于巨额索赔，需要结合其维权基础、采用的维权手段与索赔数额进行宏观的判断，单纯的巨额索赔不是认定构成敲诈勒索犯罪的唯一依据。上文中的李某某对今麦郎公司的索赔，就是因为维权基础事实不确定，且维权手段失当并提出巨额索赔，最终认定其构成敲诈勒索罪。正如郭利案中，广东省高院最终对郭利一案作出的判决指出：郭利向奶粉生产方索

---

〔1〕 董玉庭："行使权利的疆界敲诈勒索罪与非罪的理论解析"，载《法律适用》2004 年第 9 期。

赔行为的性质未超出民事纠纷的范畴,不能认定构成敲诈勒索罪;之前检方也明确提出,无论索赔数额多少,均是郭利在行使索赔权利,若厂家不同意其索赔数额,则属于有争议的民事法律关系,郭利通过接受媒体采访等方式曝光有关奶粉厂家的事件具有手段的正当性,巨额索赔也不影响其目的的正当性。

二、对消费领域过度维权行为的犯罪性分析

所谓过度维权,就是指消费者的维权行为和诉求的内容逾越了法律、法规和一般的社会正义观念,损害了经营者的合法权益。从规范维权的视角,应该说维权的手段不合法或者维权要求赔偿的数额过大的,应该都属于过度维权。但是,关于过度维权行为与犯罪的关系,却是不可简单画等号的。

(一)关于过度维权的学理观点

对于过度维权,我国主流观点基本倾向于有条件的成立敲诈勒索罪。[1]有学者概括我国维权行为存在的三种主要情形和对应的法律评价:"第一种,行为人所主张的权利超出权利范围,但在手段合法的场合,属于行使权利行为,不构成犯罪;第二种,行为人所主张的权利没有超出权利范围,但在手段不合法的场合,可能构成财产罪以外的其他犯罪;第三种,行为人所主张的权利超出权利范围,且在手段非法的场合,则构成财产犯罪。"[2]这三种行为都属于过度维权的行为,以上归纳与分析也基本上是合理的。然而,对于其中第一种情形学界仍存在一些争议,较为突出的争议是对于通过向媒体曝光或网络发帖的方式向经营者索要巨额赔偿款的行为是否正当,能否成立犯罪?对此,有两个问题点是引发大家质疑的主要原因:一是,媒体传

---

〔1〕 参见童伟华:"债权行使与财产犯罪",载《法治研究》2011年第10期。
〔2〕 沈志民:"对过度维权行为的刑法评价",载《北方法学》2009年第6期。

播手段便捷、传播迅速、影响深远，较其他手段对于商家的影响力是巨大的，利用媒体网络手段巨额索赔是否构成对商家的威胁？另一个是，巨额索赔超出合理索赔额度，是否潜藏着消费者借此非法获利的主观不法意图？由于学界对这两个问题的认识不同，因而对此类行为性质的认定也就不统一，如有的论者尽管认为通过媒体揭露商品假冒问题，是行使正当权利的合法行为，但同时又认为，如果行为人以向媒体曝光索赔过度不合理的数额的，不排除其手段的威胁性。[1]对于过度消费维权，我国台湾地区学者陈子平教授从高额索赔违背公序良俗的角度分析认为："消费者于消费市场，以为数些微之价格购入食品，发现该食品有悖乎食品卫生管理法之相关食品卫生管理规定，不循适法程序予以举发，而径向该食品业者，以不正方法嘱食品业者给付通常一般之人显难容忍之巨额金额或利益，否则，即予渲染散布于众，借以损害食品业者声誉、权益，致使其心生畏怖者，即成立恐吓取财罪。"[2]但也有很多学者认为，损害赔偿请求权的行使，原则上不成立敲诈勒索罪。"只要索赔人没有采用以人身安全或名誉等作为要挟的手段，便不能认定为敲诈勒索。向媒体曝光和诉至法院都是合法的维权手段。"[3]可见，观点针锋相对，立场各异。司法实务中对于此类行为的认定也是结论各异，同罪异罚的现象比较突出。

（二）实务中对消费者过度维权的态度

在我国司法实践中，对于典型的以消费维权之名，设置消

---

　　[1]　参见沈志民："对过度维权行为的刑法评价"，载《北方法学》2009年第6期。于志刚："关于消费者维权中敲诈勒索行为的研讨"，载《中国检察官》2006年第10期。

　　[2]　陈子平：《刑法各论（上）》，元照出版公司2015年版，第640页。

　　[3]　张明楷：《刑法学》，法律出版社2011版，第872页。王硕："知假买假——合法索赔与敲诈勒索边界在哪"，载《中国消费者报》2014年5月7日，第A04版。

费圈套，进而勒索商家的案件，一般认定成立敲诈勒索罪，这并无争议。在存在正当维权基础事实的案件中，对于行为人采用暴力打砸商品[1]、店铺、以揭露商家其他违法犯罪事实相要挟索赔案件的定性争议并不大，引发争议的主要是行为人采用通过媒体曝光、网络发帖等方式索要高额赔偿的案件，这部分案件呈现出两极化的特征：其中一些社会关注度较高的所谓天价索赔，如"冰激凌布条索赔案""华硕笔记本电脑索赔案"均以无罪结案。在这些案件中，有的案件经过侦查、批捕，在审查起诉阶段被决定不诉，有的在一审阶段认定成立敲诈勒索罪，二审改判认定无罪，有的在作出生效裁判后，由于当事人的申诉，检察院出现态度前后的动摇和转变，最终启动再审改判无罪，如"'三聚氰胺'受害儿童父亲郭利敲诈勒索案"即是如此。[2]而另一些没有引起社会关注或社会关注度较低的案件，法院最终认定构成犯罪，并已交付执行。如"食用油橡胶

---

〔1〕 如陈某等三人以所购买的上海双菱空调器制造有限公司生产的空调存在质量问题为由，向双菱公司投诉索取巨额赔偿，双菱公司否认产品存在批量质量问题，双方未达成一致意见。此后，陈某一方发函给双菱公司，声称若不给付巨额赔偿，将把双菱空调运到南京、上海等地砸毁，并进行新闻曝光，而且随后三被告人在南京、上海等地的繁华路段，3 次将携带的壁挂式双菱空调当众砸毁，引发媒体关注。后经过有关质量监部门检验，该批空调不存在质量问题。陈某等人的行为经过媒体报道，给双菱公司造成了 50 多万元的直接经济损失，法院最终认定陈某三人的行为构成损害商品声誉罪。详见于志刚："关于消费者维权中敲诈勒索行为的研讨"，载《中国检察官》2006 年第 10 期。

〔2〕 2008 年郭利的女儿作为众多"三聚氰胺"毒奶粉问题的受害人之一，因长期食用施恩婴幼儿奶粉导致肾功能受损，为此郭利向施恩公司索赔。在获得 40 万元赔偿款并签订了不再追诉与放弃索赔的协议后，又向媒体曝光并继续向施恩公司索赔 300 万元人民币。郭利后因施恩公司报案而被捕，并于 2010 年 1 月以敲诈勒索罪被判处有期徒刑 5 年。2014 年 7 月，郭利刑满释放，开始对其案件提出申诉。2015 年 5 月，广东省高院对此案做出再审决定。2016 年 8 月 8 日，广东省高院对该案开庭再审，根据检方当庭发表的公诉意见，郭利很有可能将被认定无罪。参见周浩："'三聚氰胺'受害儿童父亲敲诈案再审——敲诈勒索与维权索赔如何界定"，载《中国商报》2016 年 9 月 6 日，第 A03 版。

圈索赔案"[1]的行为人采用与前面两案中行为人相同的方法，以网上发帖、通过媒体曝光等要求厂家赔偿其 36 000 元，最终法院认定成立敲诈勒索罪（未遂），判处行为人有期徒刑 2 年，缓刑 2 年。论者分析认为："这些索赔金额略高于法定赔偿标准的小额超标索赔案却多被定罪处罚，主要是由于社会关注度和办案机关受到的舆论压力不同，一些巨额索赔案因为媒体的报道，办案机关受到社会舆论和民众同情弱势群体观念的影响，导致实践中，不少过度维权的案件经新闻媒体的报道后，出现罪与非罪的重大转变。"[2]显然，实务中对于存在真实消费维权事由，通过媒体曝光或网络发帖方式要求商家满足其索赔要求的案件并没有形成统一的认识，因而导致同案异判的现象较为严重，而且至今还未形成统一的认识和有说服力的裁判规则。

（三）关于过度维权的理性思考

笔者赞成山口厚教授对日本判例关于占有权保护立场的分析，即"占有侵害行为本身是具备有关财产犯罪的构成要件该当性的，至于行为人的行为是否应认定为行使权利的行为，则在违法阻却层面予以考虑即可。这其实是从维持社会财产秩序的角度出发，禁止私力救济"。[3]我国尽管不采用三阶层的犯罪构成体系，但是在对行为入罪与否的分析认定中，也需要对行

---

〔1〕 犯罪嫌疑人刘某发现自己刚刚购进的一桶食用油里有一橡胶圈，便和厂家联系，要求厂家赔偿 36 000 元，如果厂家不答应，他就在网上发帖子，让媒体曝光，让该产品滞销，并告诉厂家其银行账号，让厂家将钱打入卡内。参见《索赔超限度维权变敲诈》，载 http://www.fzsb.hinews.cn/php/20070320/31383.php，转引自徐光华："从典型案件的'同案异判'看过度维权与敲诈勒索罪"，载《法学杂志》2013 年第 4 期。

〔2〕 徐光华："从典型案件的'同案异判'看过度维权与敲诈勒索罪"，载《法学杂志》2013 年第 4 期。

〔3〕 ［日］山口厚：《刑法各论》，王昭武译，中国人民大学出版社 2011 年版，第 218 页。

为是否具有"社会危害性"，即是否具有"实质的法益侵害性"加以过滤和排除，这种"实质的法益侵害性"就体现在具体行为的诸要素中。在对过度维权行为入罪与否的判断中，需要对维权基础事实的正当性、维权手段的合法性、维权目的的正当性、维权数额的合理性等进行分析考量，判断行为是否对法益造成了侵害，对什么法益造成了侵害，以及侵害的程度。消费者通过媒体客观报道或自己通过网络发布客观、真实的商家侵权行为信息的方式，向商家维权、索赔的，即使索赔数额巨大，也应不构成违法犯罪，因为行为人的行为并未侵犯任何法益，当然也就无从定罪。行为人对经由媒体或网络发布有关商家的商品或服务的事实，存在虚伪、夸张、渲染成分，且其主观上存在故意或过失，并借此索赔的，如果维权基础事实客观存在、索赔数额具有一定的合理性，但手段行为严重侵犯商家信誉或商品声誉的，应依照损害商业信誉、商品声誉罪论处。如果借此索赔数额巨大的财物，且没有合理根据的，应对其手段行为与目的行为分别定罪，构成损害商业信誉、商品声誉罪与敲诈勒索罪的牵连犯，择一重罪论处。媒体发布者和网络经营者对于信息发布没有尽到监管职责的，应依法承担相应的行政责任，情节严重经监管部门责令采取改正措施拒不改正的，按照损害商品声誉罪的共犯或拒不履行信息网络安全管理义务罪论处。

自媒体时代的到来和网络的普及，媒体传播、交流、分享和监督手段的应用，已经是不可遏制的社会主流趋势，因此，不能因为媒体和网络传播可能给商家造成的范围深远的影响，而认定通过媒体方式发布有关维权事实就是对商家的威胁，而对媒体监督持过度谨慎和抵触的态度。司法救济逐步成为权力救济的主要渠道之后，控告、起诉、申诉已成为每一个公民维权的合法渠道。但是，运用媒体监督和司法救济的行为人都需依法行使自己的权利，相对于司法机关的依法、自律，各种网络媒体的参与者都要遵循媒体行业的自律规则，恪守客观、公正的媒体准则，杜绝渲染、夸大、炮制不实消息，净化媒体舆论空间，真正发挥媒体的宣传和监督职能。

结合我国当前的维权现状来看，假冒伪劣商品、失信经营行为还十分普遍，而在维权过程中，由于法律规定欠缺、公民法律意识不强、有关维权处理部门工作态度不积极、维权工作效率不高、维权时限较长、维权手段有限、举证困难、维权成本高、和解执行难等问题，都是我国短时间内难以扭转的现状，客观上这些维权障碍的存在，容易促使消费大众选择法律之外的不当或过度维权手段寻求问题的解决。[1] 既然消费维权索赔行为是法律所提倡的一种权利救济途径，只要没有触及刑法的底线，就不应该受到法律的责难，尤其不应该轻易动用严厉苛刻的刑事法律进行积极的否定性评价。[2] 在该问题上，保持刑法的克制是刑法的本质和罪刑法定原则的客观要求。

第三节　上访型敲诈勒索行为

上访的制度源头来自信访。根据我国《信访条例》的规定，信访是一种特殊的行政监督和权利救济渠道，旨在对具有公共事务管理职能或提供公共服务的组织、人员的不当职务行为进行监督，同时对因此遭受权利侵犯的相对人给予救济。随着社会的发展，我国的信访正在面临着诸多变异：

---

〔1〕　参见徐光华："从典型案件的‘同案异判’看过度维权与敲诈勒索罪"，载《法学杂志》2013 年第 4 期。

〔2〕　参见庄绪龙："敲诈勒索罪的理论反思与区别性认定"，载《江西公安专科学校学报》2010 年第 5 期。

第一，从信访的方式看，法定的以信求访的形式，越来越多地被走访、上访所取代。顾名思义，"信访"在形式上应以书信、函件的方式反映问题，但是由于见信不见人的"信访"方式，使信访人难以直接表达自己的诉求，也难以获得最直接的答复，以信求访的形式已经不能满足信访者的迫切诉求。而随着我国基层人民政府对人口流动管制的放松和交通的便捷化，传统意义上的"信访"越来越多地呈现走访的形式。所谓"走访"，是信访者亲自到有关政府部门或信访机构反映问题并要求解决的一种方式。虽然走访与信访的途径不同，但信访与走访都有接待层级、接待机关与接待场所的限制，信访与走访者需要逐级反映问题。[1]"上访"是信访群众越过底层相关信访机构而直接到上级机关反映问题并寻求解决的一种途径。由于问题的源头往往在基层，为了避免当地政府和相关政府部门的"地方保护"和"官官相护"，上访者更愿意跨过其所在的基层政府向上级政府，甚至直接向中央反映其问题和意见，越级上访[2]的方式在上访中更加受到群众的青睐。

第二，信访诉求的内容越来越多样和复杂，已经远远超出信访接待机构可能调处的范畴。从信访内容来看，上访者反映的问题也逐渐超越行政监督与行政救济的范畴，许多上访者因

---

〔1〕 信访人应当向依法有权处理的本级或上一级机关提出；信访事项已经受理或者正在办理的，信访人在规定期限内向受理、办理机关的上级机关再提出同一信访事项的，该上级机关不予受理；信访人在经历三级信访后，不服相关处理结果，仍然以同一事实和理由提出投诉请求的，各级人民政府信访工作机构和其他行政机关不再受理。

〔2〕 "越级上访"是指违反《信访条例》关于信访级别管辖的规定而越过相应级别的机构进行的走访。我国《信访条例》第 4 条规定：信访工作应当在各级人民政府领导下，坚持属地管理、分级负责，谁主管、谁负责，依法、及时、就地解决问题与疏导教育相结合的原则。2005 年 5 月 1 日开始实施的新修订的《信访条例》中较国务院于 1995 年 10 月 28 日发布的旧的《信访条例》，特别明确了"属地管理"的原则，以引导和杜绝越级上访行为。

为遭受他人或单位的不法侵害而上访，也有的因对当地司法机关对涉及其权益的司法处理结果不满而上访。这些上访内容并不属于信访机构应予受理和解决的内容，本质上属于上访者检举、控告他人违法犯罪行为或对司法裁判结果不满而进行的申诉行为。

第三，信访问题的复杂化、信访制度的不完善，使得信访部门面临无法承受之重。随着社会发展进程中各层次、各领域社会矛盾的突显，上访数量高居不下，与此同时，我国当前的信访工作机制和权力配置却无法有效应对访民的诉求。信访作为一种特殊权利救济方式和监督机制，在我国有着十分深厚的历史背景和文化渊源，[1]新中国成立之后继承了这一制度，并赋予了其新的时代使命。[2]我国的信访制度兼备政治参与、信息传递、中介沟通、民主监督和纠错，以及纠纷解决和权利救济等多种功能。[3]重大的功能寄托需要与之相应的信访机构设置、权力配置、工作机制和程序保障，然而，这些却是我国现实中较为缺乏和亟待完善的。这种应有功能与实有机制配置上的掣肘与尴尬，导致我国信访制度事实上难以负担强大的使命寄托，表现为愿望很丰满、现实太骨感：一方面，在社会的转型期，社会各种利益在短期内以较为激烈的方式被重新分配，人们的价值观念、思想认识也随之发生着剧烈的动荡和变化，在各种利益重组中，

---

〔1〕　关于上访制度在中国古代社会治理中的经验分析，详见陈柏峰："无理上访与基层法治"，载《中外法学》2011 年第 2 期。

〔2〕　有学者概括新中国的信访制度经历了以进行揭发与要求平反为主题的大众动员型信访（1951 年 6 月～1979 年 1 月）、以拨乱反正为主要内容的拨乱反正型信访（1979 年 1 月～1982 年 2 月）、以维护安定团结为主要宗旨的安定团结型信访（1982 年 2 月至今）3 个阶段。参见应星："作为特殊行政救济的信访救济"，载《法学研究》2004 年第 3 期。那么近十几年来，我们的信访工作是否又在经历一个与安定团结型信访所不同时代背景和主题的信访呢？这值得我们的深思。

〔3〕　参见范愉："有关信访立法的思考"，载《理论视野》2016 年第 8 期。

最为基层的农民失地群体、企业下岗失业群体，以及各种涉法涉诉的利益方由于拆迁安置补偿、劳动待遇、社会保障等各种利益诉求的失落而上访，上访的浪潮高涨不退，利益诉求千差万别，根源盘根错节，纠纷和矛盾难以清晰破解；另一方面，政府部门和有关信访工作人员因为缺乏有效的制度设计、明确的职责界分和解决问题的程序权限保障，信访事项解决的效果不佳，信访接待部门和地方政府不得不在保障民生和维稳的夹缝中委曲求全、恩威并施、求得缓冲。然而，上访群众对各级信访机构的工作成效存在诸多不满，社会稳定的压力系数倍增。

第四，违法上访数量激增，积怨者与市侩谋利者混杂难辨，基层政权组织面临严峻的矛盾疏解压力和维稳压力。在居高不下的上访大军中，确实有相当的上访者是由于有关政府机关及其工作人员职务上的不作为或不当作为侵犯其合法权益而走上漫漫上访路的，他们意志坚定、目光如炬、风餐露宿、大有荆轲刺秦的悲壮，但也有不少上访者是有利所图，借上访之名，行贪财获利之实。有理上访与无理上访同时并存，诉求各异，不一而足。为了应对高居不下的信访潮，各级政府在维稳的压力下开始采取疏堵并举的办法，但是由于信访诉求内容的复杂化以及各种利益的刺激，违法上访、借访谋利的行为频发。根据我国《信访条例》的规定，越级走访、上访，不到有关机关设立或者指定的接待场所进行上访、到敏感地区上访以及对已经经过三级信访机构处理的信访事项反复缠访、闹访的，都属于违法上访行为。由于我国社会发展进程中基层矛盾的复杂化，许多问题存在特殊的历史原因，而且往往涉及人数众多，而我国信访机构职能的有限性、信访工作模式的程式化和访民法律观念、规则意识的差异化，使得许多上访事项并不都能得到及时、有效的答复和处理，或者有些处理结果并不能令访民满意和接受；但与此同时，在建设和谐社会、法治政府、关注民生的呼声中，自上而下的政绩考核、行政首长负责制要求各级政府及其工作人员必须对其负责的本级上访事项作出积极处理和应对，防止和杜绝本级的上访问题上移或者集聚到更高一级信访部门或政府层面。为了杜绝越级上访，不少地方开始对各级地方政府机关及其负责人的上访管控实行"一票否决"考核机制，只要存在违法上访，就认定访民所在地当地政府政绩考核为不合格。为此，许多地方政府到了"谈访色变"的程度。然而，再民主的政府，即使能够应对有理上访的诉求，却难以通过说服教育的方式让无理上访者放弃上访，坚持讨个说法的"秋菊"和"李雪莲"[1]并不仅仅是中国影视作品中的人物，也是我国千千万万民众当中很有代表性的群体形象的存在。为了应对各种有理的、无理的上访和合理性模糊的上访，各级政府对访民的防范、堵截、妥协和退让几乎到了失去边界，甚至荒诞的程度。在这种特殊的矛盾滋生背景和制度框架下，出现了以访谋利、借上访与当地政府讨价还价的上访专业户，出现了教唆、组织、拉拢他人进行违法上访、集体上访、家族式上访，给当地政府施压获利的上访掮客[2]，出现了国家公职人员利用手中的职权，为各地政府修改、消除信访数据，收受相关人员财物的特殊职务犯罪[3]，这种因上访引发的"怪现状"不能不

---

〔1〕　秋菊与李雪莲是电影《秋菊打官司》和《我不是潘金莲》影视作品中的人物。

〔2〕　有一些人员利用其能够接触到上访访民的便利，鼓动、资助上访人员到北京上访，然后借此联系访民所属的当地政府，以其能够帮助劝阻访民非法上访为条件，骗取当地政府的财物。

〔3〕　据报道，国家信访局原局长许杰，在 2006～2013 年期间，单独或伙同他人，接受相关单位和个人的请托，为他人在修改信访数据、处理信访事项、承揽业务等方面提供帮助，为此收受款物折合人民币共计 550 余万元。2015 年底，许杰因受贿罪被判处有期徒刑 13 年。

引起我们的深思。

上访给我们呈现的如此多的"怪现状",固然有信访制度设计上存在的问题,但是我们对地方政府治理能力的过分高估与对违法信访者引导、惩戒的不足也是关键的原因所在。信访及由此产生的一系列问题在本质上是社会治理层面的问题,但是在我国社会治理手段短期内难以求得改进的前提下,随着信访诉求的不断滋长,与之相关的社会秩序维护和公民权益保障的问题在作为第一道防线的民法、行政法难以应对的前提下,即可能进入刑法的界域。对于采取过激手段的违法上访,和通过上访给有关政府部门和地方工作人员施压谋取个人利益的谋利型上访行为,必将成为我国刑事司法实务和刑法学界需要关注和面对的问题。

一、上访型涉罪行为类型概况

笔者在无讼案例网[1]查阅了与上访相关的案件样本信息如下:笔者以法院观点包含"上访"这一个关键词为搜索条件,共搜索到符合条件的刑事裁判文书2222份,位居前列的是妨害社会管理秩序罪和侵犯财产罪,其中妨害社会管理秩序罪的文书有1227份,占到了总数的约55%,在妨害社会管理秩序罪中,案由为寻衅滋事罪的案件最多,有924份,约占裁判文书总数的42%;侵犯财产罪的文书有537份,约占裁判文书总数的24%,其中案由为敲诈勒索罪的最多,有367份,约占文书总数的17%。数量居于寻衅滋事、敲诈勒索罪之后的分别是聚众扰乱社会秩序罪、诈骗罪、妨害公务罪、聚众冲击国家机关罪、扰乱国家机关工作秩序罪等。以法院观点含

---

[1] 网址:www.itslaw.com,访问时间:2016年12月21日。无讼案例网的所有文书来自于中国裁判文书网、北京法院审判信息网、上海法院网等网上的裁判文书。

"上访"和"寻衅滋事罪"两个关键词进行搜索，获得刑事案件样本 918 份，其中案由为寻衅滋事罪的有 853 份，约占93%，案由为敲诈勒索罪的有 37 份，位居第二，约占0.04%。笔者以法院观点包含"上访"和"敲诈勒索"两个关键词作为搜索条件，共搜索到符合条件的刑事案件样本 376份，其中案由为敲诈勒索罪的为 327 份，约占 87%，案由为寻衅滋事罪的紧随其后位居第二，有 40 份，约占 11%。通过以上分析可以看出，实务中对于与上访有关的危害行为，认定违反刑法规定构成犯罪的主要涉及寻衅滋事罪和敲诈勒索罪两个罪名，而且定性为寻衅滋事罪的占全部上访案件总数的四成以上，敲诈勒索罪约占七分之一。

笔者对有关裁判文书样本进行分析后发现，以"上访"为关键词搜索到的刑事案件中，文书的裁判时间从 2007 年到 2016年，8 年间案件数量呈明显逐年递增的趋势，案件遍布全国除台湾地区以外的 31 个省、市、自治区，位居前列的省、市是河南、东北三省、山东、山西、湖南和浙江省，北京、上海、重庆、青海、贵州、海南、西藏等省、市、自治区的案件样本数比较少。其中，北京地区的文书样本有 46 份，裁判时间从 2014年到 2016 年，裁判文书数分别为 24 份、17 份、5 份，呈现逐年下降的趋势，其中九成以上定性为寻衅滋事罪，个别案件定性为诈骗罪和以危险方法危害公共安全罪。上海市的文书样本有10 份，其中 1 起属于因上访者行为不当，在公共场所起哄闹事，造成公共场所秩序严重混乱，认定成立寻衅滋事罪，另外有 2起认定行为人在上访过程中，对前来劝离执行公务的民警采用暴力手段，认定其行为构成妨害公务罪，其余 7 起均不属于违法上访者上访过程中危害行为的刑事犯罪。[1]重庆市有 9 份，青海、海南省各有 5 份，贵州省有 16 份，西藏有 1 份。笔者以法院观点含"上访"和"寻衅滋事"为关键词搜索到的刑事案件结果中显示，全国各省市都有类似案件，其中案件数较多的省市与以"上访"作为关键词搜索到的结果基本相同，其中北京、上海、重庆、青海、贵州等五省市符合条件的文书样本数量依然很少，其中北京市有类似裁判文书 46 份（其中 42 份定性为寻衅滋事罪，另外 4 份中针对非法上访行为的有 2 起，分别认定成立妨害公务罪与以危险方法危害公共安全罪，另外 2 起与上访者无关），上海市、重庆市和青海省各有 1 份，贵州省 2 份，均认定行为人构成寻衅滋事罪，西藏和海南省没有符合条件的类似案件。从法院观点包含"上访"与"敲诈勒索"搜索的刑事案件样本来看，这些裁判文书的裁判时间为 2009 年至 2016 年，8 年间，案件数量也呈较为明显的逐年递增的趋势，但截止到笔者查阅当日，2016 年的案件量略低于 2015 年的案件量，但以"上访"与"寻衅滋事"作为关键词对刑事案件文书样本的搜索结果中显示，8 年间的案件量是逐年递增的，而且 2016 年的案件量到笔者搜索时已经超出 2015 年的案件数 100 余起。从案件分布地域情况看，包含了 24 个省、市、自治区，其中中原大省河南省案件数最多，这一方面与其人口、案件规模相称，另一方面也与河南省最近几年的审

---

[1] 如其中 3 起为国家工作人员存在受贿行为或滥用职权行为，导致相关人员上访。还有 2 起为针对同一案件的一审和二审裁判文书，属于行为人因用人单位拖欠工资而上访。在上访结束后，上访者去用人单位领取工资时，由于用人单位以其上访对单位造成不良影响为由，克扣其工资，行为人当场对有关被害人实施了伤害行为，法院认定其行为构成故意伤害罪。另外一起为行为人因对原工作单位财物处置不满多次上访，后在杀害其妻子后在上海世博园抢夺园内车辆冲撞园内游人，认定其行为构成故意杀人罪与以危险方法危害公共安全罪。

判公开工作一直位于全国前列，网上公开的裁判文书数量较多有关。紧随其后的是山西省和黑龙江省，这应与这两个地域近几年面临的经济形势、行政、司法环境、政府理政状况等有关。但北京、上海、重庆三市、海南、青海、贵州三省和西藏自治区7个省、市、自治区也未见公布类似案件，其中海南、青海、贵州以及西藏本来案件数就少，而且审判公开工作相对滞后，北京、上海和重庆这3个直辖市未查阅到类似案件，一方面可能与当地各级政府机关的行政执法以及司法机关的裁判行为较为规范有关，另一方面应该是对违法上访行为倾向认定为寻衅滋事罪有关。但是，关于在这些省、市是否存在利用上访向有关政府机关或单位施压进而索要财物的行为，以及如何定性，仍值得一探。

通过这些文书样本案件事实的分析，其中绝大部分行为人为了达到表达其诉求、引起有关部门给予关注和解决的目的，在上访过程中采取了较为过激的上访行为，如静坐、散发传单、挂条幅、喊口号、引火自焚、阻塞交通、强闯政府机关的门禁系统、打砸公共财物、拒绝撤离、谩骂、殴打劝离的工作人员等，绝大多数的裁判文书认定这些过激的上访行为成立寻衅滋事罪。在上访案件中，借上访勒索财物的案件在绝对数上并不算多，这应该是我们通过文书样本分析之后得出的一个较为客观的结论。因此，针对媒体报道的一些上访人员因为向当地政府部门、接访人员索要上访费用或财物的行为而被定性为敲诈勒索的案件，在数量上其实并不多，我们不应由于媒体对个别典型案件的报道而误认为这是普遍现象。当然，从实务中非法上访行为构成敲诈勒索罪所占有的比例来看，这部分案件的占有量仍仅次于寻衅滋事罪的数量，值得我们予以关注。

二、上访型涉罪行为类型的实务样本分析

（一）以非法上访相要挟谋取不当诉求

非法上访，也就是不符合我国相关法律、法规、条例的上访行为，有学者概括为"非访"行为，或非正常上访，指的是上访人未按国务院《信访条例》的有关规定和要求，不到有关机关设立或者指定的接待场所上访，而是到非接待场所"上访"或以上访为名滋事。[1]

通过对 386 份上访型敲诈勒索裁判文书的分析，能够从中大致梳理出当前我国全国各地非法上访行为的一些共同的特征：其一，无理上访与有理上访同时并存，一些访民从有理上访走向无理上访。[2]例如，有的访民起初是有理上访，但在上访的问题经过了当地政府部门和上级机关的三级信访处理，诉求已经得到解决之后，仍然继续不断上访。有些涉法涉诉的上访，因对当地法院作出的一审民事判决不服开始上访，在案件经过

---

[1] 参见张彭发："关于'非访'发生发展及解决路径的思考"，载《信访与社会矛盾问题研究》2016 年第 5 期。

[2] 有学者分析北京的非访群体，指出：其中有经常来京的老上访户，他们中多数反映的问题已经过地方和部门多次处理，有理又符合政策法律规定的都已解决到位，但这些人仍不服处理，又提出过高或无理要求。这些要求得不到满足他们就不断"非访"，尤其是在全国"两会"及北京有重大政治活动期间。这在北京的"非访"群体中占大部分。还有一种是长期滞留在京的老上访户。他们在京上访的时间少则几年，多则十几年或几十年。其反映的问题多数都已得到合理解决，但也有少数人的问题尚未解决到位。他们中的多数人已在北京找到谋生之道，不愿再返回原籍，为奢望得到相关利益便隔三差五地进行"非访"。再有一种是有理或部分有理的上访户。他们反映的问题确实有理或部分有理，又符合政策，应该解决，但有关地方或部门就是顶着不给解决或不解决到位。他们为讨公道从地方一直上访到北京，从正常信访演变为"非访"。这在北京的"非访"群体中只占较小一部分。详见张彭发："关于'非访'发生发展及解决路径的思考"，载《信访与社会矛盾问题研究》2016 年第 5 期。据此可以看出，在京非访人群中有很大一部分属于"无理上访"。

一审、二审、再审维持原判，甚至当地高级人民法院受理申诉驳回后，行为人依旧不服并多次进京非访。有的行为人在上访事项得到解决，获得了当地政府的补偿、补贴、救助，签订了不再上访的承诺书或保证书之后，又继续上访，在获得一定的"安抚"经费和补偿后，再次签订不再上访的承诺书，但此后在北京召开全国两会，或者一些国际性会议的敏感时期，又继续去中南海周边、天安门、外国驻华机构等政治敏感区域上访，如此反复，以致一个案件的行为人会在不同时期写下多份表示不再上访的保证书，同时又不断背弃保证反复上访。其二，上访诉求内容各异，许多上访事项并不属于信访部门应该受理或有权解决的问题，但最终都转向要求当地政府解决，而解决的方式就是给予补助或财物。例如，行为人不属于救助对象，但以生活困难为由上访，要求政府给予救助，或者在已经获得低保待遇和多部门救助的情况下，仍继续上访要求当地政府救助；有的行为人利用患有艾滋病的特殊身份上访，向接访人员索要钱财，在国家机关按照政策给予了各被告人艾滋病补贴后，县民政局又给予其临时补助的情况下，仍然反复上访。其三，诉求内容缺乏合理根据。很多上访者虽然存在合理的上访事项，但是提出解决诉求的内容远远超出了诉求事项依法应该获得的赔偿或补偿标准。许多上访者不以解决某一具体事项为限，往往要求当地政府解决生活困难、给子女解决工作，要求享受低保待遇等。有的行为人因反映当地检察院工作人员参与其儿子猥亵儿童罪一案的民事调解存在违法违纪为由反复上访，在区、县两级政府成立联合调查组将违纪的工作人员调离检察院后仍然继续上访，当地政府被迫给付上访者困难救助金14万元，还帮助其儿子协调解决了工作，行为人当即表示不再上访，并出具保证书和感谢信，但之后行为人因其子没有被安置为电工，即以此前的事由继续上访要求解决其儿子的工作问题。有的上访者提出解决其上访事项的条件是，当地政府给其子女安排全额事业编、给其本人上全额养老保险，以及为其提供 200 只基础母羊的项目等。显然，一些上访者已经将上访作为谋求生活资源和获得特殊待遇的手段。诉求内容的不合理还表现在主张赔偿数额计算标准的不合理方面，如出现上访者以当地法庭当年一起执行案件将其所有的 2 匹马偿还地款存在错误为由上访，要求赔偿其损失，由于其中 1 匹是母马，为此其主张索要几年来"马又生马"的赔偿金共计 30 万元。[1] 这种诉求的不合理简直到了令人啼笑皆非的程度。还有的个别上访人员以访谋利，围绕上访事项要求补偿的数额逐年加码、变本加厉，而当地政府为了息访而步步退让，不断提高补偿标准，这种博弈的过程令人叹为观止。例如，上访者于某某以其被强制拆迁的房屋评估价值不合理为由上访要求给予赔偿，向当地政府索要赔偿金的金额从 2009 年的 26 万，2010 年的 85 万元，2011 年的 178 万余元，逐年加码，直至 2013 年索要赔偿额达到 422 万余元。与此同时，政府则被迫步步退让：在其被拆除房屋原评估价只有 3 万余元的前提下，2009 年上访时，镇政府被迫答应货币补偿 13 万元，行为人不同意；2010 年行为人继续上访，市、县、镇三级政府共同接待，镇政府被迫决定为于某某解决 80 平方米的门市楼一处作为对于某某拆迁房屋及其附属物的补偿，定于 2011 年门市楼竣工后交付给于某某，为其家人解决四个低保，但于某某仍不接受；2012 年行为人继续上访，镇政府领导、旗信访办多次接待于某某，均未达成赔偿协议；2014 年自治旗政府旗长亲自主持召开信访联席会议，给于某某信访问题的答复意见

---

〔1〕 见无讼案例网：（2015）绥中法刑—终字第 63 号梁某某敲诈勒索、寻衅滋事二审刑事裁定书。

包括：补偿于某某门市房一处且由某某镇政府帮助出租，租金每年 10 万元，于某某大学本科毕业的子女可按绿色通道安置工作，对于某某帮扶养殖项目。行为人于某某仍然不同意以上答复意见，坚持自己的诉求。最终当地法院认定于某某的行为构成敲诈勒索罪，判处有期徒刑 2 年，并处罚金 1 万元。[1] 其四，上访人员上访方式的非理性。在认定构成犯罪的案件中，行为人多数曾因非法上访或因扰乱公共场所秩序先后被当地或北京等地的公安机关给予训诫或行政拘留，有的还因到非访机构聚众，被判处聚众扰乱社会秩序罪，刑满释放后仍然继续上访。缠访、闹访、反复上访在非法上访中具有极大普遍性，在查阅的案件中，有 1 起案件的行为人半年内赴京非正常上访 300 多次，有的上访人员还煽动、雇佣其他人员参加上访，组织、策划赴省、进京进行集体上访、制造声势。有的行为人为了给当地政府施压，带着年迈的母亲一起上访，当其母亲被安置在北京马家楼上访接待服务中心后，本人拒绝接回，以此给当地政府施压。实务中，上访行为的这些表现已经使上访背离了信访作为解决纠纷、化解矛盾、实现政治监督以及民意表达的特殊救济渠道的功能，非法上访中呈现的诸多问题不仅使我国正常的信访工作面临难解的困境，而且也使我国各级政府的社会治理工作面临愈来愈严峻的压力。

（二）以扰乱社会秩序罪视角优先的司法裁判倾向

笔者通过对与"上访"有关的"寻衅滋事"和"敲诈勒索"相关刑事裁判文书的阅览和分析发现，各级政府对于信访事项经过三级信访终结程序解决之后依然继续上访的行为人，往往优先采用说服教育、疏导安抚、特殊照顾等方式，尽量以

---

〔1〕　参见无讼案例网：呼伦贝尔中级人民法院（2015）呼刑字第 103 号于某某敲诈勒索二审刑事裁定书。

满足上访者要求的方式缓解各级政府以及省级和中央首都面临的上访压力。但如果上访者仍然继续反复以上访、在公共场所起哄闹事、冲击国家机关、扰乱国家机关或有关单位的工作秩序等行为缠访、闹访，性质恶劣、情节严重的，当地公安机关或者上访地的公安机关一般会根据情形，采取行政训诫或行政拘留等治安处罚手段。对一些固执的上访者，经过多次的治安处罚后仍然继续上访，对于反复非法上访的行为人，在经过多次治安处罚依然继续上访，而且上访过程中采用了具有严重社会危害性的行为手段，实施了侵害相关合法权益的行为的，司法机关即会被迫动用刑法手段介入。从行为侵犯法益的层面，非法上访行为往往优先表现为对社会管理秩序造成一定的侵害，因此，我们从查阅到的裁判文书看出，这样的行为多被认定为妨害社会管理秩序罪中的寻衅滋事罪、妨害公务罪、聚众扰乱社会秩序罪等，其中被定性为寻衅滋事罪的占绝大部分。这些案件中，行为人往往都伴有借滞留北京继续上访或向上级机关闹访、非法上访为条件，要求当地政府或接访人员给付数额较大的财物的行为，但法院对此几乎不作评价，或将该行为评价为"强拿硬要"的行为。例如，在很多认定行为人构成寻衅滋事罪的判决中，只对其不当的上访行为扰乱社会秩序的部分作了评价，而对多次向当地政府或接访人员索财的行为不作评价。在一些公诉机关指控敲诈勒索罪而法院认定成立寻衅滋事罪的判决中，对于两罪行为特征和入罪理由的辨析和说理也不够充分。例如，有的判决分析认为："行为人敲诈勒索的主观故意不典型，宜认定为寻衅滋事的强拿硬要行为较为合适。"[1]有的判决则认为，指控被告人王某某的敲诈勒索行为，属于寻衅滋事犯

―――――――――

[1] 参见无讼案例网：泌阳县人民法院（2015）泌刑初字第 00202 号高某某寻衅滋事罪一审刑事判决书。

罪中的强拿更要行为，应作为寻衅滋事罪的犯罪事实认定。有的判决认为："行为人主观上是向政府强拿硬要，且被害人武某某、史某某属于乡政府工作人员，给付钱财也是基于工作关系，故公诉机关指控敲诈勒索罪罪名不当，应属于寻衅滋事罪。"[1]

在定性为寻衅滋事罪的此类案件中，法院裁判往往会结合案件事实，概括行为人的行为表现，如行为人在公共场所发泄情绪、起哄闹事，或随意谩骂、殴打他人，拦截公务车辆等，以此说明行为人的行为妨碍或扰乱了正常的公共秩序，造成了一定的社会影响，且情节恶劣，所以构成寻衅滋事罪。然而，对于认定成立敲诈勒索罪的案件，法院裁判中存在较为普遍的简单套用法条、说理不够的问题。笔者在查阅的 300 多个文书中，发现只有个别判决对定性的理由和根据有所说明。例如，有的判决对敲诈勒索的行为有所概括，如"潘某明知自己已向司法机关作出不上访承诺，自己的信访事由行政机关已作出处理，仍然多次越级进京'缠访''闹访'，不通过正常途径解决诉求，以不配合当地政府的接访任务相要挟，多次向工作人员索要钱财用于个人所需，索取公私财物，数额较大，其行为构成敲诈勒索罪"。[2]有的判决中对上访维权的边界与入罪的理由有说明，如分析认为："行为人违背自己做出的不再上访的承诺，通过频繁越级上访或者以越级上访相要挟，给被害单位施加压力，先后两次向被害单位索要财物，其行为已超出正当信访的界限，实质上是将法律赋予公民的信访权利作为其个人谋

---

〔1〕　参见无讼案例网：民权县人民法院（2013）民少刑初字第 89 号冯某某寻衅滋事罪一审刑事判决书。

〔2〕　参见无讼案例网：渭南市中级人民法院（2015）渭中刑终字第 00066 号潘某敲诈勒索二审裁定书。

取不法利益的手段，以上访为名行敲诈之实。"[1]有的判决中对"要挟"的认定有所分析，[2]有的判决中对行为人强索财物的行为给被害人造成的恐惧心理有所分析。[3]比较发现，在认定构成敲诈勒索罪的案件中，对于敲诈勒索财物数额的认定却不像普通敲诈勒索罪那么清晰，往往只就索取的部分财物认定属于敲诈勒索的数额，而对其他索取的财物则不作评价，或者只就案发时最后一次索要的财物予以评价，索要未得的只认为成立敲诈勒索的未遂。在认定成立敲诈勒索罪但免于处罚的9个裁判文书中，案件认定未遂或情节轻微的理由明显不足，裁判结论则只简单表述为："本案系犯罪未遂，且犯罪情节轻微，不需要判处刑罚。"这些表现均说明我国司法实务部门，尤其是法院在对谋利型上访人员认定成立敲诈勒索罪的判断上并不十分确定和自信，有避重就轻之嫌，这使裁判的说服力明显不足。不予说理或说理不足的原因，一方面，是由于我国司法实务中长期存在判决书说理不够、不足的司法传统和惯性，司法人员对说理重视不够，不愿意长篇论证定罪量刑的理由；另一方面，则是由于司法人员对公民正当行使信访权与以上访相要挟胁的界限，以及谋利型上访所侵害的

---

〔1〕 参见无讼案例网 http://www.itslaw.com/detail? judgementId = 0d9a55a3 - 0d7b - 45df - 8d1e - cae61c771e61，访问时间：2016年12月21日。

〔2〕 判决指出：被告人深知各级政府把信访工作定为考核干部的一项重要指标，地方政府及其工作人员在处理信访事项时工作不力，导致非正常上访、异常上访的，将受到责任追究，以将要在北京市非正常上访要挟接访干部，敲诈接访干部财物，数额较大，其行为构成敲诈勒索罪。参见无讼案例网：巴东县人民法院（2016）鄂2823刑初33号向某甲敲诈勒索罪一审刑事判决书。

〔3〕 判决认为：张某明知非访会对相关劝访人员进行追责，仍采取非正常上访的手段，以解决路费等费用为名，向劝访工作人员索要钱财，且表示不给钱将继续留京非访。张某的该种行为使王某甲、郭某产生害怕被追究责任的恐惧心理，王某甲、郭某为了不被追责而满足张某的要求，王某甲、郭某的行为均系为了保护更大的利益而处分财产。参见无讼案例网：沁阳市人民法院（2016）豫0882刑初52号张某敲诈勒索一审刑事判决书。

法益还缺乏深刻的认识。然而，充分正当的入罪理由和根据不仅是正确定罪量刑的前提，而且对于说服教育上访者、遏制和防范此类犯罪行为也具有十分重要的宣传和警示意义。

三、对借上访索财行为的学理态度

（一）法学视野下对上访行为合理性认识的先入为主

对于访民在上访过程中因索取财物能否成立敲诈勒索罪，法学界学者倾向性的观点是持否定立场的，许多学者认为访民以继续上访相要挟索要财物的行为不成立敲诈勒索罪。理由主要有二：其一，上访只会给政府部门或其工作人员造成压力，但不属于威胁，上访人员以继续上访为条件向政府索要财物的行为，不属于对政府的敲诈行为。[1]其二，政府部门或政府的下属机构不能成为被敲诈勒索的对象。[2]有学者指出，将政府看作被访民敲诈的对象是一个悖论，[3]而有的学者从法规范评

---

〔1〕 "如果上访人无理取闹，反映的问题不存在，政府相关部门耐心劝说后，访民仍借此问题继续上访，严重影响到相关部门办公、扰乱社会秩序的，应该由相关社会治安管理处罚法等处理。即使访民如此非正常上访，也构不成对政府的敲诈。"政府用钱维稳不能成为被敲诈的理由。这是中国政法大学洪道德教授对"安徽农妇被控敲诈勒索街道办事处一案的看法，载《新京报》2014年10月19日，第A09版。

〔2〕 中国政法大学洪道德教授对"安徽农妇被控敲诈勒索街道办事处"一案的看法，载《新京报》2014年10月19日，第A09版。在一些涉访类案件裁判中，也有法院认为，政府不能成为要挟的对象。例如，广东省怀集县法院在黄矿文案无罪判决书中写道："根据立法本意，政府不能成为要挟、勒索财物的对象，由于政府作为一个机构，没有人身权利，也不会在精神上被强制从而产生恐惧感和压榨感。"江苏省高级人民法院在射阳农民李某的无罪判决书中写道：根据《信访条例》及《宪法》的相关规定，信访是法律赋予公民的权利。李某经过上访进行权利救济，且未有违犯《信访条例》的行为，不构成刑法意义上的要挟、强拿索要非法讨取财物的方法。参见"当访民'敲诈'政府不同地区不同判的逻辑"，载《南方周末》2016年7月28日，载http://www.infzm.com/content/118572，访问时间：2016年12月10日。

〔3〕 王涌教授以戏谑的口吻提出了质疑："政府可以成为访民敲诈勒索的对象，可见其软弱；政府也可以给访民定敲诈勒索罪，可见其强大。"参见"敲诈勒索罪名的新用途"，载http://blog.sina.com.cn/u/2963981265，访问时间：2016年6月3日。

价的角度否认政府作为敲诈勒索被害人的合理性。[1]还有学者认为，对访民不法上访入罪不仅是对公民上访权的侵犯，也破坏了刑法的谦抑性。[2]当然，对于上访型敲诈勒索行为，也有认为应予入罪的声音，例如周光权教授即从积极刑法观的视角指出："在废除劳动教养之后，无论治安管理处罚措施多么严厉，其力度都是有限的；而且有的行为人（例如，非法获取公民个人信息后四处拨打骚扰电话、推销电话的人，反复非法闹访、缠访的人）可能在多次接受治安处罚后仍不罢休，行政处罚完全不能遏制其行为，对此不增设刑罚手段，就等于没有处罚措施，最终会导致社会失序。"[3]也有学者从政府作为具有独立经费、能够支配公共财产的法人资格的视角，认为政府也可以成为敲诈勒索的对象，当应对上访的政府相关负责人或工作人员受到要挟时，实质上就是其背后的团体法人——政府受到了要挟，由于自上而下的维稳压力和一票否决的考核机制，理想化地认为，持续性的要挟上访行为不会使政府公务人员心理上产生对于自己工作和前途的恐慌也是不合理的。政府资源使用规则的法定性及使用目的的公益性决定了政府也具有其应受刑法保护的财产权，完全可能成为被勒索的对象。上访行为人在不具有正当上访事项，或其诉求已经得到解决的前提下，以反复上访、闹访相要挟，向当地政府或有关工作人员索要数额

---

[1] 北京大学法学院副教授车浩认为："将政府作为敲诈勒索罪的被害人，会在法规范的评价上形成混乱。"参见"当访民'敲诈'政府不同地区不同判的逻辑"，载《南方周末》2016 年 7 月 28 日，网址：http://www.infzm.com/content/118572，访问时间：2016 年 12 月 10 日。曹波、肖中华："以敲诈勒索罪规制信访行为的教义学批判"，载《法律适用》2016 年第 9 期。

[2] 参见"敲诈勒索罪名的新用途"，载 http://blog.sina.com.cn/s/blog_b0aac3d10102vh0o.html，访问时间：2016 年 6 月 3 日。

[3] 周光权："积极刑法立法观在中国的确立"，载《法学研究》2016 年第 4 期。

较大财物的行为，应该认定为构成敲诈勒索罪。在要挟型上访行为中因为非法上访人员的要挟行为使得相关政府工作人员产生了恐惧心理，并因为恐惧心理而支付了财物，最终使公共财产因此遭受了损失，由于被胁迫者和实际的财产损失人不同一，故在行为结构上属于三角敲诈的情形。[1]

（二）政治学视野下上访制度的悖论与强化地方治权的思考

在政治学层面，关于信访制度的正当性以及未来的存废也是探讨较为集中的话题。在我国，信访制度作为与司法救济并行的一种救济渠道，既具有悠久的历史渊源，同时具有深远的制度延续和文化传统。正如有学者所言："我国信访制度中既深刻积淀着国家中心、中央集权、实质公正追求和京控文化的传统，又融合着群众路线和关注弱势群体等意识形态的因素。"[2]但是，相对于司法救济的条件性、规范性和一系列的程序保障，信访制度的制度构建是粗放的、宏观的，是缺乏严格的程序保障和制约的。[3]根据我国《信访条例》对信访部门职责的规定，其职权更多的是转送、交办、督促、协调、指导和宣传等，而

---

〔1〕　参见张军："对非访敲诈政府行为的刑事评价"，载《中国检察官》2016年第2期。付轲："'上访敲诈政府'行为是否构成敲诈勒索罪"，南昌大学2015年硕士学位论文。李曼莎："'上访敲诈政府'行为的刑法视角"，中国政法大学2011年硕士学位论文。刘中发主编：《刑事案例诉辩审评——敲诈勒索罪》，中国检察出版社2014年版，第108~111页。张晓霞："要挟性上访行为的刑法分析——以潘某敲诈勒索案为例"，载陕西法制网 http://www.shxlaw.cn/a/shanxifazhi/jiancha/20190919/108354.html，访问时间：2019年12月20日。

〔2〕　范愉："申诉机制的救济功能与信访制度改革"，载《中国法学》2014年第4期。

〔3〕　信访救济的非程序性并不意味着信访救济的运作完全没有规则，而是说其运作没有明确的、稳定的、普遍主义的规则，而是另有一套模糊的、变动的、特殊主义的"潜规则"。这种"潜规则"不是由某一方预先制定的，而是由有关各方在推拉伸缩的实践中形成的。参见应星："作为特殊行政救济的信访救济"，载《法学研究》2004年第3期。

不具有直接解决相关问题的权力配置和制度设计。所谓"责重而权轻",[1]"这使心怀期望但又没有办法的信访人不得不采取过激的举措,因此法律反过来又必须对其行为进行严格的规范和遏制。在这个过程中,信访制度面对的是一个困境,而它维持的或许也是一个悖论"。[2]这种悖论集中体现在信访的随意性及其人治色彩与法治的制度化与法治要求之间的矛盾:一方面,法治社会需要全社会建立规则意识,社会治理需要依赖法治化的制度与实践,注重程序正义与坚持法律面前人人平等;而另一方面,信访工作中党政权力机关常常需要突破规则和程序制约,通过所谓的综合治理,消弭部门间的职权划分,特事特办,根据情理对信访事项作出变通处理,为了维护所谓"弱势群体"[3]的利益,可以只注重后果而不顾及依据和程序,貌似维系了个别化的正义,实则存在对公正造成巨大损害的危险。

在我国社会经历转型的时期,各种社会利益在短时间内以较为激烈的方式被重新分配,人们的观念也随之发生着剧烈变化,我国的社会分层愈加明显,各阶层的利益诉求和分化使得

---

[1] 参见张宗林、郑广淼主编:《信访与法治》,人民出版社 2014 年版,第 112 页。

[2] 李宏勃:《法制现代化进程中的人民信访》,清华大学出版社 2007 年版,第 151 页。

[3] 笔者不否认上访者中确实有很多是权利受到侵犯需要维权的弱势群体,但是上访者中也确实存在着维权的幌子进行无理上访或者为谋利而上访的上访者。由于上访者具有"维权"的护身符,使得上访行为具有了天然的正当性,很多人认为"上访者"应该得到法律的保护,即使有一些僭越法律的行为也不应受到行政处罚或刑事处罚,这都是基于对"上访者"维权天然属性的表面化的认识和朴素情感。由于具有"维权"的正面形象,上访者具备优势话语权,因此,一旦将一个新闻事件或犯罪行为与上访、维权、司法腐败等敏感字眼建立了联系,就能吸引公众的关注与同情,而且也将给有关权力机关造成压力。这种先入为主式的认识和判断,与法治化的逻辑判断是相抵牾的。与上访者具有优势话语权相对应,基层政府的治权却在逐渐丧失。

各种社会矛盾较以往更加复杂而突显，基于各种利益诉求使得上访潮高居不退。[1]在这些上访中同时存在着有理上访、无理上访以及合理性模糊的上访。"一个依法的基层政府，应当可以满足有理上访的诉求，却难以让无理上访人放弃诉求。而上访人只要诉求得不到满足，常常就会继续上访。在上访治理中，不论有理上访还是无理上访，中央和上级政府都要求基层政府做好息访工作，但是，无理上访的诉求很难被满足。"[2]地方政府面对无理上访难有良策，唯有通过妥协、一次一次地满足反复上访者的无理要求使这些人息访罢诉，但是无理上访在地方治理中具有极坏的示范效应，当其他人看到某些人通过上访或以上访相威胁能够获取利益时，其他人也出来效仿。一些学者以北京地区"非访"人群为例，指出："一些访民在京正常上访过程中，因打听或了解到了'非访'能够获利，至少可以获得回程的路费，由于受到在京的'非访'人员的教唆，或者自愿在正常上访之后又跑到非接待场所'非访'，走上'非访'之路。"[3]在笔者查阅到的与上访相关的"诈骗罪"案件中，有一些人员利用其能够接触到上访访民的便利，鼓动、资助上访人员到北京上访，然后借此联系访民所属的当地政府以其能够帮助劝阻访民非法上访为条件，骗取当地政府的财物。有些人雇佣社会人员冒充欠薪的工人去上访，骗取政府筹集资金，代为

---

[1] 有学者将信访、群体性事件，以及频繁出现的劳资纠纷、拆迁征地、环境污染、物业产权等不稳定事件，概括称为我国"转型期的秩序挑战"。这种"转型期的秩序挑战"具有群体性、政治无涉性、官民冲突性等特征。参见何艳玲、汪广龙："中国转型秩序及其制度逻辑"，载《中国社会科学》2016年第6期。

[2] 陈柏峰："无理上访与基层法治"，载《中外法学》2011年第2期。

[3] 张彭发："关于'非访'发生发展及解决路径的思考"，载《信访与社会矛盾问题研究》2016年第5期。

垫付虚假工人的工资和生活费等。[1]为此，不少做了上访田野调查的学者提出，目前我国的无理上访有逐步扩大化的趋势，并出现了带病上访、偏执型上访、谋利型上访以及上访的产业化态势。[2]上访潮居高不退，而地方政府无原则的妥协与安抚，使得地方政府的权威性和公信力受到严重的动摇和威胁。对于无理上访，包括政治学界的学者都意识到，"单纯的群众工作、说服教育无济于事的情形下，国家强制力度介入是实现规训的必要选择。上访是底层人民诉求于党和政府，其中的矛盾属于人民内部矛盾。人民内部矛盾主要适用说服教育的方法处理，但并不排斥

---

〔1〕 详见无讼案例网，陕西省澄城县人民法院（2014）澄刑初字第00085号关于武某某、武某甲、郑某某、武某丙、王某某、郭某甲、武某乙、牛某某、李某某犯诈骗罪一审刑事判决书，贵州省思南县人民法院（2015）思刑初字第67号关于被告人王某某诈骗一案刑事判决书。公安部在《关于公安机关处置信访活动中违法犯罪行为适用法律的指导意见》中也特别列出：以帮助信访为名骗取他人公私财物，符合《治安管理处罚法》第49条规定的，以诈骗依法予以治安管理处罚；符合《刑法》第266条规定的，以诈骗罪追究刑事责任。可见，类似的诈骗行为在司法实务中作为一类特殊的信访违法犯罪行为是客观存在的。

〔2〕 参见陈柏峰："无理上访与基层法治"，载《中外法学》2011年第2期。陈柏峰："农民上访的分类治理研究"，载《政治学研究》2012年第1期。2017年1月3日，中国青年网发表题为"现实版〈我不是潘金莲〉'闹访'家族的不归路"的文章，报道称：吉林市民郭洪伟长期缠访、闹访，并形成以其为首进行家族式上访、替别人上访谋利的产业链，实施了由境外组织给予支持的有组织、有规模的上访行为。郭洪伟建立的2个访民群，成员达800余人。自2009年以来，这个"闹访家族"串联、煽动各地访民，采取进京闹访、滋事等手段，要挟、勒索政府机关，并预谋成立非法组织。2010年至2015年，郭洪伟一家从政府机关共敲诈43万元。郭洪伟甚至要求为其子女在四平市政府机关安排工作，一旦拒绝，他便再次闹访。在北京上访期间，郭洪伟自称被打伤，纠集访民强占北京同仁医院一间急诊室，长住达3个月之久。在中央巡视组到吉林巡视期间，郭洪伟串联吉林省40余名访民，围堵吉林省人大，并将吉林省法院、省人大的6名接访干部堵在信访室内，非法扣留7个多小时，后经消防战士破窗才救出6名干部。2016年4月，因犯敲诈勒索罪、寻衅滋事罪，经四平市两级法院审理，郭洪伟被判处有期徒刑13年，其76岁老母肖蕴苓因同样罪行被判处有期徒刑6年。网址：http://news.youth.cn/sh/201701/t20170103_9007542.htm，访问时间：2017年1月3日。

强制性的处罚"。[1]因此，恢复和强化地方政府的治权和话语权，应该是建设法治政府与培养民众规则意识的必经之路。"真正意义上解决中国的上访问题，一方面，必须加强基层治权建设，在基层政府的治权与民众的权利之间寻求合理平衡；二是要进行治权话语的建设，并以社会主义和宪法引导当前权利话语，在治权话语和权利话语之间寻求合理的平衡。"[2]我国的政府和司法机关有义务也有责任引导民众依法上访、合理表达诉求，引导民众确立知法、守法、合理维权、正当表达诉求的规则意识，让政府以公正、有为且刚直不阿的形象确立其在地方治理中的责任和担当，让信访制度真正成为权利受到侵犯者的救济场，而不是利欲熏心和投机获利者讨价还价的名利场。

许多法律领域的学者对上访索财行为能否使政府受到威胁与政府是否会因此产生恐惧存在质疑，认为地方政府官员以所谓的"地方的维稳压力"和"一票否决的政绩考核"为由，声称受到要挟是不能成立的。言外之意，作为政府工作人员不能考虑自己的一己私利，更不能在访民的胁迫与地方维稳、政府业绩、个人的仕途发展之间进行抉择，所谓的地方政府官员必须具有大公无私、不惧失去工作的勇气，对于无理上访者听之任之或超然事外，畏惧是绝不应该的。[3]但是，这也许是对我国地方政治生态和地方行政官员过分理想化的一种设想和苛求，正如有学者鞭辟入里地分析指出："尽管领导的仕途作为其他价值在法理上正当性存疑，但在实践逻辑场域往往是起到重要甚

---

[1]　陈柏峰："无理上访与基层法治"，载《中外法学》2011 年第 2 期。

[2]　陈柏峰："无理上访与基层法治"，载《中外法学》2011 年第 2 期。

[3]　在电影《我不是潘金莲》中，前一任县长因为李雪莲在全国人大开会期间到京非法上访而被免职，新上任的县长面对不断上访的李雪莲无奈地说："她上访就上访吧，反正我也不想干了！"在场的法院院长幽默地说："万一其他人还想干呢，比如我就还想干呢！"这应该是大多数基层干部的心声吧！

至关键作用的因素，其和地方治理责任往往是并生的，只要治理责任的正常行使遭到破坏，则被告人的威胁手段即具有了实质的法益侵害性，上访型敲诈勒索案件的入罪在客观方面的障碍即可排除，不能因为其中关涉政府领导的仕途而排除对治理责任受到损害的法益保护。"[1] 让那些不具有合理上访事由的上访者获得不该获得的社会资源和特殊的政府救助，如同让那些权利受到侵犯的上访者的权利得不到救济一样，与整个社会追求公平、公正的价值目标是相悖的。我们希望政府听取民众的心声、为民众服务，但不是让政府向访民无原则的妥协，不是放任民众以"弱势"和"维权"的形象触犯法律的底线。大起大落的"唐慧案"使我们看到，如果没有对规则和司法权威最基本的敬畏，公权与公正可能成为被讥笑、践踏的玩物，而舆论与伪善却成为助纣为虐的帮凶。[2]

四、以索财、谋利为目的上访行为的犯罪性分析

信访固然是法律赋予公民的一项权利，但是信访者需要坚守法律的底线并遵从信访制度运作的规则。"社会舆论（包括法律界）以维权为名夸大上访的合理性，对上访（包括越级上访）无原则地加以支持，将上访视为超越司法的另类救济途径，事实上已成为信访被滥用的原因之一。"[3] 以"弱势群体"和"维权"名义存在的上访行为，本质在于发挥传达基层信息、政务监督、行政权利救济等功能，但是我国社会各阶层经济基础和

---

〔1〕 李宏勃：《法制现代化进程中的人民信访》，清华大学出版社 2007 年版，第 146 页。

〔2〕 参见王江燕、樊石虎："从'唐慧案'看国家治理现代化如何处理情与法的关系"，载《领导科学》2015 年第 3 期。

〔3〕 范愉："申诉机制的救济功能与信访制度改革"，载《中国法学》2014 年第 4 期。

利益的分化、社会价值观的动摇与变异、社区群落道德约束的弱化，以及法治建设过程中对公权力机关的过度敏感和警惕，使得作为特殊权利救济渠道的上访行为正在悄然发生着变异，"上访不再仅是当事人维权的空间，甚至主要不是这样一个空间，更成为一个不同社会群体（主要是弱势群体）争夺利益的空间"。[1]对于精神病人、有偏执等心理障碍的人以及无理取闹的缠访等，其中一些人并非真正意义上的弱势群体，而是旨在采用极端方式索取不当利益（如前文提到的对拆迁违建的高额补偿费的上访者）。"当事人往往以自杀、暴力、群体行动等挟持公共舆论，一旦出了人命，规则和是非就会彻底逆转，有时不得不以牺牲公共利益和法律为代价满足这些无理要求。这种要挟屡试不爽客观上也纵容了这种风气，甚至使其成为一种习惯和传统文化。"[2]正如我们搜索到的上访型刑事入罪案件所呈现的那样，访民因对有关农村低保、城镇经济适用性住房的分配、拆迁安置补偿、工伤待遇、涉法涉诉的司法裁判结论不满等上访，但是上访的目的却不限于不公待遇的揭发，对相关责任人的追究，或使其受损的权利得到恢复和救济，而是借上访提出额外的利益请求，并将这种利益的满足作为息访罢诉的条件。这即是借"信访"之名要挟勒索有关地方政府，并以满足其各种无理要求作为停止非法上访的条件，从而追求"非法获利"的不法意图。所谓地方政府与上访者签订的"调解协议"也是不得已之下，因为受到当事人反复上访对地方政府政绩考核造成的心理强制而被迫做出的违背其真实意愿的妥协，而并非如有学者所言属于"政府为达到维护和增进公共利益，实现

---

〔1〕　陈柏峰："农民上访的分类治理研究"，载《政治学研究》2012 年第 1 期。

〔2〕　[日] 高见泽磨：《现代中国的纠纷与法》，何勤华等译，法律出版社 2003 年版，第 328 页。

预防和减少越级上访、缠访等非正常信访的目的，所采取的一种特殊且新型的行政管理手段"[1]，这一论断是没有看到这种"行政合同"的"迫不得已"性。如果按照该论者的观点，敲诈勒索罪存在的根基都会受到动摇，因为几乎所有敲诈勒索案件的被害人都会在面临恶害与财产损失之间做出一种"妥协"，但是这种妥协是非自愿的，是被迫的，是存在意思瑕疵的，是违背被害人意思决定自由权的。这也正是敲诈勒索罪的次要法益所揭示的该罪的法益侵害性和违法性的本质，如果视这样的存在意思瑕疵的妥协是自愿和合理的，是应受刑法保护的，那么敲诈勒索罪与诈骗罪几乎就无存在的必要了。因此，笔者以为对于以索财、谋利为目的，在不存在合理上访事由（包括上访事项已经依法得到三级信访机构解决答复，仍反复上访）的前提下，以反复上访、缠访、闹访相要挟，向各级政府和接访人员讨价还价、勒索钱财的行为，确有入罪之必要。理由主要在于：

其一，即使上访作为公民的一项法定权利，上访者也需要遵守行使权利的法律底线，不能以维权为名而超越法律的边界，侵犯他人的或社会的权利。我们不否认正常的上访行为。在上访过程中只有轻微违法举动，经说服教育后能够改正的上访行为都属于正当的上访行为，但是违反《信访条例》的非法信访行为，尤其是实务中大量上访者以敏感期到天安门、中南海或一些驻京外事机构上访、闹访，或者以起哄闹事、静坐、滞留等方式持续缠访、闹访，以访索财、以访谋利的上访行为就不属于正当的上访行为，而具备了胁迫、要挟的性质。其二，政府等公权力机关同样可能成为被要挟的对象，同样需要依法保护其合法权益。正如作为威严的法庭会面临藐视法庭、扰乱法

---

[1] 曹波、肖中华："以敲诈勒索罪规制信访行为的教义学批判"，载《法律适用》2016年第9期。

庭秩序行为的对抗，生效裁判可能遭到当事人公然的拒绝、抵制，有能力执行而拒不执行，当这些行为达到刑法的入罪条件即应成立扰乱法庭秩序罪和拒不执行判决裁定罪。我们不能因为法院作为司法机关的公权力机关属性和司法的威严甚至必要的强制力配给，而怀疑法庭或司法机关也可能成为这些行为危害的对象，否认这些行为会威胁或侵害到相关的司法秩序和司法权益。当前地方政府面临维稳和自上而下"一票否决"考核机制的双重压力，与此同时，在取消农业税、放宽人口流动管控、城镇化治理模式下社区结构的松散等都使得地方政府针对访民有效的治理手段十分有限。许多地方政府为了换取上访者的息访罢诉，不得不一次次地满足上访者的要求，包括让不符合条件的上访者享受低保，给予特殊的政府补贴，或直接拨付财物。然而，政府财物具有公用性和专属性，"公共资源使用规则的法定性及使用目的的公益性"都决定了公权机关的公权使用也并不是没有限度和规则的，[1]"上访者以持续的缠访、闹访为条件，要挟地方政府或接访人员，即是将地方政府置于维稳的地方治理责任与政府公共财产利益的天平两端，只要政府等公权机关的公权力和社会治理责任的正常行使遭到破坏，则行为人的威胁手段即具有了实质的法益侵害性"。[2]有些上访者勒索财物的对象可能是政府机关的负责人或具体的工作人员，这些个人在处理上访事务时，其背后体现的是这些公务人员与政府机关的相互关系。当上访者胁迫公务人员时，代表公权力机关的公务人员的个人意志受到强制，当其个人意志通过向政府

---

〔1〕 张军："对非访敲诈政府行为的刑事评价"，载《中国检察官》2016 年第 4 期。

〔2〕 参见"郝某某敲诈勒索案——'上访'型敲诈勒索案的罪与非罪"，载刘中发主编：《刑事案例诉辩审评——敲诈勒索罪》，中国检察出版社 2014 年版，第 108～111 页。

等公权力机关的汇报等程序上升为团体意志时，政府等公权力机关的集体自由意志也就受到了强制。[1]地方政府为了减少上访率、完成在两会等敏感期的社会维稳任务，最终被迫向上访人员妥协，用政府财物满足上访者的利益要求。上访者利用对政府的胁迫实现其个人非法获利的目的，即构成对政府的勒索。应该以治安处罚与必要的刑事处罚的方式惩戒、规范、引导上访行为，划清正常上访与非法上访行为之间的界限，让上访群众知晓应该怎样维权，应该向谁维权，以及哪些内容属于上访维权的范畴，降低非法上访、谋利上访发生的比例；同时，将各级政府从对非法上访行为的一再容忍、妥协、退让中解放出来，避免信访权逐步沦为部分人牟利的工具。

对于上访维权者的越界行为，需要从上访事项的客观性、正当性，维权手段的正当性，维权目的的正当性以及维权诉请内容的合理性与正当性几个方面进行综合的衡量与判断。当然，作为刑法定罪的核心，对于行为属性的认定是行为定性的关键。因此，即使对于不具有客观正当上访维权事项的上访者，如果其维权手段合法正当、没有超越法律应有的边界，即使其要求有关信访接访机关给予解决的诉请事项不符合法律、法规的规定，诉求的内容不合理，行为的正当性依然应该得到认可；反之，即使上访的事项正当，但是其上访维权的行为手段违犯有关治安管理处罚的法律规定或者手段行为严重侵犯了社会管理秩序与政府治理职能的实现，具有严重的社会危害性的，则依法应当对其进行治安处罚或刑事处罚。

---

[1] 参见李曼莎："'上访敲诈政府'行为的刑法视角"，中国政法大学 2011 年硕士论文。张军："对非访敲诈政府行为的刑事评价"，载《中国检察官》2016 年第 4 期。由于政府的接访人员会通过向政府汇报等方式转告上访人员的索财要求，最终交付财物往往也是经过政府相关负责人认可的，所以，这样的敲诈勒索行为应该属于普通的敲诈勒索行为而非"三角敲诈"。三角敲诈的实际财产损失人往往并不知晓被敲诈的事实，只是由于被恐吓者受到恐吓处分了属于被害人的财产。

（一）上访过程中的违法犯罪行为客观存在

与合法信访相对应，违法上访包括越级上访[1]、非正常上访[2]和缠访、闹访等不具有正当性的上访行为。深圳市于2009年最早出台了《关于依法处理非正常上访行为的通知》，将14种行为认定为"非正常上访行为"。这一通知公布后，在全国各地曾一度引起广泛的争议，但是此后为了规范和应对汹涌的上访行为，各省也相继出台了类似处理违法上访行为的指导意见。[3]

---

〔1〕 我国《信访条例》规定，我国信访工作实行"属地管辖、分级负责"的信访原则，《国家信访局关于进一步加强初信初访办理工作的办法》（国信发〔2014〕13号）第4条第2款规定：对采用走访形式跨越本级和上一级机关提出的初访事项，上级机关不予受理，按照《国家信访局关于进一步规范信访事项受理办理程序引导来访人依法逐级走访的办法》处理。2014年2月25日，中共中央办公厅、国务院办公厅印发的《关于创新群众工作方法解决信访突出问题的意见》中要求，中央和国家机关来访接待部门对应到而未到省级职能部门反映诉求的，或者省级职能部门正在处理且未超出法定处理期限的，或者信访事项已经依法终结的，不予受理。健全依法及时地解决群众合理诉求机制，进一步强化属地责任，积极引导群众以理性合法方式逐级表达诉求，不支持、不受理越级上访。单纯的越级上访一般不具有严重社会危害性，但是如果越级上访者不听劝阻，滞留在信访工作单位缠访、闹访，批评、教育无效的，则可能进一步发展为具有一定社会危害性的行为。
〔2〕 所谓非正常上访，一般指上访人员到非信访接待场所上访的行为，如四川省《关于依法处理违法上访行为的意见》中明确，非正常上访具体包括：到北京天安门广场、中南海、中央领导人住地及周边地区上访，或到外国驻华使领馆区、驻华国际组织（机构）等信访接待场所以外的重点地区上访；或在党和国家重大会议、庆典、重大外交等国事活动期间，不听劝阻，执意进京或到相关地方非信访接待场所上访的行为。非正常上访无论是个体访还是集体访，无论是否实施过激行为，都违反了《信访条例》第18条、第20条的有关规定，都属于违法上访，应依照有关规定予以处罚。也有一些地方性的文件中将非正常上访等同于违法信访行为，用来指称所有的违法信访行为。
〔3〕 2010年10月11日，四川省高级人民法院、四川省人民检察院、四川省公安厅、四川省司法厅联合发布了《关于依法处理违法上访行为的意见》（2010年12月1日起实施），对违法上访行为的处理原则、违法上访行为的界定、处理违法上访行为的证据运用规则，以及违法上访行为的处理办法都做了规定。2012年4月23日，湖南省高级人民法院、检察院、公安厅、司法厅发布了《关于依法处理信访活动中违法犯罪行为地指导意见》（意见中针对每一种违法信访行为都规定了相应的

2013 年公安部发布了《关于公安机关处置信访活动中违法犯罪行为适用法律的指导意见》（以下简称《公安部指导意见》），其中列举了实务中包括扰乱信访工作秩序、危害公共安全、侵犯人身权利、财产权利和妨害社会管理秩序在内的 30 种信访违法犯罪行为。[1]这些法律、法规和部门规章共同释放出的信号是：在我国当前的社会治理视域下，上访行为同样需要恪守法律的边界，不论上访事项是否正当，上访者都应依法行使上访权，而不应在上访中以非法手段侵犯国家和社会的公共法益，也不能侵犯他人的私人法益。对于在信访中采用法律所禁止的手段缠访、闹访，侵犯他人权益或社会公共法益的行为，即应依法给予相应的处罚。

（二）上访型索财行为的犯罪性分析

《公安部指导意见》中明确了关于违法信访可能涉嫌敲诈勒索与寻衅滋事的法律适用意见。[2]其中，关于寻衅滋事行为的

证据规则和处理意见）。2014 年 8 月 27 日，河南省高级人民法院、河南省人民检察院、河南省公安厅、司法厅联合发布了《河南省关于依法处理信访活动中违法犯罪行为的意见》。2015 年 8 月，宁夏回族自治区也出台了《依法处理信访活动中违法犯罪问题的指导意见》。

〔1〕 办法中列举的行为可能触犯的罪名，包括了聚众扰乱社会秩序罪，放火罪，爆炸罪，以危险方法危害公共安全罪，以非法携带枪支、弹药、管制刀具、危险物品危及公共安全罪，故意伤害罪，侮辱罪，诽谤罪，非法获取公民个人信息罪，诬告陷害罪，故意毁坏财物罪，敲诈勒索罪，诈骗罪，聚众冲击国家机关罪，聚众扰乱交通秩序罪，投放虚假危险物质罪，编造、故意传播虚假恐怖信息罪，妨害公务罪，寻衅滋事罪，煽动暴力抗拒法律实施罪等数十个罪名。在《刑法修正案（九）》出台之后，一些严重的违法上访行为根据其行为性质可能还会触及我国刑法新增的罪名，如扰乱国家机关工作秩序罪，组织、资助非法聚集罪，故意传播虚假信息罪等。

〔2〕 以制造社会影响、采取极端闹访行为、持续缠访、闹访等威胁、要挟手段敲诈勒索，符合《治安管理处罚法》第 49 条规定的，以敲诈勒索依法予以治安管理处罚；符合《刑法》第 274 条规定的，以敲诈勒索罪追究刑事责任。任意损毁、占用信访接待场所、国家机关或者他人财物，符合《治安管理处罚法》第 26 条第 3 项规定的，以寻衅滋事依法予以治安管理处罚；符合《刑法》第 293 条规定的，以寻衅滋事罪追究刑事责任。

规定，主要包括在信访中任意毁损、占用信访接待场所、国家机关或他人财物的行为，并没有包括以随意殴打他人、追逐、拦截、辱骂、恐吓他人以及强拿硬要和在公共场所起哄闹事等行为。与此同时，该意见认定对信访过程中侮辱、恐吓他人的行为应予治安管理处罚，并未规定严重的予以刑事处罚，对于在公共场所起哄闹事的行为则根据具体哄闹方式的不同，分别依据聚众扰乱社会秩序罪、聚众扰乱公共场所秩序罪等妨害社会管理秩序罪来论处。在认定构成敲诈勒索罪的情形中，也重在强调行为人以对社会秩序造成重大影响的方式，如采取持续缠访、极端闹访等相威胁的，对于具体索要财物的方式、对象、数额、情节等未予说明。对于上访过程中索取财物的行为究竟属于"强拿硬要"的行为还是属于一般的勒索取财的行为，究竟应该定性为寻衅滋事还是敲诈勒索，是目前我国实务界认定上较为模糊的一个问题。

根据有关裁判文书样本反映的情况，在笔者查阅到的上访类刑事案件中，寻衅滋事罪占了较大的比例，敲诈勒索罪次之，此外有的还触犯聚众扰乱公共秩序罪、妨害公务罪、聚众冲击国家机关罪等罪名。其中，对于借上访强索财物的行为，不少裁判文书也倾向于定性为寻衅滋事罪。笔者分析，这一方面是由于许多上访者在非法上访的过程中多伴有追逐、拦截车辆、辱骂、恐吓他人、任意损毁公共财物、起哄闹事和强拿硬要等扰乱社会秩序的行为，出于对行为全面评价的需要，对行为整体作这样的认定；另一方面，则是由于实务中将一些以赴省或进京上访、滞留北京上访或不给钱就去上访，向当地政府或接访人员要挟索要财物的行为，归属于"强拿硬要"行为，故而认定成立寻衅滋事罪。[1]

对"强拿硬要"行为在入罪认识上的分歧，不仅在上访型索财案件中存在，而且在一般强拿硬要型寻衅滋事行为与敲诈勒索行为，以及抢劫行为[2]的关系认识上也一直存在分歧。概括起来主要有堵截说（也可以称为兜底说）[3]、想象竞合说和法条竞合说等几种不同的认识。堵截说认为，寻衅滋事罪是普通罪名，而故意伤害罪、抢劫罪和敲诈勒索罪等为特别罪名，根据优先适用特别法的原理，认为在司法实务中只有不能适用各特别罪名时，方适用寻衅滋事罪这一普通罪名。想象竞合说认为，强拿硬要数额较大财物的行为，同时符合寻衅滋事罪和敲诈勒索罪或抢劫罪的犯罪构成，应依想象竞合犯从一重罪论处。[4]采法条竞合说的学者反对过分看重以法益标准区分寻衅滋事罪与其他犯罪的观点，认为应该根据行为要件中的各要素综合认定行为的性质，"强拿硬要型的寻衅滋事与抢劫之间是法条（交叉）竞合的关系，而其他类型的寻衅滋事与抢劫罪之间

---

[1] 如河南省驻马店市中级人民法院（2015）驻刑二终字第 10 号关于程某某寻衅滋事、敲诈勒索二审刑事裁定书认定：被告人程某某以赴京上访相威胁，迫使李新店镇政府及其工作人员支付财物，系强拿硬要公私财物，情节严重。因其多次非访行为，使地方政府投入了大量的人力、物力、财力，造成了严重的经济损失，严重扰乱了国家机关正常的工作秩序。程某某的行为已构成寻衅滋事罪。

[2] 由于违法上访的行为人往往以继续上访、闹访对地方政府或其工作人员进行要挟，而不会采用直接针对人身的暴力要挟的方式索取财物，因此，关于上访索财行为主要在寻衅滋事罪与敲诈勒索罪之间存在认识和适用上的分歧，但在通常涉及不法取财的案件中，强拿硬要型寻衅滋事与抢劫财物也会发生行为性质上认定上的疑难。

[3] 参见杜启新、安文录："论寻衅滋事罪的合理定位"，载《政治与法律》2004 年第 2 期。曲伶俐主编：《刑事案例研究》，法律出版社 2012 年版，第 192 页。

[4] 参见王爱鲜："论敲诈勒索罪与寻衅滋事罪的界分"，载《江西社会科学》2015 年第 10 期。简爱："寻衅滋事罪与敲诈勒索罪的界分与适用——以侯某'强拿硬要'案为例的分析"，载《云南大学学报（法学版）》2014 年第 1 期。张明楷："寻衅滋事罪探究（上篇）"，载《政治与法律》2008 年第 1 期。

则可能是想象竞合或牵连犯的关系"，并且认为"交叉竞合是由于立法用语本身的复杂、变动以及涵义辐射范围等原因，被动产生的法条之间的竞合而非立法者有意为之，因此不应适用'特别法优于普通法'的规则，而应该按照重法优于轻法的原则处理，如此方能实现罪责刑相适应"。[1]根据该论者的观点，可以推断其对强拿硬要型寻衅滋事罪与敲诈勒索罪的关系应该也会持类似观点。

　　无论是堵截说、想象竞合说还是法条竞合说，都以承认立法对强拿硬要型寻衅滋事罪与敲诈勒索罪行为的不同定型为前提，也即认可两罪存在不同前提下的行为竞合问题。笔者认为，区分强拿硬要型寻衅滋事罪与其他取财犯罪，应从它们保护的法益入手。因为寻衅滋事罪保护的主要法益无疑是社会管理秩序，在这一主要法益的背后，体现的是各具体寻衅滋事的行为通过对有关人身、财产、公共秩序的侵害而造成对社会管理秩序法益的侵害。以寻衅滋事罪中的"恐吓"与"强拿硬要"为例，这里的"恐吓"应以针对社会管理秩序的威胁为内容，如以在天安门、中南海或者政府机关大楼附近散发传单、投放爆炸装置、引火自焚等相要挟的，不论其提出的条件如何，这样的恐吓都以社会秩序即社会法益为加害的内容，而一般的敲诈勒索罪的恐吓主要以加害被恐吓人的人身权、财产权为其威胁加害的内容，只有少数敲诈勒索案件以燃爆爆炸物等侵害有关公共法益相威胁；同样"强拿硬要"所针对的对象也应是社会管理机构，而非具体的个人，即使是针对接访人员的索要，其背后威胁的也应该是政府管理秩序的维系和管理职能的实现。所以，在上访过程中以继续上访相恐吓，以威胁政府声誉、制

---

〔1〕　付立庆："论抢劫罪与强拿硬要型寻衅滋事罪之间的关系——以孙某寻衅滋事案为切入点"，载《法学》2015 年第 4 期。

造社会广泛影响等相要挟勒索财物的行为，从行为性质和侵害的法益来看，无疑更符合寻衅滋事罪的构成要件。但是政府的公共财产、村委会的集体财产也是我国财产犯罪保护的对象，其强索财物的行为，必然也会侵犯相对人的财产权，这一行为就会同时触犯寻衅滋事罪与相关财产罪，本质上属于想象竞合犯，应从一重罪处断。至于是否出于流氓动机这一主观认识，由于动机的内在性和解释的多样性，实无强调之必要。笔者以为，将"是否威胁或侵害社会管理秩序"作为认定成立寻衅滋事罪的客观标准就足够，而所谓的"流氓动机"，本质也是为了征表行为人对社会不特定个人或群体，以及社会秩序的妨害和侵犯的心理，在立法没有相关规定的情况下，增加额外的动机要素，如果没有限缩犯罪圈和解释惩罚必要性的意义，人为设置的一些标准和界限可能是不恰当的。堵截说虽然认识到寻衅滋事罪行为应具备破坏社会管理秩序的行为特性，是对该罪本质以及立法文本较好的揭示和解读，但是其所谓优先判断行为是否构成其他相关犯罪的思路却未必是妥当的。固然寻衅滋事罪的法定刑只有两档，普遍低于故意伤害犯罪与有关财产犯罪的法定刑，但是就第一档法定刑而言，除了抢劫罪的法定刑高于寻衅滋事罪的法定刑之外，故意伤害罪、敲诈勒索罪的法定刑均低于寻衅滋事罪的法定刑，按照堵截说学者的法律适用位序，不仅可能导致寻衅滋事罪的虚置，而且可能导致罚不当罪、罪刑不相适应的结果。我国有关寻衅滋事罪强拿硬要公私财物入罪的数额标准，也明显低于敲诈勒索的入罪数额标准，[1]这一数额上的差距即体现了立法对寻衅滋事行为更为严苛的惩罚态度。所以，对于同时符合强拿硬要寻衅滋事与敲诈勒索犯罪

[1] 强拿硬要为 1000 元以上，而敲诈勒索为 2000~5000 元以上。

第一档入罪条件的行为，恰恰应该优先适用寻衅滋事罪才更符合立法的意向。法条竞合说强调从行为的诸要素入手，分析寻衅滋事罪与其他犯罪的行为特征，但忽视或者轻视刑法设置寻衅滋事罪的法益保护的初衷，却有本末倒置之嫌。脱离犯罪法益的指针，探讨犯罪的行为属性，难以保证对行为界域的划分。这是由于寻衅滋事罪与敲诈勒索罪的法定入罪条件本身是存在差别的，虽然"强拿硬要"公私财物表面上看与抢劫、敲诈勒索在取财方面具有交叉性，但由于前者以侵犯社会管理秩序为必要，实务中对于取财行为的认定本质上是不同的。例如，单纯的敲诈勒索行为并不会破坏社会管理秩序，而数额较低的强拿硬要行为也不符合敲诈勒索罪的要件，这种取决于具体犯罪行为表现不同所导致的法律适用上的竞合，应该属于想象竞合而非法条竞合。

综合如上理由，对于"强拿硬要"行为，应根据实际发生的犯罪行为的具体情形，包括行为发生的场合、次数、涉案财物的金额、参与的人数、实施行为的目的等进行具体比较，确定行为符合的具体罪名，在同时触犯寻衅滋事罪与敲诈勒索罪时，选择处罚较重的罪名择一重罪处断。事实上，两高在2013年有关寻衅滋事罪的司法解释中即采取了这样的立场和态度。[1]解释中虽然没有明确择一重罪处断的依据，笔者以为应该属于想象竞合更为合理。另外，我国寻衅滋事罪的第二档法定刑仅适用于"纠集多人实施"法定四类行为，严重破坏社会秩序的情形，对于虽然强索他人数额巨大财物，但没有纠集多人实施相关行为的，

---

〔1〕　2013年7月15日公布的《关于办理寻衅滋事刑事案件适用法律若干问题的解释》第7条规定：实施寻衅滋事行为，同时符合寻衅滋事罪和故意杀人罪、故意伤害罪、故意毁坏财物罪、敲诈勒索罪、抢夺罪、抢劫罪等罪的构成要件的，依照处罚较重的犯罪定罪处罚。

则无法适用第二档的法定刑，因此，在勒索财物数额巨大或特别巨大时，有必要根据其侵犯财产权益的程度适用敲诈勒索罪对其定罪处罚。

以上分析尽管基本解决了强拿硬要型寻衅滋事行为与敲诈勒索行为的关系梳理，但是对于上访型索财行为仍有进一步详细分析的必要。首先，对于存在正当上访事项的上访者，如果仅以缠访、闹访等非法上访行为索取其应予取得的合理赔偿，或要求有关部门满足其具有合理根据的诉求的，由于行为人不具有借此非法索取他人财物的意图，因此不成立敲诈勒索罪。如果其缠访、闹访行为本身触犯了寻衅滋事、妨害公务、聚众扰乱社会秩序等犯罪的，则应仅对其手段行为定罪处罚。其次，如果上访者具有正当的上访事项，但采用过激的上访手段，并以持续采取类似手段要挟有关机关或个人满足与其诉求事项无关的财物内容，或超出其应予获得的合理诉求的范畴，索要高额财物的，则视行为客观上是否破坏社会秩序，而认定行为成立寻衅滋事罪或敲诈勒索罪，行为同时符合两罪构成要件的，则应根据想象竞合的原理，以及具体索取财物的数额择一重罪处断。最后，对于多种非法上访行为的评价问题，行为人既有随意追逐、拦截车辆、散发传单、起哄闹事行为，同时又有借此向有关政府或个人勒索财物的行为的案件，实务中常常只作为寻衅滋事罪一罪论处，而很少数罪并罚，[1]这应该是与我国实务中偏好一罪的司法传统相关。但笔者以为，这样的司法惯性应予矫正，有必要结合具体案情，对于符合数罪并罚条件的

---

[1] 在笔者以"上访"和"敲诈勒索"作为搜索条件查阅到的386个文书样本中，仍有18个案件最终被法院定性为寻衅滋事罪，其中有10个案件认定构成寻衅滋事罪与敲诈勒索罪的数罪。另有2个案件认定为聚众扰乱公共秩序罪与敲诈勒索罪的数罪，还有3个案件分别认定构成聚众冲击国家机关罪与敲诈勒索罪的数罪，妨害公务罪与敲诈勒索罪的数罪，以及寻衅滋事罪与诬告陷害罪的数罪。

应予并罚。[1]这样可以较好地起到震慑和规范公民行为的作用。

（三）关于上访型犯罪行为的司法程序规则

为了避免因违法上访行为的犯罪化造成对合法上访行为的不当干预和阻碍上访权的正常行使，需要司法机关对违法上访行为的入罪坚持上访有理推定原则，以及由公诉机关就上访行为存在过当的行为表现提供充分、详实的证据支持。首先，在司法机关介入非法上访行为之初，为了避免地方政府借治安处罚或刑事处罚打击压制正当上访者的上访行为，需要确立"上访有理"的推定原则。公安机关需要充分了解上访事由，查明相关部门的接访经过、调取查看相关接访记录，以明确上访事项是否经过法律、法规规定的复查、复核程序等，以核实上访人员是否具有正当的上访事项和根据，没有合理根据的，才可以确定上访事项不具有正当性。其次，为了保证治安处罚或刑事处罚有理有据，公安机关应该强化证据意识、程序意识，充分收集、调取与违法上访行为相关的证据。[2]为了达到教育、

---

〔1〕　如果上访者的有关行为既符合了寻衅滋事罪其他类型行为的成立要件，如追逐、拦截、侮辱、恐吓他人、在公共场所起哄闹事、任意损毁、占用公私财物等，同时强索财物数额较大的，认定为寻衅滋事罪是对行为较为全面的评价；如果行为人的其他行为达到寻衅滋事的入罪条件，但并无"纠集多人实施"相关行为，然而群段强索的财物数额巨大的，则应该对其行为认定分别成立寻衅滋事罪与敲诈勒索罪，然后对其行为实行数罪并罚。

〔2〕　如需要收集现场证人证言，即向有关接待人员、执勤武警、参与抓获的民警、周围居民、围观群众以及其他在场人员等取证。提取相关物证，收缴上访人员所持的横幅、状纸、状衣、标语、传单等物证及扣押和收缴清单。收集并调取能证明违法上访行为的全部视听资料，为处理多次无理上访者提供依据。收集能够证实上访人员实施违法上访行为所造成后果的有关证据，有关信访接访单位的证据，如国家信访局分流中心的分流劝返记录、北京市公安机关查获上访人的登记记录；省公安厅驻京工作组的教育询问笔录、告诫文书；违法行为人的供述和北京市公安机关的情况说明，曾经因非法上访受过警告、训诫或治安处罚的记录；违法上访人员的陈述和辩解等。对多次实施违法行为的，要注重每次违法行为证据的收集、固定和积累。有条件的案件，应为违法上访人员提供法律援助，以保证其辩护权。

宣传和警示作用，可以组织相关信访机关工作人员、当地的上访人员以及新闻媒体旁听庭审。上访治理也需要向媒体和社会大众展现无理上访、谋利型上访的荒诞性与社会危害性，引导民众合理认识上访，通过惩戒和处罚不法上访者，体现政府依法治访，夯实地方治权建设的围栏。[1]最后，注重发挥各种社会传媒的正面导向作用，大众传媒应该切实肩负起引导大众建立公民意识与规则意识的社会使命，选择典型非法上访案例，向社会展现无理上访、持续缠访闹访、违法聚集滋事而依法受到处理的行为，从而引导访民正确、合理表达诉求。避免媒体以维护弱势群体的片面导向，以报道访民被定罪入刑吸引大众关注，对事实不做全面仔细的调查了解，误导大众，混淆视听。习近平总书记指出："要把对法治的尊崇、对法律的敬畏转化为思维方式和行为方式，做到在法治之下而不是法治之外，更不是法治之上想问题、作决策、办事情。"[2]尊重法治、尊崇司法权威的思维模式和行为导向应该成为指导我们所有工作的价值准则。尽管我们的执法、司法状况仍有许多不尽如人意的地方，但是在科学立法、严格执法和公正司法的同时，也需要引导民众逐步树立对法律的信仰和对规则之治的认同，实现全民守法。"讲和谐不是和稀泥，不能以牺牲法律和政策的严肃性为代价换取老百姓的不争不闹。在执法的过程中，要让民众切身感受到国家法治的权威性、严肃性，法令不是可以讨价还价的，这样

---

[1] 每次采取强制措施，可以在特定的社区和农村范围内召开群众代表会议，进行说明、普法、听证和讨论，从而减少无理上访，降低政府上访的治理成本，畅通信访渠道等。参见陈柏峰："农民上访的分类治理研究"，载《政治学研究》2012年第1期。

[2] 参见2015年2月2日习近平总书记在省部级主要干部学习贯彻十八届四中全会精神全面推进依法治国专题研讨会上的讲话。习近平："领导干部要把对法治的尊崇、对法律的敬畏转化为思维方式和行为方式"。

的政策选择才符合社会良性治理的需要。"[1]

正如有学者分析指出的，与对访民因非法上访、缠访、闹访行为而受到行政、刑事处罚的高概率相比，对各级政府信访机构及其工作人员的无所作为、推诿懈怠、玩忽职守的惩罚概率却极低，且惩戒的力度也很低。"在压力型政府体制下，对信访人员的公共惩罚呈现私密化和低效化，这种不公和低效，也会触发信访人员的积怨和不满，而且无益于信访人员工作态度、工作效率的提升和信访问题的实质解决。"[2]信访工作以密切联系群众的良好夙愿，希望通过信访从中发现问题、解决问题、维护民众的利益，维系党和人民群众的密切联系，维系社会的和谐和稳定，然而这种制度设计的维持需要一系列理性、公正的制度执行者和民众的配合，即积极有为的政府，无私为民的官员，遵守规则、诚信、理性的民众。信访制度本欲追求的是一个至善至美的人间天堂，但是一波又一波的信访洪峰呈现给我们的却是一个上访、截访、低效、推诿、打击报复、利益混杂、是非难辨的权力与利益的争夺场。就像所有的犯罪问题和刑法问题都有着复杂、深刻的社会原因一样，上访问题以及对非法上访行为的刑法规制本身也必然与信访制度缺陷的合理评价密切相关。限于学科界限，笔者无法做宏观整体的把握，仅从刑法部门法的视角做一些探究，对于信访问题的根源以及非法上访的犯罪学分析是书中无法企及和解决的问题。

---

〔1〕　王龙飞："隐性断裂：当代中国治理中的基层干部"，载《探索与争鸣》2015 年第 9 期。

〔2〕　马艳朝：《制度规则与公共秩序：当代中国信访违规行为的惩罚问题研究》，知识产权出版社 2014 年版，第 150 页。王龙飞："隐性断裂：当代中国治理中的基层干部"，载《探索与争鸣》2015 年第 9 期。

第四节　有因型索财行为的入罪评价标准

通过对这些有因型索财行为的观察，虽然其类型不同、表现各异，但是在这些认识分歧较大的案件背后，我们通过对实务和学理的分析梳理，却可以隐约看到差异背后的相似性、形式争论中的实质趋同性，这也许正是考验理论解释力的所在。在对各种有因型索财行为的实务裁判结论中，我们会看到一条主客观评价并重、客观评价优先考量的司法裁量路径，和对财产犯罪保护法益衡量采取整体性评价的价值评判立场。法律具有时代性，我们需要在当前的社会经济、文化、法律观念和财产价值保护立场下，谈符合这个时代的行为评价标准。

一、主客观兼采的判断衡量标准

关于有因型索财行为的认定，需要从主客观违法性的角度衡量行为的违法性和法益侵害性：从客观违法性的视角，考察债务是否客观存在，是否属于合法债务、是否有消费侵权的客观事实、上访维权是否有合理的索取财物的根据，维权手段是否正当，索取财物的数额是否有正当合理的根据等；与此同时，也需要从主观违法性的视角，考察行为人是否具有索取、占有超出正当权利范畴之外财物的不法意图。概括起来，就是从主、客观两方面考察索取财物的原因和根据是否正当、手段是否正当、目的是否正当等，据此判断有因型的敲诈勒索行为是否构成敲诈勒索罪。这种主客观兼采的判断衡量标准，还须坚持客观判断优先、主观判断以客观判断为根据和前提的原则。如果过分侧重于对主观违法性的考察，既容易因为单纯依据"非法占有目的"有无的判断，而使复杂问题的思考简单化，掩盖了问题背后需要进行法益实质性判断的根本，同时也容易由于对"非法占有目的"这一主观因素的臆断而造成处罚上的失当。例如，单纯以行为人提出所谓的"巨额索赔"就认定行为人具有非法占有他人财物的不法意图等，认定行为构成有关的财产犯罪。这种判断立场上的误区需要在司法实务中避免。

考察其他国家在这一问题上所经历的认识角度上的发展变化历程，我们会发现：英美法的历史上，关于主张权利作为合法抗辩事由的发展过程中，即经历了侧重主观判断向侧重客观判断的变化过程。19 世纪的英国，侧重于主观判断，判例认为：如果行为人相信有权利取回属于自己的财物或取得他人占有的财物，即可作为有效抗辩的理由。20 世纪以后，英国的立法和判例开始转向注重对权利实质化与客观化的判断。美国也同样经历了类似英国国内的这种认识上的变化，在其 1962 年颁布的《美国模范刑法典》的分则部分依然坚持了传统的规定，对行为人主张权利之抗辩重在对其主观认识的考查。但在该法总则部分关于财产罪与违法阻却部分又指出，行为人主张的行使权利的行为须系于民事诉讼认可的特权抗辩下之行为，方阻却违法。这在一定程度上肯定了对行使权利需要进行客观判断的指引，避免了主观化导致的在不处罚上的扩大化。德国国内在司法实务中虽然经历了一些前后不同的变化，包括二战后也有以行为人主观上认为自己有权利索债为由，认定不构成勒索罪的判例，但是总体上是侧重于以客观上未造成财产上的损害来否定行使权利案件构成敲诈勒索罪。日本判例也历经了处罚与不处罚的数次反复，但总体上侧重于从客观的角度评价行为法益侵犯的程度，特殊的取得原因只作为排除不法的例外事由考虑。

综观我国的司法解释和类案裁判样本，基本明确了在存在客观根据或行为人自认为有较为切实的向对方主张财产权根据的前提下，实施的索财行为属于具有正当合理根据的有因型取财，进而否定其对他人财产权的现实侵犯和主观不法获利的意图。当然，这些有因性的事由究竟属于构成要件该当性层面考虑的因素，还是属于违法阻却事由，还需进一步结合三阶层理论进行详细研讨，但是其对定罪评价的客观影响，是需要我们直视的，也是在具体定罪中必须加以考量的。

二、坚持对财产法益的整体性评价标准

对于有因型勒索财物的行为，我国理论界和司法实务中倾向于认为：如果行为人具有取得他人财物的合理原因和根据的，原则上不作为财产罪认定，只有手段行为触犯了刑法其他罪名的，应该按照手段行为定罪。[1]这背后体现了我国对财产权法益保护持一种整体性评价的立场，我国现有的立法规定和司法解释也体现了这样的思路。[2]即如果行为人有向他人索要财物或取得财产权利的正当根据或特殊的缘由，那么被害人的财产权在整体上就没有受到侵害，如果行为人采取的手段是刑法所禁止的，只就其手段行为予以定罪处罚。有论者提出："这样的规定旨在提醒公民注意，即便存在合法债务，也不允许以剥夺债务人人身自由的

〔1〕 参见陈兴良："论财产犯罪的司法认定——在北京德恒律师事务所的演讲"，载《东方法学》2008年第3期。在该文中陈兴良教授指出：财产犯罪认定中的一个重要问题就是财产犯罪的有因与无因的问题。如果客观上采取了属于财产犯罪的手段，但之前存在经济纠纷或其他特殊的原因，那么行为人即使实施刑法所规定的某些财产犯罪手段取得了财物，也不能构成财产犯罪。这在认定财产犯罪上是一个重要的因素，也是财产犯罪与某些民事纠纷相区分的标志。

〔2〕 如我国《刑法》第238条第3款规定，为索取债务非法扣押、拘禁他人的，以非法拘禁罪定罪处罚。在与此条款相关的司法解释中，最高人民法院也明确对于行为人为了追索高利贷、赌债等法律不予保护的债务，非法扣押、拘禁他人的，也成立非法拘禁罪，而不构成绑架罪或敲诈勒索罪。最高人民法院在关于抢劫罪与故意伤害罪的界限中也明确，行为人为索取债务，使用暴力、威胁等手段的，一般不以抢劫罪定罪处罚。构成故意伤害等其他犯罪的，依照故意伤害罪等定罪处罚。

方式索债；若行为人扣押非债务人本人，向债务人勒索财物或者扣押债务人本人以杀伤债务人相威胁，向第三人勒索财物，则应以绑架罪论处，进而指出该款规定不过是注意规定，完全可以删掉。"[1]笔者以为，这种认识未必合理，尽管这样的立法和司法解释确实起到了警示公民不得以非法手段索债的作用，但其背后的法理根据和刑事政策的考量，却在于对财产犯罪保护法益的整体评价立场和手段与目的关联性的主客观相结合的分析传统。

与日本的刑法理论不同，在日本存在针对个别财产犯罪与针对全体财产犯罪的区分，前者是指对被害人的个别财产予以侵害而构成的犯罪，后者是指以对被害人的财产状态的整体造成损害为必要条件的犯罪。日本学者和司法实务一般认为，只有背信罪属于针对全体财产的犯罪，其他财产犯罪都属于针对个别财产的犯罪。因此，行为人的取财行为只要客观上造成被害人具体财产权的侵犯，即成立相应的财产犯罪，而不论实质上被害人的财产权是否受到侵犯。我国没有规定背信罪，也没有有关个别财产犯罪与整体财产犯罪的区分，从我国财产犯罪的立法规定和司法实务来看，在财产犯罪的入罪条件、财产损失的判断标准以及既遂标准的认定来看，都是从整体财产的标准入手，而非从个别财产的角度进行判断，这也是我国许多学者的共识。[2]例如，对于支

---

〔1〕　陈洪兵："论经济的财产损害——破解财产罪法益之争的另一视角"，载陈兴良主编：《刑事法评论》2013年第1期。

〔2〕　详见付立庆："论刑法介入财产权保护时的考量要点"，载《中国法学》2011年第6期。刘明祥：《财产罪比较研究》，中国政法大学出版社2001年版，第239~245、298~299页。赵秉志：《外国刑法各论（大陆法系）》，中国人民大学出版社2006年版，第139页。该书中认为抢劫罪、诈骗罪和恐吓罪既是针对个别财产的犯罪，同时也具有针对全体财产犯罪的一面。对于行使权利与恐吓的关系，存在着两分说，认为当行使权利实施的恐吓是针对个别财产时，取得这种财物或者权力本身就是有损于对方的，成立恐吓罪；当针对的是整体财产状况时，必须使他人遭受财产的损害时，才是恐吓罪，否则就是胁迫罪。见该书第214~215页。

付一定对价的取财行为和以索债为目的的索财行为，在我国司法实务中均认定并不构成相应的财产犯罪，尤其是对于索取法律不予保护的债务，司法解释也明确不以财产犯罪论处，其根据即在于这些行为本质上没有侵犯他人的财产权益，对方的财产权在整体上没有受到减损。根据这种整体性财产法益的衡量标准，对于有因性的取财行为，需要判断索取财物的行为客观上是否会对他人的整体财产权造成损害，以及行为人主观上是否具有获取自己无权获取的财产利益的非法获利的意图。这两方面的问题，需要具体通过对行为人索取他人财物的根据、索取财物行为的手段、索取财物的具体内容以及索取财物的主观认识等进行综合的衡量和判断，只要存在客观确实的索取财物的根据，甚至只要行为人有充足的理由认为有向对方追索财物的根据，那么其索财行为即缺乏侵犯他人财产法益的客观危险性和主观不法意图，不应成立敲诈勒索犯罪。实务中对于消费维权、追索债务，包括上访索财等行为，仅凭索要财物数额巨大或超出诉求的合理额度为由，认定行为人具有非法占有他人财物的目的，以此肯定行为成立敲诈勒索罪的判断是不全面的。

我国刑法理论不论是犯罪构成体系的建构，还是司法裁判过程中对个案的认定和裁断，都一直坚持主客观兼顾的价值理念。然而，具体考察我国在财产犯罪领域的法益衡量标准，我国其实采取的是侧重客观实际损害的法益评判标准。因此，笔者以为，对于有因型敲诈勒索行为，应侧重维权基础事实正当性的考察。只要客观上存在维权索赔的合理根据，以正当的手段向对方索取财物的，即使索取的财物数额超出合理的范畴也不宜入罪，如果以刑法禁止的手段索取合理数额的财物，只就其手段行为予以定罪。只有在以刑法禁止的手段索取超出私权可以主张的权利范畴的财物，且数额达到入罪标准的，才可能认定成立相应的财产犯罪。

第六章

敲诈勒索行为与相关行为的竞合与处断

在司法实务中，还常常发生行为人伴随其他犯罪行为又对他人实施暴力或威胁行为，进而勒索财物的案件，如在盗窃他人财物后要挟他人交付钱财赎回被盗财物的，捡到他人的财物后借机要求财物原所有人或占有人赎回财物的，以及以编造的虚假恐怖信息向有关单位和个人勒索财物的行为。本章将重点对实务中这些多发且与敲诈勒索行为具有一定关联性行为的竞合与处断问题进行研讨和阐述。

第一节　敲诈勒索与盗窃行为的竞合与处断

实务中除了常见的单一以盗为取的盗窃犯罪以外，还常常发生不以取得占有所盗财物为直接目的的盗窃行为，或者在盗取他人财物后产生了以赃勒索财物的意图，即利用本人对赃物的占有，以毁损或拒绝返还赃物相威胁，要求财物所有人或占有人提供其他数额较大的财物赎取赃物的案件。在这样的案件中，同时包含了窃取行为与敲诈勒索两个行为，笔者称之为

"盗窃后以赃勒索的行为"。对于这样的行为，如何进行法益评价和行为的判断，也是一个与敲诈勒索罪密切相关，需要研究的问题。

一、盗窃后以赃勒索行为的实务样态分析

我国司法实务中较为多见的盗窃后以赃勒索案件有盗窃机动车号牌和盗窃汽车轮胎后，行为人留下联系电话和账号，让对方向其指定账户打款后归还所盗车辆号牌或轮胎的案件；[1] 有偷开他人汽车后，以送回该汽车为交换条件勒索他人财物的案件；[2]

---

〔1〕 杨聪慧等盗窃案，该案被告人杨聪慧、马文明组织同伙多人在 2008 年 3 月 16 日至 3 月 20 日期间，以盗取他人机动车号牌后敲诈勒索车主钱财为目的，组织同伙先后窃得汽车号牌 22 副，其中杨聪慧窃得 14 副，马文明窃得 8 副。法院以补办机动车号牌所需费用为每副人民币 105 元，折算其盗窃金额，认定 2 人的盗窃金额接近盗窃罪数额较大的标准，且连续多次实施盗窃罪，认定 2 人构成盗窃罪。该案裁判要旨分析认为：盗窃机动车号牌的行为属于手段行为，勒索钱财的行为属于目的行为，认定盗窃行为与勒索行为具有牵连关系，应择一重罪定罪处罚。载陈兴良、张军、胡云腾主编：《人民法院刑事指导案例裁判要旨通纂》，北京大学出版社 2013 年版，第 755 ~ 756 页。再如"曾某武、杨某盗窃案"，从 2013 年 7 月至 8 月期间，被告人曾某武、杨某流窜于冷水江市、新化县等地，采取先盗窃他人轮胎后藏匿，再留下写有"出售轮胎，13212674965"的字条，等被害人与之联系后，勒索被害人钱财。待被害人将钱存入两被告人指定的 6210985620002064098 的邮政储蓄银行卡后，再将轮胎藏匿地点告知被害人。通过上述作案方式，被告人曾某武、杨某共计作案 56 次，盗窃轮胎 56 个，盗窃财物总价值 45 459 元。通过盗窃轮胎勒索的 19 400 元均被两被告人从银行取出挥霍。冷水江市人民法院 (2013) 冷刑初字第 320 号刑事判决书认定，被告人曾某武、杨某在窃取车辆轮胎后利用该轮胎向车主索要钱财的行为系被告人曾某武、杨某在盗窃行为完成后对窃得物的处分方法，不论被告人曾某武、杨某是否实际索取到钱财，均不能改变其窃取轮胎行为构成盗窃罪的定性，故本案应全案定性为盗窃罪。公诉机关将被告人曾某武、杨某向车主实际索得钱财的部分定性为敲诈勒索罪属性错误，本院予以纠正。

〔2〕 参见李怀胜主编：《刑事典型疑难问题适用指导与参考（侵犯财产罪卷）》，中国检察出版社 2013 年版，第 795 ~ 797 页。

也有盗窃普通财物后勒索赎金的案件。[1]近年来，实务中发现的一种以赃勒索案件是行为人蓄谋盗窃他人尸体、尸骨、骨灰后向其家属勒索财物的案件。司法实践中，对于此类案件的定性，主要存在以下几种观点：

第一种观点，认为此类盗窃行为与敲诈勒索行为属于牵连犯，应从一重罪处断，这是实务界针对报出的一些典型案件所持的主流观点。例如，上文中提到的"盗窃机动车号牌索财案""盗窃胚胎冷冻仪索财案"和"盗窃数码相机盗窃案"兼如此认定。这样裁判的根据在于：认定盗取财物是实施勒索的手段，而勒索财物才是目的，因此，盗取与勒索之间构成手段行为与目的行为的牵连关系，择一重罪处断，最终以敲诈勒索罪定罪处罚。如果没有勒索到财物，将所盗取财物丢弃、毁损的，成立盗窃的既遂与敲诈勒索罪的未遂，择一重罪，成立盗窃罪一罪。[2]

第二种观点，认为行为人在实施盗窃行为时，不具有占有他人财物的目的，盗窃取得财物的目的是以此向他人实施勒索，因此，行为人的行为不构成盗窃罪，而只构成敲诈勒索罪一罪。

---

〔1〕　如行为人盗窃某公司实验室 1 台日本进口的胚胎冷冻仪后，将事先准备好的 1 封匿名信放在实验室，信中以交还胚胎冷冻仪作为条件，向该公司负责人索要现金 55 000 元。载李怀胜主编：《刑事典型疑难问题适用指导与参考（侵犯财产罪卷）》，中国检察出版社 2013 年版，第 302 页。再如《人民法院案例选》2007 年第 1 辑上登载的"杨某炎盗窃案"：杨某炎盗窃某摄影店内电脑主机、数码照相机、镜头、内存等共计人民币 18 060 元，后被告人杨某炎打电话通知被害人常某财物是其所盗，向常某索要人民币 1.2 万元作为归还物品的条件，后杨某炎在收到中间人给付的钱款后被北京市公安局东城分局抓获。陈兴良、张军、胡云腾主编：《人民法院刑事指导案例裁判要旨通纂》，北京大学出版社 2013 年版，第 729 页。

〔2〕　参见李怀胜主编：《刑事典型疑难问题适用指导与参考（侵犯财产罪卷）》，中国检察出版社 2013 年版，第 277 页。陈兴良、张军、胡云腾主编：《人民法院刑事指导案例裁判要旨通纂》，北京大学出版社 2013 年版，第 756 页。个别案件中认定行为人盗取他人机动车号牌的行为不成立盗窃罪，而构成盗窃国家机关证件罪，这属于对车辆号牌的性质认定问题，由于与本文论题没有太紧密的关联性，文中对此不作专门评述和展开。

笔者在无讼案例网上查阅的有关盗窃机动车号牌后向车主勒索财物的 34 起[1]案件中，有 30 起案件，法院判决均如此认定，另外 4 起中，有 1 起认定构成盗窃国家机关证件罪，[2]另外 1 起认定构成盗窃国家机关证件罪与敲诈勒索的牵连犯，最终认定成立敲诈勒索罪，[3]还有 2 起虽然均认定构成盗窃罪与敲诈勒索罪的牵连犯，但 1 起认定应按照盗窃罪定罪处罚，[4]另 1 起却认定应以敲诈勒索罪定罪处罚。[5]实务中，对于盗窃机动车号牌后以赃勒索的案件，之所以大部分法院判决认定只构成敲诈勒索罪一罪，主要是考虑到机动车号牌本身不具有被他人作为一般财物利用的

---

[1] 笔者于 2016 年 3 月 15 日在无讼案例网（http://www.itslaw.com）上输入关键词"机动车号牌""盗窃""敲诈勒索"后，共获得符合条件的判决 34 个。笔者逐一对这些裁判文书进行了阅览，对其定罪和判决说理进行了统计。

[2] 在横山县人民法院（2010）横刑初字第 56 号刑事判决书中，被告人贾某某伙同胡某、冯某某盗窃他人机动车车号牌 56 副，通过将车牌藏匿，在车上留下联系电话和银行卡账号，要求车主汇钱赎取车牌的方式，共获取赃款 7800 元。法院认为：被告人从客观上已实施了盗窃车辆牌照的行为，根据《道路交通安全法》之规定，机动车辆号牌是由公安机关车辆管理部门发放的国家机关证件，其盗窃车辆号牌的行为侵犯了国家机关管理秩序，应以盗窃国家机关证件罪定罪科刑。辩护人认为盗窃车牌应以敲诈勒索罪处罚的辩护意见，法院没有采纳。

[3] 在深圳市宝安区人民法院（2014）深宝法龙刑初字第 1451 号刑事判决书中，法院认为：被告人贺某无视国家法律，多次盗窃国家机关证件，构成盗窃国家机关证件罪；被告人贺某无视国家法律，以非法占有为目的，敲诈勒索他人财物，数额巨大，其行为已构成敲诈勒索罪。鉴于盗窃国家机关证件行为与敲诈勒索行为之间存在牵连关系，根据牵连犯从一重罪的处断原则，应当以敲诈勒索罪追究其刑事责任。

[4] 神木县人民法院在（2007）神刑初字第 303 号刑事判决书中认为：被告人武某某、张某某以非法占有为目的，采用盗窃他人车牌的方法向车主索要钱财，盗窃车牌价值与敲诈他人钱财数额均已达到数额较大。其盗窃车牌的手段行为与敲诈他人钱财的目的行为分别触犯了盗窃罪和敲诈勒索罪，根据刑法理论等相关解释，本案属于"牵连犯"，应以一重罪定罪处罚。因盗窃罪的量刑重于敲诈勒索罪，故应以盗窃罪对二被告人定罪处罚。

[5] 上海市虹口区人民法院（2015）虹刑初字第 8 号刑事判决书中，法院认为：被告人盗窃机动车号牌后勒索财物的行为分别触犯了盗窃罪与敲诈勒索罪两个罪名，虽然两罪的法定刑条款幅度均相同，但是考虑到本案中敲诈勒索是与被告人王某的犯罪目的直接联系的主行为，盗窃是为了实施敲诈勒索的目的创造条件的从

价值，盗取只是为勒索创造条件的手段行为，行为人盗取机动车号牌作为敲诈勒索的手段行为的意图明显，以此排除行为人具有盗窃的主观犯意。法院对于此类案件的裁判中，基本对盗窃车牌的行为不作任何评价，直接认定行为人以盗窃车牌的方式勒索他人财物，构成敲诈勒索罪。另外，在盗用他人财物后勒索他人财物的案件，由于我国刑法对盗用行为原则上不按盗窃罪论处，因此，盗用后借此勒索财物的，也认定只构成敲诈勒索罪一罪。[1]

第三种观点，认为盗窃财物后以赃勒赎的行为属于对所窃财物的处分行为，作为不可罚的事后行为，对此不再单独定罪，认为全案应只构成盗窃罪一罪。法院认为："被告人曾某武、杨某在窃取车辆轮胎后利用该轮胎向车主索要钱财的行为系被告人曾某武、杨某在盗窃行为完成后对窃取物的处分方法，不论被告人曾某武、杨某是否实际索取到钱财，均不能改变其窃取轮胎行为构成盗窃罪的定性，故本案应全案定性为盗窃罪。公诉机关将被告人曾某武、杨某向车主实际索得钱财的部分定性为敲诈勒索罪属定性错误，本院予以纠正。"[2]

二、盗窃后以赃勒索行为的学界观点综述

对于盗窃后以赃勒索的行为，理论上的探讨也不少，同样

行为，被告人王某所有行为的直接指向是索取被害人的钱财，认定敲诈勒索罪更能反映本案的本质特征。因此，认定被告人构成敲诈勒索罪。

〔1〕 法院认定：行为人将车开走只是其敲诈勒索犯罪的手段，从其事后以该车为交换条件进而勒索财物也能推断行为人并不具有非法占有的目的，因此，偷开他人汽车，并以该车为交换条件勒索他人财物的，直接构成敲诈勒索罪。参见李怀胜主编：《刑事典型疑难问题适用指导与参考（侵犯财产罪卷）》，中国检察出版社2013年版，第795~797页。

〔2〕 关于"曾某武、杨某盗窃案"，参见湖南省冷水江市人民法院（2013）冷刑初字第320号刑事判决书。

存在着多种不同的认识和观点：

（一）非法占有目的标准说

该说以盗窃之时不法意图的具体内容和产生的时间为标准，认为如果盗取之时尚无以赃勒索的意图，而是在盗取后产生该意图并向他人勒索财物的，则成立盗窃罪与敲诈勒索罪的数罪。[1]如果盗取时即有借赃勒索的意图，并如此行为的，盗取行为只是其用来勒索的手段，因此，其盗窃行为并不单独成罪，应该只构成敲诈勒索罪一罪。德国理论与判例持类似观点。[2]我国台湾地区实务中也重视对窃取行为人"不法领得意思"有无的认定，如台湾地区司法主管部门（85）法检（二）字第0152号判决认为：对于行为人盗窃他人机动车后，复以电话向车主称若不交付新台币10万元赎车，将予分解使车主心生恐怖，因而将钱款如数交付行为人的案件，台湾地区司法主管部门检察分支认为若行为人在窃车之时，即有以该车向被害人恐吓取财之意思，则窃车行为与恐吓取财行为有方法结果关系，应依牵连犯之规定从一重罪之恐吓罪处罚；如窃车时并无恐吓被害人赎车之意，嗣后始另行起意者，为窃盗与恐吓取财二罪，应数罪并罚。[3]林东茂教授也曾举例认为：窃车集团偷车后，电告车主交钱赎车，以毁车为恶害的通知，使车主屈服，所以是恐吓取财，窃车集团在破坏持有的那一刻，无意对于赃车以所有人

---

[1] 但也有学者认为，如果盗取财物时并无勒索财物的打算而事后勒索的，成立盗窃罪或者盗窃国家机关证件罪与敲诈勒索罪包括的一罪，应从一重罪处罚。参见陈洪兵："财产犯的事后行为评价问题"，载《中南大学学报（社会科学版）》2013年第6期。

[2] 认为盗窃后告知真相勒索财物的案件，行为人以恐吓手段取得的钱款并不是所盗财物本身的价值，故对财物本身否定不法领得的意思，不成立盗窃罪。陈洪兵：《财产犯罪之间的界限与竞合研究》，中国政法大学出版社2014年版，第40页。

[3] 参见曾淑瑜：《刑法分则实例研习——个人法益上保护》，三民书局2004年版，第414页。

自居（而且事实上也不可能），所以不成立窃盗罪。如果车主拒绝付钱赎车，窃车集团肢解汽车，化整为零出售，则为恐吓取财未遂，并成立毁损罪，两罪并罚，但仍不成立窃盗罪。[1]

（二）恐惧标准说

该说以盗赃勒赎行为是否足以使被害人感到恐惧为标准，认定行为是否成立敲诈勒索罪。对于盗窃车牌索要赎金的行为，往往不会使对方产生恐惧，因此认为不构成敲诈勒索罪。[2]然而反对者却认为，行为人盗窃财物后又向他人勒索财物，给对方造成的心理麻烦或者内心困扰也属于恐吓行为引起的心理恐惧和精神强制的范畴，可以认定构成敲诈勒索罪。[3]

（三）法益衡量标准说

即以盗窃后以赃勒赎行为实际侵犯的法益数量作为认定行为性质的依据。例如，有学者认为，盗窃后以赃勒索，并未超出所盗财物这一法益，并未对刑法法益造成侵犯，因此，认定只成立盗窃罪一罪，而不成立敲诈勒索罪。[4]也有学者认为，由于之前的盗窃行为与之后的索财行为针对的是被害人不同的财物，而且勒索行为还会侵犯被害人的意志自由权，其与财产权属于性质相异之权利。因此，应该成立数罪。[5]

---

〔1〕 参见林东茂：《刑法综览》，中国人民大学出版社2009年版，第352页。

〔2〕 参见张明楷：《刑法学》，法律出版社2011年版，第870页。张开骏："盗窃物品以勒索钱款的犯罪认定与处罚——从剖析非法占有目的入手"，载《政治与法律》2015年第3期。

〔3〕 参见郭小亮："盗窃后勒索财物行为的刑法评价"，载《河南财经政法大学学报》2015年第5期。

〔4〕 参见王太宁："盗窃后处置行为的刑事责任 异于不可罚的事后行为的本土化思考"，载《中外法学》2011年第5期。

〔5〕 参见郭小亮、朱炜："盗窃后勒索财物行为的刑法评价"，载《河南财经政法大学学报》2015年第5期。

三、盗窃后以赃勒索行为的竞合与处断

综览上文实务中的裁判结论和学界的理论观点，关于盗窃后以赃勒索行为的认定，具体涉及两个方面的问题，一是罪数认定问题，即究竟此类行为符合了几个犯罪的构成要件？是只满足了盗窃罪或敲诈勒索罪之一罪的构成要件，还是同时满足了两个罪的构成要件？二是处断问题，如果认为此类行为同时符合了数个犯罪的构成要件时，究竟应该按照哪一罪数理论予以处断？

（一）罪数认定

罪数认定的前提是犯罪单数的认定，具体犯罪的认定标准，既不能单纯地依赖客观方面的行为、行为对象或法益，也不能单纯地依赖行为主体之主观方面，而需对照具体行为该当构成要件的数量来作出判断。就盗窃后以赃勒赎的行为而言：

第一，不能一律认为以赃勒索的行为不会造成他人的内心恐惧。从客观行为而言，以赃勒赎的案件客观上具备先后两个行为——盗窃行为和勒索行为，其中盗窃行为，只要行为人以非法占有他人的故意，以不为被害人所知晓的方式，取得对他人财物的占有即构成；敲诈勒索行为需要具备暴力、威胁和勒索两方面的行为，而且暴力与威胁还需要达到使人心生恐惧的程度。对于盗窃财物后以赃勒索的行为，有学者对其是否导致被害人心生恐惧有所质疑，原因在于认为这种案件中，行为人往往以不交付财物将拒绝交还所盗财物或者将毁坏所盗财物相要挟，这种要挟手段不具有暴力或其他胁迫的急迫性和恫吓性。但是笔者以为，拒绝返还所盗财物或以毁坏所盗财物相要挟都使被害人面临将失去自己原所有或占有的财物，这对被害人造成的心理压力与直接以毁坏他人财物相要挟在恐吓内容上是无

异的，因此，以拒绝返还所盗财物或将隐匿、毁弃所盗财物相威胁的，原则上应该可以成为敲诈勒索罪中威胁的手段。只是对于以毁坏财物或拒绝返还财物相威胁的行为实际上可能给被害人造成的恐惧程度，抛开因人而异的个别因素，从社会一般通念上分析，应该会与被盗财物自身价值的大小、财物对于被害人的重要性以及行为人勒赎金额的多少等密切相关。对于盗窃车辆牌照、护照、身份证、驾驶证、房产证等自身使用价值或交换价值较低，或者被害人当时情形下易于通过补办等再次取得相关证照，以及对于被害人而言不存在重大情感寄托的财物，行为人盗取后以此勒索数额较小赎金的，被害人一般不会因此产生精神上的紧张与恐惧，应该不成立敲诈勒索罪。但是如果盗窃客观上使用价值或交换价值较大的财物，以及无法通过其他措施补救再次取得的财物，如前文提到的被盗的胚胎冷冻仪，价值高昂的照相、摄像设备等，以及记述了较大金额的欠条、有价凭证，涉及国家秘密、商业秘密、重要信息的文件、合同或者对于被害人而言存在特殊情感的财物，如被害人倾注多年心血完成的书稿、博士论文，已故亲人的尸体、尸骨、骨灰，对被害人有特殊纪念意义的珍贵照片、录影带，记录了个人私密内容的日记、书信等，由于这些财物本身具有较大的客观价值或者对于被害人而言具有重大的主观价值，一旦失去或遭到毁坏即不可复原，或者会给被害人本人或者相关利益主体造成巨大的物质性损失或情感上的巨大伤痛，以此相勒索的一般认为会给被害人造成深切的忧虑与恐惧，对此，应认定成立敲诈勒索罪。所以，笔者不同意一概认为盗窃后以赃勒赎的行为不会造成被害人心理上的恐惧，而否认以赃勒索的行为成立敲诈勒索罪。此外，还有论者提出，行为人盗窃后以赃勒赎的行为，由于恶害已经发生，所以不属于以即将发生的恶害相通告，因此，不成立敲诈勒索罪。[1]笔者以为，敲诈勒索罪以恶害相通告，并不在于恶害是否发生，而在于行为人以其能够控制的恶害来要挟被害人，使被害人被迫交付财物。行为人可以对财物进行藏匿、丢弃、毁坏、拒绝归还等方式实现对财物的控制，而使被害人面临取回财物与失去其他财物的两难选择，这符合敲诈勒索罪威胁与索取的实质。

第二，盗窃和以赃勒索的行为直接作用的行为对象有多个，虽然盗窃行为与勒索行为所针对的都是被害人的财物，但盗窃财物后的勒索行为所针对的并不是所盗财物，而是针对被害人的其他财物。其中，盗窃和勒索财物的价值和实施盗窃、勒索行为的次数是否达到盗窃罪或敲诈勒索罪的入罪标准，也会影响行为性质的认定。

第三，从行为侵犯的法益来看，盗窃与之后的勒索行为相继侵害和威胁的法益并不同一。盗窃行为只侵犯了被害人的具体失窃财物的财产权，而勒索行为却使被害人被盗财物以外的其他财产权和本人的意思决定自由权受到了威胁与侵犯。[2]由于勒索行为侵犯了另一法益，符合了另一犯罪构成，因此，应该评价为构成另一犯罪。此外，笔者认为，勒索行为并不属于盗窃之后送回赃物的恢复犯，单纯的送回行为是无条件的，是不违反刑法的，但是用所盗财物勒索他人的行为是借机勒索，

---

〔1〕 参见王太宁："盗窃后处置行为的刑事责任——异于不可罚的事后行为的本土化思考"，载《中外法学》2011 年第 5 期。

〔2〕 如果多个犯罪构成是在对同一法益的同一次侵犯中实现的，那么多个犯罪构成具有客体的重合性，最终仅能有一个犯罪构成得以适用，属于一罪；如果多个犯罪构成是在对多个法益的侵犯过程中分别实现，或者是在对同一法益的多次侵犯过程中分别实现，则多个犯罪构成的客体不具有重合性，多个犯罪构成可以同时适用，属于数罪。参见庄劲：《犯罪竞合：罪数分析的结构与体系》，法律出版社 2006 年版，第 88 页。

是对新法益的侵犯，所以，认为"后续的勒索行为是回复被侵害法益的行为"[1]的观点是不成立的。对于行为人后续的支配赃物的行为，如果并不侵犯新的法益，则属于不可罚的事后行为，但是如果侵犯了刑法保护的其他法益，则需要对这种处分赃物的行为另行判断。

第四，从主观方面分析来看，意图盗窃后以赃勒赎的行为人，虽然在盗窃财物时不具有常规意义上的利用他人财物实体或价值的意图，但是意图用所盗窃的财物勒索财物的所有人或占有人的，应该也是一种对于他人财物的特殊的"利用"，因此，盗窃并以赃勒索同时具备了盗窃罪与敲诈勒索罪的主观要件。

（二）竞合与处断

对于盗窃后以赃勒索财物行为的竞合和处断，基于不同的视角和立场，在学界和实务界存在着牵连犯说、不可罚的事后行为犯说[2]、吸收犯说[3]、包括的一罪说[4]、实质的一罪说[5]等

---

〔1〕 王太宁："盗窃后处置行为的刑事责任——异于不可罚的事后行为的本土化思考"，载《中外法学》2011年第5期。

〔2〕 参见王太宁："盗窃后处置行为的刑事责任——异于不可罚的事后行为的本土化思考"，载《中外法学》2011年第5期。

〔3〕 如宁波市中级人民法院在一起盗窃他人车辆后又借车辆敲诈勒索被害人的案件中，认为上诉人徐某某以非法占有为目的，采用秘密的手段窃取他人车辆，数额巨大，而后又假借帮助车主找回车辆，对车主实施敲诈行为，数额巨大，其分别实施了盗窃和敲诈勒索行为。鉴于上诉人的两个行为均系针对同一被害人，且敲诈勒索行为最终未完成，按重行为吸收轻行为的原则，认定上诉人徐某某的行为构成盗窃罪。参见浙江省象山县人民检察院起诉书象检刑诉〔2009〕505号起诉书、象检刑诉〔2009〕5号变更起诉书；一审浙江省宁波市象山县刑事判决书（2009）甬象刑初字第636号；二审浙江省宁波市中级人民法院刑事裁定书（2010）甬刑二终字第9号。转引自张开骏："盗窃物品以勒索钱款的犯罪认定与处罚——从剖析非法占有目的入手"，载《政治与法律》2015年第3期。

〔4〕 参见陈洪兵："财产犯的事后行为评价问题"，载《中南大学学报（社会科学版）》2013年第6期。

〔5〕 参见张开骏："盗窃物品以勒索钱款的犯罪认定与处罚——从剖析非法占有目的入手"，载《政治与法律》2015年第3期。

不同的观点，笔者以下将分别不同情形进行探析。

第一种情形，行为人盗窃汽车车牌、营业执照等价值不大的财物，意图勒赎，且勒索的财物价值不大，[1]不会给被害人造成精神上的恐惧的，则不成立敲诈勒索罪，但多次盗窃或盗窃财物价值较大，其以赃勒索的意图就是利用他人财物的意思，[2]据此可以认定构成盗窃罪。[3]被害人实际交付财物后，行为人是否实际返还财物，作为行为既遂后对赃物的处分行为不影响对盗窃罪既遂的认定。对于毁坏财物的行为，由于并未侵犯新的法益，属于不可罚事后行为，盗窃罪的处罚能够包含对所窃财物毁坏行为的评价，对此不需再单独定罪。

第二种情形，行为人以以赃勒索的意图，先盗取客观价值较大的财物，或主观价值较大，对被害人具有特殊重要意义的财物，之后借此向被害人勒索财物的，根据所盗财物的价值和盗窃次数，依法可以认定其盗窃行为成立盗窃罪或其他特殊盗窃罪，[4]之后以毁坏相关财物、拒绝返还相关财物，或以公开财物中的个人隐私、商业秘密等有损被害人名誉或其他权益的信息等相要挟，向被害人勒索赎金作为返还财物的条件的，应该又符合了敲诈勒索罪的构成要件。但由于先后实施的盗窃与敲诈勒索行为之间具有

---

〔1〕 在笔者查阅的相关盗窃机动车号牌的案件中，行为人一般每个车牌勒索金额在几十元至几百元，勒索的金额一般不大。

〔2〕 笔者同意有论者对利用意思的解释，即利用意思不限于行为人按照财物的经济用途或本来用途进行使用，而是享受财物的某种效用、利益。享受财物中价值的方式，既可以是自己使用，享受使用价值或财产性利益；也可以是销赃，享受交换价值；甚至包括赠与，享受由此带来的情感价值；以盗窃物品勒索赎金的，也可以说是享受交换价值，因此，行为人对被盗物品具有利用意思。详见张开骏："盗窃物品以勒索钱款的犯罪认定与处罚——从剖析非法占有目的入手"，载《政治与法律》2015 年第 3 期。

〔3〕 关于盗窃机动车号牌、身份证、护照、房产证等行为究竟成立盗窃罪还是盗窃国家机关证件罪，或是属于两罪的想象竞合，限于文章主题，本文不具体展开论述。

〔4〕 如盗窃尸体、尸骨、骨灰罪，盗窃国家机关公文、证件、印章罪，盗窃部队公文、证件印章罪，盗窃枪支、弹药、爆炸物罪等。

手段与目的的牵连关系，应该按照牵连犯，从一重罪处断。我国实务中对盗窃尸骨、骨灰后勒索财物的案件，多据此法理定性为敲诈勒索罪。[1]尽管有学者从牵连犯的认定标准提出了质疑，认为盗窃后以赃勒索财物的行为不符合类型说"通常性"[2]的判断标准。但是这种"通常"性的判断标准非常模糊，即使以常规犯罪的概率来认定，这种概率如何统计，需要达到怎样的数值才能够认定为"通常"，皆十分不确定。可以说，目前关于盗窃车辆号牌并借此勒索财物的案件已经十分多见，在全国各地都有类似案件的发生，而除此以外，还正在发生和发展出越来越多的盗窃其他财物后以赃勒索的案件，这无疑体现了随着社会的发展，各类犯罪方式和手段也在不断发展和变化的必然趋势，按照这一规律，作为"类型说"的"通常性"的判断标准也需要不断与时俱进。在我国刑法典对牵连犯未作统一的明示认可或取缔的前提下，对于存在较为紧密的行为手段的关联性、犯意的概括性和犯罪目的的统一性的行为，如果立法没有明示实行数罪并罚，那么按照牵连犯处断更加符合一般的行为评价标准和公众的认知理念，同时相较于数罪并罚，对被告人也是更为有利的。

实务中，对于盗窃罪与敲诈勒索罪牵连犯按照从一重罪处

---

〔1〕　笔者在无讼案例网（www.itslaw.com）上输入"盗窃骨灰""敲诈勒索""刑事"等三个关键词，共查询到符合条件的案件 26 起，这些案件来自 13 个省的不同法院。其中，25 起均认定行为人以盗窃骨灰盒的方式，向有关陵园、墓园的负责人或逝者的亲属等勒索财物，成立敲诈勒索罪。25 起案件中，有 10 起是在《刑法修正案（九）》颁布实施之后作出的裁判。这其中只有 1 起认定行为人犯盗窃、侮辱骨灰罪和敲诈勒索罪，应当数罪并罚。即南昌县人民法院（2016）赣 0121 刑初 204 号关于饶某某敲诈勒索罪、盗窃、侮辱骨灰罪一案，判决作出的时间为 2016 年 7 月 29 日。

〔2〕　有论者认为，判断是否成立牵连犯，需要某种手段行为通常用于实施某种犯罪，或者某种原因行为通常会导致某种结果行为时，才能认定为牵连犯。详见甘添贵：《罪数理论之研究》，元照出版公司 2006 年版，第 212 页，转引自张明楷：《刑法学》，法律出版社 2011 年版，第 439 页。

断却结论各异，原因在于：大陆地区刑法对两罪设定的法定刑没有体现出刑罚轻重的差异性。大陆地区刑法中，盗窃罪与敲诈勒索罪的前两档法定刑完全相同，盗窃罪的第三档法定刑还高于敲诈勒索的第三档法定刑，对比德国、日本、意大利、俄罗斯刑法典和我国台湾地区的"刑法典"中对盗窃罪与敲诈勒索罪配置的法定刑，后者的法定刑均重于前者。[1]大陆地区刑法中对两罪的配刑，究竟是立法当时考虑不周还是完全没有体系性地考虑有关犯罪配刑的平衡，这无从查考，也不得而知。但这却导致实务中在比较两罪哪一个处刑更重时面临疑难，尤其是在盗窃和勒索财物未达到数额特别巨大或具备其他严重情节的情况下，就前两档法定刑进行比较，难以确定哪一罪的处断更重，因此，司法实践中才会出现有的认为从一重罪应该按照盗窃罪处断，有的认为应该按照敲诈勒索罪处断的差异。笔者以为，从行为手段的危害性和行为体现的行为人的主观恶性相比较而言，盗窃罪的行为人以较为隐秘的手段，以平和的方式取得他人的财物，而敲诈勒索罪的行为人以被害人可感知的危害通过施加精神强制而强索财物，显然，敲诈勒索罪彰显的行为的社会危害性和行为人对规范的蔑视和违反程度是更高的。德国司法实务中认定，行为人先窃取被害人珍贵的艺术品，而后要求被害人交付低于艺术品价值的赎金，否则就不将艺术品

---

[1] 《德国刑法典》（2002）第242条和第253条规定的一般情形下的盗窃罪与敲诈勒索罪的法定刑相同，但是第243条规定的特别严重情形的盗窃罪的法定刑却低于第253条第4项特别严重情形的敲诈勒索罪的法定刑，前者为3个月以上10年以下自由刑，后者为1年以上自由刑。《日本刑法典》第235条规定，盗窃罪的法定刑为10年以下惩役或者50日元以下罚金；第249条规定，恐吓罪的法定刑为10年以下惩役。《意大利刑法典》（1996）第624条规定，盗窃罪的法定刑为3年以下有期徒刑和6~100万里拉罚金，第625条规定，盗窃罪加重情节的法定刑为1~6年有期徒刑和20~200万里拉罚金；第629条规定，敲诈勒索罪的法定刑为5~10年有

返还给被害人的，构成敲诈勒索罪。[1] 有鉴于此，笔者以为，在盗窃罪与敲诈勒索罪二者发生牵连关系时，在盗窃行为未及数额特别巨大、情节特别严重的情况下，应该以敲诈勒索罪定罪处罚更符合"从一重罪处断"的实质。但如果盗窃行为和敲诈勒索行为均达到数额特别巨大或其他特别严重情节的，按照目前我国刑法对盗窃罪与敲诈勒索罪的法定刑的规定，两罪比较，从一重罪只能认定为盗窃罪。如果行为人的勒索行为实际上未取得财物的，成立敲诈勒索的未遂，行为人因此进一步毁坏财物或公开有损被害人名誉或实施其他有损被害人的行为的，不论盗窃既遂与敲诈勒索未遂按照牵连犯从一重罪处断的结论为何，毁损财物的行为都可以作为盗窃行为的事后不可罚所涵摄，即不应再单独评价为故意毁坏财物罪，但对于行为人实施的有损他人名誉的侮辱等犯罪行为，则是盗窃和敲诈勒索都不能包含的，应该将按照牵连犯处断的犯罪与侮辱罪数罪并罚。

第三种情形，行为人在盗窃财物后产生了借机勒索的意图，并向被害人勒索财物的，由于行为存在彼此独立、互不关联的数个犯意，侵犯了数个不同的法益，实施了数个彼此独立的行为，符合了完全独立的两个犯罪构成要件，如果先后行为均达到盗窃罪与敲诈勒索罪的追诉标准的，则应该实行数罪并罚。

期徒刑和 100~400 万里拉罚金，加重情形的敲诈勒索罪的法定刑为 6~20 年有期徒刑和 200~600 万里拉罚金。《俄罗斯刑法典》（2014）对盗窃罪与敲诈勒索罪均规定了三档法定刑，后者的每一档法定刑都高于前者。内容太多，这里不便引述。我国台湾地区"刑法典"第 320 条规定普通盗窃罪的法定刑为 5 年以下有期徒刑、拘役或 500 元以下罚金；第 346 条恐吓取财、得利罪的法定刑为 6 月以上 5 年以下有期徒刑，并科以 1000 元以下罚金。

　　[1] Vgl. BGHSt26, 346. 理由是行为人原本具有无偿返还窃取艺术品的义务，被害人交付赎金取回艺术品的，也遭受了财产损失。转引自王钢：《德国判例刑法（分则）》，北京大学出版社 2016 年版，第 292 页。书中对盗窃行为未作分析。

这是因为盗窃后借赃勒索并不具有常态性，对于行为人盗窃既遂后再借赃勒索并不缺乏期待可能性。而盗窃既遂后又借赃勒索属于实施了另一犯罪构成要件的行为，侵犯到了新的法益，所以也不应评价为不可罚的事后行为。

第二节　侵占他人财物后勒索财物行为的竞合与处断

侵占行为以对财物的先期合法占有或不为刑法所禁止的占有为前提，包括对委托物的占有，因租赁、抵押、留置、提存、无因管理、不当得利等对他人财物的占有，因别人的错误或自己的错误获得的占有，对他人失去持有财物的占有，以及对他人遗忘物、埋藏物的占有等。侵占罪是变合法占有为非法侵吞，行为人在侵占他人的财物之后，为了确保占有，可能采取欺诈、暴力或胁迫等方式使得财物的所有人放弃返还财物的主张，但也可能利用其占有他人财物的便利，以返还财物为条件，或以毁坏、隐匿、丢弃所占有的财物，或揭发财物所包含的个人隐私信息等相要挟，而向财物的原所有人索取其他财物。但是，由于"拒绝返还"本就是侵占罪的行为人意图占有他人财物的行为表现，因此，具体而言，需要从两种不同的情形加以分析：第一种情形是，行为人为了确保对已经占有财物的所有和支配，针对财物原所有人实施欺诈或暴力、胁迫等行为，以使其放弃追索的。第一种情形可以归结为针对已占有财物的侵占行为。第二种情形是，行为人并不是为了确保对已经侵占财物的所有和支配，而是利用其占有、支配他人财物的便利，意图通过毁坏、丢弃、拒不归还的方式相要挟，要求被占有物的原所有人交付其他财产，即行为人不是以取得被其占有财物为目的，而是为了获得占有财物以外的其他财物而实施敲诈勒索的行为，第二种情形应归结为超越侵占财物之外的不法取财行为。

一、针对被侵占财物本身的重复侵害行为成立侵占罪

对于第一种情形，为了保有对侵占财物的所有和支配，行为人以虚构财物被盗、被抢的方式，拒绝返还的情况比较常见。通说认为，由于后续的欺诈行为与之前的侵占是针对同一财物和法益实施的诈骗行为，属于以诈骗手段侵占已经占有的财物的行为，应该以侵占罪论处。[1]日本也有学者认为这属于不可罚的事后行为，[2]张明楷教授曾认为，在此场合下，"财物的返还请求权与委托人的财物所有权所指向的是同一法益，因而不能认定行为人侵害了新的法益，诈骗行为只能作为不可罚的事后行为"。[3]但之后张教授改变了之前的看法，转而认为："为了确保占有实施的欺诈行为也侵犯了新的法益，即行为人以欺诈使得财物所有人对其免除了返还请求权，这侵犯了侵占财物之外的新的财产性利益，不属于不可罚的事后行为，而应按照狭义的包括的一罪的理论，从一重罪论处。"[4]根据（德国的）构成要件理论，"所有人已然丧失的东西不可能再次被剥夺，而行为人已然获得的东西也不可能再次被其谋得。如果行为人已经通过具有罪责和可罚性的方式（例如诈骗、盗窃或侵占）实现了对他人之物的占有，则重复取得行为就不具有构成要件符

---

〔1〕　参见王作富：《刑法分则实务研究（中）》，中国方正出版社2010年版，第1121页。

〔2〕　[日]山口厚：《刑法各论》，王昭武译，中国人民大学出版社2011年版，第365～366页。

〔3〕　张明楷：《外国刑法纲要》，清华大学出版社2007年版，第620页。

〔4〕　张明楷：《刑法学》，法律出版社2011年版，第906页。

合性"。[1]我国也有学者从行为对象的角度强调："由行为人本人占有而为他人所有的财物，不能成为敲诈勒索罪的对象。行为人采取恐吓手段，意图将自己所占有的他人财物进一步不法所有的，不成立敲诈勒索罪，而成立侵占罪。"[2]这在本质上也是坚持针对同一物品，一个人只可能实施一次取得。一旦取得发生了，就排除了再次取得的可能性。[3]

笔者赞成以上只成立侵占罪一罪的观点。行为人以欺诈的方式虚构财物丢失、被抢等不能返还的理由，或以暴力、胁迫的方式拒绝返还的，都属于行为人意图将之前已经占有的他人的财物非法据为己有的客观表现，是侵占行为的一部分，将这一部分抽取后，不仅侵占行为不完整，而且将后续的欺诈或胁迫行为又评价为侵犯了新的法益的行为，也会造成对同一行为的重复评价。按照狭义的包括一罪说的观点，行为人侵占行为侵犯的是财物所有人的财产权，而后续的欺诈或胁迫行为侵犯的是财物所有人的返还请求权。但是，笔者以为，在行为人以欺诈等方式声称财物丢失、被抢，或者以暴力、胁迫方式使得财物所有人放弃追索的，财物原所有人并不因此当然地失去继续索还的权利，这种放弃并不具有确定性，占有人也并未因此获得对应的财产性利益。因此，认为后续的欺诈或胁迫行为侵犯了财产性权益的认识是不具有合理性的。另外，从我国侵占罪的立法意旨来看，不仅将其规定为亲告罪，同时为侵占罪规

〔1〕 Vgl. Albin Eser/Nikolaus Bosch, in: S/S-StGB, 28. Aufl. , Verlag C. H. Beck 2010, §246 Rn. 19. 转引自马寅翔："财产罪中重复取得行为的性质界定"，载《当代法学》2015 年第 1 期。

〔2〕 陈兴良主编：《刑法各论精释》，人民法院出版社 2015 年版，第 577 页，该部分为劳东燕教授所持观点。

〔3〕 参见 Vgl. Wolfgang Mitsch, a. a. O., §2 Rn. 52. 转引自马寅翔："财产罪中重复取得行为的性质界定"，载《当代法学》2015 年第 1 期。

定了比盗窃罪等取得罪更高数额的入罪标准和更低的法定刑，包括法条中设置"拒不交出"的特别规定，都旨在限缩该类犯罪的处罚范围。笔者同意王作富教授提出的，即使行为人已将占有的财物非法处分之后，在被害人要求其返还时，能够设法找回原物，或者将处分的价款或者与财物价值相当的赔偿款退还财物所有人的，对侵占行为均不宜入罪。[1]如果按照狭义的包括的一罪的理解，对于完成侵占之后，为了确保侵占而实施欺诈行为的行为人，按照从一重罪的处罚原则，必然适用诈骗罪对其定罪处罚，这样的处罚结论无疑违反了我国侵占罪的立法本旨，而且也会导致处罚上的失当。因此，应该认定侵占他人财物之后，为了保有对财物的占有而又实施欺骗或胁迫行为的，并未侵犯新的法益，并不符合诈骗罪或抢劫罪的构成要件，并不成立其他犯罪，应该只成立侵占罪一罪，也无需用竞合论的包括的一罪理论加以解释。

二、超出侵占财物范畴的敲诈勒索行为的竞合与处断

这里讨论第二种情形，即行为人在完成侵占行为之后，利用其占有的他人的财物，以返还财物、毁坏财物或者公开财物中负载的有损财物所有人的名誉或其他权益的信息相要挟，向财物所有人勒索财物的行为，如行为人以公开其捡到的优盘、手机、笔记本电脑内的重要信息相要挟，或以毁坏这些财物相威胁，要求财物所有人交付数额较大财物的行为。应该说此类行为的行为人已经不是以侵占已经占有的财物本身为目的，而具有了借此勒索他人其他财物的目的，这一情形下，用侵占罪的单一构成要件还能否对此做出全面的评价呢？

---

〔1〕 参见王作富：《刑法分则实务研究（中）》，中国方正出版社2010年版，第1115页。

有学者分析认为，对于捡拾到他人财物的行为人向失主索要数额较小的酬谢费的，应该属于一般社会通念能够接受的范畴，自然不成立侵占罪；如果捡拾到的财物价值较大，行为人借机索要酬金的，则成立侵占罪。[1]笔者以为，不论索要酬金金额大小，都认定成立侵占罪一罪未必合理。不能仅凭行为人所占有财物的价值大小来推定行为人的不法意图，事实上，还需要结合行为人的其他表现来综合认定。如果行为人只是索要数额不大的酬谢费的，并不能表明其有非法占有他人遗忘物的主观意图，应该认定不成立犯罪，但是如果行为人借此索要数额较大的财物，而且往往暗示不答应其要求将拒绝返还财物，或明示如果不给付则可能毁坏或丢弃该财物的，这样的行为是否还侵犯了相对人的其他法益，触犯了其他罪名？仅认定构成侵占罪一罪是否存在对行为评价上的疏漏？为此，有学者认为，如果行为人勒索少量的财物抑或勒索财物的价值没有超出所占有财物的价值的，即应考虑是否构成侵占罪，如果勒索财物的价值超出所占有的他人财物的价值较大的，则应同时考虑是否构成侵占罪和敲诈勒索罪的数罪。[2]张明楷教授从威胁的内容入手分析认为，拾得他人财物后以获取酬谢费为返还条件的，不成立敲诈勒索；但若以毁坏财物为筹码索要酬谢费的，即为敲诈勒索。[3]不交付一定酬谢费就不返还财物的行为，不成立敲诈勒索罪，但是否可能成立侵占罪，张明楷教授没有明示。显然，张教授认为以毁坏所占有的财物相要挟，索要酬谢费的，已经构成对被害人的胁迫，不能再以侵占罪论处，至于最终认

---

〔1〕 参见赵秉志：《侵犯财产罪》，中国人民公安大学出版社2003年版，第362页。

〔2〕 参见刘树德：《敲诈勒索罪判解研究》，人民法院出版社2005年版，第264~265页。

〔3〕 参见张明楷：《刑法学》，法律出版社2011年版，第870页。

定成立敲诈勒索罪所依据的是怎样的竞合理论，也没有明示。按照张明楷教授对侵占之后以欺诈方式欺骗被害人放弃返还请求权的认识，应该是基于包括的一罪的原理。[1]

　　笔者始终认为法益评价理论对于认定犯罪具有重要的指导意义，应该着眼于侵占财物后的索财行为是否侵犯了其他法益作为判断行为性质的重要依据。陈兴良教授和张明楷教授也都主张财产犯罪的行为人处分赃物的行为如果没有侵害新的法益，即应作为不可罚的事后行为。[2]即"紧接着第一次犯罪行为实施的确保、使用和利用其违法所得利益的构成要件该当性行为，如果未侵害新的法益，且损失在数量上没有超出已经产生的程度，即成立吸收关系"，不成立新的犯罪。[3]反之，如果侵犯了新的法益，则构成新的犯罪。具体来看，以暴力、胁迫的方式拒绝返还占有财物的行为与以毁坏所占有财物相要挟，索要高额的酬谢费或其他财物的行为，在本质上还是有区别的。从行为要件分析，如果只是以暴力、胁迫的方式，拒绝返还财物，包括以毁坏相要挟拒绝返还财物的，都属于拒绝返还的表现行为，可以以侵占罪一罪完成对全部行为的评价。但是在占有他人财物后，以毁坏财物、公开财物中包含的个人隐私或其他重要信息相要挟向

---

　　〔1〕　与对侵占之后以欺诈方式欺骗被害人放弃返还请求权的认识相同，张明楷教授认为：行为人接受委托代为保管他人财物，非法将财物占为己有后，在被害人请求返还时，如果行为人使用暴力、胁迫等方式，迫使他人免除返还义务的，如果暴力、胁迫足以压制他人的反抗，即触犯了抢劫罪（抢劫对象为财产性利益），应当认定为狭义的包括一罪，从一重罪（抢劫罪）论处。参见张明楷：《刑法学》，法律出版社 2011 年版，第 906 页。

　　〔2〕　参见张明楷："无权处分与财产犯罪"，载《人民检察》2012 年第 7 期。陈兴良："合同诈骗罪的特殊类型之'两头骗'：定性与处理"，载《政治与法律》2016 年第 4 期。

　　〔3〕　参见 [德] 汉斯·海因里希·耶赛克、托马斯·魏根特：《德国刑法教科书》，徐久生译，中国法制出版社 2001 年版，第 897 页。

他人索要高额的赎金的行为，即同时满足了拒绝返还占有财物与敲诈勒索两个行为的构成要件，其中拒绝返还他人财物的行为既是侵占行为的一部分，同时又是行为人借以勒索他人其他财物的前提，对这一部分行为的评价是存在重叠关系的。从法益角度看，这一行为既侵犯了被害人已经失去占有财物的所有权，同时又侵犯了该所有权之外的其他财产权和财物所有人的意思决定自由权。但是，由于侵占罪需以达到法定的入罪的数额标准1万元为条件，当行为人已经占有的财物对财物的所有人具有较大的可利用的价值，但对占有人而言客观上不具有太大财物价值或者价值不足1万元时，这种法益评价的结论就很难说符合了侵占罪的法益条件。另外，从行为人的主观犯意分析，此时行为人对已经占有的他人的财物并无非法占有的意图，而只有借此勒索取得被害人其他财物的直接故意，这一情形下，应该认定行为人只成立敲诈勒索罪一罪更为合适。中国法院网上登载过一起出租车司机李某利用乘客遗忘在其车上的公文包（内有重要合同文本、现金、股票等财物）向财物的所有人勒索超出正常酬谢费的钱款案件。法院判决认定行为人成立敲诈勒索罪一罪，但并未对行为是否同时还构成侵占罪，以及对两罪的竞合关系和处断原则作出特别的说明。分析该案例的作者（江苏省新沂市人民法院的法官）认为，行为人李某不具有非法占有公文包内物品的主观故意，李某的行为不构成侵占罪。李某在拾得公文包后，以撕毁合同，使梁某遭受重大经济损失的方式相要挟，意图向梁某勒索现金2万元，客观上实施了勒索的行为，因而认定李某构成敲诈勒索罪。[1]对于本案，

---

〔1〕 参见张达伟、林操场："拾得遗忘物后向失主索要高额报酬的行为如何定性"，载中国法院网 http://www.chinacourt.org/article/detail/2004/09/id/131313.shtml，访问时间：2016年12月8日。关于此案的分析还可参见黄恒："拾得他人财物索要高额报酬行为性质研究——李某案分析报告"，西南政法大学2011年硕士学位论文。该案判决中对于行为竞合的部分以及处断的根据都未作说明。

笔者以为，由于这些公文对于出租车司机而言没有可以支配的财物价值，所以其并不具有据为己有的主观意图，其只是利用所占有的这些公文作为施加勒索的筹码，所以确实应该认定只成立敲诈勒索罪一罪。然而，当行为人已经占有的财物客观上即具有较大的价值（达到 1 万元以上）时，行为人借此索要其他财物的，这种拒不返还的行为与借此要挟勒索的行为，客观上侵犯了已占有财物的所有权，同时又侵犯了相对人的其他财产所有权和意思决定自由权，从主观要件分析来看，行为人对侵占他人的财物具有直接的故意，而对取得他人的其他财物具有放任的间接故意。根据对这类行为的行为特征、侵犯法益的数量，以及主观罪过的分析，行为人以暴力、威胁的方式，借已经占有的财物意图勒索占有相对人所侵占财物以外其他财物的行为应该属于想象竞合犯的情形。其中，拒绝返还并借此勒索的行为存在竞合关系，根据想象竞合犯的原理，应该在其触犯的侵占罪与敲诈勒索罪之间，择一重罪处断。

第三节 敲诈勒索罪与编造虚假恐怖信息罪的竞合

一、以编造虚假恐怖信息勒索财物行为的实务样本分析

（一）样本概况

实务中，行为人为了索取他人财物，还常常采用编造虚假恐怖信息的方式进行勒索，由此同样引发了敲诈勒索行为与编造虚假恐怖信息行为的竞合，对此问题存在着一行为与多行为认识上的分歧，同时对于这种竞合行为的定性与处断也有不同的认识。笔者在无讼案例网上输入"编造虚假恐怖信息"和"勒索"这两个关键词之后，共搜索到符合条件的刑事案件共22 起，包括 14 个省、市、自治区的基层、中级和高级人民法院

作出的裁判，裁判时间跨度从 2005 至 2016 年。虽然中国裁判文书网上上传的裁判文书并不是各级法院的全部文书，但是依然可以看出此类案件数量总体上基本呈逐年递增的趋势，其中显示最早的是"袁某彦编造虚假恐怖信息案（2005 年年初案发，2005 年 8 月二审裁判生效)"。[1]从虚构的恐怖信息的内容看，大部分案件中的行为人虚构设置了爆炸装置的恐怖信息，以此勒索财物，因此，实务中很多人将此类案件称为虚假"诈弹"案；从勒索对象上看，既有以向政法机关寄送书信的方式传达虚假恐怖信息，向政府勒索钱财的案件，也有通过书信、短信、电话等方式向机场、银行、酒店、商场、公共交通集团、大型超市、本人的工作单位等发送虚假恐怖信息勒索钱财的案件，勒索金额从几千元、几万元到数千万元不等。从定性上看，在这 22 起案件中，直接认定仅构成编造、传播虚假恐怖信息罪的有 8 起，裁判结论明确行为构成了编造虚假恐怖信息罪与敲诈勒索罪想象竞合，从一重罪处断，最终认定成立编造虚假恐怖信息罪的有 3 起，因行为人不具有借此非法占有他人财物的意图，只构成编造虚假恐怖信息罪的有 6 起，认定只成立敲诈勒索罪一罪的有 2 起，其余 3 起属于减刑裁定文书，因无法查阅到原审裁判文书，只能从减刑裁定书中看到原审裁判文书的罪名和法定刑，但看不到对编造虚假恐怖信息勒索财物行为竞合的认定结论和论处原则。

---

〔1〕 被告人袁某彦于 2005 年初，先后 6 次通过电话向多个城市的不同百货商场和火车站发送已经安置了炸弹的虚假恐怖信息，向这些商场和火车站分别勒索 2 万元、5 万元、10 万元数额不等的钱财，导致多地公安机关出动大批警力进行人员疏散、搜查、排除爆炸装置、对周边地区进行交通管制、商场被迫暂停营业数小时。上海市二中院认定，被告人袁某彦为勒索钱财故意编造爆炸威胁等虚假恐怖信息，严重扰乱社会秩序，其行为已构成编造虚假恐怖信息罪，且造成严重后果，判决被告人袁某彦犯编造虚假恐怖信息罪，判处有期徒刑 12 年，剥夺政治权利 3 年。被告人上诉后，上海市高院二审维持了原判。该案于 2013 年 5 月被最高检确定为刑事指导案例。

（二）样本行为类型分析

从这些案件行为样态来看，主要包括两大类行为：第一类是行为人为了追索债务、拖欠的工资等，而实施编造虚假恐怖信息的行为，向他人索要财物；第二类是行为人明知不具有取得他人财物的合法根据，编造虚假恐怖信息并向特定个人或单位发布并勒索财物。

第一类行为，主要是指行为人为了索要单位拖欠的工资、他人对自己的债务或者为了报复社会，或以此取乐等目的编造虚假恐怖信息的行为。此类案件的行为人有的并没有勒索财物的行为，有的虽然伴有勒索财物的行为，但由于具有取得他人财物的合理根据，因此不构成敲诈勒索罪，如果行为导致社会秩序严重混乱的，只构成编造虚假恐怖信息罪一罪。[1]有的案件中，行为人虽然声称让对方准备交付一定的钱款，但由于其并未打算实际去取得这些财物，如在一起案件中，行为人因为受到他人的欺骗，为了报复他人，而以他人名义向公安机关寄送合有虚假恐怖信息和勒索内容的书信，其本质上并没借此索财的犯意，也没有实际索财的举动，如并未提供由其控制的银行卡账号，以及设定取财的时间和地点等；另外一起案件的行为人为了拖延向逼债的债权人还款，而向银行发送虚假的爆炸信息，以达到阻止银行正常营业的目的，虽然期间也要求银行准备一定数额的钱款，但实质上并无真实获取的犯意，因而也不成立敲诈勒索罪。其他完全不具有勒索财物意图，而是出于报复有关机关、个人、社会的目的，或者为了寻求刺激、以搞恶作剧的念头、满足个人其他意愿向有关单位发布虚假恐怖信息的，只构成编造虚假恐怖信息

---

[1] 详见东莞市第二人民法院（2014）东二法刑初字第948号范某某编造虚假恐怖信息罪刑事判决书，山西省长治市城区人民法院（2015）城刑初字第84号王某某编造虚假恐怖信息罪刑事判决书。

罪。例如，一起案件中的行为人，由于认为公安机关之前未及时解决其被诈骗的案件，为了报复公安机关，而故意编造虚假的爆炸信息；还有另外两起案件的行为人，一个为了阻止其女友乘坐第二天的飞机离开，而向机场发布虚假的爆炸信息，[1]另一个行为人由于担心可能延误航班，而向机场发布虚假的爆炸信息。这类行为因为没有借此索取财物的目的和行为，因此，可以排除成立敲诈勒索罪，而只成立编造虚假恐怖信息罪一罪。

第二类行为，即以非法获利为目的，编造虚假恐怖信息借以勒索财物的行为。对于此类行为，在查阅到的裁判文书中大部分认定只成立编造虚假恐怖信息罪一罪；少数判决认定行为人同时触犯了编造虚假恐怖信息罪与敲诈勒索罪，应从一重罪处断；还有为数极少的判决认定成立敲诈勒索罪，理由是行为人编造虚假恐怖信息的行为没有达到严重扰乱社会秩序的程度，因此只构成敲诈勒索罪一罪。[2]实务中对于此类行为，法院在

〔1〕 详见宁波市鄞州区人民法院（2016）浙0212刑初118号。唐某犯编造、故意传播虚假恐怖信息罪一审刑事判决书。

〔2〕 如长沙市芙蓉区人民法院（2011）芙刑初字第92号关于罗某敲诈勒索一案的判决书。法院认为：被告人罗某以非法占有为目的，采取编造虚假爆炸信息进行恐吓威胁的方式，敲诈勒索公私财物5000元，数额较大，其行为构成敲诈勒索罪。罗某编造虚假恐怖信息的行为，虽在一定程度上造成了湘缘某酒店相关员工和顾客的心理恐慌，但没有造成直接经济损失，现有证据不能证明其行为的社会危害性已达到严重扰乱社会秩序的程度，公诉机关指控罗某的行为构成"编造虚假恐怖信息罪"不当，应予纠正。但也有的裁判存在对案件事实认定不足和适用法律错误的问题，如南宁市良庆区人民法院（2011）良刑初字第110号刑事判决书。在该案中，被告人杨某去南宁市良庆区大沙田南城百货超市，将装有鞭炮的塑料袋放到该超市的储物柜内，以存放有炸药为由，多次通过打电话、发短信的方式，威胁该超市经理伦某某准备5万元现金放到阳光新城蓝波湾5栋2单元的电梯夹板内。经双方讨价还价，勒索金额从5万元降为1.5万元。当日23时许，被告人杨某在阳光新城蓝波湾被公安民警抓获。法院认为，被告人杨某无视国家法律，以非法占有为目的，采用威胁方法强行索要公私财物，数额巨大，其行为已触犯《刑法》，构成敲诈勒索罪，依法应予惩处。但对于编造虚假恐怖信息的行为并未加以分析，查明的案件事实部分对于其编造虚假信息给被害人造成恐慌与处置的情况也没有交代，而直接认定成立敲诈勒索罪（未遂）一罪，属于事实认定和说理严重不足。

裁判文书中往往将这种双重行为简单地视作一个行为，而对两个行为之间的关联和所涉罪名的竞合并不作评析，这一方面是由于这类案件中行为人敲诈勒索财物的目的在事实上往往不可能得逞，敲诈勒索行为大多未遂，因此大多数判决中（22 个裁判文书中，有 8 个是这样认定的，约占四成左右）均认定行为人只构成编造虚假恐怖信息罪一罪，对于借此索财的行为在裁判文书中并不作出评价。另一方面则是由于我国的罪数认定缺乏立法明示，学理观点各异，导致实务中法院的裁判文书对行为的关联、竞合与处断并不过多加以阐释和说明。但是，对客观行为不作全面、细致的评价，无疑会影响案件性质的准确认定，也会影响裁判的说服力。在笔者查阅到的裁判文书中，只有三个裁判文书结合对案件事实的分析，认为行为人实施了敲诈勒索行为和编造虚假恐怖信息的行为，同时符合了这两个犯罪的构成要件，但三起案件的裁断结论均认为"根据法律规定，应择一重罪处罚，编造虚假恐怖信息罪的法定刑重于敲诈勒索罪，故本案应以编造虚假恐怖信息罪处罚"，裁判文书对于竞合的类型和处断的根据均没有说明。[1]

二、以编造虚假恐怖信息的方式勒索财物的行为属于想象竞合犯

（一）学界观点

与实务中的这种模糊认识和模糊结论不同，学界对于以编造虚假恐怖信息勒索他人财物的行为有较为细致的区分和阐述，

---

〔1〕　详见上海市高级人民法院袁某彦编造虚假恐怖信息案；上海市杨浦区人民法院（2010）杨刑初字第 258 号王某编造、故意传播虚假恐怖信息罪一案一审刑事判决书；以及山东菏泽经济开发区人民法院（2014）菏开刑一初字第 70 号关于刘某某编造、故意传播虚假恐怖信息罪一案一审刑事判决书。

主要存在着牵连犯说和想象竞合犯说。[1]牵连犯说认为，"编造、故意传播虚假恐怖信息和敲诈勒索是完全独立的两个行为，不论从自然属性和一般观念来看，还是从法律的角度考量，行为人都实施了两个不同的行为，不能基于多个行为的最终目的是一致的或者前行为仅为后行为实施的手段和方法就忽略掉对前行为的法律评价"，两行为属于手段行为与目的行为的牵连犯，在立法没有规定并罚的前提下，应该择一重罪处断。[2]想象竞合犯说则认为："以编造虚假恐怖信息的方式勒索财物的行为，是在索财意图支配下实施的同一个行为，但该行为具有双重属性（同时具有虚假的恐怖性和恐吓勒索的性质），同时触犯敲诈勒索与编造虚假恐怖信息罪，属于想象竞合犯，应从

---

〔1〕 还有个别论者提出第三种观点认为，对于编造虚假恐怖信息勒索财物的行为，不能一概而论。行为人先编造虚假的恐怖信息，再以此作为要挟手段向被害人强索公私财物，如果既造成了社会的混乱，也实现了非法占有目的，可以实行并罚，目的在于防止这种虚假恐怖信息在更大程度上的危害；如果敲诈勒索没有得逞，仅造成严重扰乱社会秩序的结果，这也是行为人应当预见到的，可以以编造虚假恐怖信息罪定罪处罚；如果没有严重扰乱社会秩序，而行为人实现了敲诈勒索目的的，应当认定构成敲诈勒索罪。参见李少晖："论我国刑法中的虚假信息犯罪"，贵州民族学院 2011 年硕士学位论文，第 27 页。但笔者以为，这是对竞合论基本概念混淆产生的错误认识，判断行为属于牵连犯还是想象竞合犯，前提都是行为已经分别符合了有关犯罪的全部构成要件，根据其观点，在编造虚假恐怖信息勒索他人财物同时满足两罪的构成要件时，其实质上认为应该实行数罪并罚，但是其理由是不充分的，不能为了防止所谓虚假恐怖在更大程度上的危害而罔顾对同一行为的重复评价，对其实行数罪并罚，笔者对此不能认同。

〔2〕 参见赵秉志、徐文文："论我国编造、传播虚假信息的刑法规制"，载《当代法学》2014 年第 5 期，第 11 页。杨新京："编造虚假恐怖信息实施敲诈勒索犯罪的行为定性"，载《中国检察官》2008 年第 7 期。赵永红：《扰乱公共秩序和司法活动犯罪司法适用（下）》，法律出版社 2006 年版，第 477 页。秦明华："编造虚假恐怖信息罪若干问题探析"，载《犯罪研究》2005 年第 2 期。中华人民共和国最高人民法院刑事审判第一、二、三、四、五庭主办：《中国刑事审判指导案例》，法律出版社 2009 年版，第 58 页。

一重处断，按法定刑最重的罪名定罪处罚。"[1]最高院在针对袁某彦编造虚假恐怖信息案的分析结论中即采纳的是想象竞合犯的观点。[2]

（二）本书立场——想象竞合说

笔者以为，想象竞合说的观点更为客观合理。牵连犯以行为存在方法与结果、手段与目的关联为基础，因此，必然存在着性质不同的数个行为，而且由于方法与结果、手段与目的的特殊逻辑关系，数行为必然存在先后关系，而不能同时实现。而想象竞合犯则在客观事实层面只有一个单一的行为，基于行为人主观意思的单一性以及行为事实情状的一致性，由一行为在毫无时空间隙的情况下同时实现了复数构成要件的满足。[3]对于行为人编造虚假的爆炸信息并告知特定的个人或单位，同时借此向对方勒索财物的行为是一个不可分割的整体，编造行为借助告知才使其具备了客观的可罚性，如果行为人并不告知任何人，则该行为不具有社会危害性和刑法可罚性，只有包含了对告知行为的评价才是编造虚假恐怖信息客观行为的全部，然而其告知的内容中同时负载了勒索财物的行为内容，告知行为与勒索行为之间毫无间隙地存在于同一个行为中，而非先后完成的数个行为。不同于伪造虚假文书用于实施诈骗，编造虚假恐怖信息的行为可以以口头、书面或短信、微信等方式与索财行为同步完成和实现，而不像伪造文书的行为，需要在诈骗

---

[1]　参见中华人民共和国最高人民法院刑事审判第一、二、三、四、五庭主办：《中国刑事审判指导案例》，法律出版社 2009 年版，第 58 页。汤亚光："以虚假炸弹勒索行为的定性研究"，西南政法大学 2014 年硕士学位论文。

[2]　参见最高人民法院刑事审判第一庭、第二庭编：《刑事审判参考》（2005年第 6 集），法律出版社 2006 年版，第 27～33 页。

[3]　详见柯耀程教授对牵连犯与想象竞合犯的介绍，柯耀程：《刑法竞合论》，中国人民大学出版社 2008 年版，第 197～201、186～189 页。

行为之前作为单独的一个阶段和步骤去完成。尽管编造虚假恐怖信息是其借以实施敲诈勒索行为的手段，但是其却不是独立存在的一个行为，这是认定其竞合关系时必须明确的一点，也是其不构成牵连犯的关键。根据牵连犯说的观点，编造虚假恐怖信息的行为既是认定构成编造虚假恐怖信息罪的构成行为，又是认定敲诈勒索的手段行为，这样，实质上对同一个编造并告知他人的行为就进行了数次评价，这是不符合禁止重复评价原则的。因此，牵连犯说是不能成立的。

编造虚假恐怖信息借此勒索财物的行为，符合想象竞合犯所要求的，客观事实层面只实施了一个行为，主观上存在对编造虚假恐怖信息可能对社会秩序造成侵害的放任以及对财产权的不法占有意图的数个犯意，和行为客观上侵犯了数个法益。因此，应该按照想象竞合犯的原理，通过比较数个罪名的法定刑，选择适用最重的罪名定罪处罚。这是对该同一行为触犯数罪名的结果从事实和规范层面做出的全面评价，不会如牵连犯说学者所认为的会忽略或遗漏对其中任一部分行为的评价。关于两罪法定刑轻重的比较，需要结合具体案情，通过分析编造虚假恐怖信息对社会秩序造成的扰乱的情况和程度，以及敲诈勒索的数额、既遂与否来比较两罪应予适用的法定刑的轻重。实践中，一般编造虚假恐怖信息的行为往往会造成有关机关、单位、公共场所管理机构的恐慌，为了排除险情，有关安保部门需要实施人员的疏散，正常的生产、工作、学习、经营、交通运输秩序等都可能因此受到影响，这客观上已经造成对正常社会秩序的干扰和侵害，而被害人在获悉恐怖信息后，往往会选择报警，因此，行为人索财的目的往往难以实现。一个既遂，一个未遂，因此，实务中这样的案件多以编造虚假恐怖信息罪对行为人定罪处罚。

最高人民法院在对"袁某彦编造虚假恐怖信息案"的裁判要

旨中，对该案行为从想象竞合犯的角度有十分详细的分析。[1]实务部门今后在裁判此类案件时不仅应参照这样的裁判规则，而且也应该参照执行这样的裁判说理模式。由于我国刑法中对竞合问题与处断原则并未明文规定，例如牵连犯与想象竞合犯一般都采从一重罪处断的原则（对于有的牵连犯，法律规定实行数罪并罚的为例外），但二者对行为关联性的要求各有不同，所以，更应该在裁判文书中对竞合行为罪数的认定和根据做出明确的解释和说明，最高人民法院有关指导案例的裁判说理方式值得实务部门借鉴。笔者赞同柯耀程教授的观点："想象竞合中的复数构成要件，非但得以具体被体现，且对于行为不法内涵与罪责内涵的评价，具有实质的作用，在判决的主文中，更应加以明白揭示和确认。"[2]

---

〔1〕　在以编造虚假恐怖信息的方式实施敲诈勒索的行为中，行为人往往打了个电话，编造爆炸、投毒威胁等恐怖信息进行敲诈勒索。从一般普通人的观念认识上进行观察和评价，可以得出：行为人只实施了打电话一个行为，不能因为该行为具有多重属性，符合编造虚假恐怖信息罪与敲诈勒索罪的犯罪构成，而机械地分割成编造虚假恐怖信息和勒索财物两个行为。我们认为，以编造虚假恐怖信息的方式实施敲诈勒索的，行为人只实施了一个行为，应当根据案件事实和证据情况，择一重罪处断。见陈兴良、张军、胡云腾主编：《人民法院刑事指导案例裁判要旨通纂》，北京大学出版社 2013 年版，第 868～869 页。

〔2〕　柯耀程：《刑法竞合论》，中国人民大学出版社 2008 年版，第 178、192 页。

结　语

　　敲诈勒索罪属于以恐吓手段，对他人的精神和心理施加影响和压制，借此向他人勒索财物的行为。因此，凡是能够使他人产生心理恐惧的一切暴力或威胁行为均可以成为该罪恐吓的手段，且这种恐吓不以未来兑现为限，现时的恐吓也可以成立敲诈勒索。由于恐吓行为须具有一定的强制性才能达到使人心生恐惧的效果，因此，需要恐吓的内容具有"显著的恶害性"，这不仅需要行为人以具有侵害性的恶害作为恐吓的内容，而且需要行为人明确宣称并使被害人认为其对恶害具有控制的能力，实际上其是否具有这样的恶害控制能力不影响恐吓的认定。行为人假借其他客观不利的情势或者其他其本人不可控的恶害（如天地变异、天灾人祸、鬼神巫术）相恐吓的，由于其不以本人对恶害的控制对他人施加影响，行为的强制性大大降低，不能认定为恐吓意义上的强制。

　　书中在敲诈勒索罪构成要件方面所作的研究，虽然未必有太多创新，但笔者对其侵犯的法益和行为本身作了较为深入的分析，揭示了该罪的内在本质，并对有关该罪行为方式的认识做了必要的澄清和纠正。本文强调，敲诈勒索罪除了对财产权的侵犯之外，其必然造成对相对人意思决定自由权的侵犯，文中对意思决定自由权的法律渊源、刑法保护的必要性等做了较为深入的剖析，同时特别强调了在我国刑法中宣示保护公民"意思决定自由权"的必要性与重要意义；在本罪行为要件部分，本文对行为手段着墨甚多，特别对"威胁""要挟""胁迫""暴力""恐吓"等具体行为表述做了深刻的检讨，客观上理清了学界关于该罪行为方式在指称上的混乱和表述不够严谨的问题。通过对该罪行为本质的揭示，明确提出应以"恐吓"指称该罪的行为，而"暴力"与"威胁"只是实施恐吓的具体手段，借此，使得敲诈勒索犯罪在与其他取财犯罪行为相并列和可识别的意义上，获得对其类型化行为的鉴别。此外，书中对其手段行为与目的行为的关联性也进行了充分的阐述，尤其从与其他国家和地区的胁迫罪、强制罪（有的称强要罪）对比的意义上，分析了这种复合行为的内在关联性。强调了恐吓行为与勒索行为的齐备是成立该罪的基本行为要件，是否取得财物只是判断本罪既遂与否的标准。在客观行为部分，书中还对不作为形式的恐吓从现实表现、不作为义务的判定等进行了分析。在行为对象部分，除了分析了被恐吓人的认知能力和恐惧心理的判断标准以外，还论述了"三角敲诈"中被恐吓人与被害人关系的判断根据。在主观要件层面，敲诈勒索罪的行为人以出于取得他人财物的故意而实施恐吓勒索行为，其故意不以直接故意为限，行为人完全可能以放任取得对他人财产占有的心态，实施恐吓勒索行为；作为敲诈勒索的故意，需要行为人对行为的恐吓和勒索的性质及其结果有所认识，行为人对勒索财物价值存在错误认识的，原则上不影响犯罪的认定，但影响犯罪数额的判断；行为人同时需要对其不具有取得他人财物或财产性利益的合理根据具有认识，对此存在错误认识的，可以作为阻却成立敲诈勒索犯罪的理由。敲诈勒索罪不需要以排除他人对财物的占有意图为必要，只要其出于"非法获利"的意图，具有取得他人财产的占有故意即可，对于敲诈勒索罪的犯罪目的，本文采"利用意思"必要说。

敲诈勒索罪与抢劫罪的不同主要在于行为强制程度的差异，对于现时的强制取财行为以及强制行为与最终取财的结果存在时空上隔离的情形，需要结合具体案件情形，判断强制程度的高低以及强制的持续性，不能僭越各罪应有的界限。我国敲诈勒索罪与抢劫罪的法定刑不存在太大的悬殊，为此，更应严格把握对暴力与威胁强制程度的判断标准，避免定性上的失当。敲诈勒索罪也可以以限制他人人身自由的方式勒索财物，其与索财型绑架罪区分的关键在于行为构成要件和勒索对象的不同，前者必须具备勒索财物的行为，而后者只要具备挟持控制人质的行为，犯罪即告成立，是否有索取财物的行为不影响绑架罪的认定；前者只能向被害人勒索财物，而后者是向被害人以外的第三人索取。敲诈勒索罪与诈骗罪的不同在于行为因果流程的差异，前者通过恐吓使他人产生心理恐惧而被迫交付财物，后者则通过虚假事实干扰、误导对方的认识和判断，进而使其做出错误的处分。对于兼具欺诈与恐吓的行为，需要分析其取财的决定性的原因行为在于强制还是欺诈，对于难分伯仲的疑难案件，可以运用"恶害控制理论"分析行为人是否借自己控制的"恶害"作为向被害人取财的手段。利用自己可控的恶害索财的构成敲诈勒索，利用他们制造的恶害进行取财的，成立诈骗。这样的行为不存在竞合的关系，也不属于包括一罪的情形。通过与相关犯罪差异的比较，同时结合敲诈勒索罪的构成要件，本文结论性地认为，敲诈勒索罪本质上属于违反被害人意志取得他人财物的夺取型犯罪，而不属于交付型犯罪。

关于有因性敲诈勒索行为以及与敲诈勒索关联行为竞合的

研究是对敲诈勒索罪司法范畴疑难问题的回应。通过对数百个类案的整理和分析，实务样本较为客观、真实地呈现了这些行为的实际样态，行为表现的多样性和司法裁判的经验理性对我们深刻认识这些行为的真实状态是十分有益的，包括在索债型敲诈勒索案件中，对于各种债务，合法的、非法的、客观存在的、行为人自认为存在的、超出合理债务范围的、向债务人以外的人索要的、限制人身自由后向本人以及其他第三人索要的等。众多的案例展示了我们生活中追索债务的多种形态，而裁判结论同时也为我们呈现了一种相对克制和保守的打击态度，司法实务倾向于认为只有超出实际债务范围索要不合理财物数额较大的行为，方作为敲诈勒索罪认定，其他基本都只认定为非法拘禁。即使为了追索债务，限制债务人或其相关第三人的人身自由后向债务人本人、家人、亲友等第三人索要财物的，也很少认定成立绑架罪，在定性上对有因性给予了较多的考虑。关于消费维权索赔，虽然没有搜索到大量的案例样本，但是现有的典型案例呈现出司法观点的摇摆性和舆论对司法的强大影响力，同案异判的问题比较突出，而学界对职业打假索赔、以借用媒体或网络报道揭发消费侵权事实的方式索赔以及天价高额索赔是否属于恐吓存在较大争议。笔者以为，现有立法并没有明确禁止职业打假人的维权行为，惩罚性赔偿不仅是法律允许的维护私权的手段，而且也是法律赋予公民公法意义上的特殊惩罚性手段，没有理由否定职业打假行为的合法性；行为人通过媒体或网络方式揭发侵权事实的，只要没有虚构、歪曲、夸大商家虚假经营、欺诈消费者行为的内容和结果，即属于可以采用的维权手段，不属于威胁的方式，而单纯的高额索赔也不是认定行为人具有"非法获利"意图的唯一标准。对于上访维权索财案件，通过对上千份文书结论的统计呈现了目前我国违法上访行为的犯罪类型分布状况，以妨害社会管理秩序罪定性的案件占了绝大多数。在对 300 多份涉及敲诈勒索犯罪的文书的分析中，则主要详细展示了这些非法上访行为的种种表现，虽然这些实证材料不是来源于深入社会实际层面的田野调查，但是涉及 24 个省、市、自治区，近 8 年的 376 份裁判文书，还是较为客观地呈现了访民为索财和谋利所采取的种种举动，以及实际生活中各级政府所面临的上访压力和应对举措，这些也许对长期待在书斋，主要通过报纸或媒体报道了解典型上访事例的我们还是有一些实证意义的。书中所呈现的一些极端的缠访、闹访行为，也许比通过媒体之口报道的"唐慧案"或者"冯改娣案"更为多面，对各种上访索财和谋利行为表现的分析也更为深入，也许这能够促使我们认真地思考政府是否确实不会成为被威胁和勒索的对象。而地方治理的需要、地方公共财政的维系、政府权威的树立、公民规则意识的养成，客观上使刑法不应该对以索财、谋利为目的，借上访的名义从政府获取不义之财的行为完全抱有宽容或放任的态度。对于有因性敲诈勒索行为，笔者坚持主客观兼顾的评价立场，并坚持财产法益整体评价的衡量准则，只有客观上能够造成相对人财产整体法益受到侵害的行为，才应该认定为财产犯罪，整体法益的衡量，需要通过对索财的原因、手段、目的、索取财产的内容等各方面进行综合的衡量和判断。

对于盗窃后以赃勒索、拾遗后以占有的财物勒索他人财物，以及以索财为目的编造、传播虚假恐怖信息的行为，主要涉及行为单复数以及侵犯法益数量的评价，综合分析其是否客观上符合了有关犯罪的构成要件。例如，盗窃价值不大的财物向他人勒索赎金的，由于恐吓的成分较低，客观上不会使人心生恐惧，因此，应该不成立敲诈勒索罪，多次实施类似行为的，可以按照盗窃罪论处；但是，如果盗窃的财物数额较大，或财物对于被害人而言具有十分重要的价值和意义，失去财物会给被害人造成极大的心理恐惧的，可以成立盗窃罪与敲诈勒索罪的牵连犯，应择一重罪处断，特殊情形下，也可能构成数罪。对于拾遗行为，需要分析其主观意图，仅以拒绝返还所占有的财物为目的实施暴力、威胁行为的，应该只成立侵占罪一罪，但超出对占有财物的不法侵占意图，勒索高额酬金的，基于拒绝归还既是侵占行为的表现，又是借以勒索的手段，因此，应该成立侵占罪与敲诈勒索罪的想象竞合犯。以勒索财物为目的编造传播虚假恐怖信息的行为，首先需要分析行为人是否具有索取财物的合理根据或理由，为了索要债务、被拖欠的工资而编造虚假恐怖信息恐吓他人勒索财物的行为，以及不以勒索财物为目的，出于恶作剧、报复社会、个人便利等目的编造虚假恐怖信息的行为，都不成立敲诈勒索罪；只有出于非法获利的目的，编造、传播虚假恐怖信息并勒索财物的行为，才成立编造虚假恐怖信息罪与敲诈勒索罪的想象竞合犯，由于行为手段的同一性，应该不成立牵连犯，两罪的立法规定也不存在特别法与普通法的关系，故也不属于法条竞合。

敲诈勒索罪作为我国财产类犯罪中的一个基本罪名，既具有财产类犯罪的共性，也具有其独特的个性。书中虽然着重其个罪特殊性的研究，但是其作为财产犯罪共性的一面也无法完全回避。例如，关于其侵犯的财产权益、行为的对象以及犯罪主观方面等要件的论述无疑都兼具财产犯罪共同的话题性，在这种共性背景下展开对具体个罪特殊性的研究，难免会有个罪问题研究不足之感。但是，作为对具体个罪的研究，需要对该罪构成性有全面的关照和分析，文中力求在兼顾财产犯罪共性与本罪特殊性的层面上对其各构成要件展开教义学的解读，同时结合司法实务中的相关类案的裁判结论，对司法实务中的争议和疑难有所回应。

如果说关于敲诈勒索罪构成要件的学理分析，以及罪质界分是重在理论的梳理、比较与辨析，那么，实证性检讨部分就是一种类案分析视角的考查、归纳与提炼。学理分析部分尽量查阅、收集大陆法系和英美法系有关国家，和我国香港、澳门和台湾地区的刑法规定和有关学理观点，与我国国内学者的学说和观点，进行详细的梳理和分析，以求说理建立在充分了解他家之说的基础之上，而非一家之言；在实证性的分析部分，本土性的案例、裁判结论是发现问题和探究分析的根源，为了真正了解我国实务中有关敲诈勒索类案的行为样态与司法尺度，书中尽可能地收集了具有一定样本数量的相关类案，进行了样本分析比对，同时也在资料允许的范围内，与其他国家和地区类似案例的裁判结论进行了比对，着力从类案中探寻有关该罪的司法适用规律与实务共识。当然，囿于案例收集方法与分析模式的不足，可能数据的说服力尚有待考证，但是希望所有研究的展开是围绕所发现的真实问题而进行。这是该书写作中努力追求的目标。

刑法从来不是一个独立王国，作为一个调整社会关系最广的部门法，社会危害性的判断维度、刑法介入的尺度、具体犯罪解释的边界、排除不法的法益衡量标准和刑事政策考量的因素等都使得犯罪的认定并非单纯的刑法学一家之言可以一言以蔽之。在社会学、犯罪学的宏观视野下，也许规范法学的研究不免有纸上谈兵的苍白和无力，或者书生意气的简化与浅薄，但是正如运动中的静止与变异中的守恒一样，这种对个罪犯罪构成与适用规律的研究是刑法规范作为当下权利维护与社会治理手段应有维度的思考，毕竟罪刑法定的源头就在于此。希望该书对敲诈勒索罪的研究对于澄清该罪的一些认识上的混淆和适用中的疑难能有所帮助。

　　书中有关思考和论述也许尚有许多不成熟之处，但求学者同仁多多批评指正！

参考文献

一、著作类

（一）中文著作

1. 北京市人民检察院法律政策研究室编：《刑事疑难案例参阅——侵犯财产罪》，中国检察出版社 2015 年版。

2. 蔡枢衡：《中国刑法史》，中国法制出版社 2005 年版。

3. 曾淑瑜：《刑法分则实例研习——个人法益之保护》，三民书局 2004 年版。

4. 陈洪兵：《中国式的刑法竞合问题研究》，中国政法大学出版社 2016 年版。

5. 陈洪兵：《财产犯罪之间的界限与竞合研究》，中国政法大学出版社 2014 年版。

6. 陈立：《刑事疑难案例评析》，厦门大学出版社 2003 年版。

7. 陈兴良主编：《刑法各论精释》，人民法院出版社 2015 年版。

8. 陈兴良：《刑法学》，复旦大学出版社 2009 年版。

9. 陈兴良：《教义刑法学》，中国人民大学出版社 2010 年版。

10. 陈兴良、张军、胡云腾主编：《人民法院刑事指导案例裁判要旨通纂（下卷）》，北京大学出版社 2013 年版。

11. 陈兴良、陈子平：《两岸刑法案例比较研究》，北京大学出版社

2010 年版。

12. 陈兴良主编：《刑法学关键问题》，高等教育出版社 2007 年版。

13. 陈烨：《刑法中的特殊财产类型研究》，厦门大学出版社 2015 年版。

14. 陈子平：《刑法各论（上）》，元照出版公司 2013 年版。

15. 储槐植、江溯：《美国刑法》，北京大学出版社 2012 年版。

16. 甘添贵：《刑法各论（上）》，三民书局 2014 年版。

17. 高铭暄、马克昌主编：《刑法学》，北京大学出版社、高等教育出版社 2016 年版。

18. 高铭暄主编：《新编中国刑法学》，中国人民大学出版社 1998 年版。

19. 顾军主编：《侵财犯罪的理论与司法实践》，法律出版社 2008 版。

20. 黄荣坚：《基础刑法学》，中国人民大学出版社 2009 年版。

21. 韩忠谟：《刑法原理》，北京大学出版社 2009 年版。

22. 柯耀程：《刑法竞合论》，中国人民大学出版社 2008 年版。

23. 黎宏：《刑法总论问题思考》，中国人民大学出版社 2016 年版。

24. 黎宏：《刑法学各论》，法律出版社 2016 年版。

25. 黎宏：《日本刑法精义》，法律出版社 2008 年版。

26. 李宏勃：《法制现代化进程中的人民信访》，清华大学出版社 2007 年版。

27. 李怀胜主编：《刑事典型疑难问题适用指导与参考（侵犯财产罪卷）》，中国检察出版社 2013 年版。

28. 李希慧主编：《刑法各论》，武汉大学出版社 2009 年版。

29. 林东茂：《刑法综览》，中国人民大学出版社 2009 年版。

30. 林培仁：《刑法分则实务》，元照出版公司 2017 年版。

31. 林山田：《刑法通论》，北京大学出版社 2012 版。

32. 林山田：《刑法各罪论》，北京大学出版社 2012 版。

33. 刘德权主编：《最高人民法院司法观点集成》，人民法院出版社 2014 年版。

34. 刘明祥：《财产罪比较研究》，中国政法大学出版社 2001 年版。

35. 刘仁文等译:《美国模范刑法典及其评注》,法律出版社 2005 年版。

36. 刘士心:《美国刑法各论原理》,人民出版社 2015 年版。

37. 刘树德:《敲诈勒索罪判解研究》,人民法院出版社 2005 年版。

38. 刘艳红:《刑法学(下)》,北京大学出版社 2016 年版。

39. 刘中发主编:《刑事案例诉辩审评——敲诈勒索罪》,中国检察出版社 2014 年版。

40. 马俊驹:《人格和人格权理论讲稿》,法律出版社 2009 年版。

41. 马克昌主编:《百罪通论》,北京大学出版社 2014 年版。

42. 马克昌主编:《犯罪通论》,武汉出版社 1999 年版。

43. 马特、袁雪石:《人格权法教程》,中国人民大学出版社 2007 年版。

44. 马艳朝:《制度规则与公共秩序:当代中国信访违规行为的惩罚问题研究》,知识产权出版社 2014 年版。

45. 庞冬梅:《俄罗斯犯罪构成理论研究》,中国人民大学出版社 2013 年版。

46. 曲新久:《刑法学》,中国政法大学出版社 2009 年版。

47. 阮齐林:《中国刑法各罪论》,中国政法大学出版社 2016 年版。

48. 阮齐林、方鹏编著:《刑法分则案例研习》,中国政法大学出版社 2013 年版。

49. 阮齐林:《刑法学》,中国政法大学出版社 2011 年版。

50. 沈亮主编:《香港涉刑法例解读》,上海人民出版社 2012 年版。

51. 史尚宽:《债法总论》,中国政法大学出版社 2000 年版。

52. 孙国祥主编:《刑法学》,科学出版社 2008 年版。

53. 童伟华:《财产罪基础理论研究:财产罪的法益及其展开》,法律出版社 2012 年版。

54. 王钢:《德国判例刑法(分则)》,北京大学出版社 2016 年版。

55. 王世洲:《现代刑法学(总论)》,北京大学出版社 2011 年版。

56. 王玉珏:《刑法中的财产性质及财产控制关系研究》,法律出版社 2009 年版。

57. 王作富：《刑法分则实务研究》，中国方正出版社 2013 年版。

58. 王泽鉴：《侵权行为法》，中国政法大学出版社 2001 年版。

59. 夏勇：《中国民权哲学》，三联书店 2004 年版。

60. 谢望原、赫兴旺主编：《刑法分论》，中国人民大学出版社 2008 年版。

61. 杨立新：《人身权法论》，人民法院出版社 2002 年版。

62. 于志刚主编：《案例刑法学各论》，中国法制出版社 2010 年版。

63. 于志刚、王正勋、王良顺：《刑法各论》，高等教育出版社 2012 年版。

64. 赵秉志、李希慧主编：《刑法各论》，中国人民大学出版社 2016 年版。

65. 赵秉志：《英美刑法学》，科学出版社 2010 年版。

66. 赵秉志：《外国刑法各论（大陆法系）》，中国人民大学出版社 2006 年版。

67. 赵秉志：《侵犯财产罪》，中国人民公安大学出版社 2003 年版。

68. 赵秉志主编：《侵犯财产罪研究》，中国法制出版社 1998 年版。

69. 赵国强：《澳门刑法概说》，社会科学文献出版社 2012 年版。

70. 赵国强：《澳门刑法各论（上）》，社会科学文献出版社 2013 年版。

71. 张明楷：《刑法的私塾》，北京大学出版社 2014 年版。

72. 张明楷：《刑法学》，法律出版社 2011 年版。

73. 张明楷：《刑法分则的解释原理》，中国人民大学出版社 2011 年版。

74. 张明楷：《外国刑法纲要》，清华大学出版社 2007 年版。

75. 张明楷：《诈骗罪与金融诈骗罪研究》，清华大学出版社 2006 年版。

76. 张俊浩主编：《民法学原理》，中国政法大学出版社 1997 年版。

77. 张乃根：《西方法哲学史纲》，中国政法大学出版社 2008 年版。

78. 张文显主编：《法理学》，高等教育出版社 2003 年版。

79. 张旭主编：《英美刑法论要》，清华大学出版社 2006 年版。

80. 张宗林、郑广森主编：《信访与法治》，人民出版社 2014 年版。

81. 周光权：《刑法总论》，中国人民大学出版社 2016 年版。

82. 周光权：《刑法客观主义与方法论》，法律出版社 2013 年版。

83. 周光权：《刑法各论》，中国人民大学出版社 2011 年版。

84. 周光权：《行为无价值论的中国展开》，法律出版社 2015 年版。

85. 朱景文、韩大元主编：《中国特色社会主义法律体系研究报告》，中国人民大学出版社 2010 年版。

86. 庄劲：《犯罪竞合：罪数分析的结构与体系》，法律出版社 2006 年版。

87. ［韩］吴昌植编译：《韩国侵犯财产罪判例》，清华大学出版社 2004 年版。

（二）外文著作

1. ［德］约翰内斯·韦塞尔斯：《德国刑法总论》，李昌珂译，法律出版社 2008 年版。

2. ［德］弗兰茨·冯·李斯特：《德国刑法教科书》，徐久生译，法律出版社 2006 年版。

3. ［德］安塞尔姆·里特尔·冯·费尔巴哈：《德国刑法教科书》，徐久生译，中国方正出版社 2010 年版。

4. ［德］汉斯·海因里希·耶赛克、托马斯·魏根特：《德国刑法教科书》，徐久生译，中国法制出版社 2001 年版。

5. ［德］乌尔斯·金德霍伊泽尔：《刑法总论教科书（第六版）》，蔡桂生译，北京大学出版社 2015 年版。

6. ［德］克劳斯·罗克辛：《德国刑法总论（第 1 卷）》，王世洲等译，法律出版社 2005 年版。

7. ［德］克劳斯·罗克辛：《德国刑法总论（第 2 卷）》，王世洲等译，法律出版社 2013 年版。

8. ［德］克劳斯·罗克辛：《德国最高法院判例：刑法总论》，何庆仁、蔡桂生译，中国人民大学出版社 2012 年版。

9. ［德］马科斯·韦伯：《论经济与社会中的法律》，张乃根译，中国大百科全书出版社 1998 年版。

10. ［美］约书亚·德雷斯勒：《美国刑法精解》，王秀梅译，北京大学出版社 2009 年版。

11. ［美］史蒂芬·霍尔姆斯、凯斯·R. 桑斯坦：《权利的成本：为什么自由依赖于税》，毕竞悦译，北京大学出版社 2004 年版。

12. ［日］大谷实：《刑法总论》，黎宏译，法律出版社 2003 年版。

13. ［日］大谷实：《刑法讲义总论》，黎宏译，中国人民大学出版社 2008 年版。

14. ［日］大谷实：《刑法讲义各论》，黎宏译，中国人民大学出版社，2008 年版。

15. ［日］大塚仁：《刑法概说（总论）》，冯军译，中国人民大学出版社 2003 年版。

16. ［日］大塚仁：《刑法概说（各论）》，冯军译，中国人民大学出版社 2003 年版。

17. ［日］高见泽磨：《现代中国的纠纷与法》，何勤华等译，法律出版社 2003 年版。

18. ［日］松宫孝明：《刑法总论讲义》，钱叶六译，中国人民大学出版社 2013 年版。

19. ［日］山口厚：《刑法总论》，付立庆译，中国人民大学出版社 2011 版。

20. ［日］山口厚：《刑法各论》，王昭武译，中国人民大学出版社 2011 年版。

21. ［日］山口厚：《从新判例看刑法（第 2 版）》，付立庆、刘隽译，中国人民大学出版社 2009 年版。

22. ［日］西田典之：《日本刑法各论（第 6 版）》，王昭武、刘明祥译，法律出版社 2013 年版。

23. ［日］西原春夫：《刑法的根基与哲学》，顾肖荣等译，法律出版社 2004 年版。

24. ［日］曾根威彦：《刑法学基础》，黎宏译，法律出版社 2005 年版。

25. ［意］切萨雷·贝卡里亚：《论犯罪与刑罚》，黄风译，中国大百科出版社 1993 年版。

26. ［英］J. C. 史密斯，B. 霍根：《英国刑法》，李贵方等译，法律出版社 2001 年版。

二、论文类

（一）析出文献

1. 曹波、肖中华："以敲诈勒索罪规制信访行为的教义学批判"，载《法律适用》2016 年第 9 期。

2. 车浩："抢劫罪与敲诈勒索罪之界分：基于被害人的处分自由"，载《中国法学》2017 年第 6 期。

3. 车浩："占有不是财产犯罪的法益"，载《法律科学》2015 年第 3 期。

4. 车浩："占有概念的二重性：事实与规范"，载《中外法学》2014 年第 5 期。

5. 陈柏峰："农民上访的分类治理研究"，载《政治学研究》2012 年第 1 期。

6. 陈柏峰："无理上访与基层法治"，载《中外法学》2011 年第 2 期。

7. 陈洪兵："财产犯的事后行为评价问题"，载《中南大学学报（社会科学版）》2013 年第 6 期。

8. 陈洪兵："敲诈勒索罪与抢劫罪区分中"两个当场"的坚持——兼与陈兴良教授商榷"，载《江苏社会科学》2013 年第 3 期。

9. 陈洪兵："论经济的财产损害——破解财产罪法益之争的另一视角"，载《刑事法评论》2013 年第 1 期。

10. 陈洪兵："财产罪法益上的所有权说批判"，载《金陵法律评论》2008 年第 1 期。

11. 陈兴良："合同诈骗罪的特殊类型之'两头骗'：定性与处理"，载《政治与法律》2016 年第 4 期。

12. 陈兴良："敲诈勒索罪与抢劫罪之界分——兼对'两个当场'观点的质疑"，载《法学》2011 年第 2 期。

13. 陈兴良："敲诈勒索罪问题解析"，载《中国审判》2010 年第

8 期。

14. 陈兴良："论财产犯罪的司法认定——在北京德恒律师事务所的演讲"，载《东方法学》2008 年第 3 期。

15. 陈兴良："目的犯的法理探究"，载《法学研究》2004 年第 3 期。

16. 陈子平："财产犯的'不法所有之意图'"，载《月旦法学教室》第 134 期。

17. 陈子平："新闻事件的刑法分析：强盗？恐吓取材？强制？既遂或未遂"，载《月旦法学教室》第 50 期。

18. 邓子滨："碰瓷问题治理纲要"，载《中国法律评论》2014 年第 3 期。

19. 董玉庭："行使权利的疆界敲诈勒索罪与非罪的理论解析"，载《法律适用》2004 年第 9 期。

20. 杜启新、安文录："论寻衅滋事罪的合理定位"，载《政治与法律》2004 年第 2 期。

21. 范愉："有关信访立法的思考"，载《理论视野》2016 年第 8 期。

22. 范愉："申诉机制的救济功能与信访制度改革"，载《中国法学》2014 年第 4 期。

23. 付立庆："论抢劫罪与强拿硬要型寻衅滋事罪之间的关系——以孙某寻衅滋事案为切入点"，载《法学》2015 年第 4 期。

24. 付立庆："论刑法介入财产权保护时的考量要点"，载《中国法学》2011 第 6 期。

25. 付立庆："论刑法对财产权保护中的均衡性原则"，载《法学》2011 年第 5 期。

26. 付立庆："非法定目的犯的甄别与定位——以伪造货币罪为中心"，载《法学评论》2007 年第 1 期。

27. 郭小亮："盗窃后勒索财物行为的刑法评价"，载《河南财经政法大学学报》2015 第 5 期。

28. 韩炳勋："单纯恐吓行为的刑法规制错位与再定位——以《刑法修正案（八）》为视角"，载《政治与法律》2015 年第 4 期。

29. 何艳玲、汪广龙："中国转型秩序及其制度逻辑"，载《中国社会

《科学》2016 年第 6 期。

30. 胡东飞："财产犯罪的法益——以刑法与民法之关系为视角"，载《刑法论丛》2014 年第 2 卷。

31. 黄应生："最高人民法院研究室关于第三方受到勒索是否属于绑架罪构成要件问题的研究意见"，载《司法研究与指导（2012 年第 2 辑）》，人民法院出版社 2012 年版。

32. 劳佳琦："关于霸王嫖能否构成诈骗罪问题的探讨"，载《江苏警官学院学报》2011 年第 3 期。

33. 黎宏："排他支配设定：不真正不作为犯论的困境与出路"，载《中外法学》2014 年第 6 期。

34. 黎宏："论财产犯中的占有"，载《中国法学》2009 年第 1 期。

35. 黎宏："论财产罪的保护法益"，载《人民检察》2008 年第 23 期。

36. 黎宏："'非法占有目的'辨析"，载《侵财犯罪的理论与司法实践》，法律出版社 2008 年版。

37. 简爱："寻衅滋事罪与敲诈勒索罪的界分与适用——以侯某'强拿硬要'案为例的分析"，载《云南大学学报（法学版）》2014 年第 1 期。

38. 李金明："'碰瓷'致同伙死亡案应定敲诈勒索罪（预备）——对一起疑难刑事案件的分析"，载《法学杂志》2009 年第 1 期。

39. 李剑："论知假买假的逻辑基础、价值理念与制度建构"，载《当代法学》2016 年第 6 期。

40. 刘静坤："网络敲诈勒索、非法经营案件法律适用问题探讨"，载《法律适用》2013 年第 11 期。

41. 刘明祥："刑法中的非法占有目的"，载《法学研究》2000 年第 2 期。

42. 刘明祥："德日刑法学中的财产罪保护法益问题之比较"，载《华中理工大学学报（社会科学版）》2000 年第 1 期。

43. 刘仁文："对'见危不救'要否入罪的思考"，载《法学杂志》2013 年第 4 期。

44. 刘宪权："经济活动中以停止供货相威胁行为性质之司法认定"，载《政治与法律》2015 年第 8 期。

45. 卢雪华："盗牌索钱行为刑法评价问题探析"，载《中国刑事法杂志》2009 年第 6 期。

46. 马寅翔："占有概念的规范本质及其展开"，载《中外法学》2015 年第 3 期。

47. 聂立泽、高猛："论侵害债权行为的刑法规制"，载《贵州民族大学学报（哲学社会科学版）》2015 年第 4 期。

48. 潘星丞："兼有欺诈与勒索因素的刑事案件之司法认定——从以被害人为中心的因果分析结构转向以被告人为中心的事实认定结构"，载《政治与法律》2014 年第 6 期。

49. 秦明华："编造虚假恐怖信息罪若干问题探析"，载《犯罪研究》2005 年第 2 期。

50. 冉克平："论人格权法中的人身自由权"，载《法学》2012 年第 3 期。

51. 阮齐林："绑架罪的法定刑对绑架罪认定的制约"，载《法学研究》2002 年第 2 期。

52. 沈志民："对过度维权行为的刑法评价"，载《北方法学》2009 年第 6 期。

53. 田宏杰："海峡两岸敲诈勒索罪比较研究"，载《福建公安高等专科学校学报——社会公共安全研究》1999 年第 6 期。

54. 谭明："绑架罪三题"，载《新疆社会科学》2009 年第 2 期。

55. 童伟华："债权行使与财产犯罪"，载《法治研究》2011 年第 10 期。

56. 王爱鲜："论敲诈勒索罪与寻衅滋事罪的界分"，载《江西社会科学》2015 年第 10 期。

57. 王飞跃："论诉讼欺诈取财行为的刑法规制"，载《政治与法律》2012 年第 11 期。

58. 王琳、张伟珂："从罪质到行为：敲诈勒索行为方式的再解释"，载《中国人民公安大学学报（社会科学版）》2016 年第 1 期。

59. 王龙飞："隐性断裂：当代中国治理中的基层干部"，载《探索与争鸣》2015 年第 9 期。

60. 王明辉："复行为犯研究"，载陈兴良主编：《刑事法评论（第 4 卷）》，中国政法大学出版社 1999 年版。

61. 王太宁："盗窃后处置行为的刑事责任　异于不可罚的事后行为的本土化思考"，载《中外法学》2011 年第 5 期。

62. 武良军："暴力、胁迫行使债权行为的刑法评价——以司法案例为中心展开分析"，载《政治与法律》2011 年第 10 期。

63. 向朝阳、周力娜："对敲诈勒索罪客体的再认识"，载《社会科学研究》2003 年第 2 期。

64. 肖本山："消费纠纷领域敲诈勒索罪的认定"，载《法学》2009 年第 5 期。

65. 邢志人、刘雅婷："抢劫网络虚拟财产行为的定罪分析"，载《辽宁大学学报（哲学社会科学版）》2010 年第 6 期。

66. 徐光华："从典型案件的'同案异判'看过度维权与敲诈勒索罪"，载《法学杂志》2013 年第 4 期。

67. 许晓燕："论敲诈勒索罪的犯罪对象"，载《侵财犯罪的理论与司法实践》，法律出版社 2008 年版。

68. 许泽天："论恐吓个人罪——德国法的启示"，载《法令月刊》2008 年第 3 期。

69. 杨立新："最高人民法院《关于审理食品药品纠纷案件适用法律若干问题的规定》释评"，载《法律适用》2014 年第 3 期。

70. 杨兴培："索取非法'债务'拘押他人的刑法定性"，载《华东政法大学学报》2013 年第 2 期。

71. 杨新京："编造虚假恐怖信息实施敲诈勒索犯罪的行为定性"，载《中国检察官》2008 年第 7 期。

72. 叶良芳："权利行使与敲诈勒索的界限"，载《犯罪研究》2007 年第 2 期。

73. 应星："作为特殊行政救济的信访救济"，载《法学研究》2004 年第 3 期。

74. 于志刚："'大数据'时代计算机数据的财产化与刑法保护"，载《青海社会科学》2013 年第 3 期。

75. 于志刚、郭旭强："财产罪法益中所有权说与占有说之对抗与选择"，载《法学》2010 年第 8 期。

76. 于志刚："关于消费者维权中敲诈勒索行为的研讨"，载《中国检察官》2006 年第 10 期。

77. 张开骏："盗窃物品以勒索钱款的犯罪认定与处罚——从剖析非法占有目的入手"，载《政治与法律》2015 年第 3 期。

78. 张明楷："绑架罪的基本问题"，载《法学》2016 年第 4 期。

79. 张明楷："非法获取虚拟财产的行为性质"，载《法学》2015 年第 3 期。

80. 张明楷："无权处分与财产犯罪"，载《人民检察》2012 年第 7 期。

81. 张明楷："寻衅滋事罪探究（上篇）"，载《政治与法律》2008 年第 1 期。

82. 张明楷："寻衅滋事罪探究（下篇）"，载《政治与法律》2008 第 2 期。

83. 张明楷："侵犯财产罪的疑难问题"，载《华东刑事司法评论》2004 年第 1 期。

84. 张明楷："简论侵犯财产罪的客体"，载《侵财犯罪的理论与司法实践》，法律出版社 2008 年版。

85. 张彭发："关于'非访'发生发展及解决路径的思考"，载《信访与社会矛盾问题研究》2016 年第 5 期。

86. 张军："对非访敲诈政府行为的刑事评价"，载《中国检察官》2016 年第 4 期。

87. 张勇："强迫交易及其关联罪的体系解释：以酒托案为例"，载《中国刑事法杂志》2011 年第 5 期。

88. 赵秉志、徐文文："论我国编造、传播虚假信息的刑法规制"，载《当代法学》2014 年第 5 期。

89. 周光权、李志强："刑法上的财产占有概念"，载《法律科学（西北政法学院学报）》2003 年第 2 期。

90. 邹兵建："交通碰瓷行为之定性研究——以李品华、潘才庆、潘才军诈骗案为重点的分析",载《刑事法判解》2012 年第 2 期。

91. 朱广新:"惩罚性赔偿制度的演进与适用",载《中国社会科学》2014 年第 3 期。

92. 庄绪龙:"敲诈勒索罪的理论反思与区别性认定",载《江西公安专科学校学报》2010 年第 5 期。

（二）硕博论文

1. 邓超:"财产犯罪原理",中国政法大学 2007 年博士论文。

2. 陈阳:"敲诈勒索罪研究",中国政法大学 2011 年硕士论文。

3. 黄恒:"拾得他人财物索要高额报酬行为性质研究——李某案分析报告",西南政法大学 2011 年硕士论文。

4. 李曼莎:"'上访敲诈政府'行为的刑法视角",中国政法大学 2011 年硕士论文。

5. 刘爱平:"敲诈勒索罪与诈骗罪的界限——以被害人意志为视角的思索",中国政法大学 2012 年硕士论文。

6. 孙晗:"维权领域内敲诈勒索罪与非罪之研究",华东政法大学 2014 年硕士论文。

7. 汤亚光:"以虚假'炸弹'勒索行为的定性研究",西南政法大学 2014 年硕士论文。

8. 徐凯:"敲诈勒索罪构成与认定新论——以客体为中心",厦门大学 2006 年硕士论文。

9. 钟高峰:"权利行使过程中敲诈勒索的罪与非罪",华东政法大学 2013 年硕士论文。

三、报刊文章

1. 范春旭:"安徽农妇被控敲诈勒索街道办事处",载《新京报》2014 年 10 月 19 日,第 A09 版。

2. 席锋宇、白秀蕾:"加快建立规范化溺亡打捞应急制度",载《法制日报》2013 年 9 月 30 日,第 3 版。

3. 余瀛波:"知假买假或不再受消法保护引争议——职业打假人该不该适用惩罚性赔偿",载《法制日报》2016 年 8 月 8 日,第 6 版。

4. 王作富："恶意诉讼侵财更符合敲诈勒索罪特征"，载《检察日报》2003 年 2 月 10 日，第 3 版。

5. 王硕："知假买假——合法索赔与敲诈勒索边界在哪"，载《中国消费者报》2014 年 5 月 7 日，第 A04 版。

6. 张倩："探秘世界各国'恐吓罪'"，载《民主与法制时报》，2014 年 6 月 26 日，第 15 版。

7. 赵刚、郭瑞："'天价维权'：与敲诈勒索的一步之遥"，载《人民法院报》2016 年 2 月 1 日，第 6 版。

8. 钟璐、汤向明："谎称是车主而将他人所购赃车占为己有该行为构成诈骗罪还是敲诈勒索罪"，载《人民法院报》2006 年 4 月 11 日，第 C03 版。

9. 周恺："如何正确理解'生活消费'的含义"，载《人民法院报》2009 年 5 月 26 日，第 6 版。

10. 周浩："'三聚氰胺'受害儿童父亲敲诈案再审——敲诈勒索与维权索赔如何界定"，载《中国商报》2016 年 9 月 6 日，第 A03 版。

11. "当访民'敲诈'政府不同地区不同判的逻辑"，载《南方周末》2016 年 7 月 28 日，网址：http://www.infzm.com/content/118572，访问时间：2016 年 12 月 10 日。

四、外文资料

1. Bobby Marzine Harges, Gaynell Williams, *Louisiana Criminal Law: Cases and Materials(second edition)*, Vandeplas Publishing, 2008.

2. Jonathan Herring, *Criminal Law (seventh edition)*, Palgrave Macmillan, 2011.

3. Joshua Dressler, *Understanding Criminal Law (fifth edition)*, Matthew Bender& Company, Inc. , 2009.

4. Kaplan, Weisberg, Binder, *Criminal Law: Cases and Materials(seventh edition)*, Wolters Kluwer Law & Business, 2012.

5. Matthew Lippman, *Contemporary Criminal Law: Concepts, Cases and Controversies(third edition)*, Sage Publication, Inc. , 2013.

6. Paul H. Robinson, Michael T. Cahill, *Criminal Law (second editon)*, Wolters Kluwer Law& Business, 2012.

7. Peter Westen, "Why the Paradox of Blackmail is so Hard to Resolve", *Ohio State Journal Criminal Law*, 2011.

8. Ram Rivlin, Blackmail, "Subjectivity and Culpability", *Canadian Journal of Law & Jurisprudence*, No. 2 July 2015.

9. Sanford H. Kadish, Stefen J. Schulhofer and Rachel E. Bark-ow, *Criminal Law and Its Process: Cases and Materials (nineth edition)*, Wolters Kluwer Law&Business, 2012.

10. Samuel W. Buell, "Culpability and Modern Crime", *Georg-etown Journal of International Law*, 2014.

11. Thomas J. Gardner, Terry M. Anderson, *Criminal Law (tenth edition)*, Thomson Wadsworth, 2009.

后　记

行文至此，掩卷深思，不敢说已经大功告成，反复回看，查漏补缺，深知许多地方还思考得不够、研究尚较肤浅，于是深感心有余而力不足。其中，既有个人愚钝之因，也有勤奋钻研不足之故。在飞逝的时间中，我没能足够自省、自律，也未能将阮老师的教诲与期盼、自己的理想与目标设定化为卓越的成果，这是书稿即将出版之时心中无法弥补的缺憾。

思及恩师阮齐林教授在双鬓见白、花甲之年仍案牍劳形、传道授业、勤于实务、日日奔波，经常见到老师身背双肩包、快步疾走、争分夺秒，没有半点松弛与停歇，更让我自觉弗如，倍感惭愧。在该书作为博士论文的开题和写作过程中，老师耐心的指导和启发使我对许多问题的思考更加深入，老师重视实务研究的治学方法也对我影响很大。在与老师的交流中，常常惊诧于老师对法条的熟稔，对许多司法解释条文耳熟能详，甚至对有关案例、代表性的观点都能娓娓道来。这份治学的扎实与勤勉、术业之专注与精深，与老师的和蔼与关怀一同让我永远铭记，并鞭策我不断前行。

博士毕业一晃已是三年时光，时间倏忽一瞬，回眸之间，我又在三尺讲台送走了三届莘莘学子，但仍然常常怀念自己人到中年在法大度过的那一段难忘的求学时光。相比于在昌平时度过的大学时光，读博三年在学院路的学习和生活，使我少了许多朝气，却多了一份安稳，但是这所法学殿堂在我心中的魅力从不曾褪色。看到那些耄耋之年还在讲台上谆谆教诲、传道授业的老先生们，看到教室里日日勤奋学习的学弟学妹们，听过各位老师课堂上神采飞扬、逻辑缜密的分享与传授，走过图书馆一排排林立的书架，阅过小月河畔四季轮回的花红柳绿、春去秋来、叶落雪飘，这份难得的读博生涯是我生命中最幸福、最弥足珍贵的三年。相比而言，一年又一年站在讲台、传道授业、传承刑法的理论、弘扬法治兴国的理想，求学时是吸收、是积累、是成长、是思考，而教学科研是输出、是交流、是分享和给予，各有其味。师以传承、学以致用，我并不曾厌倦。参加工作从教二十年来，从面对80后、90后，如今眼前已经是00后的一代大学生，他们是那么朝气蓬勃、阳光率真，面对这样一个群体，我始终认为我的生活是充满阳光的，我的职业是神圣的，我的影响是深远的，我希望自己能像我的老师们一样，给予学生们正确的引导、温暖的关怀、以身作则的垂范，我也希望自己能像做学生时一样，对知识、对未知充满求知的渴望和追问的热情。曾经作为学生接受知识与教诲，现在身为教师，能成为我国新时代建设法治社会、传承法学精神与培育法学人才的一分子，我是何其幸运！

　　2018年我已步入四十岁的人生关口，和大多数当代的中年人一样，我始终不愿意承认自己已经是一个中年人，也不能接受与该年龄有关的任何评价与称呼。但是，接受也好、拒绝也罢，岁月如歌，不经意间，匆匆的日子如流水。每一个学期结束时都觉得距离开学似乎并未过去多久，而面对每一届学生毕业时的告别，我都感觉大一时刑法课上那一张张青春的笑脸还记忆犹新，四十年都不觉，更何况一年或者数载！然而时间的积淀和逝去并不都是伤感与遗憾，在这些过去的日子和翻过的日历中，那些看过的书和论文、备下的讲义与课件、讲过的课、反反复复完成的毕业论文指导、从申请到结题的科研、做过的调研、整理过的数据、文稿、出版的专著以及发表的论文，都是这些日子里走过的痕迹和留下的印记，它们记录了我的存在，也记录了我的思考。我思，故我在，我在，故我思！

读书是与旅游和走进大自然一样美妙的精神体验活动，如果能常常捧一本书，没有人打扰，不受时间的约束，沉浸其中、自由而静谧、不急不缓、不为功利，那将是人生中无比奢侈和快乐的一种享受。常常感叹想看的书太多、时间不够，年龄大了，有工作有家务、有老人有小孩，能不计后果地看书，就像抛下一大家子老小，自己一个人去旅游一样，需要不计后果的勇气。但好在读书还并不像旅游需要太多的时间和金钱做底，因此，在庸常的日子里，能有书时常陪伴，日子就不会无趣。想到自己的书也将成为陪伴别人的众多书籍中的一本，也是一件很快乐和欣慰的事。当然，想到读者对书的寄托与渴望，出版之际也不免有些惴惴不安。一家之言，何以获得别人的认同与分享？唯有用一份挚诚与严谨，虚怀若谷，虔诚地在这里向你呈现我反复斟酌之后的所思与所想，如果能够对你有一点点启发，那么就是对我无数个日夜伏案敲击键盘、反复斟酌修改、一字一句推敲的最好回馈。

2020 年是一个特殊的年份，注定要载入史册。我的书稿修改、校对，从去年一直持续到今年。2020 年 1 月底，全国上下、全民开始实行居家隔离、不走亲、不访友、家庭不聚会、学校不复学，教学也由传统线下改为线上的网络授课，我在这样的间隙，边备课、边录课、边直播、边做家务、边完成了书稿的

最后整理工作。能在今年出版这样一个书稿，应该算是我个人
"2020 年 GDP" 的一项重大收入吧。当然，其实这也是我几年
来思考、积累的结果，如同三年前栽下的一棵树，三年来施肥、
护养，而今才结了果，但能在这样一个特殊的年份结出果实，
于我应该是一个鼓励，同时，也是对所有关心、提携我的师长、
同仁、家人的感恩和回馈，未来愿我能栽下更多的树，勤劳浇
灌，让它结出更多的果。

　　搁笔之际，惟愿岁月常静好、安康永相伴！

　　祝福我生命中的每一个人！爱你们！

周　洁

2020 年 5 月于文锦苑家中